JN268529

ラテンアメリカ
新しい社会と女性

国本伊代編

新評論

はしがき

二〇世紀は激動の世紀であった。さまざまな事件が地球規模で起こった。その中の一つが女性をとりまく環境の激変である。なかでも最後の四半世紀に起こった変化は、世界各国の女性が経験した共通の変動であった。国連主導の変革への努力は大きな成果をもたらしている。

「平等・開発・平和」をスローガンにして一九七五年にメキシコ市で開催された国連主催の「国際女性の一〇年」第一回世界女性会議（メキシコ会議）は、世界の多くの国に影響を与え、女性の実質的な解放と男女平等をめざした新しい秩序づくりの出発点となった。そしてスピードに差はあっても、二〇世紀最後の四半世紀を通じて各国政府は女性の置かれた環境を改善する努力を行ってきた。その成果はめざましい。ラテンアメリカは、そのような変化をもっとも劇的に経験した地域の一つである。

ラテンアメリカでは、過去四半世紀の間にそれまでの四〇〇年の変化に匹敵するような激変を女性たちが体験した。まず人口増加率の急速な低下に表われているように、一人の女性が産む子どもの数が平均五人から三・一人へと減少した。教育水準の向上は著しく、非識字者の割合は三五％から一〇％へと低下し、多くの国で学校教育における在籍者の半分以上が女生徒となった。さらに女性の社会進出が進み、専門職や管理職に占める女性の割合は先進諸国並みかそれを追い抜いている。

政界への女性の進出も進み、また政治の意思決定過程への参加も拡大した。一九九九年一〇月にパナマで女性大統領が誕生したが、彼女はこの四半世紀にラテンアメリカで誕生した五人目の女性の国家元首である。

このような激動を経験したラテンアメリカ諸国の女性に焦点をあてた本書は、一五年前に出した『ラテンアメリカ　社会と女性』（新評論、一九八五年）の続編として読まれることを意識してまとめられている。前書では六カ国しか取り上げなかったが、本書ではその対象を一三カ国とプエルトリコおよび中米のマヤ系文化圏に広げた。これらの国々と地域で、二〇世紀末の女性たちはどのような環境で暮らしており、直面している問題は何かを、一六名の研究者が紹介している。前書で扱わなかった国については、歴史的背景にも触れている。本書がラテンアメリカの社会とそこで生きる女性たちに関する紹介書として、多くの方々に読んでいただけることを願うしだいである。

最後に、本書を出版していただいた新評論と編集を引き受けていただいた山田洋氏に、執筆者一同を代表して感謝の意を表したい。

二〇〇〇年一月

編者　国本伊代

ラテンアメリカ　新しい社会と女性／目次

ラテンアメリカ　新しい社会と女性

ラテンアメリカの独立国

序章

ラテンアメリカの新しい社会と女性

20世紀最後の四半世紀の変化をめぐって

国本伊代

どんな革命的な国でも、社会主義国や他の国でも、
「男性優位」は必ず存在しています。
世界共通の病根といったところでしょうか。
それに社会の一部となりきっていますから、
ある面は改善し、ある面は消し去ることができたとしても、
すべてをなくしてしまうことは恐らく不可能でしょう。

リゴベルタ・メンチュウの言より
エリザベス・ブルゴス／高橋早代訳
『私の名はリゴベルタ・メンチュウ』（新潮社　1987年）

序　マチスモの時代から女性の時代へ

一九九九年九月一日、パナマでミレヤ・モスコソがパナマ史上初の女性大統領として就任した。ラテンアメリカで誕生した五人目の女性国家元首である。先達としては、アルゼンチンのイサベル・ペロン（在任一九七四―七六年）、ボリビアのリディア・ゲイレル（在任一九七九―八〇年）、ハイチのエルザ・パスカルトロイオ（在任一九九〇―九一年）、ニカラグアのビオレタ・チャモロ（在任一九九〇―九四年）が大統領の座に就いている。ただし国民の直接投票によって大統領に選出されたのはチャモロ大統領と今回のモスコソ大統領の二人だけである。これら女性大統領の誕生に至る経緯については説明を要するが、ここではそれを述べる余裕がない。とにかく「男性性」を優位とする伝統が根強く残るラテンアメリカで、女性が権力の頂点を極めること自体が特筆に値するとだけ指摘したい。

これらの女性大統領の出現に代表されるように、一九七〇年代から九〇年代にかけて起こったラテンアメリカ諸国の女性をめぐる環境の変化は、おそらくそれまでの四〇〇年間の変化に匹敵するほどのものであるといえよう。人口増加率の急速な低下、寿命の延び、教育の普及、労働市場への進出、政治の意思決定過程への参入など、どれを取り上げてもその変化は目覚ましい。とりわけ教育を受けた女性たちの社会進出が著しく、専門職や管理職に就く女性の割合が急速に高まっている。国会議員、政府閣僚、高級官僚などのポストに就き、政治の意思決定過程に参加する割合は日本よりかなり高い。

このような劇的な変化をもたらした要因は、各国内で続けられた社会改革のための地道な努力に加えて、欧米先進諸国で起こったフェミニズムに由来する国際的な変革の波と国連や米州機構などの国際機関が求めた改善への要請および支援活動に負うところが大きい。とくに一九七五年にメキシコ市で開催された国連主催の「国際女性の一〇年」の第一回世界女性会議は、世界各国に大きなインパクトを与えたが、とりわけラテンアメリカ諸国の各国政府と民間の女性運動に与えた影響と刺激はかつてない強烈なものであった。ラテンアメリカ諸国の女性をめぐる環境の本格的な変革は、この「国際女性の一〇年」とともに始まったとさえいえる。

しかし同時に、一九三〇年に米州機構の下部機関として設置された米州女性委員会が長年にわたって進めてきた男女平等社会の建設への努力も評価されるべきである。同委員会は、国連の行動よりも早く男女の差別撤廃を求めて各国政府に改善を要請してきた。七〇年代以降のラテンアメリカ諸国の女性をめぐる環境の改善のための下地を、同委員会は長期にわたって準備してきたのである。

一九八〇年代の経済危機を経て取り組まれた各国経済の構造調整とグローバル化によって、ラテンアメリカ諸国は政治・経済・社会を大きく変えてきた。市場主義経済の急速な浸透によって、国内市場が広く開放され、資本・技術・商品・消費性向など経済環境が大きく変わった。しかし同時に従来から存在していた階層社会の格差がいっそう拡大し、さまざまな問題が顕在化している。

一　激変を経験したラテンアメリカ女性の四半世紀

「国際女性の一〇年」とラテンアメリカ社会の変化

一九七五年に「平等・開発・平和」をスローガンにしてメキシコ市で開催された国連主催の国際女性年第一回世界会議（メキシコ会議）に始まる「国際女性の一〇年」は、世界の多くの国々に影響を与えたが、とりわけラテンアメリカ諸国の女性に大きな刺激と変化をもたらした。各国政府に女性政策の策定を促しただけでなく、女性たちが自ら社会の変革に向けて行動するための指標を提供したからである。

ラテンアメリカでは、七九年に国連総会で採択された国連女性差別撤廃条約をほとんどの国が批准し、男女平等をさまざまな分野で確立するための努力が行われてきた。国連が提示した具体的な行動指標に沿って、米州女性委員会、ラテンアメリカ・カリブ女性委員会、中米女性会議など、いくつもの域内会議が開かれた。各国政府は、これらの機関や組織から要請された改善策について国家目標を策定し、その目標を達成するために女性問題担当機関を創設し、保健・衛生・家族計画・教育・労働などにおける女性の地位改善と取り組んできた。

そして一九八五年に「国際女性の一〇年」の成果を総括するために開かれた第三回世界女性会議（ナイロビ会議）で、次なる目標である「女性の平等の実現を保証する法律の施行」が採択されると、ラテンアメリカ諸国は新しい目標に向けて新たな努力を開始した。本書の各章で紹介されているように、各国の取り組み方とスピードに差異があるものの、差別されてきた女性をとりまく環境を改善しようとする姿勢はいずれの国においても顕著であり、それを促す女性たちの行動も盛んである。

一九九五年に北京で開催された第四回世界女性会議（北京会議）で採択された「北京宣言および行動綱領」では、貧困・教育・健康・暴力など一二の重要な分野について課題と目標が明記されている。この中で「女性と健康」の分野に関して、リプロダクティブ・ヘルス／ライツ（性と生殖に関する健康・権利）の定義をめぐって、カトリック世界でもある多くのラテンアメリカ諸国が特別声明を発表し、採択保留を表明して、ラテンアメリカの特質を際立たせた。しかし女性に対する男性の暴力を真正面から捉える契機となり、ドメスティック・バイオレンス（妻に対する夫の暴力）が急速に表面化して、いまその対応策が検討されている。

このような国連主導の、いわば外からの改革努力を内側から支援し、ときには行動の鈍い政府に働きかけ、自らも成長してきたのが市民運動である。さまざまな分野で多くの多種多様な市民運動が展開されているが、それらの多くは非政府組織（ＮＧＯ）や国際機関の支援を受けて精力的な活動を行っている。

ラテンアメリカ諸国が過去四半世紀に払ったこれらの努力の成果については巻末の資料でみることができるが、概略として次のような数字を示すことができる。ラテンアメリカの女性の寿命は六五歳から七二歳に延び、一人の女性が生涯で産む子どもの数（合計特殊出生率）は五人から三・一人へと減少した。教育水準の向上は、非識字者の割合が三五％から一〇％へと減少したことで証明できる。女性の経済参加も二二％から三五％へと拡大し、専門職と管理職への進出は後述するように著しい。健康に関する指標は寿命の延びで推測できるが、これについては生活環境の改善、医療サービスの普及、栄養の向上、出産時の死亡の激減などにも顕著に現われている。たとえば、女性が出産で死亡する危険については、一九七〇年の一〇〇〇人当たり一・四人という数字が九〇年には〇・五人へと減っている。これらの著しい変化がこの二〇世紀最後の四半世紀に達成されたのである。

「人間開発指数」と「ジェンダー開発指数」からみたラテンアメリカ諸国

一九九〇年から毎年まとめられている国連の『人間開発報告書』で示されている「人間開発指数」と「ジェンダー開発指数」は、各国の社会全体および女性の置かれている社会環境に焦点をあててつくられた比較のための合成指数である。

「人間開発指数」は、寿命、知識、生活水準という人間の生活を豊かにする三つの基本的側面に関して世界各国の達成度を測定し、数値化したものである。具体的には、出生時の平均余命指数、成人識字率と初・中・高等レベルの合計就学率から割り出した教育指数、一人当たり実質国内総生産額を指数化したものを総合したものである。一方、「ジェンダー開発指数」は、「人間開発指数」における男女間の達成度の格差を示す合成指数である。

一九九七年のデータに基づいて世界の一七四カ国を比較した一九九九年版『人間開発報告書』は、これら一七四カ国を一二のグループに分けているが、ラテンアメリカは「先進工業国」と東アジア地域に次いで指数の高い地域となっている。国別でみると、上位四五カ国、中位九四カ国、下位三五カ国に分類されているが、ラテンアメリカの三三カ国のうち七カ国が上位グループに入っていた。二五カ国が中位、下位に入っているのはハイチだけである。

「人間開発指数」を男女の格差の視点で捉えた「ジェンダー開発指数」は、表1でみるように、「人間開発指数」に必ずしも合致していない。しかしラテンアメリカ諸国の全体的な傾向は、「人間開発指数」に対して「ジェンダー

表1　本書で取り上げた13カ国の人間およびジェンダー開発指数（1997年）

国名	人間開発指数（世界順位）	ジェンダー開発指数（世界順位）	出生時平均寿命（歳） 女	男	成人識字率（%） 女	男	初・中・高等教育合計就学率（%） 女	男	勤労所得割合（%） 女	男
日本	4	8	82.9	76.8	99.0	99.0	83	86	30.1	69.9
チリ	34	33	78.3	72.3	94.9	95.4	76	78	22.9	77.1
アルゼンチン	39	37	76.8	69.7	96.5	96.6	82	77	23.2	76.8
ウルグアイ	40	36	78.0	70.5	97.8	97.0	81	74	33.9	66.1
コスタリカ	45	42	78.9	74.3	95.1	95.0	65	66	27.6	72.4
メキシコ	50	48	75.5	69.5	87.9	92.3	69	71	27.3	72.7
キューバ	58	53	78.0	74.2	95.9	95.9	73	70	32.5	67.5
エクアドル	72	70	72.5	67.3	88.8	92.7	67	68	19.5	80.5
ブラジル	79	67	71.0	63.1	83.9	84.1	77	82	29.3	70.7
ペルー	80	71	70.9	65.9	83.7	93.9	77	80	24.9	75.1
ジャマイカ	82	69	76.8	72.9	89.6	81.2	63	62	40.0	60.0
ボリビア	112	94	63.2	59.8	76.8	90.7	64	75	27.5	72.5
グアテマラ	117	101	67.2	61.4	58.9	74.2	43	51	22.8	77.2
ニカラグア	121	100	70.6	65.8	63.4	63.3	65	61	29.2	70.8

［出所］ United Nations Development Programme, *Human Development Report 1999*.

開発指数」の方が若干高くなっていることである。すなわち「ジェンダー開発指数」が「人間開発指数」を大きく下回っている日本のように経済的・社会的環境が男性に対して著しく女性に不利な国は、本書で取り上げた一三カ国の中にないだけでなく、その他のラテンアメリカ諸国のうち統計資料のあるほかの一三カ国の中にも存在しない。つまりラテンアメリカ諸国の女性をめぐる環境は、国際比較の視点でみると、その社会経済のレベルに対して男女平等社会に向けた改善が進んでいるといえる。ただしこのような解釈はあくまでも一面的なものにすぎず、各国の女性が生きている環境はかなり複雑である。

「ジェンダー・エンパワーメント測定」からみたラテンアメリカ女性

「ジェンダー・エンパワーメント測定」とは、女性の政治・経済分野への進出度を数値化したもので、国会議員、管理職、専門職・技術者および勤労所得に占める女性の割合を基準に測定したものである。これらの数値は、各国の統計処理方法や該当年のずれなどから必ずしも正確に比較するための数字にはなっていないが、概要を理解するうえでは有用である。以下で言及する数値のうち＊印のあるものは、一九九九年の報告で提示されていないために、九七年の報告から取っている。

表2　ジェンダー・エンパワーメント測定でみたラテンアメリカ（1997年）　（%）

国　名	世界順位	国会の議席数（女性の割合）	管理職（女性の割合）	専門職・技術者（女性の割合）	勤労所得（男性に対する割合）
キューバ	21	27.6	18.5	47.8	48.1
コスタリカ	23	19.3	26.6	47.8	38.0
エクアドル	29	17.4	27.5	46.6	24.3
メキシコ	33	16.9	19.8	45.2	38.0
日本	38	8.9	9.3	44.1	43.2
グアテマラ	44	12.5	32.4	45.2	29.5
チリ	54	9.0	18.5	51.6	29.6
ウルグアイ	56	6.9	28.2	63.7	51.4
ペルー	63	10.8	20.0	39.4	38.0
ブラジル	70	5.9	17.3	63.3	41.4

［出所］　表1と同じ。

「ジェンダー・エンパワーメント測定」をながめて一番興味深いのは、日本の地位との比較であろう。表2は本書で扱った国の中で資料のあるものだけを取り上げているが、三八位の日本より上位に位置するラテンアメリカの国として、キューバ、コスタリカ、エクアドル、メキシコの四カ国が存在する。統計資料のあるラテンアメリカ諸国の中で日本より上位に位置する国はこれらの国を含めて八カ国あった。

国会議員数で測られている政界への女性の進出度が日本より高い国は、統計資料のあるラテンアメリカ諸国の中では一五カ国にのぼっていた。表6（後出）でみるように、ラテンアメリカ諸国の多くは日本より遅く女性の参政権を確立しているが、国会議席総数に占める女性の割合がラテンアメリカ全体の平均で一五・三%、過半数近い国々で一〇%台を超えている現実は、逆に日本の現状に問題があることを示唆していよう。

管理職に占める女性の割合では、一九九五年のラテンアメリカ全体の平均で二〇%（＊）となっていた。この数字は『人間開発報告書』が分類している地域別では「工業先進国」の二七・四%に次ぐ高いものである。国別でみると、一九九五年の統計数字のあるラテンアメリカ諸国の中で八・五%の日本より低い数値をもつ国は存在していなかった。

専門職・技術職における女性の比率は、ラテンアメリカは「工業先進国」の四七・八%（＊）を抜いて四九・五%（＊）を記録していた。同じく国別でみると、統計資料のある一九カ国の中でボリビア（四二・二%）、ペルー（四一・三%）、ハイチ（三九・三%）、ベリーズ（三八・八%）の四カ国だけが日本

（四三・三％）より低かった。全般的にこの分野への女性の進出は非常に高く、ラテンアメリカにおける女性の社会進出の躍進ぶりを窺い知ることができる。この女性の社会進出については、表1でみた男女間の教育格差の小ささからも説明できよう。また、専門職と技術職における女性の割合がずば抜けて高いウルグアイとブラジルの場合、後述するように両国とも高等教育を受ける女性の割合が男性より高いという側面から考察できる。

日本と比較して女性の政治・経済・社会進出が著しいラテンアメリカで、依然として日本以上に男性優位主義を保っていると推測できるのが勤労所得に占める女性の割合である。経済活動人口に占める女性の割合で日本とほとんど変わらないウルグアイは、日本の女性より管理職および専門職・技術職への進出度がかなり高いにもかかわらず、男女比における女性の勤労所得の割合は日本の女性のそれより若干低くなっている。すなわち、比較するための適切な統計資料はないが、ウルグアイの事例は、ラテンアメリカ諸国全体において男女間に大きな賃金格差が存在することを示唆しているといえよう。

二　変貌する社会

大衆女性パワーの顕在化

一九八〇年代から九〇年代にかけて女性をめぐる環境は激変したが、それを促進したのが経済危機、政治の民主化およびグローバル化であった。

「失われた一〇年」とも呼ばれた八〇年代のラテンアメリカ諸国の経済危機は、それまで比較的恵まれていた中間層の女性を経済的困窮に追い詰めた。その結果、多くの女性がそれまでの専業主婦の座を降りて働きに出たのである。子どもの数が減少していたことも、主婦が外に働きに出ることを容易にした。また自分の収入だけでは一定の水準の生活を維持できないことを理解した男性たちの多くは、妻の就労を認めざるをえず、積極的な家事支援こそしないまでも仕事に理解を示した。他方、下層階級の大衆はあらゆる手段で生活の糧を稼がねばならず、女性たちの多くは路上の物売りに代表されるようなインフォーマル・セクターへ参入していった。多くの国で都市部の貧困層は共同炊事や共同購入などの手段を選択して経済危機を生き抜いたが、このような生活の中から連帯が生まれ、新しい大衆運動が女性を中心にして発生した。

政治の民主化は、基本的には各国の経済破綻の中から生まれた。一九六〇年代から軍部が政治を支配してきたラテンアメリカ地域の多くの国で軍部の政治離れが起こり、やがて八〇年代に民政移管を促した。この間、軍事政権の人権抑圧は各国でそれに抵抗する抗議運動を発生させたが、それらの運動の重要な一翼を担ったのが女性たちであった。アルゼンチンの「五月広場の母たち」や「行方不明の子どもを捜す親の会」のようなグループが、軍事政権下で起こった軍部の残虐な人権侵害に対する抗議運動を粘り強く展開した。中米ではグアテマラ、エルサルバドル、ニカラグアで内戦が繰り広げられ、反政府運動を展開する中から多くの女性運動が出現した。それらは単に女性運動であっただけでなく、男性とともに闘う民主化に向けての運動であった。その中からニカラグアでは一九九一年にビオレタ・チャモロが初の女性大統領に選出され、九二年にはグアテマラのマヤ系キチェ族の女性リゴベルタ・メンチュウが先住民族の権利擁護運動に対する貢献でノーベル平和賞を受賞している。

そして九〇年代の経済の市場主義化とグローバル化によって、この傾向はいっそう強まった。グローバル化の波は、国家が大きく介入してきたラテンアメリカ諸国の経済構造の改革を促したばかりでなく、社会の構造変革にも大きな影響を与えた。このグローバル化に後押しされるように表面化した人権問題は、伝統的に抑圧されてきた女性と先住民族の問題を顕在化させている。同時にジャーナリズム、大学の講座、市民によるサポート体制などが、女性と人権問題に強い関心を向けはじめた。その結果、軍部による政治支配を受けた国々では、軍事政権による人権侵害問題が改めて浮上している。

しかしこの八〇年代から九〇年代前半の構造調整期に、国家間、都市と農村間、階層間、民族間の格差が拡大の一途をたどった。一方、男性よりも勤労所得が低く、失業率の高い女性の世帯主が増える中で「貧困の女性化」も著しい。

表3　子どもと家族に関する基礎データ

国　名	合計特殊出生率（人）			女世帯の割合（%）	
	1950―55年	1970―75年	1990―95年	1980年	1990年
アルゼンチン	3.2	3.2	2.8	17.7	21.1
ボリビア	6.8	6.5	4.6	―	26.2
ブラジル	6.2	4.7	2.8	18.7	20.1
チリ	5.1	3.6	2.7	21.5	23.2
コスタリカ	6.7	4.3	3.1	21.9	22.7
キューバ	4.1	3.6	1.9	34.1	―
エクアドル	6.7	6.0	3.5	―	18.3
グアテマラ	7.1	6.5	5.4	21.0	21.9
ジャマイカ	―	―	―	―	―
メキシコ	6.8	6.4	3.2	13.8	17.7
ニカラグア	7.4	6.8	5.0	―	35.6
ペルー	6.9	6.0	3.6	23.6	19.3
ウルグアイ	2.7	3.0	2.3	22.3	25.5
ラテンアメリカ平均	5.9	5.0	3.1	21.0	22.7

［出所］ *Mujeres latinoamericanas en cifras : Tomo comparativo.*

家族の変貌

明確な男女の役割分担、男性優位（マチスモ）、父権主義、大家族主義、ネポティズム（閥族主義）など、ラテンアメリカ社会を紹介する時にほとんど現れるキーワードが、現在ではかなりの修正を必要とするほど変化した。その中でも家族の変貌は顕著な例である。

少子化と単一家族化、離婚の増加、女性を世帯主とする家庭の急増は、ラテンアメリカの伝統的な大家族主義に基づく家庭の崩壊を象徴している。これらの現象がラテンアメリカ諸国で一律に起こっているわけではないが、統計からみる限り先進諸国とほとんど同じ傾向をたどっており、家族の形態が多様化しはじめている。

家族形態の変化の第一要因は、子どもの数の著しい減少と核家族化である。表3に示されているように、五〇年前のラテンアメリカの女性は平均五・九人の子どもを産んでいたが、二五年後には五人へと減り、それから二五年後の現在、ラテンアメリカの女性が生涯で産む子どもの数は五〇年前の半分となり、平均で三・一人となっている。この平均値を下回っているのが一・九人のキューバをはじめとして、ウルグアイ、チリ、アルゼンチン、ブラジルとなっている。他方、一九九五年の平均値を上回っている国は、もっとも多い五・四人の子どもを産むグアテマラを筆頭にしてニカラグア、ボリビア、ペルー、エクアドルとなっている。これら四カ国のうちニカラグアを除くと、いずれも人口の約半分を先住民人口が占める国々であることに注目したい。先住民が貧困の代名詞であるラテンアメリカでは、次に述べるように女性が生涯に産む子どもの数は母親の教育水準と高い相関関係にあることが広く知られており、貧困層の教育水準の低い先住民族の女性がより多くの子どもを抱えている現実を象徴している。

ラテンアメリカには、教育を受けていない女性の子どもの数は平均で六―七人、小学校中退で五―六人、小学校卒業レベルで三―四・五人、中学校を修了すると二―三人になるという統計数字がある。また階層間に大きな格差のあるラテンアメリカでは、下層の女性の大半が一八歳になる前に最初の子どもを産んでいるのに対して中間層以上の初産年齢は二六歳となっており、女性の教育水準と所属する社会階層によっても子どもの数が大きく異なる。ただし下層の女性たちが早婚であるわけではなく、結婚することなく妊娠して出産するという現実がある。

カトリック世界であるラテンアメリカでも、チリを除くすべての国で離婚は合法化されている。離婚は増加傾向にあるが、例外的な国を除いてそれほど高くない。一〇〇組中の離婚率でみると、ドミニカ共和国とキューバが高く、それぞれ三七・一組と三四・四組であるが、多くの国では一〇組前後となっている。

女性を世帯主とする家族の増大は世界的な傾向であり、先進諸国、ラテンアメリカおよびアフリカでは家族の約二〇%が女性を世帯主としている。ラテンアメリカ諸国の場合をもう少し詳しくみると、カリブ海諸国で女性を世帯主とする割合が四〇%前後と、ずば抜けて高いことがわかる。本書のジャマイカ編（9章）とプエルトリコ編（14章）でみるように、出稼ぎのための男性の移動もその原因の一つとなっており、子どものいる女性の世帯主が多いという点では明らかに先進国とは異なっている。先進諸国の場合、女性を世帯主とする世帯の大半が女性の一人暮らしであり、高齢者であるからだ。

このようにラテンアメリカにおける女性を世帯主とする家族とは、子どものいる母子家庭をほぼ意味している。しかし離婚・死別・別居・離散などの増加については国によっても原因が異なる。長期にわたって内戦が続いたニカラグアやグアテマラでは、内戦で夫を失って母子家庭となった例が多い。

マチスモ文化への挑戦

一九九〇年代のラテンアメリカでは、男女差別に対して女性たちが異議を申し立て、抗議行動を起こすことがあたり前となっている。それだけ女性たちが情報をもち、組織力を有していることの証左でもあり、それを当局が無視できない状況が出現している。その影響力が有効であることは、軍事政権に対する抵抗運動、反戦運動、男性の暴力に対する反対運動などで示されてきた。九〇年代に顕著となっているのは、夫による妻と子どもに対する暴力問題であり、とくに九三年にウィーンで開かれた世界人権会議の採択決議に支援されて、従来ほとんど表面化することのなかった家庭内で起こる夫による妻への暴力が、ドメスティック・バイオレンスとしてラテンアメリカでも急速に注目されるようになった。

正確な統計資料はないが、さまざまな個別の事例研究を総括すると、ラテンアメリカ諸国のカップルの五人に一人は夫から日常的に暴力を受けているとされる。階層によって女性問題に多様性が見出せる中で、男性の暴力は社会の階層と関係なく発生しており、男性は非常に安易に暴力を振るうのがラテンアメリカの特徴だとしばしば指摘されている。それはマチスモと呼ばれる「男性性」を強調するラテンアメリカの伝統的な文化に根ざしており、現在、それが集中攻撃を受けている観がある。各国でドメスティック・バイオレンスに対する法的措置や被害を受けた女性を救済する組織などが急速に整備されつつある。本書でその過程を具体的に紹介しているエクアドル（7章）の場合だけでなく、ほとんどの国で具体的な取り組みが始まっている。

ラテンアメリカ文化の特質ともされてきたマチスモとは、動物のオスを意味するマチョから発生した言葉であり、男性優位主義の思想に基づく行動および思考を指している。「弱き女性」を守る「男らしさ」や「たくましさ」を意味する言葉として肯定的に使用されることもあるが、近年では暴力的な「男性性」の「横暴さ」を表わす側面の方が強い。このためラテンアメリカ諸国では、家庭の中で夫から暴力を受ける妻と子どもたちを救済する仕組みと組織づくりが一九七〇年代から始まっていたが、これを女性の人権問題として取り上げ、立法化を含めた真剣な取り組みが開始されたのは九〇年代に入ってからである。

男女が巧みに誘惑し合い、駆け引きを楽しむといわれるラテン文化の中では、いわゆるセクシュアル・ハラスメント（性的嫌がらせ）は成立しないと考えられていた。しかし現在ではセクシュアル・ハラスメントに対する法制化への働きかけも活発となっており、企業内でもセクハラ対策がとられはじめるなど、その関心は高まっている。

三　教育と労働と政治にみる女性の地位の変化

教育の普及と現実

義務教育の普及が進んでいるラテンアメリカの識字率は全般的にかなり高い。しかしすでに表1でみたように、国による格差も依然として存在する。本書で取り上げた一三カ国に限ってみると、ニカラグアとグアテマラが男女とも識字率に大きな遅れをとっていることがわかる。なかでもグアテマラの女性のように五〇％台という国は、ラテンアメリカでは他に唯一ハイチがあるだけである。しかしハイチは、国連の「人間開発指数」によるランキングで、ラテンアメリカでは唯一下位国グループに入っている国である。ところが、すでにみてきたように「ジェンダー・エンパワーメント測定」でグアテマラの女性は世界でも「上位グループ」に属しており、日本の順位に比較的近い位置にある（表2）。このような矛盾が生じている背景については、本書8章のグアテマラ編と15章のマヤ系文化圏編で先住民社会の問題として取り上げている。

一方、ラテンアメリカの男女別就学状況は、全般的にみると女性の教育水準の方が男性のそれを上回っており、かなりユニークである。表1で示されている初等・中等・高等教育の合計就学率で示されているように、一三カ国の中ではアルゼンチン、ウルグアイ、キューバ、ジャマイカ、ニカラグアで、いずれも女性の教育年数の方が男性より高い。ラテンアメリカ全体をみると、三分の二以上が同様に女性の教育年数の方が高くなっている。これを表4でもう少し詳しくみてみよう。

男女の人口比が半分ずつであると仮定すると、表4で男女の教育格差がはっきりとわかる。初等教育レベルでの就

表4　初等・中等・高等教育における女性の占める割合

（%）

国　名	初等教育		中等教育		高等教育（大学）	
	1970年	1990年	1970年	1990年	1970年	1990年
アルゼンチン	49	49＊	53	52	36	47
ボリビア	41	47	43＊	46	—	—
ブラジル	50	49＊	51	54＊	38	52
チリ	50	49	53	51	38	42＊
コスタリカ	49	49	51	50	38	45
キューバ	49	48	50＊	52	39	58
エクアドル	49	49＊	45	50	30	50
グアテマラ	44	46	41	45＊	19	—
ジャマイカ	—	—	—	—	—	—
メキシコ	48	49	39	50	20	43
ニカラグア	50	51	47	58	31	—
ペルー	46	48＊	43	45＊	30	36
ウルグアイ	48	49	53	53	44	59
ラテンアメリカ平均	48	49	48	52	35	48

＊印は1980年の数値。—印は数字なし。
［出所］　表3と同じ。

学率で女性の方が男性よりかなり低いと判断できるのは、ボリビアとグアテマラである。この傾向は一九七〇年と九〇年でもほとんど同様であった。一方、中等教育では一九七〇年にはまだ半数の国で女性の就学率がかなり劣っていたが、一九九〇年には大幅に改善されたことがわかる。中等教育で一九九〇年の女性の就学率が男性より低かったのは、ボリビアとグアテマラおよびペルーの三カ国であった。一九七〇年からすでに女性の中等教育における就学率が男性より高い国は、アルゼンチン、ブラジル、チリ、コスタリカ、ウルグアイとなっており、これらの国では大学における女子学生の割合も比較的高いことがわかる。中等教育の就学人口は、一九七〇年から九〇年にかけて著しく伸びた。なかでもメキシコの伸張は著しいく、実数では約四倍の増加であった。

高等教育における女性の進出もまた著しい。なかでも大学に進学する女子学生の急増傾向が興味深い。表4でみるように、一九九〇年に女子学生が占めた割合は、統計資料のある国ではいずれも大幅に高進している。一九九〇年に女子学生の占める割合が五〇％を越えたウルグアイ、キューバ、ブラジルの三カ国に加えて、五〇％に達しているエクアドルと四〇％台のアルゼンチン、コスタリカ、メキシコ、チリを含めると、ほとんどの国で大学教育が男女同数に迫っていることがわかる。本書で取り上げていないパナマとベネズエラにおける女子学生の占める割合は、前者が六六%、後者が五五%というきわめて高い数字であった。このような指標が、ラテンアメリカ諸国の「ジェンダー・エンパリーメント測定」を実質的に押し上げている原動力となっていることが推測できる。ただし女子学生の専攻学科が人文・社会科学系に偏っている現実と問題も多くの専門家によって指摘されており、今後の課題となっている。

経済活動に参入する女性たち

世界的な比較でみたラテンアメリカ女性の経済活動の特徴は、経済活動率の低さと専門職・技術職および管理職に占める女性の割合の高さである。

伝統的にラテンアメリカは男女の役割分担が明確に保たれ、女性は家庭にとどまり育児と夫に仕えることが求められてきた。都市化の進展とともに一九六〇年代から女性が外で働くようになり、八〇年代の経済危機により中間層以下の女性たちが家計を維持するために社会へ出ていった。しかしそれでも表5で示した女性の経済参加率でみるように、本書で取り上げた一三カ国のうち五カ国が二〇%台であり、世界の平均四〇%と先進国の平均四四%と比較すると、ラテンアメリカの女性の経済参加率は全般的に低い。国際比較の地域別でみると、「先進諸国」、東南アジア、「サハラ以南のアフリカ」などよりかなり低く、イスラム圏をやや上回るにすぎない。一九九〇年でもっとも高い割合を達成していたのは、本書で取り上げた一三カ国の中ではジャマイカの四六%で、次いでウルグアイ、ボリビア、キューバの順となっている。

これら四カ国についての詳細は本書の各章を参照して

表5　ラテンアメリカ女性の経済参加(%)

国名	成人(15歳以上)労働に占める女性の割合	
	1970年	1995年
アルゼンチン	25	28
ボリビア	32	37
ブラジル	24	34
チリ	22	30
コスタリカ	18	28
キューバ	20	36
エクアドル	19	25
グアテマラ	19	23
ジャマイカ	43	46
メキシコ	19	30
ニカラグア	23	35
ペルー	22	27
ウルグアイ	26	39
ラテンアメリカ平均	24	32
世界全体	38	40
先進国	40	44

[出所] United Nations Development Programme, *Human Development Report, 1998.*

いただきたいが、それぞれの国が抱えた事情については次のように要約することできる。ジャマイカでは男性の出稼ぎによって生じた女性の自立の必要から経済参加が進んだ。ウルグアイの場合は、早期に達成された都市化と経済構造の近代化によって女性が経済進出した。ボリビアの場合は、先住民女性の労働慣行に負うところが多いと推察できる。キューバの場合は、社会主義国として労働における男女平等政策が逸速く進められたことがあげられる。

表5はまた、女性の経済活動は当該国の経済発展と相関関係があまりないことも示している。経済困窮度の高いグアテマラやペルーと経済的に域内では高位にあるアルゼンチンで女性の経済参加率がともに低い。一方、グアテマラおよび同じように先住民人口の占める割合が高いボリビアの二カ国を比較すると、女性の経済参加率は対照的である。しかしこの種の統計が現状を正確に反映していないことは広く知られている。とくに先住民人口の多い地域や自給農業あるいはインフォーマル・セクターの比重の大きな社会では顕著である。そして女性の場合、実際に何をし、何を生産しているか、家事と生産活動との区別を明確にするのが容易なことではないことを考慮しなければならない。この意味では、先住民人口の割合が高いグアテマラをはじめとして、エクアドルとペルーのこの種の数字は、状況を詳しく検討する必要のある数字でもあろう。

ラテンアメリカ女性の経済活動のもう一つの特徴は、サービス部門への集中と農業従事者の割合が比較的低いことである。サービス部門は先進諸国並みの割合となっている。当該国の経済発展のレベルに密接に関係しているものの、概して六〇％から八〇％の女性がサービス部門で働いている。ただし一つの国内でも首都圏と全国平均とではその内容が大きく異なる。

男女の賃金格差は、カリブ海域の英連邦諸国を除くと概して大きい。男性の勤労所得に対する女性のそれが極端に低いベリーズ（二三・三％）やエクアドル（二四・三％）と、かなり高いジャマイカ（六六・六％）との間には大きな格差がある。

一方、女性の専門職・技術職および管理職に占める割合は、一九九七年には先進諸国の平均を抜いて世界第一位にあった。これに関しては、すでに詳述したとおりである。

女性の政治参加

表6にみるように女性の参政権はラテンアメリカの大半の国で日本より遅く確立しているが、現在では日本と同様に、民主政治の基本である政治への参加はすべての国で女性に開かれたものとなっている。しかし政界への女性の進出が目立つようになったのは一九九〇年代に入ってからである。ただし、すでに指摘したように、五人の女性国家元首を輩出しているラテンアメリカ地域は、世界的にみるとかなり異色である。

国政レベルの議会への女性の進出は、表2でみてきたように、国によって大きな差異がある。一九九五年のラテンアメリカ地域全体の平均は一七・一%であったが、女性議員の割合の高低と教育・経済関係の指数で示される女性の社会進出度の高低とは、社会主義国キューバを除くと、関連性はあまりない。グアテマラ、メキシコ、ペルーの数字がこれを物語っている。また、この種の女性の政治参加率が一直線に向上しているわけではなく、選挙をめぐるさまざまな状況を考慮して検討する必要もある。一院制か二院制か、割当(クオーター)制が採用されているかどうか、選挙制度の内容、選挙当時の国内事情などによって、選出される女性議員の数は左右される。なお一九八七年の時点でのラテンアメリカ地域の女性議員の占めた割合は三四%であったが、九三年には二三%へと減じている。一九九八年の『人間開発報告書』では一七・一%であった。

政治における意思決定過程に女性が参入している割合を同一時点でまとめることは容易ではない。女性の政界への参入度合をまとめた表7は、数字にかなりの時間差があることを考慮して読まなければならないが、国によって大きな差異があることがわか

表6　ラテンアメリカ諸国における女性参政権成立年

国名	成立年
エクアドル	1929
ブラジル	1932
ウルグアイ	1932
キューバ	1934
ドミニカ共和国	1942
グアテマラ	1945
パナマ	1946
日本	1947
アルゼンチン	1947
ベネズエラ	1947
コスタリカ	1949
チリ	1949
エルサルバドル	1950
ハイチ	1950
ボリビア	1952
メキシコ	1953
コロンビア	1954
ホンジュラス	1955
ペルー	1955
ニカラグア	1955
パラグアイ	1961

表7　政府における意思決定過程への女性の参入度　(％)

国　名	閣僚レベル		準閣僚レベル		州・県知事		市町村長	
アルゼンチン	0		9.8		0		3.6	d
ボリビア	0		5.4		0		10.0	e
ブラジル	3.7	f	0	f	3.7		2.4	e
チリ	14.3		7.1		9.8		7.2	
コスタリカ	9.5		26.3		71.4		0	
キューバ	2.6	e	9.4	e	0	a	5.3	e
エクアドル	0	f	7.9	f	0		3.1	d
グアテマラ	23.1		12.5		0		1.2	
メキシコ	17.6	f	0	f	3.2	b	2.9	d
ニカラグア	10.0		10.3		0		9.8	
ペルー	9.1		20.0		0		6.2	e
ウルグアイ	7.7	f	7.7	f	0	d	15.8	d

(注)　無印は1994年、aは1988年、bは1989年、cは1991年、dは1992年、eは1993年、fは1995年の数値である。
[出所]　表3と同じ。

る。

まず政府閣僚についてみると、グアテマラの二三・一％からゼロ％の国まで存在している。しかもキューバのように男女平等が国是として推進されてきた社会主義国での閣僚レベルへの女性の参入度の低さが注目される。本書で取り上げなかった国も含めると、その参入度は、ホンジュラス（二三・一％）、メキシコ（一七・六％）、パナマ（一六・七％）、チリ（一四・三％）、ドミニカ共和国（一四・三％）、コロンビア（一三・三％）、ニカラグア（一〇・〇％）、エルサルバドル（一〇・〇％）で一〇％を越えていた。しかし本書で取り上げた一三カ国の中のアルゼンチン、ボリビア、エクアドルでは女性閣僚は一人もいなかった。閣僚の任命は、時の政権の特質から女性の登用が安定的で逓増するわけでないこともわかる。副大臣ないしは次官級も閣僚と同じような傾向がみられるが、女性の進出度はやや大きくなっていることが、表7からわかる。

州ないし県知事および市町村の長についてみると、女性の進出度は国政レベルより全般的に低くなっている。表7でみるコスタリカが州・県知事レベルの欄で異常な数値を示しているのは、小国コスタリカが七つの県からなり、そのうちの五つの県で女性知事が擁立されていたからである。コスタリカのこの飛びぬけた数字を別にすると、同表にはないドミニカ共和国、パナマ、ホンジュラスで州・県知事レベルにおいてそれぞれ二八・三％（一九九三年）、二二・二％（一九九四年）、一一・一％（一九九四年）という高い数値を示していた。また、この時期にコスタリカとホンジュラスは女性の副大統領を擁立しており、閣僚に次ぐ次官クラスに占める女性の割合もずば抜けて高かった。しかし市町村長のレベルではコスタリカは皆無であった。

以上のように女性の意思決定過程への参入は増加の傾向にあるとはいえ、これが安定した女性の政界進出であると捉えるには不安定な要素が多い。コスタリカの例でみたように、各レベルで示された数字に整合性を欠くことは女性の政界での活動が恒常的・普遍的となっていないことを物語っていよう。さらに内容を検討してみると、女性閣僚は教育、文化、観光、環境、社会福祉、女性問題などを担当しており、財政や防衛など権力を左右する分野は依然として男性が占めている。女性が広く恒常的に政治の意思決定過程に参加するには、まだ多くの歳月を必要とする。

二一世紀に向けての展望

以上でみてきたラテンアメリカの女性をめぐる政治的・社会的・経済的・文化的環境の変化は、基本的には国連主導の下で進められてきた国際的な改革運動の流れに沿って、各国政府がとった男女平等と開発に向けた政策で推進されてきたものである。それでは、国際社会がめざす目標をラテンアメリカ諸国はどの程度まで実現したのだろうか。本章ではラテンアメリカ諸国が達成した概要を紹介したが、それを詳しく知るには二〇〇〇年六月に国連に提出される予定の各国の報告書を待たねばならない。しかし国連が主催した四回にわたる世界女性会議の報告書と本書の各章で扱った国々の現状をから、少なくとも次のようなことを指摘することができる。

第一に、ラテンアメリカでは少なくとも法の下における男女平等社会は確立している。一九八〇年代から九〇年代にかけて各国が実施した憲法の改正を含む法改正と新法の制定を通じて、それまで存在していた女性差別に結びつく規制のほとんどは撤廃されている。

第二に、国連が示した指標については、女性の教育と健康に関する課題は、例外はあるものの、概ね達成されている。とりわけ女性の教育水準は著しく向上している。例外は先住民族が置かれている問題である。

第三に、意思決定における女性の参入については、欧米先進諸国には及ばないものの、日本における状況をはるかに上回るレベルに到達している。とくに恵まれた環境にある女性たちの社会進出が著しく、政界はもとより、民間部門における管理職や専門職でも女性の占める割合が高い。

以上の三点に関しては、ラテンアメリカ諸国は国連のめざす女性の地位の改革運動における優等生である。しかし他方で、それとは正反対の状況が出現していることが、この地域の深刻な問題であろう。それは市場主義経済の進展にともなって顕在化している階層社会の格差の拡大と貧困化の促進である。とりわけ五〇〇年にわたって抑圧の対象となってきた、ラテンアメリカ全域で約四〇〇〇万と推定される先住民人口の約半分を占める女性は、「先住民であり、女性であり、下層階級に所属する」ことによって、何重もの差別を受けつづけており、そこからの解放は容易ではない。国民の約半分が先住民人口とされるグアテマラ、ボリビア、ペルー、エクアドルだけでなく、絶対的少数民族を擁するその他の国々にとっても、女性問題と並んで取り組まれるべき課題が先住民問題となっている。

国連主導の「平等・開発・平和」推進運動の流れの中で女性の社会的地位の改善に努めてきたラテンアメリカ諸国も、強いジェンダー意識とその実態を変革するにはさらに時間を要するであろう。固定的な男女役割分担のイメージが強固で、母性イデオロギーの強いラテンアメリカ文化圏において、ドメスティック・バイオレンスやセクシュアル・ハラスメントが公然と取り上げられるようになったのは九〇年代の半ば以降のことである。しかしジェンダー問題を世界の流れとして捉え、逆戻りはありえないという視点でラテンアメリカをみると、この側面でもラテンアメリカ社会の変化は速くはないが、着実に進んでいる。ラテンアメリカ文化の神髄でもあるマチスモを過去のものとし、あらゆる意味で男女平等の社会が実現するのは二一世紀のいつ頃のことであろうか。

参考文献案内

ラテンアメリカの女性問題を取り上げた文献は多種多様であり、学術的調査研究の進んでいる分野も少なくない。また研究成果の多くが出版されている。次に紹介するのは、日本の読者が容易に参考資料として利用できるものと、本章で参考にした主な文献である。

1　日本語で読める基本的な文献として次のものが役に立つ。国本伊代・乗浩子編『ラテンアメリカ　社会と女性』（新評論、一九八五年）は、ラテンアメリカ諸国の女性解放運動史に焦点をあててまとめた、わが国で最初の本となっている。桜井三枝子「ラテンアメリカの女性に関する文化人類学の研究動向」（『大阪経大論集』第47巻・4号、一九九六年）は、研究動向を踏まえてラテンアメリカの女性問題に関する多様な文献を紹介している。畑恵子「官僚主義的権威主義体制とラテンアメリカ女性――一九七〇年代半～一九八〇年代半の民衆女性運動とフェミニズム」（『早稲田社会科学研究』第55号、一九九七年）は、チリとアルゼンチンを中心にしているが、ラテンアメリカ地域のフェミニズムの展開を知るのに有用である。

2　United Nations, Economic Commission for Latin America and Caribbean, *Major Changes and Crisis: The Impact on Women in Latin America and the Caribbean* (Santiago, Chile: 1992) は、ラテンアメリカ地域で一九六〇年から八〇年にみられた、女性をめぐる環境の主要な変化を詳細に分析した報告書である。

3　Teresa Valdes y Enrique Gomariz eds., *Mujeres latinoamericanas en cifras: Tomo comparativo* (Santiago, Chile: Instituto de la Mujer, Ministerio de Asuntos Sociales de España y Facultad Latinoamericana de Ciencias Sociales=FLACSO, 1995) は、ラテンアメリカ諸国が提携している社会科学系大学院組織ＦＬＡＣＳＯが中心となって取り組んできた一連の「統計数字にみるラテンアメリカ諸国の女性シリーズ」の総集編で、北京で開催された第四回世界女性会議に向けて出版されたものである。人口、経済、教育、保健、立法、政治参加の各分野における女性の置かれた状況と、ほぼ四半世紀にわたる変化の過程を統計数字でまとめている。

4　Jane S. Jaquette ed., *The Women's Movement in Latin America: Participation and Democracy* (Boulder: Westview Press, 1994) は、すべての国を網羅しているわけではなくアルゼンチン、ブラジル、チリ、ウルグアイ、ペルー、ニカラグア、メキシコについてそれぞれ専門家が各国の民主化の過程で捉えた女性の問題を分析している。

5　United Nations, Development Programme, *Human Development Report 1999* (Oxford: Oxford University Press, 1999) は、一九九〇年から毎年編纂されており、本章の多くの個所で利用されている。一九九七年版は日本語で『貧困と人間開発』（国際協力出版会、一九九七年）として出版されている。

1 章

アルゼンチンの新しい社会と女性

男女共同参画社会の実現をめざして

今井 圭子

文化的要因によるのか、それとも生物的あるいは日常的な事由によるのか、
女性は人間の現実的、具体的、日常的事柄に
もっとも敏感だということを忘れてはなりません。〔中略—今井〕
女性たちの参画により新しい政治の信条、方法、倫理を注入し、
もっと人間的で、そして残酷でない世界を築こうではありませんか。

アルゼンチン下院議員マティルデ・クアラシーノの言より
República Argentina, *Cámara de Diputados de la Nación, noviember 6 y 7 de 1991,* Buenos Aires, pp. 4125-6.

アルゼンチン女性史関連年表

西暦	事　項
1946	ペロン党政権の発足（ペロン大統領に就任）。
1947	女性参政権法の制定。
1951	女性参政権法制定後初の選挙でペロン党女性議員躍進。
1952	エバ・ペロン病死。
1955	ペロン党政権失脚。
	クーデターによって政権を奪取した軍政（1955—58、1962—63、1966—73年）と、選挙によって誕生した民政（1958—62、1963—66年）のめまぐるしい交替。
1973	ペロン党政権の再登場。
1974	イサベル・ペロン、世界初の女性大統領に就任。
1976	イサベル・ペロン政権、軍事クーデターで失脚、軍事政権発足。
	人権侵害、行方不明者問題の深刻化、「五月広場の母たち」の組織化と活動の広がり。
1978	ブエノスアイレスにおけるサッカーの世界選手権大会開催、それを契機とする「五月広場の母たち」の世界に向けての運動の展開。
1982	フォークランド（マルビナス）戦争の勃発とアルゼンチンの敗戦。
1983	民政移管の達成。
1984	行方不明者問題の調査、責任追及への取り組み開始。
1985	女性に対するあらゆる形態の差別撤廃を定めた国連協約を批准。
	親権における男女の平等、嫡出子と庶子の対等な処遇を法律で規定。
	配偶者の年金受給権を内縁の妻にも認可。
1986	避妊のための器具、薬剤の使用禁止を定めた大統領令を廃止。
	雇用機会および家庭内責任における男女の平等を定めた国際労働機関（ＩＬＯ）協約を批准。
	アルゼンチン女性運動の傑出した指導者アリシア・モロウ・デ・フスト死去（1885年生）
1987	家族法の改正、夫婦に同等の権利を認め、妻に対する夫の姓使用義務を廃止。
1989	７人以上の子どもをもつ母親に対する終身年金の支給を法律で制定。
1991	午後８時から午前６時までの女性の就労を禁じた法律を廃止。
	国会議員選挙における女性候補者の割合を定めた割当法を制定。
1992	大統領府直属の国家女性庁を設置。
1993	性差別の除去を盛り込んだ連邦教育法を制定。
	セクシュアル・ハラスメントに対する法的規制処置を導入。
1994	憲法を改正し、人権尊重、あらゆる形態の性差別撤廃、母性と年少者の保護などを憲法に規定。
1995	家庭内暴力からの救済、保護に関する法律を制定。
1997	姦通罪の廃止。
	女性参政権法制定50周年記念。
	９月23日を女性参政権の日と制定。

序　伝統的女性観への挑戦

アルゼンチンはラテンアメリカにおける数少ない白人国で、国民の九七％がヨーロッパ人とその子孫によって構成され、その大半がイタリア系とスペイン系である。そして古来からこの地に住んでいた先住民は、植民地支配下および独立後の国家統合の過程でその大半が掃討され、現在は国土の北部や南部の辺境にごくわずか残存しているにすぎない。

こうした人種構成は女性をとりまく社会状況にも影響を及ぼし、アルゼンチンでは先住民社会からの女性をめぐる思想や価値体系の伝承はほとんど身受けられず、それに代わって根強く継承されてきたのが旧植民地本国スペインにおける女性観であった。その一つは女性に対する男性の肉体的優位と、男性に対する女性の恭順を是とする男尊女卑の思想マチスモ、そしてもう一つはカトリックの聖母マリアを理想像とし、その母性ゆえに女性が男性に対して精神的優位性をもつとする思想マリアニスモである。この二つの女性観が継承される中、女性は男性より劣った存在で、男性に服従、奉仕するものとして処遇される社会構造がつくり出され、それと同時に、家庭においては、自己犠牲もいとわず家庭を守り慈しむ無私の母性愛を高く評価する価値観が定着していったのである。

ところでスペイン社会におけるこうした伝統的な女性観は、アルゼンチンのみならず他の旧スペイン領アメリカにも広範囲に継承されてきたのであるが、アルゼンチンの場合、それに加えて独立後の近代化の過程におけるスペイン以外のヨーロッパ諸国、とりわけイギリスやフランスの革新的思想から大きな影響を受けてきた。そしてそうした思想は、一九世紀半ば以降大量に流入してきたヨーロッパ移民を通して伝播された部分が大きく、それは前に述べたような伝統的女性観に挑戦する女性解放運動を促す役割を果たすことになった。なかでも大きな影響を及ぼしたのがアナーキズムと社会主義の思想であり、とりわけ社会主義は、一八九六年に結成された社会党の活動を通して伝統的な女性差別の価値観に挑戦し、法の下における男女平等の実現をめざす闘争の重要な思想的拠り所となっていった。そして社会主義者を中心に女性解放運動の組織化が進められ、アルゼンチン社会党の創設者であるファン・フストや、アルゼンチン初の社会党国会議員となったアルフレッド・パラシオスなどの熱心な女性解放運動の指導者を得て活動が展開されていった。その中には女性の社会党党員で、前述のフストの夫人となったアリシア・モロウも含まれていた。彼女はパリ・コミューン当時のフランス人の活動家を父に、一八八五年ロンドンで生まれ、その後家族とともにアルゼンチンへ移住して医者の資格を取得したインテリ女性である。彼女は医者として病人や貧しい人々に接するうち、貧富の差の大きい不公正な社会の仕組みに矛盾を感じるようになっていった。そしてしだいに社会主義の思想に傾倒し、政治活動に参加していった。とりわけ伝統的価値観の下で虐げられてきた女性たちをとりまく諸条件の改善に力を尽くし、夫とともに社会主義に根ざした女性解放運動に精力を注いだ。そのめざす目標は、女性が男性とともに人間として解放され協力し合える社会をつくり出すことに求められ、彼女は夫の死後も精力的に活動を続け、一九八六年に一〇一歳で没するまで、女性解放運動の不世出の導き手として大きな足跡を残した。

ところでこうした女性解放運動は、多分にヨーロッパの思想や運動から強い影響を受けて展開されてきたのであったが、それに対して国民の間ではそうした女性解放運動を外来のものとして排斥し、社会主義を現体制否定の思想として危険視する見方が根強く、そのことが社会党を中心とする女性解放運動の拡大を阻む障害となっていた。

このような状況の中で、女性解放運動を巧みに政党活動の重要な一環に組み入れたのがペロン党であり、同党は社会主義の代わりにポピュリズムに立脚した女性運動を組織していった。ペロンを党首とし、労働者大衆を支持基盤に、政治的独立、経済的自立、社会的公正を提唱して一九四六年に政権を掌握したペロン党は、女性の社会進出と同時に女性の家庭における役割の重要性を強調し、伝統的女性観と革新的女性観をともに受容することによって、より広範囲に及ぶ国民の支持を取り込むことに成功した。そして四七年にはペロン党政権の下で女性参政権法が制定され、女性にも選挙権が与えられることになった。アルゼンチンの女性たちは五一年の国政選挙で初めて選挙権を行使し、その結果女性が躍進し、五二年の国会には女性議員が上院で六名、下院では准州代表を含めて二六名が誕生し、その全員がペロン党出身者であった。その後五五年のペロン党政権の崩壊まで女性議員は上院の総議席中二〇％から二五％、下院では州代表が一五％から二二％、また准州代表が二七％から三六％という高い割合を占め、これまた全員がペロン党員であった。

こうした女性の国会への進出は五〇年代前半をピークに以後低迷していたが、その背景には五五年の軍事クーデターによりペロン党政権が倒され、以後軍政と民政がめまぐるしく交替する不安定な政情の展開がみられた。軍政の下では議会は閉鎖され、また民政の下でも、軍部の政治統制により六六年の民政までペロン党は正副大統領候補の出馬を禁じられていた。そのためペロン党は、第一政党でありながら政権の座に就くことができなかったのである。その間、第二政党の急進党が、女性解放に実績をあげてきたペロン党に代わって政権を掌握したが、急進党政権期の国会では女性議員の割合は二％台に留まった。そしてその後六六年から七三年までの長期にわたって軍部が政権を掌握し、政治統制を強化する中で女性解放運動も急速に活力を失っていったのである。

女性解放運動が再び活力を取り戻したのは、七三年の民政移管によってであり、同年から七六年にかけてペロン党が再び政権の座に返り咲いた。そして七四年には女性が大統領に就任し、これをもってアルゼンチンは世界初の女性大統領を誕生させた国となった。

一　政治の民主化と女性たち

世界初の女性大統領誕生からその失脚まで

一九七三年に発足したペロン党政権下で副大統領を務めていたイサベル・ペロン夫人は、七四年七月、急逝した夫のあとを受けて大統領に就任した。政治とは無縁の一介の踊り子にすぎなかった彼女が、アルゼンチンの傑出した大政治家ペロンに出会うことによりその運命を大きく変えられ、夫のカリスマ性に支えられながら、ついには国家元首の地位にまで昇りつめたのである。世界初の女性大統領になった彼女の半生はさながら今様シンデレラのそれであり、イサベル大統領は一躍世界のマスコミの寵児となった。

ところで一見唐突にもみえるこの女性大統領の誕生は、この国の歴史とは無縁な突然変異的政治現象として実現したものではなく、過去の女性解放史の足跡の中にすでにその布石を読みとることができる。なかでも四六年から五五年までの第一次ペロン党政権期における女性の政治進出が、その重要な跳躍台となった。この時期ペロンの右腕として活躍したペロンの二番目の夫人エバ・ペロンは、女性ペロン党を指導しながら女性を政治に動員し、ペロン党政権の支持基盤の強化をめざした。また社会福祉事業にも力を入れ、国民大衆の支持を確固たるものにしていった。彼女は夫に劣らないほどのカリスマ性と政治的手腕を備え、政治活動に加えて良き妻として夫ペロンのために献身的に働き、ペロニズムが提唱する理想的女性像を体現して国民の深い信頼を集めた。しかしながら当時の女性をとりまく社会状況の下では女性が政府高官の地位に就くことは不可能であり、大統領に対する最大の協力者であったエバは、副大統領の地位に就くこともなく、五二年に三三歳の若さで病死した。

しかし第一次ペロン党政権の失脚から一七年余りを経てペロン党が再び政権の座に返り咲いた頃には、アルゼンチンの社会状況もかなり変化しており、ペロンは夫人イサベルを副大統領候補に立てて出馬し、六割もの高得票率を得て当選、政権を掌握した。そしてその後一年を経ずしてペロンが逝去し、イサベルは政治家としての経験を積む暇も

世界初の女性大統領イサベル・ペロン（中央）。

なく、大統領の大任を果たさなければならなくなったのである。しかもイサベル政権が発足した時期のアルゼンチンは内外ともに困難な状況に置かれており、とくに対外的には第一次石油危機からの経済的打撃と、欧州共同体（ＥＣ）の共通農業政策によるヨーロッパ向け農牧産品輸出の激減というダブルパンチに見舞われていた。それに対してイサベル政権は有効な対応策を講じることができず、アルゼンチン経済は急な坂道を転がるように悪化していった。その結果政府は国民の信頼を失い、その間隙を縫って反政府勢力のゲリラ活動が激化する中、七六年三月、軍事クーデターが勃発、イサベル政権は退陣に追い込まれたのである。

反軍政運動と「五月広場の母たち」

一九七六年から八三年まで政権を掌握した軍部は、戒厳令を布告して憲法に基づく法秩序体制を停止した。議会を閉鎖して政党活動を禁止し、集会、言論の自由を剥脱して政治統制を強化した。大統領の選任権は陸、海、空三軍の各総司令官によって構成される軍事評議会に独占され、軍部による独裁体制が形成されていった。軍事政権はアルゼンチン史上稀にみるほどの強権を発動し、国家秩序維持の名目で、反政府勢力や不穏分子と目された人々を次々と粛清していった。ある日突然何者かに連れ去られ、残虐な拷問を受けたのち、おびただしい数の人々が殺害されたのである。その数は二万人とも三万人ともいわれている。こうした狂気ともいえる人権弾圧の嵐が吹き荒れる中、反軍政運動の指導者は投獄されたり連れ去られたまま行方知れずになり、政治運動は瀕死の状態に陥った。

ところでこうした恐怖政治の最中にありながら、当時から行方不明者問題の糾明を求めて果敢に活動を続けていた女性たちのグループがあった。それは毎週大統領府前の五月広場に集まり、静かな示威活動を展開していた「五月広場の母たち」であり、その運動の主力となったのは行方不明者の息子をもつ女性たちであった。彼女たちは行方不明者が残した形見の白いハンカチを頭にかぶり、行方不明者の写真を掲げて政府にその真相の解明を訴えつづけた。そうした彼女たちに対して治安当局は厳しい弾圧の手を緩めず、参加者やその肉親の中にまた新たな行方不明者が発生することになった。

しかし彼女たちはこうした弾圧に屈せず運動を続け、軍政下の恐ろしい人権侵害の実態を国内外に訴えつづけた。そしてその運動は七八年六月、アルゼンチンにおけるサッカーのワールドカップ開催により、一つの転機を迎えることになった。すなわち彼女たちの運動は、この大会に集まった外国人たちに行方不明者問題というこの国の恐ろしい現実を認識させ、それが外国の報道陣によって広く世界に報道されることになったからである。アルゼンチンにおける人権侵害は世界の激しい軍政批判を呼び起こし、「五月広場の母たち」は世界各地の人権団体の支援を受け、行方不明者問題について理解と支援を求める運動を国外に広げていった。こうした運動によってアルゼンチンの軍政を批判する国際世論が高まり、それが軍政の退陣を促す重要な契機をつくり出すことになったのである。

こうした状況の中で、アルゼンチンの軍政は国民の批判をそらすため、八二年四月二日、イギリスに対してフォークランド（マルビナス）戦争をしかけたが、早くも六月一四日には敗北し、翌八三年には総選挙を実施して民政移管による退陣を余儀なくされた。文民政権の下でも「五月広場の母たち」は運動を続け、行方不明者問題の糾明と責任追及を政府に迫った。歳月の経過とともに「母たち」は歳老いて祖母となり、そしてその娘たちが成長して運動に加わってきた。「五月広場の母たち」は「五月広場の祖母、母、娘たち」の運動へと発展し、政治の民主化と人権擁護を求める活動の中で、人命の尊さ、家族愛の大切さを人々に改めて深く再認識させる契機をつくり出した。政治的イデオロギーを超越して人間尊重の原点に根を下ろしたこの運動は、思想、信条を異にする多くの人々を人権侵害糾弾の運動へと結集していったのである。

アルゼンチンにおける行方不明者問題の糾明はさまざまな困難な問題を抱えているが、民政移管後政府が調査委員会を設置し、その委員会によって膨大な報告書が作成された。そして人権侵害とフォークランド（マルビナス）戦争の責任を問う裁判が開かれ、大統領を含む陸、海、空三軍の各総司令官の有罪が宣告され、懲役刑の判決が下された。しかし行方不明者問題に関与した膨大な数の人々の罪状を把握することはきわめて困難で、人権団体からの批判を残したまま裁判は打ち切られた。とはいえ、行方不明者問題はアルゼンチンでは裁判にかけられ、その真相の解明と責任追及が法廷で争われたのであるが、同様の問題を抱えているチリやウルグアイでは、民政移管後もいまだ政府による調査も裁判による責任追及も行われておらず、こうした状況を考えると、アルゼンチンの文民政権はこれら両国に比べてより確かな足取りで民主化を進めているといえる。それは「五月広場の母たち」をはじめとする多くの人々の勇気ある運動によって支えられてきたのであり、さらに女性の権利獲得をめざす運動にも影響を及ぼし、民政移管後の女性関連法令の制定や条約の批准を促進する重要な要因となった。

民政移管後の女性関連法令の制定

民政移管後の民主化の過程で政治活動が活力を取り戻し、女性解放運動が高揚する中、女性の権利獲得に関する立法化が進んだ。主要なものは本章の始めに掲げられた年表に示されているとおりである。その中には、長年にわたって要求運動が続けられてきた親権の認定における父母の処遇をめぐるものから、妻に課せられた夫姓使用義務の廃止、姦淫罪の廃止、庶子に対する嫡出子と同等の権利の認定、内縁の妻に対する夫の年金受給の権利認定など、古くからの男尊女卑の観念に基づく主要な法律の改正に加えて、男女の雇用平等と家庭内での対等な責任分担や、女性に対する就労時間の制限撤廃など、雇用をめぐる法令の制定などが含まれている。さらに最近問題として取り上げられるようになってきた家庭内暴力、セクシュアル・ハラスメント、また学校教育における性差別の排除などに関する法令も制定されている。その中で興味を引くのは、七人以上の子どもの母親に対する終身年金の支給を定めた八九年の法律で、これは貧困層の子沢山に対する救済措置であるが、育児を年金支給の対象となる行為として位置づけた点でも画期的である。また省庁を超えた大統領府直属の機関として女性問題を担当する国家女性庁を設置し、各省庁間の縄張りに縛られない総合的な女性問題への取り組みを定めた大統領令が、一九九二年に制定されている。さらにその前年には国会議員の選出をめぐり、各党の被選挙人候補者名簿に女性候補者を三〇%以上含めなければならないとする割当（クオーター）法が制定されている。

このように民政移管後、女性の解放と権利獲得をめぐる立法化の過程に著しい進展がみられる。そしてこの間に制定された女性関連法令の中で、とりわけ論議を呼び注目を集めたのが割当法であり、国政の決議機関への女性の参加を促すこの法律は、男女共同参画の社会づくりの観点からみてきわめて重要な意味をもっている。アルゼンチンにおける同法の制定は、ラテンアメリカのみでなく世界的にも先駆的な試みであり、次節でこの法律についてみていくことにする。

二　女性議員選出に関する割当法の制定

女性議員割当法の制定をめぐる国際的取り組み

議員の選出に際して女性議員の割合を法的に規定している国はきわめて少数であり、ここでまず世界における割当法への取り組みについてみていこう（参考文献4）。列国議会同盟の調査によると、アルゼンチンで割当法が制定された年にあたる一九九一年現在、女性議員の割合を憲法や選挙法で定めていた国は、旧ソ連、フィリピン、ネパール、アンゴラ、アルゼンチンの五カ国であるとされる。そしてこれらの国々の中にはネパールのように女性議員の割合を五%以上という低い水準に設定し、国会への男女の対等な共同参画にはほど遠い状況にある国の事例も含まれている。

ところでこれら五カ国以外にも、国会における女性議員の割合を高める方策として割当法の制定を検討した国々があり、とくに八〇年代のヨーロッパ諸国で割当法への関心が高かった。たとえばフランスでは八二年に国会議員の選出に関する女性割当法が採択された。しかしその後、同法は法の下の平等という憲法の精神に反するとの理由で、裁判所により違憲との判決が下され、その結果同法は廃止されることになった。このように議席の一定割合を法律によって女性に割り当てるという方法は、一方で女性の議会進出を促す反面、他方では法の下の平等という法の大原則への抵触という問題を内包している。そして多くのヨーロッパ諸国では法律の規定に依存することなく、女性が自らの実力で議席を獲得すべきであるという考え方が有力である。そのため割当法を制定するよりも、女性が実力を発揮できる条件を整備することの方が重要だと考えられたのである。

世界の政党の中には割当制を積極的に採用する例もみられ、選挙の立候補者名簿作成における女性議員候補者の割合について、たとえばドイツの社会民主党は八八年に最低四〇%と定め、またスペインの社会主義労働党は八七年に二五%以上とする割当制を導入した。

ラテンアメリカでも政党による女性の割当制採用の事例がみられ、たとえばブラジルの労働党と中央統一労働党がともに三〇%以上、パラグアイではコロラド党が二〇%以上、アスンシオン市民党が四〇%以上、国民会議党が三〇%以上と定め、またコロンビアの自由党も女性の割当制を採用している。このように政党レベルで女性の割当制を採用しているのは、九二年現在三四カ国、五六政党に及ぶとされる。

割当法制定に向けての政党、市民団体の取り組み

アルゼンチンにおける割当法の制定は、超党派の女性政治家グループをはじめとする政党、市民団体を基盤とした精力的な女性解放運動に負うところが大きかった。ここでその活動の概要を紹介しておこう。まず主要政党による取り組みからみよう。

はじめにペロン党についてであるが、同党における女性の活躍ぶりは前に述べたようにすでに党結成初期から傑出していた。女性が初めて選挙権を行使した一九五一年およびその後の選挙で、ペロン党は議員候補者名簿の三分の一に女性を指名し、多くの女性議員を国会に送った。五五年にペロン党政権が退陣したあと、女性の国会議員の数は大幅に減少し、七三年から七六年にかけての第二次ペロン党政権下においても、五五年までの水準を回復することはできなかった。こうした状況の下、ペロン党内では八三年の民政移管後、かつての女性議員候補者三三%割当制の復活をめぐる議論が再燃した。そして国会に限定せず、広い分野にわたって女性参加を促すための割当制を積極的に採用すべしとする意見も出された。しかし国会議員選挙に際して、女性候補者割当制を法案として国会に提出するか否かについては、党内の合意を得るまでには至らなかった。

次に急進党についてみよう。同党は中産階級を支持基盤とする中道勢力で、民政移管後の八三年から八九年まで政権を担当し、民主化を推し進めていった政党である。同党においても性差別の撤廃と女性の政治参加の促進は重要な

課題とされ、女性党員の組織を中心に割当法制定の是非をめぐる検討が加えられてきた。そして八九年一〇月に開催された女性党員の全国大会で、割当法制定案は多数の支持を得るに至った。しかし女性候補者への割当率については意見が分かれ、四〇％論、三五％論、三三％論など諸説入り乱れ、またこうした全国一律の割当率の設定に対しても、他方では各選挙区の実態に合わせてそれぞれ異なった割当率を採用すべきであるとする説も提起された。こうして割当率についてさまざまな議論が展開されたあと、割当法案には、各党が国会選挙の候補者名簿の作成にあたり当選可能と予想される順位内に三〇％以上女性を含めることを盛り込み、八九年一一月、急進党の女性上院議員によって国会へ提出されることになった。

また社会党系の政党である社会人民党、社会民主党もともに女性の政治参加については積極的な取り組みを展開し、その促進剤としての役割を果たしたのが、八四年の女性社会主義者国際大会であった。社会人民党は翌年女性問題を取り扱う全国委員会を設立して性差別撤廃と女性の政治・社会参加を促す活動を強化し、割当法の制定についても賛成派が多数を占めた。

続いて共産党の場合は、すでに一九二〇年代から党中央委員会代表の二五％から三〇％が女性によって占められ、また党内に組織されたアルゼンチン女性同盟を中心に、女性解放運動が精力的に進められてきたという実績をもつ。そのため割当法に依存して女性議員を増やすことには懐疑的で、同法が生み出すであろう実質的差別の拡大を危惧している。最後に保守系政党においては、割当法は、憲法に定められた国民すべてが法の下に平等であるとする基本理念に反しており、女性は割当法に頼らず、自力で議席を獲得するべきであるという意見が支配的であった。

各政党がこうした対応をみせる中、他方では女性議員が党派を超えた協力体制づくりを進め、割当法の制定に向けて活発な運動を展開していった。そして九〇年にアルゼンチンで開催されたラテンアメリカ・カリブ地域女性政治家ネットワーク会議において、アルゼンチンの女性政治家たちは一四党からの代表の参加を得て超党派のアルゼンチン・ネットワークを組織した。この組織は女性の政治参加の促進を活動目標に掲げ、その具体策として、割当法案支持を決議した。

また割当法案の制定に向けて、女性解放運動に取り組む市民団体も支援活動を展開していった。割当法制定に至るまでの過程で、いわゆる院外団体の運動が大きな影響を及ぼしたが、その主要なものの一つが全国女性会議のそれであった。この全国女性会議は、八五年にケニアのナイロビで開かれた国連主催の第三回世界女性会議に参加し、そこで触発されたアルゼンチン女性たちによって八六年に設立された団体である。この会議には国内各地から賛同者が参加して女性をめぐる問題について討議を重ね、現状改善のための行動を提起した。そして九〇年の全国会議で割当法案の支持を決議し、その後割当法制定に向けて活発な示威運動を展開していった。国会での傍聴、マスコミ戦略など、時には一部から女性の圧力団体と批判されるほど強引な行動も展開したが、彼女たちのこうした運動はマスコミを通して広く全国に報じられ、割当法案を広く国民に認識させる役割を果たすことになった。

割当法案の国会審議から制定へ

割当法案は一九八九年一一月二三日、メンドサ州出身の急進党女性議員マルガリータ・トーレスによって、国会選挙法に関する大統領令第二一三五号（八三年八月一八日制定）第六〇条を修正する形で提出された。その修正提案は、提出される国会議員候補者「名簿は当選が可能となる条件で、女性を最低三〇％含むこととし、この要件を満たさない名簿は公認されないものとする」（参考文献4、一一九頁）というものであった。この法案はまず上院で審議、採択された後下院にまわされ、そこでの審議を経て九一年一一月六日、最終的に採択された。続いて同年一一月二九日に公布、そして翌一二月三日に官報で公示された。すなわち法案提出から公示まで二年以上の歳月を要したのであり、その間国会は賛否両論に分かれ、両者の間で激論が闘わされた。

ここで議会審議の内容をみていくが、この法案に対する見解は各政党間の違いよりも各議員の間の相異の方が大きく、まず賛成派の論拠はほぼ次の三点に要約できる。まず第一点は、社会への男女共同参画の重要性を説くものであり、男女は同質性と同時に異質性を併せもつ。それは政治の分野にも反映され、政治において男女が意見を同じくする場合と異にする場合とがありうる。したがって現実の政治の場に男女の意見がともに反映されることは、社会にとって重要かつ有意義であるとするものである。第二点は、男性優位の社会の中にあって、女性議員の割合はきわめて低い水準のまま現在に至っている。それを改めるには法的措置による女性議員の最低割合を確保する以外、いまのところ有効な方法が見当たらない。したがって割当制は積極的な差別是正策として肯定されるべき制度であるとする。第三点は割当率三〇％に関するもので、この率を採用する根拠については国会審議の過程で多くの疑問や反論が提示されたが、それらに対する回答として次のような論拠が提示された。すなわちアルゼンチンではすでに一九五二年から五五年にかけて、女性議員が下院の准州代表議席において二七％から三六％の割合を占めた前例があり、また他の国々の割当率の例では二〇％から四〇％が多く採用されている、というものであった。

これに対して反対派の論点は次の三点にまとめることができる。第一点は割当法が国民の「法の下の平等」を定めた憲法の精神に反するというものである。女性の割当率だけを法で定めることは女性の力を軽視し、女性を男性と同等に扱わない女性蔑視の考えに根ざすものである。女性は男性と同じように、法による優遇措置に頼らず自力で議席を獲得すべきであるとする。第二点は、三〇％という数値の論拠が不十分だとするもので、男女対等な政治参画を唱えるのであれば、三〇％でなく五〇％とするべきであり、三〇％とするのは論理矛盾であるとする。第三点は「当選が可能となる条件で」という法案の文言について、これは選挙実施前に「当選が可能となる」といった不確かな前提に依拠するもので、したがってこの文言は不適切である、と論駁する。

以上のような論点を中心に議会では賛否両論の激しい論争が展開されたが、票決の結果、賛成一四三、反対七、棄権三をもって割当法案は可決された。国会議員選挙に関して採択された割当法は、その後州議会議員選挙においても採用されるようになっていった。割当率については州によって若干の相違があり、女性の割当率を三三％以上や三分の一以上、また男女いずれも六六％あるいは七〇％を超えることができないと規定している州もある。国家女性庁での筆者の面談によれば、九九年一〇月末現在すでに二州を除くすべての州において割当法が制定されているとのことである。

三　男女共同参画の現状と展望

女性の政治参加

女性の権利獲得に関する法令の制定過程についてみてきたので、ここでは男女共同参画の視点から女性たちが現在置かれている状況についてみていこう。

まず行政の分野では、前述のように一九七三年から七六年にかけて世界初の大統領が誕生し、その後に続くボリビア、ハイチ、ニカラグア、パナマなどのラテンアメリカ諸国の女性大統領誕生の先駆けとなった。以後現在までアルゼンチンでは女性大統領は選出されていないが、有力な大統領候補となりうる潜在的な女性政治家が育ってきており、グラシエラ・メイヒデはその代表的な存在である。彼女は政治家を志す前は教員として教壇に立ち、また家庭では三人の子どもに恵まれた幸福な母であった。ところが軍政下で息子の一人が行方不明になり、彼女は行方不明者問題を身をもって体験することになった。愛息を失った悲痛からようやく立ち直り、七七年以来人権擁護の活動を続け、行方不明者問題国家委員会の書記局でも活躍した。その後彼女は人権尊重と反汚職、性急な新自由主義批判を提唱して政党活動に身を投じ、急速に頭角を現わしていった。九九年の大統領選に向けて一時有力な候補と目されていたが、最終的にはアルゼンチン二代目の女性大統領誕生には至らなかった。しかしその政治的力量は党内外から高く評価されており、今後の活躍が多いに期待される実力派である。

次に閣僚についてであるが（参考文献5）、アルゼンチンで初めて女性が閣僚のポストを得たのは、八九年の外務大臣に就任した時である。これはラテンアメリカ諸国の中ではかなり遅れており、域内初の女性大臣はすでに四八年、キューバで誕生している。九四年現在の政府要職に占める女性の割合をみると、大臣ゼロ、次官九・八％、州知事ゼロとなっている。これは他のラテンアメリカ諸国と比べて女性の参加度が決して高くないことを示しており、女性の大臣が在職している国はラテンアメリカの主要一九カ国中一六カ国、女性の州知事が在職しているのは一〇カ国、ま

表1　アルゼンチン国会の性別下院議員数と女性議員の割合

選挙年	議員数	（男性	女性）	女性の割合（%）
1983	254	（ 244	10）	3.9
1985	254	（ 244	10）	3.9
1987	254	（ 242	12）	4.7
1989	254	（ 238	16）	6.3
1991	257	（ 242	15）	5.8
1993	257	（ 220	37）	14.4
1995	257	（ 192	65）	25.3
1997	257	（ 186	71）	27.6

［出所］　http://pro.harvard.edu/abstracts/31/3108 JAPAN Jacqueline.html

表2　アルゼンチン国会の性別上院議員数と女性議員の割合

選挙年	議員数	（男性	女性）	女性の割合（%）
1983	46	（43	3）	6.5
1986	46	（43	3）	6.5
1989	46	（42	4）	8.7
1992	48	（46	2）	4.2
1995	72	（68	4）	5.6

［出所］　表1に同じ。

た女性の次官が占める割合ではアルゼンチンは一九カ国中八番目に位置づけられる。

続いて司法についてみよう。九四年現在最高裁判所には女性の判事はゼロ、また控訴裁判所では一五・三%、判事全体では二九・九%が女性であり、この割合はラテンアメリカ主要一九カ国の中ではほぼ中程度に位置づけられる。

さらに立法の分野をみると、九一年制定の割当法により、国会の下院における女性議員の割合は大幅に増加している。すなわちそれは五〇年代前半のペロン党政権期に二〇%台を記録したのち、一桁台で推移していたが、九三年の改選で一四%台に達した。その後改選ごとに増加して九五年の選挙では二五・三%、さらに九七年の改選では二七・六%に達した（表1）。他方上院議員の方は、各選挙区の選出議員が三名未満なので割当率が適用されず、女性議員の割合は遠く三〇%には及ばない。かつて五〇年代のペロン党政権期に上院議員が二〇%台を記録したが、その後現在まで一桁台で推移し、割当法制定後の九二、九五年の選挙によっても女性議員の割合は各四・二%、五・六%の低率に留まっている（表2）。

以上からわかるように、割当法の制定は女性の下院への進出を急速に推進した。ここで九三年から九八年までの時期を対象に女性議員の割合を国際的に比較してみると、アルゼンチンは世界第八位に位置づけられる。上位五位にはスウェーデン、デンマーク、ノールウェー、オランダ、フィンランドなどの国々が並び、アルゼンチンは下院における女性議員の進出では世界的にも傑出した存在となったのである。

女性の社会参加

次に女性参加の社会的側面についてみていこう。アルゼンチンはラテンアメリカ諸国の中では人口増加率が相対的に低い国で、年平均増加率は一・四％（一九七五―九七年）である。同じ期間の日本の年平均人口増加率〇・六％に比べるとまだ高率であるが、アルゼンチンでも一人の女性が出産する子どもの数の平均値は減少傾向をたどっており、一九七五年の三・四人から九七年には二・六人へと減少している。そうした傾向を踏まえ、アルゼンチンの九七年から二〇一五年までの年平均人口増加率は一・一％に低下すると推計されている（国連開発計画の『人間開発報告書』九九年版）。

次に性別社会開発指標についてみよう（表3）。まず平均余命についてであるが、出生時における男性の平均余命が六九・一歳であるのに対して、女性のそれは七六・二歳と七歳以上の開きがあり、これは世界平均の男性六一・九歳、女性の六五・三歳を大きく上回り、工業先進国平均の各七〇・四歳、七七・九歳に近い水準である。このようにアルゼンチンでは、一方で出生率が低下し、他方で平均余命が工業先進国並みに延びてきているため、人口の年齢別構成が老齢化してきており、それが一つの社会問題となってきている。次に成人識字率をみると、男性も女性も九六・二％と同水準にあり、これも世界の平均水準である男性八三・七％、女性七一・四％を大幅に上回り、工業先進国の水準に近くなっている。また多くの国々では男性の識字率が女性のそれを上回り、女性に対する教育を軽視する傾向がみられるのに対して、アルゼンチンの場合は性間格差が身受けられない。

また教育水準についてみると、初等・中等・高等教育への就学率は、男性六八・七

表3　アルゼンチンの性別社会開発指標とその国際比較（1995年）

	出生時における平均余命（歳）		成人識字率（%）		初等・中等・高等教育就学者の割合（%）	
	女性	男性	女性	男性	女性	男性
アルゼンチン	76.2	69.1	96.2	96.2	80.6	68.7
日本	82.8	76.7	99.0	99.0	77.0	79.0
世界平均	65.3	61.9	71.4	83.7	58.0	62.5
工業先進国平均	77.9	70.4	98.5	98.8	84.0	81.6
途上国平均	63.6	60.7	61.7	78.8	53.0	58.9

［出所］ UNDP, *Human Development Report 1998*, New York & Oxford : Oxford University Press, 1998, pp. 131, 133.

%、女性八〇・六%と女性の方がはるかに高い。ちなみに世界平均では男性六二・五%、女性五八・〇%と男性の方が高率であるのに対して、工業先進国の場合は女性が八四・〇%と男性の八一・六%を凌いでおり、女性の就学率においてアルゼンチンは工業先進国に迫りつつある。そして高等教育における自然科学や応用科学の専攻者のうち、アルゼンチンでは三六%が女性によって占められており、これは工業先進国の平均二七%を上回る水準である。

表4　アルゼンチン首都圏の性別・世帯主別失業率

（%）

年　・月	男性	女性	全世帯主	男性世帯主	女性世帯主
1980・10	1.8	3.4	1.2	1.0	2.0
1990・10	5.7	6.5	3.9	3.7	5.1
1997・10	12.4	17.2	10.3	9.3	14.9

［出所］　INDEC, *Información de prensa, encuesta permanente de hogares Gran Buenos Aires, octubre de l 997*, Buenos Aires, 30 de enero de 1998, p. 13.

女性の経済参加

女性の経済活動への参加状況についてみよう。まず労働力化率であるが、一九八〇年から九〇年にかけて男性の労働力化率が七二・五%から六九・七%へと減少しているのに対して、女性の場合は逆に二四・六%から二六・一%へと増加している。その結果女性の労働力人口は二七六万人から三四三万人へと増加した。

次に雇用問題を失業の側面からみてみよう。最近の傾向として失業問題への対応が世界的な課題となりつつあるが、アルゼンチンの場合も例外ではない。ところでアルゼンチンは歴史的に広大な国土に過少な人口をもち、国外から多くの移民を受け入れて経済成長を実現してきた国であり、したがって失業率も低水準で推移する傾向にあった。しかし九〇年代に入り、急激な新経済自由主義政策が導入され、経済の効率化が進められる中、企業は合理化政策として大量な人員削減を断行し、また市場競争に敗れた企業の倒産もあいついだ。そうした中で失業率が急カーブを描いて上昇し、九五年には全国主要都市平均で一八・四%、首都圏では二〇・二%と、アルゼンチン史上稀にみる高水準に達した。しかもこの高失業は経済の高成長下で起こり、まさに典型的な「雇用なき成長」という事態に立ち至っている。

失業問題は女性、若年層、低学歴者層にしわ寄せされる傾向がみられ、アルゼンチンでも男性に比べて女性の方が失業率は一般に高くなっている。アルゼンチンの失業統計は主要都市についてとられているので、ここで総人口の三分の一の人口を有する首都圏についてみると（表4）、八〇年一〇月から九〇年一〇月、さらに九七年一〇月にかけて男性の失業率が一・八%から五・七%、さらに一二・四%へと上昇しているのに対して、女性の場合は三・四%から六・五%、そして一七・二%へと男性のそれを上回っており、九〇年代に入ってその差は拡大している。またこれを世帯主の性別でみると、同年に男性世帯主の失業率が一・〇%から三・七%、さらに九・三%へと上昇しているのに対して、女性世帯主の場合は二・〇%から五・一%、そして一四・九%へと上昇し、九七年一〇月の高失業時にはなんと女性世帯主の六、七人に一人が失業中という深刻な状況にあった。九〇年代における新経済自由主義の下での「雇用なき成長」は、労働者一般に雇用不安をもたらしているが、そのしわ寄せはより多く女性の肩にのしかかっているのである。

ブエノスアイレスの街頭で、女性リーダーを先頭に生活苦を訴える人々のデモ。

次に労働人口と所得に占める女性のシェアについて国際比較を試みよう。資料は国連開発計画の『人間開発報告書』を用いるが、九九年版からは性別所得シェアの統計が得られないので、九八年版を使うことにする。まず一五歳以上の労働力人口に占める女性の割合を九五年についてみると、アルゼンチンではその割合が三一%であるのに対して、世界平均は四一%で、また工業先進国の平均が四四%、途上国の平均が四一%となっており、いずれもアルゼンチンの水準を上回っている。さらにラテンアメリカ諸国についても、データが示されている二七カ国の中でアルゼンチンの水準を上回っているのは、世界平均以上の水準にあるバルバドス、バハマ、ジャマイカ、ハイチ、ウルグアイの五カ国を含む一八カ国に及ぶ。このように女性の労働力市場への参入において、アルゼンチンは世界的にもラテンアメリカの中でも相対的に低い水準にある。

続けて、女性の所得シェアについて国際比較をしよう。算定方法や比較年次に多少のばらつきがあり、資料上の制約から厳密な比較はできないが、基本的には九五年を対象に考察を進めよう。まずアルゼンチンにおける女性の所得シェアは二二・一%とされており、これは世界平均の三三・七%、また工業先進国の平均三八・〇%、途上国平均三二・四%のいずれより一〇%以上低い値である。さらに同資料でデータが得られる一六三カ国のうち、女性の所得シェアがアルゼンチンより低いのはアラブ諸国が過半を占める一八カ国だけで、その中に含まれるラテンアメリカの国々はチリ、ベリーズ、エクアドル、グアテマラの四カ国にすぎない。ちなみに四〇%を超える高水準にあるのは二八カ国で、それは北欧諸国とアメリカ合衆国、旧社会主義諸国、アフリカ諸国の三グループに分けられ、ラテンアメリカの国々は一国も含まれていない。これをさらに、賃金データ不足を推計によって補う算定方式を用いず、データの信頼性がより高い五七カ国についてみても同様の傾向が読みとれ、アルゼンチンより低いシェアの国はチリ、エクアドル、リビア、ヨルダンの四カ国だけである。

このようにみてくると、アルゼンチンの男女共同参画の社会づくりは、世界初の女性大統領の誕生や女性議員割当法の制定などにみられる先進性と、また男性と同水準、あるいは男性をしのぐ識字率、教育水準、平均寿命などにおいて注目すべき成果をあげている一方、他方では労働力人口や所得に占める女性のシェアでは世界の平均水準をかなり下回っており、経済面においては後進性が身受けられる。そしてそこには女性に良き妻、良き母親としての役割を求め、それを基盤に健全な社会を築き上げようとしたマリアニスモの思想や、ペロン夫妻に主導されたペロニズムにおけるコーポラティズム的女性解放精神の反映を読みとることができる。

こうした女性観はたしかに今日のアルゼンチンで根強く継承されているといえるが、他方では女性の政治、社会進出、労働市場への参入が進む中、従来のこうした伝統的な女性像が変化しつつあるのも事実である。そして雇用が不安定で失業率が高く、それゆえまた所得水準も低い女性が世帯主となり、主たる家計保持者となる家庭が増えてきている。男女共同参画の進展はこうした問題をもたらしており、今後の課題として低所得層へのセイフティ・ネットの整備とともに、経済面での女性参加の促進に力を入れることが緊要である。そしてそのためにもまた割当法の制定によって可能となった国の決議機関への女性の進出を、今後形骸化させることなく内実のある男女共同参画の社会づくりに反映させることが望まれるのである。

参考文献案内

1　国本伊代・乗浩子編『ラテンアメリカ　社会と女性』（新評論、一九八五年）。ラテンアメリカの女性に関する問題を、社会との関わりに焦点を合わせながら歴史的背景と現状および今後の課題を論じた書で、日本におけるこの分野の先駆的な概説書である。本章の序においても同書を参考にしているが、紙数の制約上女性解放運動史については端折った部分が多いので、詳しくは同書を参照のこと。

2　George Psacharopoulos & Zafiris Tzannatos, *Women's Employment and Pay in Latin America: Overview and Methodology* (Washington D. C.: World Bank,1992). ラテンアメリカ諸国の女性についてその労働力化率、就業分野、労働所得などの実態分析を行い、さらに性間格差に関しても考察している。

3　Argentine Republic, National Woman's Council, *National Report: Woman's Situation in the Argentine Republic* (Buenos Aires: National Woman's Council, 1993). アルゼンチン女性が置かれた状況を、法律、政治、教育、健康、雇用、貧困、暴力、農村、先住民、人口移動、環境、国際協力などの分野にわたって概観している。

4　Cámara de Diputados de la Nación, Dirección de Información Parlamentaria, *Estudios e Investigaciones: Mujer* (Buenos Aires: Congreso de la Nación, 1996). アルゼンチン女性が所有している権利を法と政治的側面から論じ、国会議員選挙における女性割当法についても詳しく紹介している。

5　James W. Wilkie ed., *Statistical Abstract of Latin America, Vol. 35* (Buenos Aires: UCLA Latin America Center, University of California, 1999). ラテンアメリカ諸国の経済、社会、政治、地理などに関する詳しい統計資料。ジェンダー関連の統計もある。

2 章

ボリビアの新しい社会と女性

女性政策の進展を中心に

重冨 恵子

私たちは（スペイン語が）あまり上手に話せないでしょ。
実際はいろんなことができるのだけど。
でも人は「ああ、この女たちはあんなふうにしか話せないんだ」と嘲るの。
下手なのは多分（アイマラ語が）混ざってしまうから。
だって、母語なんだもの。でも、そんなふうに人に笑われるから、
話すのが恐くなって黙ってしまうの。

都市に移住したアイマラ系女性たちの勉強会において
Taller de Historia y Participación de la Mujer,
Cuando nos hacen a un lado, La Paz, TAHIPAMU, 1991.

ボリビア女性史関連年表

西暦	事　項
1825	スペインより独立。
1879	(~83) チリと太平洋戦争。
1921	女性による雑誌「フェミンフロール」発行。
1923	初の女性団体アテネオ・フェメニーノ設立。
1932	離婚法。
	(~35) パラグアイとチャコ戦争 (戦時下の労働力不足を補うため女性の職場進出が進む)。
1936	女性労働者連盟設立。
1952	ボリビア革命により民族革命運動党 (MNR) 政権樹立。
	鉱山国有化実施。
	普通選挙法 (女性の参政権認められる)。
1953	農地改革実施。
1956	日ボ移住協定締結。
1964	(~78) クーデターにより軍政が続く。
1972	家族法典。
1975	国連主催の国際女性年第1回世界会議 (メキシコ会議) のトリビューン (民間集会) に鉱婦ドミティーラ・バリオスが招待され発言。
1978	鉱婦4名が始めたハンガーストライキが広がりバンセル独裁政権退陣へ。
1979	女性大統領リディア・ゲイレルが暫定政権に就く。
1980	(~82) 軍事クーデター頻発。
1982	民政移管。
1985	超インフレに見舞われる。
1987	国連女性差別撤廃条約批准。
1990	第1回ボリビア・フェミニスト集会開催。
1992	国家社会行動委員会が改変され国家女性家族委員会となる。
	農牧省に農村女性開発委員会設置。
1993	人間開発省に民族・ジェンダー・高齢者局設置。
	教育改革始まる。
1994	住民参加法制定。
1995	地方分権法制定。
	反家庭内暴力法制定。
1997	組織改変により持続開発企画省にジェンダー・高齢者・家族問題担当次官室設置。
	選挙に関し女性候補者率の割当法制定。
1998	護民官設置。

序　近代的国家建設への取り組み

南米大陸の中央に位置するボリビア共和国は、一九五二年、民族革命運動党の主導によって革命が成立し、鉱山国有化、農地改革、普通選挙などが実施され、民族主義的な国家建設がめざされた。その後六〇年代に入ると軍の介入が始まり、軍人独裁期とクーデター頻発期を経て、民政移管されたのは八二年のことであった。しかし八五年には超インフレに見舞われ、九七年時点でも一人当たり国内総生産（ＧＤＰ）は一〇〇〇ドルと、ラテンアメリカ諸国の中でも貧しい国である。そのため、民主的な選挙による政権交代が定着した九〇年代、改めて国の近代化をめざした機構改革が始められた。九八年のボリビア開発計画では、あらゆる国民の能力を高め、生活の質の向上につながる国づくりを行うとしている。

女性の地位については、女性差別撤廃条約、男女同一労働同一賃金条約など主な国際条約は批准されてきており、一九七九年には暫定政権とはいえ女性大統領を輩出した。しかし、教育、保健衛生、就労などの分野に関する指数はいずれも低い。こうした状況の改善のため、国内の機構改革の流れと合わせて、また第四回世界女性会議（北京会議）の影響を受けて、女性に関する政策の策定や制度整備が急速に進められた。

しかし一言でボリビアの女性といっても、地域、民族、文化、社会階層などによって大く異なっており、同時にそこには格差が存在している。女性政策の進展については、ある特定の文化における女性の地位向上や、単一文化内の男女差別に取り組むだけではなく、女性間に横たわる格差の是正や不平等の是正といった課題がある。

一　多様性と格差

地理的・民族的特性

ボリビアの国土面積は約一〇九平方キロメートルで日本の約三倍にあたるが、総人口は約八一〇万人である。熱帯地域に位置するものの、標高差が大きいため地域ごとの自然条件は随分と異なっている。国土は地理的な特性から三つに分けられる。

第一は、西北から東南にかけて走るアンデス山脈地帯および山脈間に広がる標高四〇〇〇メートルの高原台地（アルティプラーノ）である。気候は寒冷で、先住民族のアイマラ系の人々が多く居住している。ボリビアの第一都市ラパスを擁するラパス県、鉱山町の多いオルロ県やポトシ県が含まれる。

第二の地域はアンデス山脈東部の傾斜面および渓谷地域で、ユンガスあるいはバージェと呼ばれる。気候は温暖で植物層は変化に富み、土壌も豊かである。チュキサカ県、コチャバンバ県、タリハ県が含まれ、先住民族のケチュア系の人々が多く暮らしている。

第三は、熱帯低地の草原地およびアマゾンの熱帯雨林である。グアラニー族をはじめとする少数民族がその独自の暮らしを守ってきたが、開発の進展とともに国内外からの移民が増え、人口の大半は非先住民族である移住民が占めている。この地域には、日本人移住地があるサンタクルス県をはじめ、パンド県、ベニ県が含まれる。

国立統計局による調査では、貧困世帯比率の高いのはポトシ県とパンド県であり、比較的裕福なのがサンタクルス県であった。ただし地方と都市を比べると、いずれの県でも都市の貧困世帯比率は小さくなっている。

地方、とくにアンデス山岳高地は自然環境が厳しく、主要産業である農牧業は伝統的手法に頼っており、生産規模は小さい。土地の細分化が進んでおり、天候不順や市場経済の浸透の影響によって、農業経営は厳しい状態にある。アマゾン熱帯地域も自給経済が中心である。各地域では、ケチュア、アイマラ、グアラニー、その他の言語が話され、伝統的な文化を受け継いで生活が営まれている。

ラパス市やコチャバンバ市などの主要都市は、スペイン植民地時代より白人富裕層が住み商業拠点として栄えてきた。西洋風な生活が送られ、スペイン語が使われている。一九七〇年代からは、サンタクルス県を中心とする東部地域で、輸出産品と結びついた大規模な農牧畜業開発や天然ガス、石油、木材などの資源開発が進み、サンタクルス市はボリビア第二の都市として急速に発展した。しかし一方で、石油や木材資源をめぐる開発は自然環境破壊をもたらしており、先住民族との土地争いも大きな問題になっている。

土地所有に関して全国的にみるならば、広大な土地をもつ富裕農家はわずかであり、農民の大半は小作や零細・小規模農家であるという状態が続いている。

地域間、都市・地方間、男女間格差

ボリビアの女性の状況は一九七〇年代と比べると改善されてきている。女性の平均寿命は五〇歳から六三歳へと延び、識字率は一九七六年の平均五一％から九七年には七一％へと上がった。女性一人が出産する子どもの数は七六年の平均六・五人から九六年には四・五人へ減少し、乳児死亡率も八〇年代の一〇〇〇人当たり九六人から、九六年には六八人に減少した。九五年時点での行政や管理職に占める女性の割合は三割弱であり、専門職では四割となっている。

しかし意思決定の場に参加している女性は少なく、政治の分野では、上院議員二七名中女性は一名、下院議員では一三〇名中八名にすぎない。人間開発省によれば、八九年と九五年の平均収入額を比較すると男女とも全体として増加傾向にあるが、約二倍の開きがある男女問格差は縮まっていない。職種ごとの比較では、幹部職では男性の賃金を一〇〇とした場合、女性は八割未満、機械操作職では四割にすぎない。

表1（次頁）は各県別の状況を表わしたものである。女性の非識字率は、サンタクルス県は一五％であるのにポトシ県は五二％である。一方、県都に絞ってみると、サンタクルス市は五％、ポトシ市は一七％、チュキサカ県の県都

表1　県別教育・保健状況

県名	県平均貧困世帯比率(%)*1	県都内貧困世帯比率(%)	県平均非識字率(女性)(%)	県都内非識字率(%)		県都内15歳以上学歴内訳(%)						乳児死亡(千人あたり人数)	合計特殊出生率(人)
						初等		中等		高等*2			
				女	男	女	男	女	男	女	男		
ラパス	71	44	25	7	1	21	13	51	51	27	33	65	4.2
オルロ	70	55	25	7	1	22	11	53	56	24	32	95	4.1
ポトシ	80	50	52	17	5	25	22	50	52	25	24	98	5.2
コチャバンバ	71	—	30	8	1	21	13	47	54	25	29	69	4.6
チュキサカ	77	47	50	15	4	20	22	39	46	39	30	75	5.2
タリハ	66	—	30	11	2	26	20	52	51	19	27	55	4.5
サンタクルス	58	43	15	5	1	24	19	50	54	16	24	52	4.3
ベニ	77	57	18	8	4	25	18	58	60	16	21	77	5.2
パンド	81	50	26	—	—	—	—	—	—	—	—	73	5.0
全国平均	70	49	29	9	2	24	17	50	54	21	26	68	4.5

［出所］*Desarrollo humano en Bolivia 1998* (La Paz : Ministerio de Desarrollo Humano, 1998)
Encuesta integrada de hogares, séptima ronda 1994, (La Paz : Instituto Nacional de Estadística, 1997)
Bolivia en cifras (同, 1996)
Hogares particulares por estratos, según departamento, provincias y secciones (同, 1997)
［＊1］調査対象は全人口のおよそ17%相当の世帯。
［＊2］高等課程には技術専門学校および大学が含まれている。

スクレ市では一五%といずれも大幅に少なくなっている。とくにスクレ市の場合、高等教育在学ないし修了者は四割近くにも達しており、チュキサカ県全体の非識字率の高さと比べて大きな隔たりがある。公教育はスペイン語で行われてきており、その他の言語を母語とする人々が学習を続けていく際の妨げとなってきた。先に述べた専門職や管理職への女性の進出も学歴と不可分であり、都市での事例なのである。インフラ整備や福祉サービスなどの公共政策が都市部や近代産業分野に集中しがちなことも、地域間、都市―地方間の格差を温存する一因となっている。

ボリビアの人間開発指数が九四年時点で世界一七五カ国中一一三位と低位であることについて、人間開発省は、教育、医療、その他のサービスを受ける機会や、政治や経済活動に参加する機会が、肌の色や社会的地位、階級、性別によって差別され制限されており、全国民の能力が活かせないような不平等が存在しているからだと述べている。

洋装と民族衣装

首都ラパスの中心オフィス街から少し下ったところにカマチョ市場がある。平日は夜まで人でごった返しているが、日曜日はお昼過ぎには商売を終えてしまう店も多い。その代わりというわけでもないが、市場の脇に、三つ編みのおさげ髪に山高帽子をちょこんとのせ、たっぷりと襞をとった長いスカートを重ねばきした一〇代から二〇代前半の娘たちが一列に並ぶ。近づくと、洗濯婦はいりませんかと声をかけてくる。家政業の街角仲介所である。「家政婦市」に立つ女性たちは大半が農村出身者だ。都市に住んでいる親族などを頼って地方からやって来る。しかしボリビアでは、繊維工業をはじめとして製造業部門は小さく、都市に流入する労働力を十分に吸収できない。そのため農村出身の若い女性が就く職業としては、家事、育児などの家政業か道端での物売り、その他のサービス業が主なものとなる。家政業は給金も低く労働条件も悪い。住み込みの場合は外から隔離されるためさらに劣悪な状態に置かれやすく、夜間学校に通うことすら十分に保証されていない。

都市の西洋的な文化や生活様式が家政業を通して修得されるという側面がある。しかしこれは単線的な同化を意味してはいない。民族衣装に身を包んだ、主にアンデス山岳地方や渓谷地方出身の女性たちはチョラと呼ばれ、白人系社会とは住む場所においても、職業的にも、交流面からも分離している。そこには生活スタイル、使用言語、教育水準、経済力、政治力、その他利用できる社会資源の量・質の差が反映されている。

西洋的、近代的生活を送るホワイトカラーの女性の中には、政財界をも含む社会的な人脈をもつ者も多い。一方、チョラは学歴が低く低収入の雑業に就き、国の社会福祉を受ける機会すら多くない。ではあるが、彼女たちは都市の日常生活を支えている。

市場の風景。

ボリビアでは常設市であれ定期市であれ、生活物資の調達にとって市場は不可欠だ。首都の街中でも大規模な定期市が立ち、あらゆる階層の人が利用している。この、国民の台所である市場を切り盛りしているのが、チョラに代表される地方や都市の民衆女性なのである。たしかに都会生活への羨望は強く、洋装していく人も多い。しかし、民族衣装を着ることで、都市民衆としての独自の存在や文化を強く訴えてもいるのである。

多様なジェンダー

地理的、民族的、文化的にさまざまに異なった社会の集まりであるボリビアでは、各地域社会における男女のあり方、つまり男女それぞれに振りあてられる社会的、文化的に形成された規範であるジェンダーも一様ではない。

都市部ではスペイン植民地時代からの文化で、男性のあり方としては「強さ」に執着するマチスモ（男性性優位主義）が存在する。強くあるべしとされる男性に対し、女性は守られるべき弱い存在として位置づけられる。夫婦関係においては夫が外に稼ぎに出て妻を扶養し、女性は家の内にいて家事育児に従事するべきという性別役割分業の規範が成立している。世帯としての方針や運営は夫唱婦随を理想とする。社会的、政治的行動について女性の参加が認められるのは、補佐役の場合が多い。

これに対して、地方の社会についてはいろいろな事例が報告されている。その中には都市に共通するものもある。たとえば町村会や組合など、外部との交渉を担うような公式の組織には女性の参加は少なく、出席しても意見は述べないというのが一般的である。夫が世帯の代表とみなされていることや、性別役割分業が存在する点も共通している。

しかし地方では、女性も生産活動に従事している。たとえば、種蒔き、収穫、家畜の世話、羊毛を利用した織物、農作物や織布の販売などである。いくつかの作業に関しては女性が主導権をもち、生産物販売の収益も自分のものとなる。つまり、農村では生産面を含んでの分業であり、経済力を夫に依存する都市の分業形態と比べると、協働的な側面が強いとも考えられている。

一方、女性は自家消費用の作物を担当するのに対して、男性は換金作物を受けもつことが多く、収入には差が生じていること、家事については女性が主に行っていること、女児は家畜の世話や家事が優先されるために学校に行けないことなども報告されている。

地方の場合、自然条件や生産体系、土地所有や相続の形態、婚姻体系などの要因によって、男女が担う役割は地域により随分異なってくると考えられる。

男女のあり方が単純には捉えられない一例として、ラパス県アマレテ村の事例をあげよう。ロシングの研究（参考文献8）によれば、実生活上の性別役割規範のほかに、象徴としての男女分けが存在するという。森羅万象を男と女という二項目に分けて理解するアマレテの社会では、村民が所有している土地や就任している役職に付与された男女の別が、すなわち当人の象徴上の性別となる。つまり、「男」と認識された土地の所有者は、生物学的には女性であっても象徴上は男性となる。農業組合の事務局長の職位は「女」と認識されているため、事務局長に就任した男性は、一般に女性が行うべきとされる行動規範に準じなければならない。象徴上の性別と実際の性別との組み合わせは一〇通りにのぼるという。

むろん象徴上の性別に従って行動する場合は限定されており、実生活上の男女規範と合わせたうえで議論されなければならない。しかし、これまで地方社会については、都市西洋的な価値観を軸に判断されてきたため、地方独自の男女規範の実態は充分把握されてきていないという問題が指摘されている。

都市への人口流失、消費文化や市場経済の浸透によって、農村の状況はかなり変化しており、それによって既存の男女規範がどのように変化しているのか、そこでの問題点は何かなど、文化変容についての今後の調査研究が待たれる。

二　政治機構改革と女性政策

ボリビアの機構改革

一九九四年にサンチェスデロサダ政権は、市場経済の促進と民主的な社会の構築を二大柱として、近代化促進政策を始めた。バンセル現政権もこの政策を基本的に引き継いでいる。具体的には、民営化を中心とする資本化政策、地方分権、住民参加法の制定、教育改革などである。

教育改革は、近代的民主主義社会を担う新しい市民を育成することを目的とし、あらゆる階層や立場の男女に教育と能力開発の機会を提供することをめざしている。

住民参加法は、先住民族をはじめとして、これまで国家制度や政治に統合されてこなかった人々を制度的に統合するという考えに基づいてつくられた。農村の共同体や都市貧困層の住民団体が、教育、保健、インフラ整備、灌漑などの地域開発計画を策定し、これを自治体が採用するというものである。住民団体は開発計画の監査も行う。同法には、地域開発計画への女性の参加を促すことが明記されている。

しかし住民による計画策定や実施にあたっては、技術的能力的な問題、自治体側の採用基準、財源確保などの問題などがある。さらに、女性住民の意見をどうやって取り入れ、どのように計画に反映させるのか、具体的なことはすべてこれからである。

女性政策企画実施機関

軍政権下の一九七一年に設立された国家社会行動委員会は、食糧援助と結びついて家事や家政に関する教育に重点を置くなど、女性の母親役割や他者への奉仕を強調する傾向があった。同委員会は九二年に未成年者・女性・家族国家機構へ改変されたが、内容に大きな変化はなかった。

しかし翌年には、弱者のための一〇カ年行動計画の中に、公正や平等について取り上げた女性計画が含められた。そして九三年の人間開発省の設立に際し、「民族・ジェンダー・高齢者局」が設けられ、その下に「ジェンダー問題部」が置かれた。

「ジェンダー問題部」は、女性に対する不公正や差別を払拭し、女性が市民として参加できる民主主義的な参加システムを推進し、もってあらゆる女性のニーズに応えることを目的としている。具体的には、意思決定の場への女性の参加の促進、機会均等計画遂行のための法律制定、女性の労働市場への統合と待遇面での差別の撤廃、女性に対する暴力の排除、そして伝統的な性別役割分業体制の変革などであり、これらを盛り込んだ機会均等計画を策定した。

他省庁との連携については、たとえば教育省と調整をとりながら、男女間あるいは民族間格差が是正されるよう、カリキュラムの内容、教材、教員養成、その他の側面について見直しを行っている。ただし、女性政策推進のために全省庁にまたがるような横断的な仕組みをつくることは、今後の課題として残されている。

一九九七年、人間開発省が持続開発企画省に改められたことを期に、「民族・ジェンダー・高齢者局」は「ジェンダー・高齢者・家族問題担当次官室」に改変された。

女性関連法

女性の政治参加に関しては、国政への参加人数を増やす目的から、一九九七年に割当法が制定された。これは選挙の際の各政党の候補者について、上院の議員候補者の二五%、下院の議員候補者の三〇%を女性としなければならないというものである。二〇〇一年の選挙は、同法律が各政党にどれだけ浸透したかが試される選挙となる。

女性に対する暴力排除に取り組むため、九五年に反家庭内暴力法が制定された。相談・提訴窓口として、家庭問題全般については、「女性と家族保護相談所」が設置され、暴力問題については「暴力に関する法律相談サービス所」が設けられた。いずれも、弁護士やソーシャルワーカーが相談やカウンセリングを行っている。啓発教育も実施されており、こうした場の確保によって、これまで表面には表われなかった中流層の女性からの相談や提訴が増えたという。

より広い人権の点からは護民官制度が設けられ、九八年一〇月より活動が開始されている。護民官補佐役三名の内一名は女性問題を専門に担当している。

刑事法を改正し、女性差別に関しての処罰規定を盛り込むことや、全国三一一の地方自治体内に、女性支援の窓口を設置させることを盛り込んだ地方自治体法の制定の実現がめざされている。また「ジェンダー・高齢者・家族問題担当次官室」は最終的には、罰則規定を盛り込んだ反差別法の制定を、憲法改正の動きに合わせて、基本法として制定していきたいとしている。

三　女性政策進展の背景

民主主義とフェミニズム

一九五二年のボリビア革命によって女性は選挙権を手にした。しかし投票はしても、被選挙者として立候補する女性は少なかった。政党内部でも、意思決定の場に参加できる女性は限られていた。多くの女性党員が所属政党への奉仕者という立場に満足し、補佐役を完遂することに喜びを見出していたことは否めない。また、体制が変われば、女性の抱える問題についても自然と解決されていくものだとみなされていた。

しかし革命体制も六四年には揺らぎはじめる。その後はクーデターや軍人独裁が繰り返され、力による統治と苛烈な政治闘争が続いた。

ボリビアでは二〇世紀初頭から女性運動が展開されていたが、政権奪取のために一丸となって闘うことが最優先であった政治闘争の中では、フェミニズムは、内部分裂を引き起こし闘争を弱体化させるものであるとして忌避されてきた。

ところが、七〇年代後半からの軍人独裁打倒の流れは、民主主義的な手続きによる国づくりの要求と重なって展開されていくようになった。軍人独裁のみならず、反軍政闘争を展開していた左翼についても、そのエリートによる大衆支配という体制に対して民主主義の要求はつきつけられた。強圧的で一方的な支配関係をあたり前のこととしていた価値観が揺さぶられはじめたのであった。

一方、一九七五年にメキシコ市で開催された国連主催の国際女性年第一回世界会議（メキシコ会議）に始まる国際的な影響がボリビアでも強まっていた。八一年の時点ではラテンアメリカ＝カリブ・フェミニスト集会に参加するボリビア人は少なかったが、八七年の第四回集会には、ラパスとコチャバンバから派遣団が出された。なかでも、ペルーやチリの事例はボリビアと共通するところが多く、都市の知識人女性が自らの状況を振り返るのに役だった。九〇年からはボリビア国内で年一回ボリビア・フェミニスト集会が開催されるようにもなった。

サバラ（参考文献6）によれば国際的な動きに刺激され、「資本主義は社会にすでに存在する家父長制を強化する」という理解によって、フェミニズムと階級闘争を折り合わせる路線が採用されるようになった。家政業を例にとると、中・上流層の女性が家父長制によって自らに課された差別的な性別役割分業を、下層ないし先住民族など「他の」女性たちに負わせてしまうことで、自らの階級的特権に甘んじると同時に家父長制にも従属すると分析し、これにより階級・民族・男女差別は強化されるという見解がとられるようになった。闘争主義に疑問を感じた知識人女性の多くは政党活動から距離を置くようになっていたが、フェミニズムへの接近を強める中で、民主主義的関係を軸に、自分たちの運動について再考するようになっていったのである。

非政府組織（ＮＧＯ）の活動

一九六〇年代には、教会関係者が地方においてＮＧＯ的な活動を始めていた。八〇年代からは、都市への人口集中や構造調整政策の実施を背景として、都市郊外の低所得者の居住地域が拡大しており、これらの住民を対象として、貧困問題に取り組むＮＧＯが増加した。同じ頃、地方および都市の女性住民を対象としたＮＧＯがいくつか左翼政党によって創設された。女性党員がこれに関わり、食糧援助を軸とした活動を展開した。

しかし同年代の末になると、女性の自立をめぐって活動は反省されるようになった。栄養改善や保健衛生など家庭の福祉は女性に責任があるとして、家族に対する福祉提供者としての立場を強調していること、加えて、政府や援助機関の指示に従って食糧を受け取るだけという受動性を強化していることなどが批判されたのであった。

左翼政党から派生したＮＧＯでコチャバンバ県の農村開発に関わってきた団体は次のように述べている。

農婦は主婦だとあたり前のように思ってきた。だから栄養改善や料理講習、編み物などを教えれば、生活は改善されると思っていた。実際には女性も農作業を担っていたのに、彼女たちに生産に関する技術訓練を行うことは考えもしなかった。ところが生活改善のセミナーや集会については、農婦は家事育児もこなすため多忙であり、開催の時間帯や場所などの面でトラブルが多く、男性からは反対もあって、なかなか効果をあげられなかった。こうした経験から、女性の村の中での立場や状況を考慮しなければいけないことに気づき、状況を分析し改善するためには、NGO内部の企画に女性が意見を出していく必要があることもわかっていくようになった。

やがてNGOは、女性が家庭や地域で行っている福祉分野での貢献は重要であるが、しかし基本的ニーズを受動的に解決するのではなく、経済力を高め、開発計画や援助計画に参加して問題を積極的に解決できるよう、開発へ女性を統合していかなければならないという見解をもつようになった。そして、女性の社会政治参加促進のために、リーダーシップ育成のプログラムが実施されるようにもなった。

NGOは団体によって活動内容も理念も異なるが、都市の知識人女性にとっては、階級や文化の異なる女性の生活に触れることのできる重要な場となっている。

女性団体の調整機関

一九八七年に議会で国連女性差別撤廃条約が批准されたことを受けて、女性に対する暴力反対のキャンペーンが展開された。暴力廃絶を実現するためには、法律の制定や提訴手続きの整備、相談窓口の設置などいくつもの公的な仕組みが必要である。国策に女性のニーズを反映させるための回路づくりは、女性問題に取り組む人々の共通の課題であった。

ちょうど、八〇年代から女性団体のネットワークが形成されはじめていた。ラパスでは「女性問題調整会」、サンタクルスでは「女性フォーラム」、コチャバンバでは「ウニバンバ女性委員会」などが相次いで設立され、加盟団体間の活動や方向性について議論が重ねられていた。

ラパスで活動している「女性問題調整会」を例にとって紹介すると、現在二三のNGOで構成されており、女性の福祉向上のための公共政策を推進することを目的として、加盟団体間の調整作業を行っている。国連から、八五年の第三回世界女性会議（ナイロビ会議）に参加するためのグループをつくるよう働きかけがあり、それがきっかけで設立された。八八年には「女性と国家」「女性とＮＧＯ」「ＮＧＯと国家」の三テーマで作業集会を開き、九二年には教育、経済、政治、医療・保健、法律などの分野にわたって、女性の参加促進のための開発政策提言書を作成し、当時の企画省に提出している。また、国際機関とともに農牧省に働きかけを行い、九二年には「農村女性開発委員会」の創設に寄与した。

「女性問題調整会」は政策提案を主とする団体だが、政策提案のほかにキャンペーンなどを行う調整機関もある。いずれもＮＧＯや女性団体間のネットワークの強化に務めており、同時に、国外の運動とも連携している。

九二年にはこうした調整機関が中心となって、第三回ボリビア・フェミニスト集会が開催された。女性住民団体、青少年団体、ＮＧＯ、政党、女性運動団体、同性愛者グループなど、全国から四〇〇人が参加した大規模な集会であった。さまざまな立場の女性たちが一堂に会するという成果をみたが、一方で、各団体の理念や運動方針は大きく異なっており、対立も生じた。女性運動を主とするフェミニストと、住民運動が中心の民衆女性とはなかなか理解し合えず、また、ＮＧＯや女性住民団体と協動して社会に働きかけようとするフェミニスト・グループと、独立して運動を展開させようとするフェミニスト・グループとの分化も進んだ。

しかしこの会議では、さまざまな立場があることをふまえたうえで、政府や世界に対して、ボリビア市民社会として共通項目を掲げ、共通提案をしていくことで集約に向かった。九四年の第四回世界女性会議（北京会議）開催が迫っていたことが、直接的な圧力となって働いたのである。

そして女性が抱えるニーズや関心について公に議論していくこと、具体的には、どんな立場の女性でも共通して、しかも日常的に直面している「暴力」の問題を中心に、女性の加重労働、労働市場での差別、路上販売に対する差別についての取り組みが、公共政策の中で実施されるよう働きかけていくことになった。こうして、「ジェンダー問題部」が九三年に設立される足がかりが形成されたのである。

四　民衆女性のニーズ

都市民衆女性の場合

ボリビアの都市人口は全人口の六割を超え、なお地方からの人口集中が続いている。主に農村からの流入であるが、一九八〇年代からは鉱山の整理や閉山により解雇された鉱山労働者が大量に都市へ流れ込んだ。このため都市周辺には、地方出身者が建てる新興簡易住宅地が急速に広がった。住宅地といっても暮らしに必要な上下水道、電気、道路などの基盤整備は整っていない。このようなところでは、水の確保から始まって、家事をこなすにも多大の時間と労力がかかる。学校、保健所、保育所などの教育、福祉施設のほかにも、ゴミ処理の問題や公園などの環境整備、防犯などさまざまな施設や仕組みが、町の暮らしには必要である。

すでに述べたように地方出身の女性の就業に関しては、使用言語、学歴、技術などの点から条件は不利である。市場で商売を始めるにしても元手がいる。しかし銀行ではチョラに代表される民衆女性は貸し付けの対象とならない。近年、こうした小規模融資のニーズに応えてマイクロ・クレジット、町金融が活況を呈しているが、NGOの中には女性住民向けに資金貸し付けを始めているところもある。就業面では融資のほかに、識字教育や技術訓練、起業家育成などの就業支援が必要とされている。

住宅地では食事の確保、子どもの世話、衛生環境の維持そして日銭を稼ぐための仕事と、日々の暮らしに追われてしまいやすい。しかし、日々のニーズを解決するためにも、基盤整備や公共福祉サービスの獲得は不可欠であり、加えて女性のための社会教育や就業支援も必要なのである。

基盤整備については一般に、町内会のような住民組織がつくられ、これが政府との交渉にあたったりNGOや教会に援助を求めたりして、実施されてきた。住民参加法の制定によって住民組織が開発主体として公認されることになったいま、誰がどんな計画を立てるのか、住民側の責任と力量がより求められることになる。地域開発の計画立案、実施、監査のための企画力や実務力を高めていくことが必要とされているが、これは男性のみならず女性住民にも当てはまることである。

地方の女性の場合

地方に住む女性が抱えるニーズは、自然環境も含めた地方社会の保全と発展であるといってよいであろう。ここでは、熱帯雨林地帯の先住民族の一つであるモホ族の例を取り上げる。

熱帯低地のベニ県南部から中部にかけての地域がモホ族の居住域である。狩猟、採取、農作物の栽培などに携わり、豊富な自然資源を活用して生活を営んでいた。ベニ県は二〇世紀半ば頃からラパスへの肉類の供給地として牧畜開発が進んでいたが、一九八〇年代からは木材の伐採が急増し、石油採掘も行われるようになって熱帯雨林の環境破壊が進んだ。モホ族の居住域内でも開発による自然破壊が進んでおり、生活に必要な自然資源が減少している。

レム（参考文献7）によれば、モホ族の女性は、たとえば薬草について豊富な知識をもっており、その知識は神聖なものとされてきた。女性のみならず高齢者も自然界との関わりにおいて尊敬される存在であった。しかし近代医療の普及によって、薬草による伝統治療は遅れたものとみなされるようになり、モホ族内での女性や高齢者の地位や権威は下がってしまった。

市場の波によって、伝統的な自給自足生活から現金を必要とする生活に変わったため、男性は現金収入を求めて農場や木材会社に出稼ぎに行くようになった。一方、村の生活を維持するためには、これまで男性が担っていた作業を女性が引き受けて、二重労働をしなければならない。そのため、加重労働を避けて都市へ出稼ぎにいく女性も増えた。

編み物を指導する。

しかしチョラ同様に、就業をはじめとして都市社会への参入は容易ではない。都会の生活では、モホ族女性が経験的にもっている自然に関しての豊富な知識も評価されず、文化的、人種的な偏見や差別にもさらされる。村の伝統的な生活を維持することが難しくなる一方、都市でも十分な生活を送れる保証がないため、生活は貧困化している。それでも都市では識字教育などの教育機会を得ることができ、情報が増え、行動範囲も広げることができる。都市に出た女性たちは「モホ先住民族女性センター」を設立し、自分たちの現状を振り返りながら、居住地域の保全と適切な開発のために運動を続けている。

モホ族も住民参加法によって地域開発の主体として認められた。しかし住民参加法が適用されるのはインフラ整備、教育、保健衛生などの分野である。地域開発に先だって最も肝心な、土地所有をはじめとした自然資源の保全とその管理運用の権利保証という核心事項については、住民参加法の対象外なのである。

モホ族のための開発としては、保健医療、教育、職業訓練、インフラ整備、産業育成、その他の項目について要求があげられているが、その中には看護婦に対する薬草の使用の啓発といったものも含まれている。

地域開発計画の推進が熱帯雨林地帯の生態系の保全・活用となり、ボリビア社会の中でのモホ族の地位向上と同時に、モホ族女性の地位の回復につながっていくことが求められている。

五　女性政策が抱える課題

中央政府の中に女性政策のための機関が開設されるにあたっては、都市知識人女性の果たした役割は大きかった。しかし女性政策は、ボリビア全土の女性にとって実りあるものでなければならない。

これまで述べてきたように、ボリビアの女性の立場や状況は千差万別である。個別のニーズに応えつつ、格差を是正し、全体の水準を上げていくのは容易なことではない。家政業をはじめとして労働条件の改善などさまざまな面で、女性政策担当部門の主導力の発揮が期待されるが、それのみならず、市民運動や住民活動を支援促進し、その活動を保証していく後ろ盾として十全に機能することが求められよう。

住民参加法でうたわれた、地域開発への女性の参加促進を実現化するためには、地方自治体をはじめ住民組織や女性住民に対しても具体的な働きかけを行っていかねばならない。そのためには政府、女性住民団体、NGOなどの各団体間の連携や交流がより重要になってこよう。「女性問題調整会」のような女性団体間調整機関が今後、中央政府とどのような関係をつくり、その活動をどう継続発展させていくのか注目される。

またモホ族の事例でみたように、ある特定の地域において女性の生活と地位が保証されるためには、土地を含むあらゆる生活資源の確保が必要であり、自立的な管理・運用が求められているが、この問題に関しては住民参加法では解決しえないのである。

しかし今日、ボリビアでも持続可能な開発の観点から環境と女性のテーマには関心が向けられており、女性政策と合わせた新しい政策が待たれる。

ボリビアの女性政策は緒についたばかりであり、女性政策に必要な実務担当者や専門家の育成もこれからである。NGOや女性団体調整機関のみならず、「ジェンダー・高齢者・家族問題担当次官室」も資金面、技術面で国際的な支援に頼ってきた。今後のボリビアの女性政策の発展については、国際社会の貢献と責任も問われているのである。

参考文献案内

1　モエマ・ヴィーゼル『私にも話させて、アンデスの鉱山に生きる人々の物語』(現代企画室、一九八四年)。一九七五年のメキシコ会議において、ボリビアの鉱山地区で生活する女性が置かれている苛烈な現状を訴え、先進国のフェミニズムに一石を投じた鉱山婦ドミティーラ・バリオスの物語。

2　『農村生活改善のための女性に配慮した組織化支援基礎調査報告書(ボリヴィア)』(国際協力事業団、一九九七年)。農民組織の実態と女性を対象とした組織活動についての現地調査報告書。

3　*Plan de igualdad de oportunidades para las mujeres* (La Paz: Subsecretaría de Asuntos de Género, 1997) は「ジェンダー問

題部」が作成した男女機会均等政策のための計画書。*Guía jurídica para la mujer y la familia* (La Paz : Subsecretaría de Asunatos de Género, 1997)は女性および家族に関係するボリビアの法律を網羅している。

4　Gloria Ardaya, *Política sin rostro : Mujeres en Bolivia* (Caracas : Editorial Nueva Sociedad, 1989) は二〇世紀初頭から一九八〇年代までの、女性の政治参加および政治をめぐる女性運動を取り上げている。

5　*Mujer y medio ambiente en las estrategias de desarrollo y los procesos de planificación* (La Paz : ILDIS, 1994) は環境開発政策の中に女性がどう位置づけられるのかについて概観するのに便利。

6　Ma. Lourdes Zabala, *Nos/otras en democracia, mineras, cholas y feministas* (La Paz : ILDIS, 1994) はボリビアの女性による運動やフェミニズムの流れについて概説している。

7　Silvia Rivera ed., *Ser mujer indígena, chola o birlocha en la Bolivia postocolonial de los años 90* (La Paz : Subsecretaría de Asuntos de Género, 1996) はアイマラ系の都市移住民社会、コチャバンバの農村社会、アマゾンのモホ族などを取り上げ、都市化ないし近代化の中で先住民族系の女性が直面している状況について考察している。モホ族社会については、同書 Zulema Lehm y Equipo CIDDEBENI, "El saber y el poder en la sociedad mojeña : aproximación desde una perspectiva de género" を参照。

8　Denise Y. Arnold ed., *Mas allá del silencio : Las fronteras de género de los Andes* (La Paz : CIASE, ILCA, 1997) は人類学や言語学の調査研究をもとにアンデス山岳高地およ渓谷地帯のジェンダーについて論じている。アマレテ村の事例は同書の Ina Rosing, "Los diez géneros de Amarete, Bolivia" を参照。

9　H. Buechler & J.M. Buechler, *The World of Sofia Velasques : The Autobiography of a Bolivian Market Vender* (N. Y. : Columbia University Press, 1996). アイマラ語圏高地農村と首都ラパスの二つの世に属し、双方を行き来している女性の自伝。

3 章

ブラジルの新しい社会と女性

「新生ブラジル」の誕生と伝統的価値観の狭間で

三田千代子

ブラジル発見以来、女性は男性に追い着こうと
いつも駆け足で追い駆けてきた。
家庭でも、職場でも、そして人生においても。
「私は自分の世界をもちたいわ。その努力をしているところよ。
もし結婚しても、そこで終わりにしたくはないわ。」（ルーシー、22歳）

週刊誌のインタビューに答えて
Veja, edição especial, agosto-setembro, 1994, pp.10-11.

ブラジル女性史関連年表

西暦	事　項
1961	ジャニオ・クアドロス大統領が辞任し、副大統領ジョアン・ゴラールが大統領に昇格。
1962	新民法発布、別称「既婚女性規定」。
1964	軍事クーデター。政治家、研究者多数追放。
1967	新憲法発布。国家治安法発布。全国学生連盟の集会で逮捕者多数。
1968	軍政令5号布告。国会閉鎖。リオで息子の釈放を求める母親の集会。サンパウロでインフレ撲滅運動始まる。アムネスティー女性運動始まる。
1971	ベティ・フリーダン、ブラジルを訪問。ブラジルの拷問の実態をアムネスティー・インターナショナルが告発。
1974	エルネスト・ガイゼル大統領に就任。経済成長率低下。「ブラジル・アムネスティー運動」開始。
1975	エルゾック誘拐殺人事件。国際女性年第1回世界会議（メキシコ会議）にゼルビニ出席。第1回リオ女性会合開催。ブラジル女性開発センター開設。第1回サンパウロの女性を知る会開催。ブラジル女性センター開設。生活困窮を訴える「母親からの手紙」が大統領に送られる。女性紙 *Brasil Mulher* 発刊。女性紙 *Nós Mulheres* 発刊。
1977	民法に離婚法が制定。
1978	上下両院・州議会選挙で野党進出。民政移管への圧力高まる。生活の改善を求める130万署名が大統領に送られる。
1979	ジョアン・フィゲレイド、大統領に就任。アムネスティー全国会議開催。政治特赦法公布。多党制へ移行。第1回サンパウロ女性大会。第1回ブラジル女性会議開催。リオとサンパウロで空鍋行進。
1980	金属労組の賃上げスト激化。ローマ教皇ヨハネ・パウロⅡ世、ブラジルを訪問。
1982	憲法改正。民法改正案「新女性規定」下院に提出。債務危機表面化。
1983	経済再建計画完成。「女性州審議会」がサンパウロ州、ミナスジェライス州に開設。「サンパウロ州女性問題相談所」開設。
1985	大統領間接選挙で野党連合が勝利。タンクレード・ネーヴェス大統領、就任直前に没し、副大統領ジョゼー・サルネイが大統領に就任。「女性SOS」サンパウロに開設。「女性の権利に関する国家審議会」創設。民主化以後初の女性市長フォルタレザ市に誕生。
1986	経済安定化政策クルザード計画発表。
1988	新憲法発布。女子大学生の数が男子大学生の数を上回る。
1989	サンパウロ市に初の女性市長誕生。大統領直接選挙実施。フェルナンド・コロル、大統領に当選。「女性の権利に関する国家審議会」と法務大臣対立。
1990	経済安定化政策コロル計画発表。
1992	大統領の不正蓄財疑惑発覚。弾劾裁判で有罪。イタマル・フランコ副大統領が大統領に昇格。女性議員候補割当制導入。
1994	経済安定化政策レアル計画発表。フェルナンド・エンリケ・カルドーゾ元蔵相、大統領選挙に当選。直接選挙後初の女性州知事、マラニャン州に誕生。
1997	憲法改正。大統領、州知事、市長の連続再選を認める。民法改正。
1998	総選挙でカルドーゾ大統領再選。初の女性大統領候補を労働党が擁立。

序　植民地社会にみるブラジル女性の原風景

ブラジルは、植民地時代以来家父長的支配が優越する社会として特徴づけられてきた。家父長制社会では、男性にはあらゆる面での「強さ」が、女性には「優しさ」や「従順さ」が求められてきた。

大量の奴隷労働力を用いてヨーロッパ消費市場向けの熱帯産品の栽培を専らとする大農園は、植民地社会の政治・経済・社会・文化、すべての生活の単位であった。本国政府の行政権の及ばない植民地社会で大農園主は、社会・経済的に農園に依存しなければ生きていけない家族やその他の住民に対し生殺与奪のような絶対的な権力を振るって、一族従者を維持管理した。孤立した植民地社会で一族の数を増すことは、農園主にとり政治・経済・社会的権力の拡大につながり、この結果、家父長的大家族制度の下で子どもをもうけることは、女性にとり重要な役割となった。しかも一八八八年まで奴隷制度の続いたブラジルでは、婚姻は一族の財産の維持や拡大のみではなく、一族の血の純潔を守る手段でもあった。したがって婚姻は個人的な事柄ではなく、一族のきわめて政治的事柄であり、家長は婚姻相手を決定する権限を有していた。このようにブラジルの家父長制社会では、娘時代は父親に従い、妻となってからは夫に従い、多くの子どもを産むことが女性の理想とされたのである。

一九世紀に入りブラジルで独立が達成され、帝制時代を迎えると、初期工業化と都市化が起こり、農村の大土地所有制と奴隷制度を基盤に行使された絶対的な家父長権は後退した。都市では、妻や子どもの家長に対する無条件の服従はなくなった。しかし、植民地時代に確立された男性に従属する女性の地位に根本的な変化は、独立後も訪れなかった。一九世紀末に共和制が達成されると、ブラジル初の民法が一九一七年に制定された。それは植民地時代以来、マチスモを基盤に規定されてきた男女の役割を明文化したにすぎなかった。ナポレオン法の影響を受けて制定された一七年のブラジル民法の家族と既婚女性に関する規定は、夫を家族の長とし、妻を「先住民」や「未成年」と同じ市民権のない「無能力者」として、夫への服従を規定していた。

国家統合をめざたヴァルガスが大統領となると、一九三二年に女性参政権が認められた。三四年にブラジル女性は初めてその権利を行使し、女性議員を国会に送るが、民法上の既婚女性の地位に変化は訪れなかった。以来第二次世界大戦が終結する四五年まで、国民は政治に参加することはなかった。ヴァルガス時代の一時期にみられた女性の権利の拡大は、当時の政府の政治的意図によって実現されたものであり、社会的平等の思想が浸透した結果でも、女性自身の主体的運動の結果でもなかった。ブラジルの女性が「女性である」ことを客観的に認識するのに大きな影響を与えたのは、一九七五年にメキシコで開催された国連主催の国際女性年第一回世界会議であった。

一　伝統的な新民法の制定と軍事政権の誕生

六二年「既婚女性規定」

伝統的にマチスモの支配するブラジル社会で既婚女性は、つねに「永遠の未成年」として夫の庇護の下に置かれ、家庭を守ることが女性の役割であるとされてきた。第二次大戦後に国民が選挙権を回復したにもかかわらず、既婚女性には裁判権が認められておらず、別居（離婚法の成立は一九七七年）の訴えは夫のみが起こすことができた。たとえ妻は夫から暴力を受けても、それを裁判所に訴えることはできなかった。夫以外の男性から妻が暴力を受けた場合でも、告訴できるのは被害者である妻ではなく、その夫であった。一九六一年、典型的なポプリストの大統領としてクアドロスが政権の座に就くが、就任七カ月で辞任し、副大統領のゴラールが大統領に就任した。ヴァルガス時代に労働大臣を務め、容共的と評されたゴラール政権下で、女性法曹家が中心となり、女性の地位の法的改善を試みた。

選挙権を有しながら告発権をもたないという矛盾を解消し、「永遠の未成年」から女性を解放する目的で、国家女性審議会が一九六一年に組織され、女性に関する民法条項の改正について検討された。六二年に発布された新民法は「既婚女性規定」とも称されるものであったが、保守派の政治的圧力を受けたために、旧民法に根本的な変更を加えることはできなかった。新民法では妻の夫に対する服従はなくなったが、依然として夫が家庭の主導者であった。しかも旧民法と同様に、妻には告訴の権利が認められておらず、別居の申し立てができるのはやはり夫だけであり、妻は夫の暴力を訴えることはできなかった。とはいえ多少の改善はみられ、妻の就労に夫の許可は必ずしも必要でなくなり、そこから得られた所得は妻の意志によって使用することが認められた。また、夫婦の居住地の選択は夫が行い、妻が同行しなければ家庭の放棄とみなされ、夫はこれによって別居を申し立てることができた。しかし、その居住地が妻にとり不都合であるために同居ができない場合は、妻が別居を裁判所に申し立てることはできるようになった。基本的には六二年の新民法は、夫が家庭運営の権限を有し、妻はそれを容認するというもので、夫を家庭の長とする一七年民法と根本的な変化はみられなかった。

当時、国家女性審議会の委員はこれをブラジル女性の地位改善の出発点とし、その後も改善を求めていくつもりであったが、六四年に軍事クーデターが勃発し、女性の地位に関する民法の改正は七〇年代後半まで据え置かれることになった。

女性によって始まった軍事政権下の社会運動

一九六四年のクーデターによって政権を掌握した軍部は、国家主導による開発計画を推進し、六〇年代末から七〇年代初めにかけて「ブラジルの奇跡」と称される高度経済成長を達成した。ブラジルの高度経済成長は、国民に異を唱えることを力で抑えた軍部の強権政治下で達成されたものであった。このため、人権はしばしば脅かされ、労働組合運動は厳しく抑圧された。

軍事政権下の開発優先経済政策は、インフレを高進させ物価高騰を招いた。とくに、経済的に脆弱な低所得層は、苦しい生活を強いられた。生きるための基本的食料を手にすることのできない主婦にとって、それは深刻な問題であった。また、実質的な賃金の低下によって引き起こされた生活の質の悪化は、強盗・盗難の多発、乳幼児の死亡、少年犯罪の増加といった社会不安を引き起こした。六八年に生活費の高騰に反対する運動が、サンパウロ市の低所得層の住民組織「母親クラブ」の主婦を中心に、カトリック教会の進歩派の支援を得て始まった。軍政府が、軍政令五号によって国会を閉鎖し、軍事独裁体制を確立した後の最初の民衆運動となった。生活費の高騰によって就労を余儀なくされた女性は、安心して幼い子どもを預けることのできる公立保育園の設立を要求した。

開発優先経済政策をとった軍事政権は人権を抑圧蹂躙した。軍政令によって一〇〇〇人に及ぶ政治家、社会運動家、音楽家が国外に亡命を余儀なくされただけではなく、身柄を拘束され、命を奪われた者も少なくない。リオで反政府集会を開催した学生が、軍警察によって殺害されたことにより、一九六八年、政治犯として連行されている大学生の息子の釈放を求める母親が集会を開き、アムネスティー運動の萌芽となった。サンパウロでは、政治犯として軍警察に連行されたまま消息をたっている父や夫、息子や兄の釈放を求める「アムネスティー女性運動」が、妻、母、娘、姉、妹によって始まった。女性たちは、行方不明となった夫や息子の写真を首にかけて、無言のデモ行進を行ったが、軍部の厳しい反政府狩りは続いた。

一般的・全国的運動へ

サンパウロで始まったアムネスティー運動とインフレ撲滅運動は、一九七〇年代に入り、全国的な展開をみせた。とくに、アムネスティー運動は国際的な反響を呼んだ。一九七〇年、一一人のジャーナリストが政治犯に対してブラジルで行われている拷問の実態を告発し、七二年にはアムネスティー・インターナショナルが、ブラジルの拷問に関する実態報告書を作成し、国際社会が注目するところとなった。七四年、サンパウロの「アムネスティー女性運動」は、新聞協会、全国学生連盟、ブラジル司教協議会、人権保護団体などの支持を得て、「ブラジル・アムネスティー運動」という全国的で一般的な運動となった。翌七五年、新聞記者エルゾック誘拐殺人事件が起こり、サンパウロで行われたエルゾックのミサに八〇〇〇人が参列した。同年、メキシコで開催されている世界女性会議でブラジルのアムネスティー運動の女性リーダー、ゼルビニがブラジルの人権抑圧の実状を訴えた。これを機に、国際的にブラジル軍政府に対する非難が高まり、アムネスティー・インターナショナルは、キャンペーンを展開して、ブラジルに圧力をかけた。

七九年に強硬派のガイゼル大統領に代わり、穏健派とされたフィゲイレド将軍が大統領に就任すると、アムネスティー運動は前進した。同年一月、人身保護法が復活し、八月には政治犯に対するアムネスティーが認められた。九月になると、国外亡命を余儀なくされていた人々が家族とともに帰国し、その数は五〇〇〇人に上ったとされる。

他方、サンパウロのインフレ撲滅運動は、州全体に拡大し、生活全般の改善を訴える「貧窮撲滅運動」となった。一九七五年、物価高騰や公共料金の値上げが家計を逼迫させている現状を「母親からの手紙」と称する文書に認め、政府に改善を迫った。七八年には一三〇万の署名を集め、物価凍結、賃金引き上げ、農地改革を求める要望書を大統領に送った。七九年になると、物価高騰と実質賃金の低下による生活の窮乏を訴える運動が、リオやサンパウロをはじめとするブラジル五都市で始まり、「子どもに食事を与えられない母親」の空鍋行進が行われ、サンパウロの主婦によって始まった生活改善運動は、全国的な運動に展開した。七九年の第一回サンパウロ女性大会では、州または企業の運営する保育園の開設が要請され、それまでたった四園のサンパウロ市立保育園は、ただちに一三四園に増えた。一九八四年にはサンパウロ州内六万企業のうち、三八の企業が保育施設を設けるまでになった。保育園開設の運動は、リオや南部のリオグランデドスルにも拡大した。

以上のように、軍事政権下で展開された女性の人権運動や生活改善運動は、妻として母として家族や家庭を守るための手段として展開されたゆえに、厳しく社会運動を制限していた軍事政権ではあったが、その運動を禁止することはできなかった。しかし、二回にわたる石油危機後に訪れた経済危機によって軍事政権は統治力を後退させ、開放政策を余儀なくされた。これにともない労働組合運動が再開されると、女性の社会運動はしだいに重要性を失っていった。

学校の送り迎えをする母親。
専業主婦は低所得層の女性の憧れ。
（在日ブラジル大使館提供）

国際女性年とフェミニズム運動

一九七〇年代は、ブラジルの女性に直接影響を与える出来事が次々と起こった。すなわち、北米のウーマン・リブ運動の先駆者となったベティ・フリーダンが自著『新しい女性の創造』のポルトガル語版の出版を機に七一年、リオを訪問し、フェミニズムの概念や運動がブラジルに広く紹介された。また、伝統的にカトリック教会の影響を受け家族計画に関する積極的な議論を回避してきたブラジルは、七四年に初めて家族計画普及政策を導入した。七五年にラテンアメリカで初めて開催されたメキシコの世界女性会議を機に、女性に関する種々のプログラムや組織が出現し、女性の置かれた状況に対し社会的関心が高まり、女性解放のイデオロギーが普及した。リオでは第一回リオ女性会合が開かれた結果、ブラジルの女性に関する情報センターとして「ブラジル女性センター」が開設された。サンパウロでは国連の情報センターの支援を受けて、サンパウロの女性の諸状況を把握するための会合が開催され、「ブラジル女性開発センター」が開設された。さらに、七〇年代後半に強権政治が緩和され、海外亡命者が帰国するようになると、亡命者とともに欧米のフェミニズム思想やジェンダー概念が持ち込まれ、それまでタブーとされていた中絶や家庭内暴力に対する関心が促された。

以上のようにフェミニズムが都市を中心にブラジル社会に浸透すると、多様な非政府の女性組織が誕生した。女性を男性の暴力から守るために「女性ＳＯＳ」のようなグループが結成されたり、労働組合内には女性部門が開設され、大学には女性研究センターが誕生した。こうした組織は女性研究を行い、国レベルあるいは州レベルのフェミニズム集会や女性労働者集会、勤労女性集会など、多様な集会を開いた。また、ラテンアメリカ・カリブ地域の女性集会にも参加し、国際的な活動も展開した。ジェンダー問題に特化した非政府組織（ＮＧＯ）は、一九八九年に一一五を数え、これらの組織はブラジルの先進地域の南東部と古い開発の歴史を有するが貧困地域の北東部に集中している。

フェミニズムは、伝統的に男性の世界とされる労働組合や政党、知識階級にも反響した。それまで無視されてきた女性に関する問題が、男性の世界でも注目されるようになった。この結果、再婚を可能とする離婚法がにわかに注目されることになった。七七年、再婚が法律上認められない別居に代わり、婚姻の解消を認める離婚が合法化され、民法の一条となった。これにより、夫からだけでなく妻からも離婚訴訟が認められるようになった。一六世紀以来、結婚生活が破綻しても婚姻は解消されず、別居が現実の婚姻生活解消の形態であった。最初の婚姻が解消されない以上は、その後の結婚生活は法律上は内縁関係であり、そこから生まれた子どもは前夫が認知しなければ、法律上の父親は存在しなかった。七七年の離婚法の制定は、家族のあり方に大きな変化をもたらすものとなった。

二　再民主化とフェミニズム運動

連邦政府の女性専門機関の誕生

一九七五年の世界女性会議は、ジェンダー差別に対しブラジル社会の関心を促しただけでなく、連邦政府にも影響を与えた。一九七七年、連邦議会はブラジル女性の置かれた状況を把握する特別委員会を設けた。しかし、行政による本格的な女性の権利や社会参加を改善する運動は、再民主化の過程の中で進展した。

一九八三年に保健省が、「女性の保健と統合支援プログラム」を立案した。これにより妊娠や出産の問題だけではなく、女性の保健衛生全体を、予防と治療を中心に向上させようとした。さらに、女性の社会的状況を改善する目的で「女性の権利に関する国家審議会」（以下「女性の権利審議会」）の創設が、女性組織と女性国会議員によって提案された。八五年、法令七三五三号に基づき、女性差別をなくすことを国策によって促進することを目的に、女性国会議員が委員となり「女性の権利審議会」が開設された。同審議会は法務省の独立機関として、独自の活動と運営を展開した。一九八九年までの四年間、活発な活動を行い、その結果、司法・立法・行政の各分野がジェンダー問題に取り組むようになった。州や市とも連携し、問題の調整と解決にあたった。同時に女性組織とも調整を行い、イベント、セミナー、会議、キャンペーンを開催し、女性に対する暴力、メディアにおける女性のイメージ、憲法上の女性の権利、女性の健康の増進とそれに対する権利の確立、女性と土地問題、女性と労働法の問題、人種偏見、裁判システムなどをめぐって女性運動の組織化や支援を行った。また、三月八日を「女性の日」と定め、女性の問題の認識を促進する日とした。さらに「女性の権利審議会」は研究会を開催し、その結果を種々の文書にして配布し、女性の権利拡大に貢献した。

女性に関する膨大な情報資料を利用して「女性の権利審議会」は「女性情報センター」を開設し、ブラジルの女性組織や人材に関する情報サービス、女性研究や女性保護のための財政的支援も開始した。女性問題に関する国際会議にはブラジルを代表して参加し、国連の女性規約委員会で大きな貢献をした。しかし一九八九年に、審議会は法務大臣と対立し、その権限と活動は制限され、自治的特性や行政力も失われた。

地方行政とジェンダー問題

地方行政レベルでの女性問題に対する取り組みは、一九八二年の直接地方選挙を契機に促進された。八二年の選挙で女性の州政府や市政への参加が促され、八三年には初の「女性州審議会」がサンパウロ州とミナスジェライス州に開設され、女性のための政策が制度的にとられることとなった。以来、各州の審議会は八〇年代の経済的にも政治的にも深刻な危機の中で活動を続けた。一九九一年八月、サンパウロ州議会に女性に対するすべての差別を撤廃する法案を提出し、翌九二年八月、サンパウロ州議会は女性差別撤廃法を承認した。サンパウロ州政府はこの年を「平等法採用の年」と宣言し、八月八日を「平等法採用の日」と定めた。

一九九一年、「女性審議会」を設けている州は一一、市は三六を数えた。このようにブラジルでは州と市が女性差別に関する機関を設置したことによって、行政面でのジェンダー問題に対する取り組みが拡大した。保健、教育、立法、労働、政治、都市計画といったことが、各都市で女性運動の政治力と結びつき、さらに州の立法権と結びついて、地方自治のレベルで女性差別改善が促進された。

たとえば、サンパウロ市は女性組織と協力して女性に対する家庭内暴力の阻止を目的に、女性保護委員会を再民主化の年の一九八五年に創設している。この背景には、女性運動の強力な要請があった。

一九八二年以降、女性運動は、家庭内暴力や性暴力による女性被害者を救うための組織を設置することをその活動の主な目的とするようになった。「愛していれば殺さない」というスローガンを掲げて、女性保護機関の設立を要請する運動を展開した結果、サンパウロ市に最初の女性保護委員会が誕生したのである。この委員会は、警察の介入や法的措置を執行できる権限をもち、心理的かつ社会的暴力の被害者を保護しようとするもので、女性シェルターを目立たぬ形で住宅街に設けている。一九九二年末に、ブラジル全国で同種の委員会は一四一を数え、いずれも州の管理運営の下に置かれている。

八八年の新憲法は家庭内の暴力を抑止するのは国家の義務と定め（第二二六条第八項）、国レベルでも女性に対する家庭内暴力に対応できる制度を整えたが、何よりも大切なことは、被害者の女性自身が、自分は男性の暴力の被害者であり、法的に守られる権利を有していることを知ることである。往々にして男性の家庭内暴力は低所得層で起こり、教育を十分に受けていない女性の多くは、男性の暴力から逃れる術を知らないという状態が依然として続いているのである。

八八年憲法と九七年民法改正

軍事政権が終焉し、「新生ブラジル」が誕生すると、新憲法制定の準備が始まった。一九八六年、憲法制定連邦下院議員五五九人が選出された。このうち、女性議員が二六名を数え、女性が憲法制定に四〇年ぶりに参加した。

一九八五年に設立された「女性の権利審議会」は、八六年八月ブラジリアで「憲法を求める全国女性集会」を開催して、女性の権利を保障する憲法の成立を求めた。この集会には農村労働者、定年退職者、黒人、工場労働者、自由業従事者、議員候補者など多様な社会背景の女性一五〇〇人が参集した。憲法制定議会に審議会の代表は積極的に参加し、新憲法の女性の権利に関する条文に大きな影響を与えた。「内容のある憲法にするために女性の権利を盛り込もう」というのが、「女性の権利審議会」のスローガンであった。ブラジリアの女性集会が要求した女性の権利は、中絶の権利を除き、すべてが新憲法に盛り込まれた。

再民主化の過程で、再び女性に関する民法改正案が一九八二年に下院に提出された。民法改正案は、「新女性規定」と呼ばれ、一九一七年の最初の民法で定められたままとなっている条文の廃止を検討するものであった。すなわち、夫婦共同体の長を夫と定めた条文、娘が父親の意向に背いた結婚をした場合、父親は娘の相続権を取り消すことができることを認める条文、婚姻後妻の非処女性が明らかになった場合、婚姻の無効を認める条文などを廃止することが、提案された。審議の結果、下院では「新女性規定」は認められたが、上院では夫婦共同体の長を夫とする規定の廃止は認められないまま、九七年の民法改正となった。したがって、今日でもブラジルの民法は夫を家族の長と定めている。しかし、新憲法は夫婦共同体における権利と義務の男女平等をうたっており、ジェンダー問題に対する民法と憲法の微妙な差異は、再民主化以後急速に多様化した女性問題にブラジル社会が対応しきれていないことを物語っている。

新憲法制定後の女性運動の主な関心は、女性の健康、とくにエイズやリプロダクティブ・ライツ（性と生殖に関する権利）に移行してきた。秘密裏に行われる中絶件数は、一四〇万（一九九一年）に上ると推定されている。統計上は一五―四五歳の女性一〇〇人につき、三・七人が中絶を経験していることになる。合法化されていないために中絶は秘密裏に行われ、その結果母体に深刻な影響を与えているとして、中絶の合法化を求める運動が展開されるようになった。一九九一年にNGO、いわゆる女性の駆け込み寺「女性の家」、女性研究機関、女性州審議会など、四〇を数える多様な女性組織が連携して、「リプロダクティブ・ヘルス／ライツ（性と生殖に関する健康・権利）全国女性ネットワーク」を開設した。啓蒙的週刊誌が社会階級を問わず行われている中絶の実態を取り上げたことから、女性の権利としての中絶の合法化は、現在ブラジルでもっとも関心の高い女性問題の一つとなっている。しかし、識者の多くは、カトリック教会の影響の強いブラジルで中絶の合法化は困難とみている。

三　教育の普及と女性の就労

教育水準の向上と女性の進学

フェミニズム運動による女性解放の気運と高度経済成長によってもたらされた女性の雇用の拡大は、女性の教育の普及と水準の上昇に貢献した。

「大国ブラジル」のナショナリズムを教育制度を通じて普及に努めた軍事政権は、国民教育制度を整備し、この結果、非識字率が飛躍的に減少した。一九七〇年に三割を超えていた国民（一五歳以上）の非識字率は、再民主化三年後の八八年には二割を下回った。しかも、七〇年に女性の非識字率は五％ほど男性のそれを上回っていたが、この間に男女の非識字率の格差が縮小し、八八年は男女の格差がほとんどなくなった。これにともない、一九八〇―九〇年に就学率も上昇した。一〇歳以上の人口のうち、義務教育八年以上の教育を受けたものの割合は二割弱から二・五割に増加している。しかし、八〇年代に留年と退学の割合は改善されず、八〇年のそれぞれの割合は二〇％と一〇％で、八八年にも一九％と一二％と、ほぼ横ばいであった。要するに、義務教育は普及し、非識字率は低下したが、教育の質の改善は今後ブラジルが取り組まねばならない教育問題の一つとなったのである。

再民主化以降、大学教育が普及したとはいえ、ラテンアメリカ諸国の中でもブラジルは、大学教育を受けた者は依然として一握りの人口にすぎない。一九九九年現在で一八―二四歳人口のうち、大学生の占める割合は約一割で、アルゼンチンの三割強、フランスの四割、アメリカ合衆国の六割と比べると、はるかに低い。高校終了時の生徒さえ、大学進学を希望者するのは三割をわずかに上回っているにすぎない。

一九二二年にブラジルで高等教育機関コレジオ・ドン・ペドロⅡ世校の門戸が女性に開放されて以来、高等教育機関では男子学生の数が女子学生のそれをつねに上回っていた。ところが、一九八〇年代に入り男女比は逆転し、八八年の大学生数一五〇万のうち女性は半分を超え、女性の大学進学率が男性を上回った。男性優位の伝統が残るブラジルの競争社会で女性が社会上昇しようとすれば、教育は上昇のための有効な手段である。また、七〇年代以降多数の大学が地方に開校されたことも、女性の大学進学を容易にした要因である。

ところが、大学における男女の専攻分野には大きな差がみられる。女子学生が八割以上占める学部は教育学部、人文科学学部、経済学部、六割以上は芸術、社会科学、コミュニケーション、社会福祉、医学および保健の各学部である。反対に男子学生が半数以上を占める学部は、機械工学、自然科学、経営・商学、法律などである。教育学部は、女子学生の三割以上が専攻している学部である。高等教育において女性が教育学を修める結果、教師は母性の延長とみなして女性の仕事としてきたブラジルの伝統が依然として続いている。幼稚園のような就学前教育機関の教員の九・八割、初等教育機関の教員の八・五割と、圧倒的に女性が多い。教育水準が上がるにしたがって女性教員の占める割合は減少し、中等では五割、大学では三割となる。

経済成長によって低下した非識字率にともない、女性の教育も普及し、大学生の男女の割合は、ほぼ総人口の男女比を反映した数値となっている。年齢一〇歳以上の女性の就労率は三割強であるが、就学年数が九年を超える高等教育以上の教育を受けた女性の就労率は六割を超えている。このように女性の就学年数の長期化は、女性の職場進出を促進したが、同時に出産年齢に影響を与えることになる。

促進された女性の就労

一九六〇年代以降の都市人口の増加と工業化の進展は、女性に就労の機会を拡大したと同時に、インフレの高進による生活費の高騰が女性を労働市場へと押し出す契機となった。一九八〇年にヨハネ・パウロⅡ世は、住民の八五%がカトリック教徒とされるブラジルを訪問し、カトリック世界の頂点に立つローマ教皇として「女性の場は家庭で、家庭の管理が女性の役割である。外で働くことは女性の本分ではない」と、ブラジル女性の職場進出に警告を発したにもかかわらず、八〇年に二・五割を占めていた女性の就労率は、緊縮経済政策のもとで雇用創出力が後退したにもかかわらず、九〇年には三割を超え、九五年には三・五割に達し、女性の社会進出に歯止めはかからなかった。都市に限れば、既婚女性の職場進出の割合はさらに高く、ブラジルの七州都で一〇歳の子どものいる一七七組の中産階級の夫婦（夫の平均年齢四二歳、妻の同年齢三九歳）のうち、七割の妻が就労していた。ちなみに、これらの夫婦の親の世代（つまり六〇年代）では、母親が就労していた割合は一・五割にすぎなかった。

女性就労者の増加にともない、女性の職場での地位も多様となった。管理職に占める女性の割合が、八一年から九〇年の間に年平均およそ一割ずつ増加してきており、より高い地位の職業に女性が急速な勢いで進出している。高収入をともなう専門性の高い職業に女性が進出した一方で、都市の労働市場では未熟練の肉体労働（家事労働者、店員、行商人、見習いまたは補助の工場労働者など）が同時に増加し、女性就労者数の半数以上の占める職種となっている。

農村地域ではいまでも水汲みは女性の重要な仕事の一つ。

低所得層の女性にとって就労は権利であるよりも、生きるために働かなければならない義務のようなものである。未熟練の労働市場に女性が参入することは、貧困の証である。つまり、八〇年代にインフレによって給与水準が下落したために未熟練の女性労働者が、低賃金の労働市場に進出することを余儀なくされた結果なのである。

高学歴・高収入の女性と「エンプレガーダ」

出産は依然として女性の就労に大きな影響を与える。母親になることを早めるか、できる限り遅くするかの選択に女性は迫られる。一九八〇年の調査では、サンパウロ州で生まれた子ども一割強の母親の年齢が一五―一九歳であったが、九二年にはこの数値が二割弱に上っている。

反対に、母親になる前にキャリアを積んだり、夫との関係を大切にしたり、あるいは家を購入したり、旅行を楽しむことを選択する女性も多い。この結果、初産の高齢化が進み、一九八〇年から九二年に四五―四九歳の高齢出産が五割以上も増え、五〇歳以上は七割強も増加した。高学歴の女性が専門職に就いて、子どもを育て、仕事を続けるためには、多数の人の助けが必要となる。先進国出身のベビー・シッターを高額の給料で雇い、さらに夜勤の看護婦、掃除人、料理人と、雇わねばならない。職種による給与格差の大きいブラジルで高額所得を得ている女性ができる育児と仕事の両立である。

高学歴の女性が高齢出産をし、高所得の専門職で仕事を続けていくことができるのは、「エンプレガーダ」という、低賃金の女性の家事労働者が伝統的に存在してきたからである。エンプレガーダは、女性の職業の中では教師、秘書、看護婦、店員と並んで多数の女性が従事してきた職種である。九一年の調査によれば、乳幼児を抱えて働く女性の四分の一は、子どもをエンプレガーダかベビー・シッターに預けている。親または親類に預けて働いている母親も四分の一ほどに上った。保育園または就学前学校に通わせている母親は一割であった。低収入のエンプレガーダとして働く貧困層の女性は、親類に自分の子どもの面倒を頼むか、空きの少ない公立の保育園に預けることになる。子どもを預かってもらえる知り合いもなく、公立保育園に通わせることのできないエンプレガーダは、幼い子どもを年上の子どもに面倒をみさせるか、家に置いたまま仕事に出ることになる。こうした貧困層の子どもが日々出会うであろう危険を想像することはそれほど難しいことではない。

ブラジル女性が管理職に占める割合は三％弱で、アメリカ合衆国の六％やドイツの三％強を下回るが、日本の一％未満をはるかに凌いでいる。このように日本とは比較にならないほどブラジル女性が管理職に就くのを可能としている条件の一つは、低賃金に甘んじなければならない貧困層の人々の存在であり、こうした貧しい人々を犠牲にして高学歴のブラジル女性は男性とともにキャリアを積んでいるのである。

ところが、このエンプレガーダというブラジル女性の伝統的な職業は、この三〇年間に女性労働市場でその割合を減少させてきた。一九六〇年に女性の職種の三割以上を占めていたエンプレガーダは、八〇年に二割に減少し、九〇年には一割となった。このため、ブラジル女性は、この五〇〇年変わることのなかった「家事をするのはエンプレガーダ。エンプレガーダは女性である」という考え方を変えなければならなくなった。エンプレガーダがいなければ、家事は妻の仕事となった。夫の仕事にはならなかった。男性がするのはあくまでも家事の手伝いである。エンプレガーダの減少にともなって、電子レンジや冷凍食品がこの一〇年間に普及し、女性の家事の負担の軽減につながったが、男性の家庭における役割を変えることはなかった。女性の就労、エンプレガーダの減少、家電の普及によって女性は、自分自身の役割を変化させることの必要性に気づきはじめたが、男性の意識の変化はそれにともなってはいない。

高学歴の女性が男性と肩を並べて社会進出を果たし、男女差別を克服して新しい時代の女性として活躍しているようにみえるブラジルの管理職の女性も実は、エンプレガーダとマチスモというブラジルの伝統から完全に解放されてはいないのである。

四　女性の政治参加

割当制の導入

一九三二年にブラジル女性は参政権を手にしたが、女性の政治参加を促進するような社会政治状況は形成されてこなかった。地方政治の舞台にやっと女性の存在が目立つようになるのは、軍事政権以後に再民主化が達成されてからのことである。

一九八五年にナイロビで開催された第三回世界女性会議で、平等な女性の政治参加の実現が宣言された結果、女性の参加を保障する割当制の導入が世界各国で試みられた。とくに、ブラジル、チリ、アルゼンチンのように政治の民主化を進めていた国で、この割当制は注目された。割当制は、政治の世界における男女の代表性の平等を実現する一手段として、国政および地方政治の選挙において各政党が候補者の中に一定割合の女性候補者を擁立することを提案したものである。この女性割当制を逸速く導入した国はアルゼンチンで、一九九一年のことである。ブラジルでは二〇％の女性候補者の擁立を奨励する制度が一九九二年に導入され、二〇〇〇年の選挙では三〇％に引き上げられることになっている。

表1 ブラジル連邦議会における議員構成の推移（1986—1998年）

選挙年	上院議会		下院議会	
	総議席数(男　女)	女性の割合（%）	総議席数(男　女)	女性の割合（%）
1986	71　(71　0)	0.0	487　(461　26)	5.3
1990	81　(79　2)	2.5	503　(473　28)	5.6
1994	81　(75　6)	7.4	513　(477　34)	6.6
1998	81　(71　10)	12.3	512　(483　29)	5.7

［出所］http://www.camara.gov.br/deputado/ord.alfa/az.htm (1999.6.8), http://www.senado.gov.br.(1999.6.8)から作成。

割当制による国政レベルの選挙は、九四年と九八年の二回すでに行われたことになるが、選挙結果をみてみると、制度導入後、上院では女性の占める割合が増加したが、下院では割当制の明確な効果があったとはいえない（表1参照）。一九九四年のブラジルの下院議会で女性議員の占める割合は六・六%で、日本（二・四%）やフランス（六%）より高いが、アメリカ合衆国（一一%）デンマーク（三三%）イギリス（九%）南アフリカ（二四%）のいずれよりも下回っている。九八年には上院で女性議員の割合が一二%を超えてはいるが、下院議会では五・七%と減少している。九八年の選挙結果を受けて、九九年四月に発足した第二次カルドーゾ政権の全閣僚三七人のうち、女性は国内広報庁、行政資産庁、社会福祉庁の三人の長官に止まっている。ブラジル女性の政治参加は依然として目標に達していない。

女性議員と「パレンテーラ」

連邦議会選挙でも地方選挙でも、当選を果たす女性議員の社会背景は二分される。通常、与党に属している夫または父親の威信の恩恵にあずかって当選する場合と、労働党やブラジル共産党から立候補して左翼運動の闘士として選出される場合とがある。

マラニャン州のオリガーキー（寡頭支配勢力）として有名なサルネイ元大統領の娘ロゼアナ・サルネイは、直接選挙後の初の女性州知事として一九九四年にマラニャン州知事に選出され、九八年には再選を果たした。ロゼアナ州知事のように、当初はオリガーキー出身の恩恵にあずかって当選するが、在任中に個人的な信頼を獲得して再選を果たす女性議員の例が最近ではみられる。しかし、保守的な地域では依然として有力な親族集団パレンテーラの出身であることが、選挙で勝利する大切な要因である。

左派の女性議員の場合は、七〇年代に社会運動や政治運動でリーダーシップを発揮した結果選出されたものであるが、九八年の選挙では、社会運動や政治闘争が後退したために、左翼代表の女性政治家が当選を果たすのは困難となっている。九八年の国政選挙ではいずれの左派政党も、ピアウイ、パライバ、ペルナンブコ、セルジペ、ロライマ、パラナの六州からは女性議員を連邦議会に送り出せなかった。しかし、当選はできなかったが、ブラジル初の女性大統領候補ルイスを擁立したのは、労働党であった。

北部や中西部の選挙人口の少ない地方では、女性議員の割合（北部一五％、中西部一七％）は高い。ところが人口が多く保守的な伝統が残る北東部では、下院議員一五一人のうち、女性議員は九八年の選挙で二人減り、五人になった。北東部は連邦議会に送り出している女性議員の数は少ないが、地方議会では過去二〇年間の女性の政治参加は顕著である。ロゼアナが直接選挙導入後、ブラジル初の女性州知事となったマラニャン州は北東部に属している。セアラ州の州都フォルタレザの市長に一九八五年に選出されたフォンテネレは、ブラジル初の女性市長である。フォルタレザのほかに直接選挙導入後に女性が州都の市長となったのは、サルヴァドール（バイア州）、サンルイス（マラニャン州）、ナタル（リオグランデドノルテ州）、マセイオ（アラゴアス州）と、ナタルを除きいずれも北東部諸州においてである。一九八八年にブラジルの女性市長は一〇七人を数えたが、うち七四人は北東部の市長であった。北東部に続いて多数を数えた南東部の女性市長は一七人にすぎなかった。このように国政レベルと地方政治レベルにおける女性政治家のきわめて対照的な存在は、ブラジルの政治文化の特徴を端的に表わしており、注目に値する。

北東部がオリガーキー支配の伝統が強くみられる地方であることを考えると、地方政治における女性の進出は、必ずしも女性の政治参加機会平等の原則が実現された結果とはいえない。むしろ、地方政治における女性政治家の存在は、オリガーキー支配の結果であり、その地方の伝統的なパレンテーラの一員である候補者がたまたま女性であったにすぎないのである。

二一世紀への展望

一九七五年以降に起こったブラジル社会のさまざまな変化は、女性の意識に変化をもたらし、メキシコの世界女性会議が、ブラジル女性の解放に大きな影響を与えたことは明らかである。

軍事独裁政権から民主体制へという「新生ブラジル」の誕生、政府主導型から民間主導型へと経済開発姿勢の変化、都市人口の急速な増加、離婚法の成立など、激しい社会変化をブラジル女性は、七五年以降経験してきた。一九九四年に都市の女性を対象に行われた意識調査によれば、一世代前の一九六七年の女性の意識と比較すると、伝統的なラテンアメリカの女性像が後退し、男女平等意識が普及している。

たとえば、妻・母・主婦であることに満足している女性は、六七年では八割以上を占めていたが、九四年には二割にしかならなかった。むしろ、女性は就労すべきであると考える女性が、九四年には九割弱を占め、六七年の三倍になった。また、男女の能力について同等と考える女性が、六七年に八割弱であったのに対し、九四年には九割以上の女性が差がないとしている。しかも、選挙投票において夫の意向に従うとした女性が六七年には三割もいたのに対し、九四年には反対に九割の女性がそれを否定している。これは、民法に盛られた家父長的規定から着実に女性が解放されつつあることを物語っている。夫と妻の不倫に関する意見も、マチスモの影響の変化がみられる。九四年に女性の約半分が、妻の不倫も夫の不倫も許されるとしている。しかし、六七年の女性は、妻の不倫には寛大であるが、夫の不倫には不寛容である。ここには、夫に逆らうことが許されないマチスモ支配の社会で、夫の不倫に堪えなければならなかった既婚女性の姿が想像される。九四年には妻の不倫も夫の不倫も支持する割合が同じとなったことは、きわめて示唆に富んでいる。それは、男女平等の意識の顕れであり、マチスモの後退が明らかとなったことを物語っている。

とはいえ、専門職に就いて男性と肩を並べて仕事を精力的にこなしている高学歴・高収入のブラジル女性といえども、マチスモの伝統を完全に克服しているわではなく、家庭と会社の仕事は女性の役割という二重の労働から解放されていない。「夫が献立のことを考えたり、食器洗いを手伝ったりするのは私は嫌です。それは私の仕事ですから…」。これは、五カ国語を話し、年収一五万ドルの外資系企業に勤める四五歳の女性重役の言葉である。こうした考えは、女性にも男性にもあり、このために女性は二重の労働から逃れられないままでいる。

一九九二年に導入された女性候補者割当制は、ただちに女性議員の当選につながらなくとも、女性が大統領になれるという大いなる可能性をもたらした。人々の意識の変化は新しい制度をもたらすが、反対に、新しい制度の導入は人々に意識の変化をもたらす。九八年の地方選挙で、三人の女性が州知事候補として立候補したことは、次世代が新しいブラジル社会像を作り出すのに役立った。ある副州知事候補の娘は、「お父さん、私、大人になったら何になるか決めたわ。州知事よ」と宣言したという。

五〇〇年におよぶ家父長支配が、たった一〇年前の新憲法やフェミニズム運動によってただちに消滅することはない。ましてや、ブラジルの民法はいまなお、家族の長を夫とし、妻を夫の協力者と定めているのである。しかし、新しい制度の導入によって、ブラジルの女性が意識を変化させつつあることも明らかである。

参考文献案内

1 Teresa Valdes y Enrique Gomariz, *Mujeres latinoamericanas en cifras : Brasil* (Santiago : FLACSO, 1992). ブラジル女性の社会・文化・経済・政治の各分野における状況を統計資料によって示してある。一九六〇年代以降を主に扱っている。女性による社会運動やフェミニズム運動に関する簡単な歴史記述がある。

2 *Mulher–A grande mudança no Brasil* (*Vejá* edição especial, agosto/setembro, 1994). 一九六〇年代と九〇年代のブラジル女性の意識や社会環境を比較することで、今日のブラジル女性の姿をわかりやすく示している。テーマ別にブラジル女性に関する記述があり、今日のブラジル女性を概観するのに便利である。

3 Mary Del Priore(org.), *História da mulheres no Brasil* (São Paulo : UNESP, 1997). 植民地時代から現代までのブラジル女性史で、主として社会学者と歴史学者によって編まれた論文集。通史ではないので各章を関心に応じて読んでも有益である。

4　Jacqueline J. Polanco, "Women's Political Representation in Latin American and Caribbean Parlament", http : //pro. harvard. edu/abstracts/31/3108 Jacqueleine. html.　ラテンアメリカの再民主化過程における女性議員の国会における割合の動向を研究したもので、アルゼンチン、ブラジル、チリ、メキシコ、ドミニカ共和国を事例として扱っている。

5　Maria Amelia de Almeida Teles, *Breve história do feminismo no Brasil* (São Paulo : Brasiliense, 1999).　著者は、左派のフェミニズム運動家で、一九七五年に創刊された女性新聞 *Brasil Mulher* の編集に携わり、サンパウロのアムネスティー運動を推進した人物。七五年以降の女性運動の動向を鳥瞰するのに便利である。

6　三田千代子「メキシコ国際婦人年世界会議から二〇年――ブラジル女性の就労と生活」（アジア経済研究所編『第三世界の働く女性』明石書店、一九九六年、二〇〇―二〇七頁）。一九七五年の国際女性年第一回世界会議以降のブラジル女性の就労の諸状況を分析している。

7　三田千代子「ブラジル社会の伝統と女性」（国本伊代・乗浩子編『ラテンアメリカ　社会と女性』新評論、一九八五年）、同「ブラジルの女性と女性運動――その歴史的概観」（『イベロアメリカ研究』VI―1、一九八四年七月）は、いずれも本章の前史にあたる。

4 章

チリの女性運動

反軍政抵抗運動からの脱却を求めて

安井 伸・舟橋 恵美

私たちは、社会のあらゆる場において女性が完全に参加できない限り、
チリに真の民主主義は実現されないと堅く信じている。
女性の権利が尊重され、実際に行使されることにより、
チリ国民が民主主義の下に共存するための礎が
強化されると確信している。

「民主主義への女性の要求」(1988) より
DEMANDAS DE LAS MUJERES A LA DEMOCRACIA, 1988.

チリ女性史関連年表

西暦	事　　項
1970	（11月）アジェンデ人民連合政権誕生。
1972	（９月）大統領直属の女性局創設。
1973	（９月）軍事クーデターにより、人民連合政権崩壊。
1974	逮捕者・行方不明者家族の会創設。
1978	（11月）第１回全国女性集会。
1980	（９月）新憲法承認のための国民投票。
1981	（12月）全国女性労働者集会（第４回全国女性集会）。
	ポブラシオン組織連合（ＣＯＡＰＯ）結成。
1982	チリ女性（ＭＵＤＥＣＨＩ）結成。
	ポブラシオン女性運動（ＭＯＭＵＰＯ）結成。
1983	（１月）政府、チリ銀行とサンチアゴ銀行への介入を発表。
	（５月）最初の国民抗議運動。
	（６月）チリ女性解放運動（ＭＥＭＣＨ'83）集会。
	（11月）活力を求める女性たち（Mujeres por la Vida）の結成。
	ラモラーダ女性開発団体（La Morada）結成。
1984	反軍政女性政治連合結成。
1985	女性団結のための委員会発足。
1986	市民会議に「女性による要請書」が提出される。
	ポブラシオン統一組織（ＣＵＰ）結成。
1988	（10月）国民投票により、ピノチェットの大統領継続に国民が反対。
	「民主主義への女性の要求」が提出される。
	女性による民主主義のための協約成立。
1989	チリ、国連女性差別撤廃条約批准。
	（12月）クーデター後初の国政選挙。
1990	（３月）民政移管。
	家事労働者に対する解雇金の支給を定める。
1991	国家女性庁（ＳＥＲＮＡＭ）の創設。
1994	法律第19250号（労働契約に関する一連の改善）公布。
	女性庁により「女性のための機会均等化計画（1994—99年）」が作成される。
	家庭内暴力取締法公布。
1998	嫡出子と非嫡出子との区別の廃止。
1999	性的犯罪取締法公布。
	男女の法的平等を定める憲法改正（第１条、第19条）。

序　チリ女性の二五年

チリでは、比較的早くから啓蒙主義的な女性解放思想が存在したが、これは二〇世紀に入って女性選挙権獲得運動と女性への教育の普及を求める運動に発展し、一九四九年の選挙法改正による女性参政権の獲得および女性に対する初等教育の普及により一応の目的を果たした。他方、二〇世紀中頃から、歴代の大統領夫人のイニシアティブにより都市貧困層の自助組織である母親センターの組織化が進められたが、調理・裁縫などの実習を中心とする伝統的な女性の役割分担の域を超えるものではなかった。次いで六〇年代に入ると、エドゥアルド・フレイ・モンタルバ（在任一九六四―七〇年）とサルバドル・アジェンデ（在任一九七〇―七三年）両政権下で、都市貧民層の政治動員策の一環として女性組織の拡大が図られた。また、アジェンデ政権下では家族省の設立が企図され、女性の地位改善をその目的の一つとしたが、七三年の軍事クーデターの発生により日の目をみなかった。

一九七三年から九〇年までの一六年間半にわたった軍政時代には、軍の弾圧により、政党活動は事実上禁止され、労働組合などの伝統的な社会運動は壊滅的な打撃を被った。これに代わって軍政下で成長したのは、共同鍋・共同購入・共同作業所などポブラシオン（都市低所得者層の居住地区）の貧困層の間に生まれた、生存維持を目的とするさまざまな互助的な住民組織であった。そのような組織においては、軍政の弾圧と経済危機による失業の嵐により無力化した男性たちに代わり、女性たちが中心的役割を果たした。他方、軍事政権による人権侵害に対抗して生まれたさまざまな人権擁護組織においても、女性が中心的な役割を果たした。また、専門職・中産階級出身の女性を中心とするフェミニズム運動も都市貧困層の女性を取り込みながら、軍政打倒と民主化を要求する運動において重要な一角を占めるに至った。これらの運動は、女性の地位向上をめざす国際的な動きと連動しながら、民政移管後に国家女性庁を誕生させる原動力となった。しかし軍政時代に経済的苦境の克服・人権擁護・民主化要求という差し迫った必要性から生まれたこれらの社会運動は、民政移管の達成と十数年に及ぶ経済成長の中で、当初の存在意義を失いつつあり、チリの女性運動は新たな方向性を模索している。

本章では、軍政から民政への移行を経験したここ四半世紀のチリ社会において、女性の役割がいかに変遷したかを概観する。なおここでは、女性の人権尊重・地位向上・男女機会均等を主張するフェミニズム運動とともに、軍政下の人権擁護運動や都市貧困層の女性組織など、女性が主体的な役割を果たしたさまざまな形態の社会運動を、広く「女性運動」に含める立場をとる。

一　チリ人女性をめぐる環境の変化

軍事独裁から民主化へ

チリでは、二〇世紀の早くから、政党政治の発達により比較的安定した民主主義体制が維持されてきた。一九七〇年九月のチリ大統領選挙で左派人民連合のアジェンデが勝利したのも、この民主主義の伝統に負うところが大きかった。アジェンデ政権は、民主主義体制内での社会主義への移行を掲げて、一連の急進的な社会改革を推進した。しかし、中道・右派勢力による頑強な抵抗に遭い、経済困難と社会の分極化が極限に達する中で、一九七三年九月に軍によるクーデターを招いた。ピノチェット陸軍司令官を首班とする軍事政権は、ただちに左派政党を非合法化し、左派の運動家や労働組合の指導者を徹底的に弾圧した。軍事政権下で逮捕・拘束され、拷問されたあと、殺害された者は数千人に及び、そのうちの多くはいまでも行方が明らかにされていない。また、その他にも多数のチリ人が国外追放・亡命の憂き目に遭った。

軍事政権の政治課題は、社会主義政権の誕生を許した一九二五年憲法体制を変革し、左派勢力を排除するとともに軍の影響力の保持を図る、「保護された民主主義」に基づく政治秩序を構築することであった。こうして一九八〇年に制定された新憲法は、「全体主義政党」を非合法化するとともに、任命上院議員制度、国家安全保障会議などの独特の制度により将来にわたって軍が政治に関与できる内容となった。

経済面では、三〇年代から続いた国家主導による保護主義的な産業振興政策を改め、関税引下げ、為替・金融の自由化、国営企業の民営化などによる自由開放経済への移行が急速に進められた結果、七〇年代後半から八〇年代初頭にかけ順調な経済成長を達成した。

他方、雇用者に甘く被雇用者に厳しい労働政策が採られたこと、急速な経済開放と価格安定化政策により競争力のない民族工業部門は中小企業を中心に壊滅的打撃を受けたことにより、失業率の上昇と実質賃金の低下を招いた。また、財政均衡に基づく「小さな政府」の実現へ向けて教育・医療・社会保障等の社会支出が削減されたため、貧富の差が拡大した。八〇年代初頭には、マクロ経済運営の失敗による金融システムの破綻と対外債務危機が重なり、チリは世界恐慌時以来の深刻な経済危機に陥った。その結果、一九八二年には一四%を超えるマイナス成長を記録し、八三年の実質失業率は三〇%を超えた。

こうした状況下において、経済危機をきっかけに、それまで政治的抑圧により押さえ込まれていた反軍政の動きに火がついた。八三年に鉱山労働者組合の呼びかけにより開始された国民抗議運動は、幅広い大衆をまき込みながらみるみるうちに全国的な反軍政運動に拡大した。しかし一時は軍政の存続を脅かすかにみえた国民抗議運動は、軍事政権による激しい弾圧と八〇年代中盤からの経済回復により同年代後半には下火となった。またこの頃には政党が反軍政派勢力の主役として復活し、以後政党の主導により軍事政権と反軍政派勢力の間に民政移管をめぐる交渉が進められた。八八年一〇月に憲法の規定により実施された国民投票において、ピノチェット陸軍司令官が大統領職にとどまることに対する反対票が多数を占め、一九九〇年の民政移管が決定した。

民政移管後、左派中道諸党から構成される「民主主義のための政党連合（民政連）」のパトリシオ・エイルウィン

（在任一九九〇―九四年）、エドゥアルド・フレイ・ルイスタグレ（フレイ・モンタルバ元大統領の息子、在任一九九四―二〇〇〇年）両政権は、軍政時代の経済政策を基本的に継承しつつ、民主主義の安定・強化、社会の平等化を目標に掲げた。両政権は経済成長の維持とインフレの漸次低下に成功し、チリは「南米の優等生」と呼ばれるまでになった。しかしその反面、民主化および社会の平等化における成果は乏しく、今後の課題となっている。

女性をめぐる環境の変化

この二〇数年間のチリで、女性をめぐる社会環境がどのように変化してきたのかを次にみることとしよう。

一九七〇年から九六年の間に、チリの総人口は八八九万人（内女性四五四万人）から一四四二万人（同七二九万人）に増加した。この間、平均人口増加率は、一九六〇―七〇年の一・九九％から一九八二―九二年の一・六四％に低下した。また子どもの平均数も一九四二年生まれの母親の四・二人から一九五三―五五年生まれの母親の二・六人へと急速な減少を示し、この四半世紀に少子化が大きく進んだことがうかがえる。この少子化現象は、すべての社会層においてみられたが、子どもの平均数には、社会層によって隔たりが大きい。一九五七―九二年の間に、高所得層における出産数が四人から二人に減少したのに対し、中所得層では四人から三人の減少にとどまったにすぎない。また低所得層の中では、都市賃金労働者が七人から三人、都市非賃金労働者が六人から三人、農民が八人から四人の減少となっており、概して低所得層ほど子どもの数が多いという発展途上国に共通のパターンが残っている。一方、女性の平均婚姻年齢は、一九八二年の二二・八歳（男性二四・八歳）から一九九七年の二六・〇歳（同二七・〇歳）に上昇している。このような少子化現象と婚姻の高齢化は、女性の社会進出の原因かつ結果であると推測される。さらに、家族構成においても、少子化と平行して核家族化（九二年の国勢調査の結果では家族総数の六八％が核家族）が進んでおり、伝統的価値観・道徳観から若い世代を解放する要因になっているものと思われる。

女性の教育水準の上昇が女性の社会進出を促したことも重要である。従来チリは、ラテンアメリカの中では比較的教育の進んだ国であり、初等教育（八年間）の就学率は一九七〇年にはすでに九三・三％（一九九七年には九六・三

%)に達していた。一方、中等教育(四年間)の就学率は、一九七〇年の四〇・七%から九七年の八二・五%に大きく上昇している。また、一五歳以上の人口に占める非識字率は七〇年の一一・〇%から、九七年の四・七%に減少した。なかでも、数年前から男女の平均就学年数が逆転していることが注目される。九七年には、生産活動年齢にある女性の平均就学年数が一〇・四年間に達したのに対し、男性のそれは九・三年間であった。これは、初等および中等教育における就学年数に関しては、一応男女の機会均等が達成されたことを示している。また女性の大学進学率は近年上昇をみせてはいるものの、まだ男性より若干低くなっている。しかし女性の高学歴化は必ずしも雇用条件の改善や男女の所得均衡を意味しておらず、高所得になるほど男女の所得格差が顕著になっている。なお軍政時代には教育支出が削減されたことにより、中低所得層の家庭の子どもが通う公立学校の質が低下し、裕福な家庭の子どもが通う私立学校との格差が広がった。

また軍政時代には、急激な経済自由化と八〇年代初頭の経済危機のため、富の集中と貧困の増大が進み、一九七〇年に一七・〇%であった貧困率は、軍政末期の八七年には、四五・一%に達した。さらに軍事政権による社会保障の民営化と、市場経済モデルの導入による競争原理、個人主義、消費主義の蔓延により、社会的弱者をとりまく環境は以前にも増して厳しくなったといえる。八〇年代末以降、順調な経済成長に支えられ貧困率は低下しはじめ、九六年の時点で二三・二%まで低下した。他方、所得格差については民政移管後も改善がみられていない。また、女性世帯主の家庭は、所得水準が生存維持ライン以下の割合が男性世帯主の家庭より高いことが知られている。このことは女性の労働条件の改善と女性に対する社会保障の充実が貧困対策という視点からも重要であることを示唆している。

女性の社会進出の拡大

女性をとりまく環境の変化をみたところで、今度は女性の社会進出の動向をみていくこととしよう。

ここ数年の統計によると、働く女性の比率は着実に増えており、一五歳以上一九歳以下の女性の就業率は、一九八六年から九四年の間に一一%から一五%に増加した。また同期間に、二〇歳以上二四歳以下、二五歳以上五四歳以下の女性の就業率は、それぞれ四〇％から四三％、三九％から四五％に増加しており、全年齢層にわたり就業率が増加していることがわかる。九四年の働く女性の就業内容をみてみると、雇用者（二・〇％）、自営業（二〇・一％）、事務員（四二・四％）、労働者（一三・五％）、家事使用人（一六・七％）などとなっている。各職種における男女比率は、雇用者と労働者の間では圧倒的に男性の比率が高いのに対し、家事使用人のほとんどすべてが女性となっている。また、一般に女性の失業率は男性より高く、たとえば、九六年の第一・四半期の失業率は、男性の五・五％に対し女性は八・九％であった。重要なポストに占める女性の割合はまだまだ低い。管理職に就く女性は一九八六年から九四年の八年間で約二倍に増加しているものの、男女比でみると九四年時点で女性は管理職の一八％を占めるにすぎない。

次に就学年数と就業率の関係を男女別にみると、男性が就学年数にかかわらずかなり高い就業率を示しているのに対して、女性の就業率には就学年数によってかなりのばらつきがある。たとえば一九九四年には、就学年数が三年以下の女性は一七％しか就業していないのに対し、初等教育のみを終えた女性と中等教育までを終えた女性の就業率は、それぞれ約三〇％と約四〇％である。一般に教育年数が多い女性ほど就業率は高く、大卒以上の教育を受けた女性の六九％が何らかの職に就いている。

また、男女間の賃金格差は顕著で、このところ若干の改善がみられるものの、一九九二年には女性の収入は平均して男性の五八％を占めるにすぎなかった。とくに高学歴層での格差は大きく、大卒女性の平均収入は男性の五一・七％となっている。

政治ポストに占める女性の割合は、ここ数年増加傾向を示しているものの、依然として低い。一九九八年現在、国会の下院定員一二〇名のうち、女性議員は一二名（一〇％）、上院では選出議員三八名のうちわずか二名（五・三％）にとどまっている。また、政府レベルでは閣僚二〇名中三名（法相、国有財産相、女性庁長官）を女性が占めている。地方自治体に関しては、大統領が任命する州知事に占める女性の割合は、九四年には八％であった。さらに同年、直接投票によって選出されるコムーナ（チリの最小行政単位）首長に占める女性の割合は、七％にすぎなかった。政治分野への女性の進出が低いことの一因は、政党内に男性優位の構造が強く残っていることに求められる。しかし近年、政党内部の男性優位の構造を見直す声が高まっており、政党幹部に占める女性の割合に下限を設定することにより、政党内の女性の役割を高める努力をする党も出てきている。

ここまでみたように、近年女性の教育水準は大きく上昇し、男性を凌ぐ勢いを示しているが、それは必ずしも女性が男性並みの雇用機会・社会的地位を得たことを意味するわけではない。また、上述したように男女の収入の隔たりも依然として大きいといえる。女性の労働環境の改善・社会進出の拡大は、社会全体の意識変革を必要とする、まだまだ先の長い課題である。

二　ポブラシオンの女性運動

軍政下の女性運動

ここでは、軍政という特殊な状況下で、中産階級の知識人による啓蒙的運動という伝統的スタイルから脱皮し、大衆化と多様化という新たな傾向をみせた、チリの女性運動の発展過程をみることにする。

軍政下の女性運動は、その目的の違いにより大きく次の三つの類型に分けられる。第一の類型は、ポブラシオンにおける、互助的な住民組織による差し迫った経済困難の克服を目的とする活動である。これらの住民組織は、しばしば民衆経済組織と総称される。なおポブラシオンとは、農村から都市への人口移動が加速化する一九四〇年代の後半頃から、都市の辺境地帯に次々と誕生した低所得者層の居住地を指す言葉である。ポブラシオンの住民には、インフォーマル・セクターの労働者が多く、彼らはしばしば国の経済発展から疎外された存在であった。のちにみるように、ポブラシオンの女性組織は、当初、家庭における母・妻としての役割の延長という性格をもつにすぎなかったが、徐々に反軍政運動としての性格をもつに至った。第二の類型は、逮捕者・行方不明者家族の会や政治犯の家族の会などの人権組織による人権侵害の告発と人権擁護を目的とする運動である。これらの人権組織は、軍による人権侵害の被害者の母親や妻たちを中心に結成され、活動家の大部分が女性であった。本章では、人権組織についてはあまり触れないが、軍政による人権侵害の被害者の多くがポブラシオン出身者であったことが、ポブラシオンにおける反軍政意識を高める効果をもったことは特筆に値する。女性運動の第三の類型は、フェミニズム運動である。既存の男性優位社会を疑問視し、性差別を排除したより平等な社会を築くことを主たる目的とするフェミニズム運動は、従来、中産階級出身の知識人や専門職の女性が主体であったが、反軍政運動を通じてポブラシオンの女性も、その一翼を担うようになった。

以下では、上記三つの運動類型のうち、とくにポブラシオンの女性が中心となって発達した民衆経済組織の活動に焦点をあてて、経済的苦境の克服をめざした彼女たちの活動が、しだいに女性の地位改善および民主化というより大きな運動に収斂していく過程を概観しよう。

サンチアゴ中心街で毎土曜日に行進する逮捕者・行方不明者家族の会。

都市民衆運動

一九七三年以前のチリでは、左派系の政党と労働組合が社会運動の中軸を担っていた。そのため、クーデター後、軍の弾圧により左派勢力の指導者の多くが逮捕・拷問・処刑・国外追放され、政党と労働組合が壊滅的打撃を被ると、社会運動は沈静化し、八〇年代初頭まで反軍政派の動きはほぼ水面下の活動にとどまった。しかし、八三年に鉱山労働者がストライキを行うと、経済危機の責任を軍政に求める人々が立ち上がり、それまで押さえ込まれていた反軍政の動きに火がつき、全国的な国民抗議運動に拡大した。それまで近隣住民間の互助的な活動に止まりがちであった、ポブラシオン住民による都市民衆運動は急速に国民抗議運動に参加するようになり、しだいに運動の中心的存在へと変貌していった。

国民抗議運動において都市民衆運動が重要な役割を果たすに至った理由として、第一に、経済危機による打撃をもっとも強く受けたのが、ポブラシオンに住む賃金労働者やインフォーマル・セクター従事者であったこと、第二に、軍政の弾圧と失業の増大により、伝統的な社会運動である労働組合が弱体化した一方で、経済的苦境の克服という差し迫った必要から、ポブラシオンの住民が連帯し助け合うという運動形態が中心的存在となったことがあげられる。なお両政権がポブラシオン住民の社会的統合を図ったのに対し、軍政下におけるポブラシオンは、むしろ国家による弾圧の対象となった。

都市民衆運動の中でポブラシオンの女性が果たした役割は大きく、とくに後述の民衆経済組織の多くが、女性を中心に運営されていた。

民衆経済組織とポブラシオンの女性たち

ポブラシオンでは、経済的に貧窮する近隣住民が連帯の精神に支えられた互助的な集団をつくり、衣食住の不足を補い合うことが珍しくなかった。軍政時代になると、このような組織が大きく増加し、しばしば民衆経済組織と呼ばれた。民衆経済組織は、（1）民衆食堂・共同鍋・共同購入といった消費組織、（2）共同作業所に代表される生産組織、（3）住宅組織・住民の健康管理を行う組織などの社会サービスを提供する組織、（4）失業者委員会に代表される雇用要求組織に大別される。このうち、（1）と（2）は、六〇年代よりすでに頻繁にみられた組織形態なので、クーデター後に生まれた新しい組織とはいえないが、軍政時代にその数が急増した。民衆経済組織は、それ自体弱小な組織であったため、教会や国内外の非政府組織（ＮＧＯ）の庇護のもと、援助を受けながら活動を展開するケースが多かった。

民衆経済組織の数を正確に把握することは困難であるが、首都圏だけで、一九八二年に約五〇〇、八六年に約一四〇〇、そして八九年に約二五〇〇の民衆経済組織が存在したと推計されている。民衆経済組織への参加者も年々増加し、八二年に約二万人が直接参加し、参加者の家族を合わせると民衆経済組織の恩恵を受けた人は約五万八〇〇人に達したのに対し、八六年にはそれぞれ約六万六〇〇〇人、一一万五七〇〇人、八九年には約八万人、一七万七五〇〇人に達した。また、民衆経済組織の増加にともない、七〇年代末より次々組織間の連合が誕生し、横のつながりが強化された。

概して、民衆経済組織における女性の役割は大きく、民衆経済組織全体の約六五%を占めた消費組織と生産組織は主として女性により運営されていた。消費組織の参加者の約六五%、作業所参加者の約九五%は女性であった。女性の参加者が多かった理由は、第一に、ポブラシオンにおいて一般的に女性は男性と比較して時間的束縛が少なく、社会活動に身を投じやすかったこと、第二に、ポブラシオン住民の組織化が図られたフレイ・モンタルバ、アジェンデ両政権時代に、女性は母親センターという女性地域組織への参加の経験があったことがあげられる。第三に民衆経済組織における活動が、伝統的に母および妻として女性がこなしてきた、買い物、台所仕事、裁縫などに基盤を置くものであったからである。たとえば消費組織の場合、民衆食堂や共同鍋では炊事、共同購入では食料品の一括購入とその分配が主要な活動であった。また作業所では、父や夫の失業中に臨時の収入を得るために女性たちが集まって働いたが、そこでつくられたものは主に手工芸品や衣類であった。逆に面子を重んじる男性の中には、失業し貧窮化しても共同鍋への参加を望まない者が少なくなかった。少なからぬ女性参加者は、このように組織の活動がいわば性的役割分担の延長であることに対してはあまり疑問を抱かず、むしろ夫の再就職などにより経済状況が改善されれば家庭に戻った。

男性はしばしばポブラシオンの女性の組織参加に制約条件としてはたらいた。低所得者層の多いポブラシオンでは、一般的にマチスモの伝統が強いといわれており、少なからぬ男性は嫉妬心や一家を自らの収入で養えないことへの羞恥心から、妻が外に出ることを嫌った。また、ポブラシオンには家事と育児に専念し家庭を守ることは女性が果たすべき義務であるとの考えが根強く残っていた。そのため、一般的に性的役割分担意識は強く、女性が頻繁に家を空けることは難しく、家庭外のことに関心をもつことも少なかった。

しかしその一方で、経済状況の改善後、組織に参加しつづける女性も多かった。彼女たちにとっては、民衆経済組織への参加は、単なる家事労働の延長でも、家族の「空腹」を軽減するためだけでもなく、家族以外のさまざまな人々との接触を通じて社会に参加し、家庭の外の社会的問題に関心を抱く機会を得るという意義をもった。たとえば、軍政時代に、多くの作業所でアルピジェーラと呼ばれるパッチワークの壁飾りがつくられた。アルピジェーラに取り上げるテーマは参加者で話し合いながら決定され、ポブラシオンの現状、共同鍋や民衆食堂の活動、軍政批判などの家庭外のテーマが選ばれた。完成した作品は、教会や国内外のNGOを通じて販売された。このような活動は、政治活動の経験がほとんどなかったポブラシオンの女性たちに政治意識を芽生えさせるきっかけとなった。

このように、民衆経済組織に参加した女性たちが経済困難の軽減という本分以上の役割を果たすことができた背景には、民衆経済組織をバックアップする教会やNGOの存在と、組織間のネットワーク化をめざす組織間の連合結成の動きがあった。たとえば、一九八二年に結成された「ポブラシオン女性運動」は、同年に「飢餓と貧窮に立ち向かうキャンペーン」を実施し、作業所や共同鍋に対する経済的支援を行った。また八四年には、共同鍋、共同購入、作業所を運営する女性グループが集合して、「サンチアゴ東部女性連合」が結成された。ポブラシオンの統一を図るこれらの組織は、八三年に始まる反軍政国民抗議運動において重要な役割を果たしていった。

反軍政闘争と民政移管に果たした女性の役割

一九七五年にメキシコで国連主催の国際女性年第一回世界会議（メキシコ会議）が開催されたのを機に、ラテンアメリカ諸国においても、女性の地位改善を求める運動が高まりをみせた。チリもその例外ではなかった。しかし抑圧的な軍政という特殊な条件により、チリの女性運動は欧米で盛んとなったフェミニズム運動とは若干異なり、反軍政という政治的要素を色濃くもつこととなった。

チリの女性運動家による一連の国際会議への参加は、チリの民主化に対する国際的な連帯を促進する役割も果たした。メキシコ会議では、チリの軍政下で投獄されている女性に対する不当な扱いが報告され、メキシコ宣言において、すべての政治犯、とりわけ女性や子どもの即時釈放が求められた。また、チリの女性運動家は、八一年より各地で開催されているラテンアメリカ＝カリブ・フェミニスト集会に積極的に参加し、他のラテンアメリカ諸国の運動家との連帯を強めた。

一方チリ国内では軍事政権が、カトリック思想に基づく伝統的な女性観の普及を図っていた。そこでは、夫を支え家庭を守ることは、母・妻としての神聖な義務であると同時に愛国的な行為であるとする、母性礼賛的な価値観が強調された。軍事政権は、「母親センター」を統制下に置き、伝統的価値観の流布に努めた。このような状況下で、左派系の女性を中心とするチリのフェミニズム運動は、必然的に政権に対するイデオロギー闘争的な性格を帯びた。それゆえ、男性中心の権威主義的な社会環境の改善や女性の社会的地位の向上を求める運動は、「国家と家庭に民主主義を」というスローガンに端的に表わされるように、急速に反軍政運動と一体化していった。

一九八三年に始まる国民抗議運動において、チリのフェミニストが、他のさまざまな社会運動と合流しつつ、女性運動組織を拡大していった背景には、上に述べた女性解放運動と反軍政闘争の一体化という事情があった。またチリのフェミニズム運動が、反軍政闘争的な性格を帯びたことは、運動の大衆化が進むうえでも大きな意味をもった。元来、フェミニズム運動は、高学歴で職業経験豊かな中産階級の知識人を中心とする運動であり、一般に家事労働に専従することが多いポブラシオンの女性にとっては疎遠な存在であった。しかし、ポブラシオンの女性による経済的苦境の克服を目的とした活動が反軍政をめざす政治的性格を強めるにつれ、徐々に女性解放思想も民衆女性の間に浸透する結果となった。すなわち、軍政の終焉と民主化の達成が、一部の知識人のみならず、軍政に不満をもつすべての人々に共通の懸案であったことが、女性解放運動の大衆化につながったといえよう。

たとえば、七八年より全国労働組合連合の女性部局の呼びかけに応じて開始された全国女性集会には、労働者、農民、ポブラシオン住民など幅広い大衆層が参加した。また八二年に女性運動の広範な組織化を目的にフェミニストや左派系の女性政治家により結成された「チリ女性」では、ポブラシオンの女性がしだいに大きな比重を占めていった。さらに、「チリ女性解放運動」や、民衆経済組織を中心とするポブラシオン女性組織の統一組織「ポブラシオン女性運動」などの結成による、女性運動の組織拡大は、女性の地位改善と反軍政という両局面から民衆女性の参加を促した。

しかし、八〇年代後半に国民抗議運動は下火となり、反軍政運動の大勢は、軍政打倒という大目標から、ピノチェットの大統領継続の是非を問う八八年の国民投票の受容による穏健な民政移管の実現に矛先を向けていった。女性運動を担ってきた各組織もまたこの流れに従った。八六年、左派系の女性知識人や政治家を中心とする「活力を求める女性たち」は、民主化をめざすさまざまな社会運動組織の代表により結成された「市民会議」に、「女性による要請書」を提出した。「女性による要請書」は、ポブラシオンの女性との議論を重ねることにより、彼女たちの日常的体験を採り入れつつまとめられ、民政移管後の女性政策のたたき台の一つとなった。八八年、反軍政派の政党が結集した「民主主義のための政党連合（民政連）」に参加する女性組織の手により、軍政下の女性運動の総決算的意味をもつ「民主主義のための女性の要求」が発表された。同文書は、民政連の大統領選挙綱領に採り入れられ、エイルウィン政権下の女性・ジェンダー政策の基礎となった。また、民政移管後創設された国家女性庁は、軍政時代の女性運動の大きな成果と評されている。

しかし軍政下に活発化した女性運動は、他の社会運動と同様、民政移管後、勢いを失っていった。その理由としては、第一に、民政移管とともに政党活動が合法化され、政治活動の場が社会組織から政党中心に移ったこと、第二に、それまで女性運動を担った女性運動家の多くが文民政権下で中央政府と地方自治体などに吸収されたこと、第三に、軍政時代に運動を支えた欧米の人権組織・ＮＧＯなどによる資金援助が民政移管の達成とともに大きく減少したこと、第四に経済的苦境が和らいだことなどがあげられる。

このように女性運動組織は民政移管の達成により、反軍政運動としての存在意義を失った。しかし男性優位に基づく既存の社会秩序の変革を含む広い意味での民主化における存在意義は、今後も重要性を失わないであろう。

三　民政移管と女性問題の現状

国家女性庁の創設

すでにみたように、軍政下で活発化した女性運動の成果は、一六年半ぶりの文民政権となったエイルウィン政権（一九九〇―一九九四年）の政策綱領に反映され、一九九一年の国家女性庁（以下、女性庁）の創設に結実した。同庁は機構的には企画協力省に属するが、長官は内閣の一角を占めることが定められている。女性庁の創設は、「女性の地位向上のためのナイロビ戦略（一九八五年の第三回世界女性会議で採択）」が、各国に対し女性問題担当の政府機関設立を要求したことに応えるものであり、他のラテンアメリカ諸国とも足並みを揃えるものであった。

ただし、それまでにも政府内に女性問題担当機関を設置する試みがなかったわけではない。六九年にフレイ・モンタルバ政権が政府官房庁に国家女性室を創設し、続くアジェンデ政権は七二年にこれを大統領直属の国家女性局に昇格した。同政権はさらに家族省の創設を企図したが、すでに指摘した通り、クーデターにより実現しなかった。クーデター後、国家女性局は政府官房庁の市民組織部管轄に格下げされ、その活動は、家事と子育てという伝統的な女性の役割を強調するものとなっていた。

女性庁の目的は、男女間の権利と機会の平等および家族の強化を促進することである。具体的には各省庁と協働して政府による女性向けの政策の立案・調整したり、女性の地位改善をめざす法改正を推進したり、各種プログラムの実施を通じて女性の地位改善を図るなどの活動を行っている。創設時の課題は、女性庁の存在を広く社会に認識させることにあった。一九九四年三月のフレイ政権誕生にあたり、女性庁は、「女性のための機会均等化計画一九九四―九九年」を作成し、男女機会均等に向けた同政権六年間の政策指針を示し、意欲的な活動を開始した。同計画の目的の一つは、女性の地位改善を各省庁の課題の一つに含めさせることにあり、女性庁を含むほとんどの省庁が同計画の実施に何らかの形で参画する内容となっている。

現在、女性庁は、低所得層の女性世帯主のためのプログラム、家庭内暴力予防プログラム、季節労働女性のためのプログラム（農村で季節労働をする女性の子どもに対するケアセンターの設置など）、零細業を営む女性に対するプログラム、二〇歳以下の未成年に対する妊娠予防プログラム、性教育キャンペーン、女性の権利に関する情報センターの開設など、幅広いプログラムの実施により、女性の地位・生活条件の改善に努めている。これらのプログラムの実施には、関係各省庁、自治体、NGOなどの協力が不可欠となっている。

また女性庁は、女性の地位改善に向けて、さまざまな法改正を推進している。これまでの主な法改正は、家事労働者に対する解雇金の支給（一九九〇年）、家庭に対する夫婦の共同責任など男女の労働条件に関する一連の改善（九三年）、育児手当の改善、家庭内暴力取締法（九四年）、嫡出子と非嫡出子の法的区別の廃止（九八年）などである。また、九二年には女性庁のイニシアティブにより国家家族委員会が設置されたほか、九四年には母性保護（一〇三号）および労働者の家庭責任（一五六号）に関するILO条約の批准が実現している。なお、軍政末期の八九年には、国連女性差別撤廃条約が批准された。この他にも女性庁は、セクシュアル・ハラスメント取り締り、育児室の設置などのための法改正を推進している。さらに九九年に入って、男女の法的平等を定める憲法改正法案が議会で可決された。同改正により、憲法第一条冒頭の「すべての人間（hombres スペイン語で男性の人間を意味する）は、その尊厳と権利において自由かつ平等に誕生する」というくだりが、「すべての人間（personas スペイン語で人一般を意味する）は、…」に修正されたほか、第一九条第二項に男女の法的平等が明記された。

サンチアゴ中心部のアルマス広場で女性への暴力排除を訴える女性たち。

以上のように、女性庁は創設から約八年の間に、さまざまなプログラムの実施、法改正等を意欲的に進めてきた。女性運動家の多くは、女性庁の創設を、歴史あるチリ女性運動、とりわけ軍政下の女性運動の成果として評価している。しかし、男女差別は家庭や職場はもとより、社会のあらゆる分野においてさまざまな形で存在しており、女性庁の創設はその解決の第一歩を踏み出したにすぎないというのもまた事実である。女性庁には、かつて軍政時代に活躍した女性運動家が参入あるいは協力しており、今後の課題の一つは、彼女たちを通じたさまざまな民間女性組織とのネットワークの維持・拡大により、上からの指導だけではなく下からの参加を広げていくことであろう。また、女性局の創設により女性の権利に対する認識がかなり進んだが、まだまだチリ社会における女性問題への偏見は強く、社会全体の幅広い意識改革を図る不断の努力が不可欠である。

保守的伝統と近代化の矛盾

ここ十数年間の順調な経済成長を背景に急速な近代化が進むチリは、その反面、保守的なカトリック思想が道徳的に大きな影響力を保持している国でもある。ここでは、離婚と中絶という二つの象徴的なテーマを取り上げ、近代化と保守的伝統の矛盾が女性問題にもつ意味合いを考察してみたい。

チリは、ラテンアメリカでは唯一、離婚が法的に認められていない国である。離婚を法制化する法案は、これまでに何度か提出されているが、カトリック教会を中心とした反対勢力の存在が議会での可決を阻んできた。その反面、離婚はここ数十年間増加傾向にある。誕生する子どもの四〇％余りが婚外子である現状からしても、実際にはチリは決して離婚の少ない国ではない。

法的な離婚の道が妨げられているため、破局を迎えた夫婦の離別には、婚姻を無効とするか、それとも法的には婚姻関係を結んだまま実際には別居あるいは再婚するかという二つの方法が採られている。婚姻の無効とは、婚姻届に不備があったなどの理由づけにより、婚姻関係が法的に成立していなかったことにする法手続きである。この方法は、一旦成立した婚姻を存在しなかったものとする不自然な措置であるうえに、法手続きのコストが高いので、法的には婚姻関係を残したまま事実上離婚することが一般的である。

離婚が法的に認められていないということからさまざまな問題が生じているが、一般に女性が不利な立場に立たされることが多い。たとえば、離婚前に仕事をもたなかった女性は、離婚後仕事を探さなければならないが、子どもを養育するに十分な収入源を見つけることは容易ではないうえ、働いていなかった間の年金を受けることができない。また法的には婚姻関係が続いているため、婚姻中に一度家を購入している場合には、別居しても女性は住宅購入のための公的補助を受けることができない。

一九九七年一月、民政移管後提出されていた離婚の法制化を含む婚姻法が中道左派の与党連合が多数を占める下院において、初めて可決され、上院の審議に回された。しかし同法案には、カトリック教会、野党右派の抵抗が強く、与野党勢力が拮抗する上院での可決は容易ではない。また与党キリスト教民主党の中にも離婚の法制化に反対する勢力が存在していることも同法案の可決を難しくしている。また、法案反対派には、離婚の法制化がひいては中絶の合法化につながるという「ドミノ効果」を恐れる向きも強い。しかし、離婚の法制化は大多数の国民が必要と考えている緊急の課題である。

中絶に関してもよく似た問題が存在する。カトリック国の多いラテンアメリカでは、キューバを除くほとんどすべての国で中絶は禁止されているが、医学的な必要性がある場合、あるいは暴行を受けた場合などには例外的に中絶を認めている国も少なくない。チリでも以前は、医学的に必要な場合には中絶が認められていたが、軍政に入り、すべての中絶が禁止され、中絶をする女性に対する刑罰も重くなった。民政移管後の九三年に、医学的に必要な中絶を認める内容の法案が提出されたが、議会の可決には至っていない。中絶に関する正確なデータの獲得は難しいが、妊娠女性の三分の一から半分が非合法に中絶を行っているという推計もあり、ここでも男性優位の保守的な倫理観と現実の乖離は大きい。

チリは、この三〇年間劇的な社会経済的変化を経験してきたために、国民の価値観・道徳観が必ずしも一様に変化しているわけではない。新しい価値観と伝統的な倫理観との激しい葛藤はこの先も続くことになろう。チリ社会における保守派の影響力は大きく、彼らの反対により国民多数の意見が覆されることは決して珍しくない。それが女性の権利拡大を阻む一要因となっていることは疑いなく、女性問題が民主化問題と切り離せないことを示唆している。

3月8日世界女性の日に行進する人々。

チリ女性――二一世紀に向けて残された課題

ここまでみたように、軍政から民政移管を経るこの四半世紀にチリ女性の地位は全体として向上したものの、男女格差は依然として大きく、男女平等社会の実現にはまだまだ多くの課題が残されている。一九九九年七月の国連開発計画の発表によると、チリは、人間開発指数において世界で第三四位に位置し、ラテンアメリカ諸国中もっとも人間開発が進んだ国とされる。しかし、女性の地位向上に関する指数に限ると、世界全体で第五四位、ラテンアメリカ一八国中第一三位に大きく後退する。これは、南アメリカの優等生と呼ばれるチリが、男女平等という観点からはむしろ劣等生であることを示している。ここでは、本章の最後にあたり、男女平等社会の実現に向けて残された課題をいくつか整理しておこう。

第一の課題は、男女平等社会の実現とは不可分な関係にある民主化問題である。チリは現在、民主主義制度への完全な復帰と民主主義の深化という二つの民主化の課題を同時に背負っている。とくに後者は、国民の幅広い政治参加を促進するとともに、女性・少数民族・高年層など多様な社会層の要求に応えるために政治制度を改善することを指しており、そこでの女性運動の意義は今後ますます大きくなるだろう。

第二に、女性運動の歴史は、女性の地位改善が上からの政策の結果として生まれるのではないことを教えているように、女性の地位向上のためには、女性の政治および社会活動への参加の拡大が不可欠である。とくに政党や労働組合における女性の役割の拡大、地区組織における女性の社会参加の拡大が重要である。チリでは、軍政下に活発化した女性運動が反軍政という大目標の消滅とともに下火となった経験から、民主主義体制内での自立的で息の長い運動形態が模索されている。

第三に、男性優位社会を変革し、女性の自立を進めるには、女性自身および社会全体の意識の変化が必要である。チリにおいても、家庭や社会における女性の役割に対する若い世代の意識が着実に変わってきている。たとえば「女性の幸せは家庭で夫と子どもの世話をすることである」という考えには、五五歳以上では半数以上が賛成なのに対し、二四歳以下の若い世代では八〇％近くが反対意見を示している。また、若い世代ほど伝統的な倫理観にとらわれず、離婚や中絶にも比較的寛容で、性にも開放的になっている。しかし、他方では一〇代の未婚女性の妊娠が増加するなど、好ましくない傾向があるのも事実である。世代間の意識の変化がただちに家族の絆の弱体化を意味すると考えるのは短絡的であり、カトリック国のチリでは、家族の存在はなお絶対的である。またこのような世代間の意識変化は、社会階層により異なっている。すなわち、高等教育を受ける比率の高い中高所得者層では、比較的女性の自立意識が進んでいるのに対し、低所得者層では、男女ともに良妻賢母的な伝統的女性観が根強く残っており、女性の社会進出を妨げる要因となっている。

第四に公共部門においては、女性庁による「女性のための機会均等化計画」の継続・強化により、同庁のみでなく他の政府機関や地方自治体が行うあらゆる政策において男女平等の視点を導入・徹底する必要がある。とくに、教育・医療・労働・貧困対策などは、社会全体への影響力が大きい重要分野である。また、企業、ＮＧＯ、地区組織など民間組織との協力関係の構築が不可欠である。

最後に、この四半世紀におけるチリの経験は、女性の地位向上をめざす国際的な動きが、国内の女性運動にも大きな影響を与えてきたことを示している。今後もラテンアメリカ諸国を中心に、国際的な女性運動との交流関係が拡大することが期待される。

参考文献案内

1 Teresa Valdés y Marisa Weinstein, *Mujeres que sueñan : Las organizaciones de pobladoras en Chile, 1973–1989* (Santiago, Chile : FLACSO, 1993). 軍政下のポブラシオンの女性組織を、政権の統制下にあった母親センターと反軍政的な民衆女性組織の双方から分析。

2 Sandra Palestro, *Mujeres en movimiento, 1973–1989* (Santiago, Chile : FLACSO, 1991). さまざまな女性組織の活動に触れつつ、軍政下の女性社会運動を概観的に紹介。チリの女性運動と国際的な動きとの関係にも詳しい。

3 Teresa Valdés, "Entre la modernización y la equidad : Mujeres, mundo privado y familias", en Cristián Toloza y Eugenio Lahera, *Chile en los noventa* (Santiago, Chile : Presidencia de la República–Dolmen Ediciones, 1998). 一九九〇年代チリにおける女性問題、家族問題を概説的に整理。

4 INE, *Mujeres y hombres en Chile : Cifras y realidades* (Santiago, Chile : Instituto Nacional de Estadísticas, 1995). 女性に関する統計を、人口、健康、教育、労働、参加等の各テーマ別に収集。

5 Edda Gaviola, Eliana Largo y Sandra Palestro, *Una historia necesaria, mujeres en Chile : 1973–1990* (Santiago, Chile : 1994). チリ各地の女性五二人へのインタビューに基づいた、軍政下の女性史。

6 Francisco Sabatini, *Barrio y participación : Mujeres pobladoras en Santiago* (Santiago, Chile : Ediciones SUR, 1995). ポブラシオンでのフィールドワークに基づき、女性の組織参加への疎外要因を文化面から分析。

7 なお、軍政下の都市民衆運動に関しては、以下が参考になる。

高橋正明「軍政下の都市民衆」(石井章編『ラテンアメリカの都市と農業』アジア経済研究所、一九八八年)。Guillermo Campero, *Entre la sobrevivencia y la acción política : Las organizaciones de pobladores en Santiago* (Santiago, Chile : ILET, 1987).

5章

コスタリカの新しい社会と女性

民主化の土台を支える女性たち

奥山 恭子

政治、経済、社会および文化の領域で男女間の権利の平等を促進し、
保護することは国家の義務である。
……国家は、上に示す領域での平等な状況に向けて、
女性が完全に関与することが容易になるように、
プログラムを作成し、事業を発展させるように助成する。

「女性の社会的平等促進法」(1990年) 1条と3条より

コスタリカ女性史関連年表

西暦	事　項
1843	初の上級学校「サントトマス学校」サンホセに設立（後に大学になる）。
1847	女子学校設立。
1852	婚姻は秘蹟、教会裁判所の管轄とするコンコルダートを承認。
1869	憲法に初等教育の義務化、無償化を規定（ただし男子のみ）。
1871	新憲法にて69年憲法の義務教育規定を女子にも拡大。
1886	民法改正、絆からの離婚可能となり、カトリック教会婚の民事上の効力も認める。
1888	女子上級学校設置（高校卒業資格は付与せず、大学入学資格まだなし）。
1915	エレディアに女子師範学校設立。初等教育のための教員養成に寄与。
1917	ティノコの独裁政権（19年までの30カ月）。
1922	汎米女性会議（ＰＷＣ）に代表派遣。
1923	フェミニスト同盟（ＬＦ）結成（女子教員の企画、大統領夫妻が座長）。
1943	労働法制定、女子保護立法盛り込む。
1948	（～49）大統領選の不正疑惑に端を発して内戦勃発。「カルメン・ライラ女性連合（ＵＭＣＬ）」設立。
1949	国民解放党が内戦平定後の指揮をとり、憲法改正議会の選挙を行う。
	新憲法制定。大統領再選禁止、選挙最高裁判所設置、軍隊廃止、所得格差・性差によらない普通選挙（これにより女性も参政権獲得）。中等教育（ほぼ18歳まで）も国庫負担。
1953	国政選挙で女性が初めて選挙権を行使。３人の女性議員誕生。
1961	国民解放党内部に「女性部」設置。後に「社会発展のための女性の行動（ＡＦＥＳ）」に改組。
1972	民法改正作業開始。同権理念による家族法典成立・公布（施行は74年）。
1975	米州女性委員会の助力を得て政府機関「女性局」（中米で初）設置。
1978	国民解放党の常設女性幹部組織「女性運動（ＭＦ）」設立。
1984	国連女性差別撤廃条約批准。
1986	アリアス政権（国民解放党）。副大統領と最高裁判事に女性就任。
	「女性局」が「国立女性家族開発センター（ＣＭＦ）」に改組。
1988	「真の平等法」立法化に向け審議。立法に賛成する一般女性のデモ最高潮。
1989	国立大学学長選に初の女性立候補者出馬。
1990	キリスト教社会連合党政権獲得。「女性の社会的平等促進法」成立。
	司法省内に「女性委員会」設置。「女性の権利擁護局」も併置される。
1995	「雇用と教育における性的攻撃対処法」成立。女性に対する暴力の予防、処罰、根絶のための米州条約を批准。
1996	選挙法改正により、地方議会に割当制が導入され、州・県とも代議員の40％以上を女性とすることになる。全国農業女性連合会結成。
	家庭内暴力対策法成立。
1998	ミゲル・アンヘル・ロドリゲス（キリスト教社会連合党）政権。同党内に「女性戦線（FF）」設置。女性議員11人に。
	「国立女性家族開発センター」を「国立女性協会」と名称変更。

序　ラテンアメリカらしからぬ国コスタリカ

コスタリカを紹介する観光ガイドブックには「非武装中立国」、「中米のスイス」、「自然環境保護の国」、「教育に国家予算の三分の一も充当」などとうたわれている。しかしコスタリカの魅力を数語で語ることはできない。激しい紛争を経験してきた中米諸国の中に位置しながら、平和主義をとっていること、いわゆる第三世界といわれるラテンアメリカの中でも経済的には弱小国でありながら、教育立国であること、外見的には男性天国のマチスモ的国情でありながら、女性国会議員比率はわが国より高いこと、などにある。一言でいえば、ラテンアメリカらしからぬ国としての魅力である。

コスタリカという国名はスペイン語で「豊かな海岸」を意味する。国土は北をニカラグア、南東をパナマに接し、東側はカリブ海、西側は太平洋に面している。たしかに国土を画する線の多くは海岸線ではあるが、ここがとくに資源の宝庫というわけではない。新大陸征服時、コロンブスが黄金の在処らしいと本国に報告しているが、実は隣国ニカラグアでは砂金、その隣のホンジュラスでは金銀が産出したのに比べ、コスタリカはさしたる鉱物資源にも恵まれてはいなかった。しかしこのことが、その後のコスタリカの国の形成に大きな意味をもってくることになる。

植民地時代の中米地域は、グアテマラが中心地で、それよりはるか南のコスタリカは山地に囲まれた地形と相まって、いわば辺境の地であった。大規模に黒人奴隷を導入して開拓を行うこともできず、農業も白人入植者の努力で成しとげられた歴史が、「白人国家」としてのコスタリカのいまをつくり上げた基盤となっている。しかも植民地時代以降も、地方ごとのボスによる寡占支配が行われなかったこともあり、巨大な権力をもつ大土地所有者は出現しなかった。こうした歴史が、階級格差の大きいラテンアメリカの中では比較的貧富の差の小さい国情をつくり上げ、現在までの民主的国家形成に寄与している。

一八二一年にスペインから独立した当初は、社会的にも政治的にもむしろ保守的な国情であり、独立後の実質的に初のコスタリカ憲法（一八七一年）では、一定の所得のある男性にのみ制限的に公民権を認めていた。しかしその後、コスタリカは持続的に民主国家体制づくりを進めてきた。民主化の経緯は、激しい内戦や紛争を経験している他の中米諸国と比較すると異質であるが、実は皮肉にもコスタリカが植民地時代から貧しい地域であったことが背景にある。征服者や移住者が富を獲得するチャンスは少なく、先住民の数も把握しがたい状況で、土地所有者も自ら土地を耕して働かなければならなかった歴史が、平等主義の伝統を生み出し、つくり上げてきた。

しかも貧困は独立後も続き、国には大規模な軍備に充てるだけの財政力がないことから、国民が力を合わせて体制づくりをすることとなった。結果的にこれが民主体制樹立の基礎となり、短期間のクーデターを除くとコスタリカで軍部が主役を担った時代は存在しない。また一八八九年に初めて行われて以来今日まで継続している民主主義選挙が中断したのも、一九一七年と一九四八年の二回だけである。

一　女性の置かれた社会的状況の変遷

人口統計にみる出産・婚姻・離婚

コスタリカの総人口は約三九〇万人（一九九九年）で、ほぼ半数が女性である。この男女比率は一九五〇年以来ほとんど変化はないが、年齢別比率には過去五〇年間でかなりの変化が表われている。一九五〇年には〇歳から四歳までの子どもが全人口の一八％以上を占めていたのに対し、現在は約一三％である。他方二〇歳から三〇歳までの比率は、五〇年前の約三〇％から、現在では三八％以上に増加している。

こうした変化の要因の一つとして、女性一人が生涯に産む平均子ども数の変化がある。一九五〇年代には七人であったものが、九〇年には三・二人に減少している。とりわけ都市部に住む、高所得層の女性の場合は、二・二人と先進国並みの少なさである。ちなみに低所得層の女性の平均は五・一人であり、両者の格差は大きい。

出生数に占める年齢階級別比率の七〇年代からの推移をみると、三五歳以降が減少している点が際立っている。一九七〇年から七五年の出生者中、母の年齢が三五歳から三九歳までの比率は一三・六％、四〇歳から四四歳までは六・四％であったが、九〇年から九五年生まれの子の場合はそれぞれ一〇・五、三・七％へと変わっている。

婚姻関係では、成婚数の減少と比例して事実婚の増加が顕著である。一九六三年と八四年の比較では、六三年には一五歳以上の女性の五五・二％が何らかの配偶関係にあり、そのうち大多数にあたる四七・四％が婚姻で、残りの七・七％は事実婚関係であった。ところが八四年の調査では婚姻が四五・六％に減少し、反対に事実婚が九・六％に増加している。

さらに男女間の配偶関係を八四年統計で比較すると、女性の場合、独身者は三五％、離婚および別居者は四・六％であるのに対し、男性は独身が四〇・六％、離婚・別居は二・一％と両者に違いがある。理由は男女の寿命差と女性が配偶関係に入る時期が早いことと関係している。同年の調査によれば、二四歳までに事実婚、離婚、別居を含む何らかの配偶関係をもつ男性は一〇％であるのに対し、女性の場合は二三％と高いからである。

一年間に成立する婚姻と離婚の数のうち、婚姻は人口一〇〇〇人当たり八組（民事婚と宗教婚）で、六〇年代以降ほぼ横ばいである。しかし離婚は七〇年代以降確実に増加しており、七五年には婚姻一〇〇件につき二・二組であったものが、一九九一年には一五・三組となっている。ただしこの離婚数には法定別居は含まれておらず、ましてやそれ以上に事実上の別居状態もあることを注意しなければならない。

女性が世帯主として登録されている家庭は、一九七三年には一六％（約五万四〇〇〇人）であったものが、年々その比率が増加し、七三年から九二年までの増加率は一五〇％、約一四万人にのぼった。地域別比率ではとくに都市部でその傾向が強く、農村の一六・三%に比し、都市部では二四・二%である。

教育政策の変遷と女子高等教育

コスタリカの識字率は男女とも九九%(一九九七年)であり、中米随一の高さであるばかりでなく、ラテンアメリカ全体としても上位に位置している。その理由として、先住民人口の比率が他国よりも低いことなども要因となってはいるが、最大の理由は教育政策の成果にある。

独立後まもない一八六九年の憲法で、初等教育の義務化と無償化を制度化し、さらに一八七一年憲法でその義務教育を女子にも適用すると規定したことは、識字率や就学率に成果となって表われた。識字率は一八八九年には二〇%であったものが、一九二七年には七五%にまで増加した。

しかも一八八〇年代には学校を教会から離して国家の下に置く、いわば教育における国教分離が始まり、教育政策が徹底することになる。ちなみに現在の国内全体の平均就学率は初等教育は都市部では男性七五%、女性七四%、高等学校レベルまででは男性二〇%、女性二一%、大学教育では女性九・一%、男性九・八%で性差は少ない。しかし農村部では初等が男性四三%、女性四四%、中等は男性三八%、女性四〇%、大学は男性一七%、女性一五%である。総じて男女差よりも地域格差が大きいことがわかる。

大学教育では、一九七〇年代に極端なまでに学生登録者数が増加した時期があったが、これは一時的な現象で、この波が八〇年代には収まり、八〇年が五万五〇〇〇人でその後年々微増し、九一年には七万人以上となった。大学予備学校生も含むと学生数はさらに増えるが、全体として男女比は女性四五%、男性五五%であることは八〇年代から現在まで同じである。専門分野別男女比では、コスタリカ大学の場合には、工学や建築学では圧倒的に男性が多く(男性八対女性二)、逆に文学や芸術の分野では女性の方が多い(女性六・五対男性三・五)。とくに伝統的に男性の学問であった社会科学の分野への女性の進出はめざましい。一九八五年のコスタリカ大学法学部の女性比率は四七%であった。

他の第三世界では、女性指導者は先進諸国などで高等教育を受けて帰国したエリートであることが多いが、コスタリカの場合、自国の大学修了者が大半である。女性議員の経歴も、国内大学出身者が多く、しかも前職が教員であった者の比率は、一九七四年に五〇%、八六年に八〇%、九四年には六七%とつねに半数を越えている。一九二〇年代以来の参政権運動、民主化運動は彼女たちによってリードされてきたといっても過言ではない。

就労における性差

一九八〇年代の経済危機はコスタリカにも打撃を与えた。ところがこの時期にも、労働市場に占める女性の比率はさほど低下はしなかった。職形態別に分類すると、男性は事業主か自営業、とくに農業経営が多いのに対し、女性は賃金労働者か無報酬家事労働者が大半で、女性労働者中の賃金労働者の比率は、経済危機の真っ只中の一九八五年ですら、八〇%を下らなかった。

その理由は、女性の賃金労働者のうちの多くが教育および看護や福祉関係者だからである。女性が多く就業している業種を、一九八四年統計によって分類すると、五〇%以上を占めるのは教育、福祉関係、秘書、繊維やタバコなどの非農業労働、理容師などであり、逆に一〇%未満のものは建築士やエンジニア、大工や左官工などである。

このように伝統的に男女間で職域職種が異なることが多いため、賃金には当然格差がある。ちなみに一九八〇年代以降の被用者の平均男女間賃金格差は、女性が男性の八五%程度であるが、職種と地域による格差もある。公務員と民間との比較では、公務員では都市部および農村部とも女性は男性の八九%であるのに対し、民間では都市部が七八%で農村部の八六%より格差が大きい。この最大の理由は農村部では男性の就労開始の時期が早く、一二歳から一四歳までにすでに二〇%以上が賃金活動をしており、若年層が多いだけ都市部での男性就労者に比べて平均賃金が低くなることから、男女間格差が少ないと考えられる。

男女間の経済活動人口について男女間で大きく異なるのは年齢別比率である。一九九〇年の調査によれば女性は一五歳から二五歳までに就労人口比率が伸び、二五歳までで伸び率は止まってしまうが、男性は三〇歳まで増加し、六〇歳以降急激に下降線をたどるまでは就業率九〇％という高い率を維持している。これに対し女性は二五歳の四二％を最高限度に、その後徐々に就業者比率が減少している。当然ながら女性に家事専従者が多いことと、出産による就業からの離脱が原因と考えられるが、しかしこの場面でも都市部と農村部とでは事情が異なっている。女性についても男性ほどの格差はないが農村部の方が若年期での就労率が高い。

一九八〇年代以降の職種別統計によれば、経済の近代化達成のプロセスと女性の工場労働者数の増加とが同じ上昇ラインを示している。女性労働者中の工場労働者比率を、一九八三年、八七年、九二年と比較してみると、それぞれ二一％、二三％、二五％と増加している。これに対して女性がもっとも多く従事している職業であるサービス産業従事者の同じ年ごとの比率は、それぞれ七三％、七〇％、六九％と減少傾向にある。

さらに職種別の男女の平均賃金を、都市部と農村地帯に分けて比較すると、格差の少ないのは農村部の農業で、女性は男性の九二％であるのに対し、都市部の商業従事者では、女性は男性の六〇％ほどである。

二　政治と女性運動

女性参政権獲得への道

一九一〇年代末にコスタリカは独裁政権を経験することになる。三〇カ月の間ティノコ兄弟が行った独裁制（一九一七―一九年）は、結果的には女性の底力が発揮される機会を与えてくれるものとなった。独裁主義との闘いの中で女性たちは労働者の運動を組織し、政党や労組の支援をした。とくにカルメン・ライラという仮名で運動していたある女性教師が率いたデモの最中に、政府系広報紙「インフォルマシオン」の発行所に火が放たれ、結局これが引き金となって独裁政治に幕が下ろされることになったことは、女性の力を示すものとして語られている。

しかしこの事件の後も参政権獲得までの道は平坦ではなかった。一九二二年にニューヨークで開催された汎米女性会議にコスタリカ代表として三人の女性が参加し、国際婦人参政権同盟のキャリー・チャップマン会長と交流をもち、その翌年には国内でフェミニスト同盟（リガ・フェミニスタ）を結成し、参政権運動だけではなく、教育や社会福祉にも力を尽くすなどの運動をしつづけた。この同盟は女子高等学校の教員が中心となって運営される自治的組織で、第一回大会では当時の大統領フリオ・アコスタ（在任一九二〇—二四年）と彼の妻エレナが座長となっている。

その後の三〇年間は、コスタリカの女性運動がもっとも活発に盛り上がった時期でもある。当時ヨーロッパでは社会主義政党結成もあり、労働者の生活条件の改善など社会改革の動きが大きかったが、この影響も受けてコスタリカの労働者の社会権保障を求める運動に主体的に取り組んだのは、女子高等学校の教員グループであった。その成果はラファエル・アンヘル・カルデロン大統領（在任一九四〇—四四年）の時代に、一日八時間労働、組合結成権、休暇と医療給付の権利を定めた法案を通過させる原動力になったことに表われている。この時期はコスタリカの社会改革の時期であり、同時に女性たちがもっとも活発に活動しえた時期でもあった。

女性の参政権獲得行動が一部の運動家だけのものでなかった証を、一九四七年八月二日にサンホセの市街地で行われたデモにみることができる。八〇〇〇人もの女性が集まり、白い旗を掲げて選挙の公正を訴えた。ここでも女権のみの闘いではなく、社会不正や不公平への抗議が中心であった。こうした不正義を許さないという強い気運と行動が翌年の大統領選をめぐる内戦の導火線にもなっていたのである。

野党候補者の当選をめぐって勃発した内乱も、国民解放党が収め、憲法改正議会の選挙を実施してオティリオ・ウラテ・ブランコ（在任一九四九—五二年）を正式な大統領と認め、その後新憲法を制定公布するに至り、現在のコスタリカの基となる民主化路線の下地ができることになる。

当然ながら憲法改正議会のメンバーは男性のみであったが、公民権を定める第一〇条の法文は、女性メンバーが大半を占める教員組合が提出していた案を基として、政治的権利義務は、男女を問わずあらゆるコスタリカ人に属すという文言で提出され、三三票対八票の大差で承認された。五〇年間の女性参政権をめぐる闘いにピリオドが打たれることとなった。

女性の政界進出の経緯と選挙制度

女性が選挙権を得た後の初めての選挙は一九五三年一一月で、国会議員として女性三名（全議員の六・六%）が当選した。その後五八年には二名、六二年には一名と、女性当選者の数は当初は減少したが、六六年以降は七%台を取りつづけ、さらに八〇年代以降は連続して増え、九〇年には七名（一二・三%）、九四年には八名（一四%）、そして最新の一九九八年には一一名（一九・三%）の女性議員が誕生している。立法議会の女性議員比率の全世界平均は一一・六%（一九九五年統計。二院制の場合は両院を含む）である。この数値からすればコスタリカの高さは圧倒的である。

コスタリカがここまで女性の政治参加を成しとげたことには、選挙制度上の裏づけがあった。まず第一の理由は大選挙区比例代表制を採用したことである。比例代表制では政党ごとに候補者名簿を作成し、これを有権者に提示する。投票の結果名簿の当選ラインまでに女性が多ければ、女性議席も増えることになる。

第二の理由として、政党の候補者選出システムがある。候補者名簿の上位に女性をどれだけ載せるかは、政党が女性の地位向上にどれだけ理解があるか、そして誰が候補者を決定するかにかかっている。コスタリカの政党規則を定めた法律では、政党幹部の独断を排除する目的で、各政党候補者の選出は、地方選出の代表者が一堂に揃う党の全国大会で決定しなければならないと規定されている。ところが実際には大統領候補者および政党幹部が事実上決定し、全国大会ではほとんど反対されず、そのまま確定してしまうことが多く、政党幹部の女性の権利に対する理解と後押しが女性の議席を増やすことにつながっている。

第三の理由は議員の連続再選禁止規定（憲法一〇七条）である。政治的権力が生まれる余地は長期にわたり政治に関わることから生じるとして、コスタリカでは連続再選を認めてはいない。五七議席のすべてが全新規候補者のために用意されていることになる。もちろんこの制度が女性にだけ有利とはいえないが、概して権力の外に置かれがちであった女性がその辛苦を味わってきたことを考えると、女性の地位向上に寄与する意味は大きい。

権力独占を認めない民意は、大統領再選禁止（同一三〇条）にも表われている。また一九四八年の苦い経験から、選挙の公正を確保するための選挙最高裁判所が設置され、しかもそれが重要な権限をもっていることは、コスタリカの民主化達成の証として非常に重要である。選挙最高裁判所は最高裁判所が任命した裁判官によって構成され、他の国家機関から独立して選挙に関する不正や暴力行為などあらゆる違法行為について、専権で処理する強い権限をもっている。

ちなみに再選禁止や選挙最高裁判所の設置は一九四九年憲法で規定されたものであるが、同憲法は同時に、前述のように二〇歳（五七年改正により現在は一八歳）以上のすべての国民に対し原則として（禁治産者と政治権限剝奪者にはない）選挙権を認め、さらに軍隊の廃止も盛り込んでいることから、現在の民主国家コスタリカの土台と骨組みといっても過言ではない。

意思決定過程への女性の参加

以上の要因を味方につけコスタリカの女性議席数は飛躍的に伸びた。未だ女性の大統領は出てはいないが、一九八六年から九〇年まで二名の副大統領のうちの一名は女性（ビクトリア・ガロン博士）であり、その後国会議長も女性が務めている。

参政権を得て二〇年を経た一九七〇年代以降の運動は二つの局面で行われた。一つは政党に女性参加の必要性を訴え、候補者名簿に多くの女性を載せるための運動であり、二つ目はクオーター（割当）制の導入の働きかけである。第一の運動は議席数が示す通り、徐々に成果が出ているとはいえ、国政でも地方選挙でも、議席の二〇％以上を占めることはまだない。そこで女性候補者をリストの上部に位置づけるための、政党内部の体制や取り組みが意味をもってくることになる。

一九四八年の内戦後政権をとった国民解放党では、女性にとって初の参政権行使となった五三年選挙で、同党から三人の当選者を出した。これを機に党内での女性の組織化をめざして、大統領婦人を中心に六一年に「婦人部」をつくったが、この組織自体は一年ほどで解散し、その後内乱を収めかつ五四年から四年間大統領を務めたホセ・フィゲーレスの妻カレン・オルセンが中心となり、議員がメンバーとなって「社会発展ための女性の行動」がつくられた。同党は一九七八年選挙で政権を失ったが、八〇年代に党内の女性運動の核となったのは「女性の運動」という組織である。このグループの活躍で党本部の幹部に九人の女性が就任した。その後も党内の女性運動は大統領夫人であるファースト・レディーや、政権党になれなかった場合は候補者になった者の妻が代表となって、代々持続して組織が受け継がれている。ただし言うまでもなくこの考え方は、大統領は男であることを前提にしている。大統領候補として女性を打ち立てるための模索はいまのところまだない。

国民解放党と並び立つ政党は、一九九〇年の選挙で政権を獲得したキリスト教社会主義連合党である。同党の女性政策は、綱領としては出されておらず明確ではないが、一九八九年に党内の女性の全国大会が開催され、九〇年選挙に向け大統領候補の妻グロリア・ベハラノを女性部代表とした。ファースト・レディーが女性組織のトップという構図は同じである。

八六年にアルベルト・モンヘ（在任一九八二―八六年）を継いだオスカル・アリアス大統領は、副大統領に女性ビクトリア・ガロンを起用し、女性閣僚の役割が重要であることを強調する政策を打ち立てた。アリアス政権は平和と住宅政策を掲げ、女性の地位向上に腐心したこともあって、この時期は女性が政界、司法府さらには大学の中枢に組み込まれる契機となった。たとえば大学学長選挙に女性が立候補すること自体前例のないことで、不可能と思われていたが、八九年の国立大学学長選に女性候補者が出馬し、この時は敗退したものの、さらにその後コスタリカで初めての女性学長が国立大学に誕生したのも、アリアス政権下のことである。

なお裁判所の判事は、現在四一％が女性である。ただしその所属は家庭裁判所が圧倒的に多く、一九九七年現在全国で五名いる家裁裁判官の全員が女性である。

男女平等に向けた法改正

アリアス政権で法務大臣となったエリザベス・オディオは就任するや男女平等に関する法改正作業に着手した。彼女が手始めに行ったのは、一九七五年以来文化青少年体育省の中に設置されていた「女性局」を「国立女性家族開発センター」と改名し、これを女性活動の拠点にすることであった。現在このセンターは各地域の女性リーダーへの訓練や女性問題についての出版活動、キャンペーンや公開討論の企画などもしており、一九九〇年には「女性、政策、開発」と称する初めてのセミナーも開いている。

しかし一九八八年から一九九〇年までのこのセンターの最大の仕事は、「真の平等法」の立ち上げと成立をめざしての闘いであった。法案はセンターと多くの女性グループの後押しで、アリアス大統領自身によって議会に提出されたもので、「真の」という名称は形式的平等ではなく、実質的平等をめざすという意味を込めている。最初法案に盛り込まれた内容は、政治、経済、社会のあらゆる場面での平等と、教育上の差別や性犯罪などでの女性保護など、非常に広範にわたるものであった。

この法案に対する社会の反応は大きく、マスメディアが意見の応酬を取り上げるなど、熱気はすさまじいものであった。コスタリカ史上最長の論争として語り継がれているのは、八八年六月二二日の議会である。この日、議事堂外でも何千人ものごく普通の女性たちが旗を持ってデモに参加し、かつての参政権獲得の時以上の熱気があったと伝えられている。

ところがこれほどの熱気と興奮を沸き立たせた法案も、法律となるのは容易なことではなく、国会での審議でもっとも賛否の分かれたのはクオーター制導入についてであった。当初法案では、国政であれ地方選挙であれ、政党が出す候補者名簿には選挙地の人口の男女比に応じて候補者を出すことを規定していた。したがって多くの場合半数を女性候補者にするということになる。

この法案に疑問を提起したのは、女性も含めた法律家グループであった。クオーター制は個人の自由と社会の平等を侵害する憲法違反であるというのが根拠である。結局、国会審議に入る前の社会問題委員会の段階でクオーター制は否決された。この委員会唯一の女性委員であり、否定側にたったノルマ・ヒメネスは、保護を前提とするこの法案が結果的に女性の立場を弱くすることになると強く主張した。

この論争はアファーマティ・ブアクション（積極的優先処遇）と同様、権力構造の中での被差別グループとして女性を優遇することが妥当か否かが問われたものであるが、多くの女性は導入に賛成で、とくにアリアス大統領夫人のマルガリタ・ペノンは議員と個人的に折衝して賛成の同意を取り付けるなど、積極的に活動し、結局法案提出から二年経過した一九九〇年に議会を通過させることができた。

しかしその内容は当初のあらゆる場面でのあらゆる平等というものとは様変わりし、政治上の権利に関しては政党内部での女性候補優遇対応が勧告的に規定されたにすぎなかった。この変化を如実に物語るのが名称である。最初の「真の平等法」案は「女性の社会的平等促進法」へと変わったのである。その後も一九九二年には一女性議員が再度クオーター制を盛り込んだ改正案を議会に提出し、一九九五年にも国立女性・家族開発センターが提案するなど繰返し議論されているが、今日まで法律による国政レベルでのクオーター制は実現していない。

なお国立女性家族開発センターは一九九八年に「国立女性協会」と再度名称を変更した。かつてのセンターより自治性を高め、政府外に設置することで、女性の全般的状況を把握し、これを政策に反映させることが目的であり、代表者は閣外女性問題担当相に任命された。

三　法制度上の女性の地位

男女平等に向けた法改正

コスタリカの現行法体制は「人は皆、法の下に平等であり、人としての尊厳を損なうあらゆる差別を受けることはない」（憲法三三条）と規定し、生命、自由、適正手続条項、住居の不可侵などについて、性差なく保障されることを明言する一九四九年憲法の下に構成されている。なお同条の「人」の用語は、一九九九年に、性差のない「ペルソナ」という用語に変更された。さらにコスタリカが国連女性差別撤廃条約を批准したのは一九八四年であり、これを受けてその六年後に「女性の社会的平等促進法」を成立させたことは、実質的平等確保に向けた国内法の見直し気運を高めることとなった。

その一つが社会開発プログラムによる農地分配と事実婚保護政策である。女性の社会的平等促進法七条は、社会開発の目的で、自作地を所有しない農民に、開発プログラムによって収用した農地を分配することを規定した。この農地は家族保護の目的で、抵当に付されることも差し押さえを受けることもない「家族財産」(家族法四二、四三条)として登録されることとなった。しかしその際、農村地帯にはカトリックの婚姻儀式も、民事婚登録もせずに事実上の婚姻生活をしている家族が多いことを配慮して、新たに分配された農地の名義を、既婚の夫婦の場合には夫と妻双方の名前で、事実上の夫婦の場合は女性の名前で登録することを義務づけたのである。

ところが同法が施行されるとすぐ、男性の農民グループから法の下の平等に反するとして訴訟が起こされ、結局一九九四年に最高裁が違憲の判断を下したことで決着がつき、現在は事実婚夫婦の場合も男女両パートナーの名前で登録されることになっている。なお事実婚については、一九九五年に家族法典が改正され、二年以上公然と安定した共同生活をし、他に婚姻家族をもたない男女のカップルは、事実婚終了の際など、財産について婚姻と同様に扱われることとなっている。

家族法が規定する家庭内での妻・母の立場

現行家族法は民法の中から「人」の項を分離し、一九七四年に家族法典として改編したものである。独立から二〇年後の一八四一年に主としてナポレオン法典を継受して初めてのコスタリカ民法が編纂されて以来、数度の改正はあったものの、一三〇余年継続してきた民法から家族編を分離させた背景には、一九七五年に行われた国連主催の国際女性年第一回世界会議(メキシコ会議)が関係している。同じラテンアメリカ内で開催されるということで、その数年前から法学者の中では男女不平等な条項の改正が検討されており、内容のみならず体裁自体も変更することとなったものである。

家族法の基本的立場は、男女平等、夫婦平等、婚姻を家族の基本とする憲法理念(憲法五二条)に則って規定されている。しかし法文は家計維持の主たる責任は夫にあると明言（家族法三五条）しており、夫がこの義務を果たさない場合は妻は夫に扶養を履行するよう請求できる（同一五六条）ことになっている。ステレオタイプによる夫婦の役割分担思想がうかがわれるが、この点の立法理由によれば形式的平等よりも実質的に妻の保護を図ったもので、家庭遺棄の多い現状ではやむをえない選択であるとされている。

他方、親権については規定上性差がなく、共同親権を原則とし、協議が整わない時は裁判所が決すると規定している（同一三八条）。しかし現実問題として平穏な夫婦間で子どもをめぐる問題が発生した場合に、裁判所に出向くことは問題の解決よりもむしろ家庭の崩壊へとつながりやすいこと、他方、夫の暴力が低階層を中心に頻繁に起きている現状では、問題がある家庭こそ母の親権行使が困難であり、裁判所での解決を選ぶことがほとんどないことなどの懸念が出されている。そこで政府は裁判外で紛争を処理する調停制度の普及のため、その取り組みに着手しはじめている。

嫡出、非嫡出を含め親子関係がいかなる性質のものであれ、憲法は一切の差別を禁じている（憲法五四条）。ただし認知されていない婚姻外の子の親権については、たとえ母が未成年であっても、母が行使することになっている。

夫婦の財産については、婚姻が成立する前に一部もしくは全部を別産とする婚姻財産契約を締結することが可能であるが、ほとんど使われることがないため、実質的には獲得財産共有制が行われている。実際には婚姻以前から所有していた各自の財産およびその果実（利息や運用益など）以外は、相手方の承諾がなければ処分できず、しかもその承諾は口頭では意味がなく、判事の面前での承諾を要件としているので、妻の財産上の権利確保には大きな力となっている。

婚姻解消時には婚姻中に獲得した双方の財産について持分を半分ずつにして精算することになるが、婚姻継続中であっても管理者の管理が悪く、損害を被る恐れがある場合には、獲得財産の精算を申し立てることができる。通常夫が管理者となる場合が多く、妻の保護に有益に機能している。また各自の特有財産については、かつてのように妻の持分についても夫が管理権をもつことはなく、現行法ではそれぞれ自由に処分することができるようになった（同四〇条)。

ちなみに離婚は協議離婚といえど法定別居期間を経た後でなければならないが、その際離婚原因をつくった側の責任は、離婚の成否には関与させず、獲得財産の精算の時にその有責性に応じて取り分を失わせることで制裁としている。

女性の生命・身体と法規制

妊娠中絶を直接規制あるいは保護する法律は存在しない。刑法によって妊娠初期の胎児の段階から中絶は原則として犯罪である。ただし例外として妊婦の生命の危険があり、他に救済手段がない場合に限って不可罰(刑法一二一条)であり、その他の刑の減免事由としては、強姦や近親姦などの不名誉な事実を隠すための中絶もやむをえない場合があると規定している。

しかし条文にある「不名誉」という言葉は解釈しだいであることから、一般にコスタリカ法での中絶は母親(妊婦)の側の精神的理由による中絶も容認されていると考えられている。ちなみに中絶と同じように避妊についても、これを誘発するような広告をすることは罰金刑にあたると刑法は定めている。カトリックを国教と定める国ならではの規定であるが、これは法と現実のかけ離れた最たる例として指摘されているとおりである。

一般に性犯罪も暴行またはその未遂があれば通常の暴行傷害事件として扱われる。ところが被害者の告発がなければ立件できず、たとえ告発しても性犯罪の立証が困難であることが抜け道に利用され、刑事法で処罰されることは必ずしも多いとはいえなかった。

しかし近年暴行のみならず女性が執拗につきまとわれるなどの性犯罪が増加している現状から、一九九〇年に制定された女性の社会的平等促進法の中で、法務大臣の下に性犯罪に対する特別プログラムを組み、国立女性家族開発センターが企画対策にあたるべきことが決められた。この企画に基づき同年「女性委員会」が設置され、家庭内暴力も含めて調査や法律相談、さらには訴訟の援助などをも行っている。

コスタリカ刑法において女性のみを被害者として設定する犯罪類型としては、婦女誘拐罪（刑法一六三―一六五条）がある。これは女性に対してみだらな目的で、詐欺的手段または暴行にあたるような方法を用いて連れ出し、監禁するような行為に適用されるもので、有罪となれば懲役刑の重い犯罪である。被害者の告発を待たず、たとえ当事者間の合意があろうと、または未遂であろうと起訴ができるのは、被害者が一二歳以上一五歳以下の場合に限られる。さらに結婚することが目的で誘拐した場合は減刑事由となり、しかも何も不名誉なことをせずに家族の元へ返した場合にはさらに減刑されることになる。

このように現実には必ずしも規定にあるような重い刑罰が課せられるケースばかりではないが、例外的に加害行為が親族によって行われた場合や、被害者が本人の死に至った場合は告訴を待たず公訴として起訴される。同じく、死に至らないまでも健康に重大な被害が生じた場合、あるいは加害行為が教育にあたる立場の者や後見人、監護人、司祭などの関与によって行われた場合も公訴となる。こうした婦女誘拐罪の成立は、加害者の側にみだらな行為をする目的があったかどうかをめぐる内面の心理に関わることであり、しかも女性だけを被害類型とすることが時代に合わないなどの面から、国内でも存在意義をめぐって議論があり、具体的に廃止の方向で法改正が検討されている。

労働における女性の保護

憲法上の自由な職業選択の保障（憲法五六条）および性差別禁止規定に基づき、人権保護基本規則は雇用契約、昇進、解雇に際しては、一切の男女差別をしてはならない（人権保護基本規則四一条）としている。さらに一九九〇年に成立した女性の社会的平等促進法の中では、この人権保護基本規則を改正して、公務員の雇用機会の平等と業務執行上のあらゆる差別の禁止を規定するようにと、勧告している（平等促進法二五条d項）。なお人権保護規則は公務員の欠員採用の公告を男女どちらかのみに限定することも禁止している（四一条）が、この規則は公務員の場合に限定され、民間企業などには適用されない難点がある。また憲法では同一労働同一賃金の原則を定めているが（憲法五七条）、前述のように男女間や地域間に明らかな雇用上の格差があるところでの同一労働同一賃金の原則は、現実には実効性の乏しいものとならざるをえない。

しかし、民間であれ公機関であれ、経営者や監督的立場にある者が業務の執行に際して人種、宗教、政治的立場、経済状況などあらゆる一面での差別を行った場合と同様、性に基づく差別を行った場合も罰金刑にあたると規定していることは、裁判規範としての意義が大きい（刑法三七一条）。

さらに労働法には女性のみをとくに保護する規定が置かれている。それは、女性が肉体的、精神的に不健康な職業や重い負担のかかる業務、あるいは危険な職業に就くことを禁じたものである（労働法八七条）。また、女性の深夜労働も原則として禁じている（同八八条）。これらの規定は未成年者保護と並んで、労働法の条項の中では「能力の不完全な者の保護」の項に置かれている。しかもその労働が不健康であるか、危険であるかの決定は、最終的には裁判官の裁量となり、実際に従事している女性の判断ではない。

現行労働法は一九四三年に制定されたものであるが、こうした国家の後見的保護はもはや不必要だとする意見や、ステレオタイプによる保護はなく個々の女性の個性に委ねるべきだとする意見もかねてより出されていた。こうした状況の中で、女性の社会的平等促進法三二条は、労働法を一部改正し、女性と未成年者の保護をさらに徹底して危険な職業への雇用を絶対に禁止すると規定するに至った。なお深夜労働の禁止については、すでに一九七六年の法令で禁止の例外職種が具体的に列挙されている。

妊婦の保護も一九九〇年の女性の社会的平等促進法により格別の保護が強化された。従来の労働法も産前に一カ月、産後に三カ月の出産休暇を規定していたが（労働法九五条）、女性の社会的平等促進法ではこのような母性保護規定の実効性を高めるため、妊娠もしくは授乳を理由とする解雇は労働者側の契約不履行などの合理的理由がなければできず、その際も労働監督局に出頭して説明することを雇主に義務づけるなど、新しい規定が置かれた。この点は、労働者全般の弱い立場を考えた時、再考の必要があるとして従来から国内の学説や労働団体が主張していた点であり、コスタリカ国内では評価する声が多い。さらに同じ条文の中で、未成年者を養子とした場合にも三カ月の休暇を認めている。父にはなく母にのみ認めている点に今後の課題はあるものの、母性の社会的意義を尊重していることが評価される。

さらに授乳中の子どもをもつ女性労働者に対し、三時間ごとに一五分、または一日に二回（一回三〇分間）授乳時間をとる権利を認めている。（労働法九七条。ただし人工栄養で育児をしている場合はこの授乳に該当しないと考えられている）。

二一世紀に向けて

一九九〇年代に入って世界的潮流となったグローバル化現象は、コスタリカにも変化を及ぼした。かつてコスタリカ経済はコーヒー、バナナ、食肉牛の輸出を中心に、農畜産業にほとんどを依存していた。一九七〇年代はコーヒー価格の高騰により、国家財政に余裕があり、社会政策関連の財政も潤沢であったが、一九八〇年代、とくに八二年の不況と原油価格の暴騰がコスタリカの対外債務問題を悪化させることとなった。福祉国家としてのそれまでの成長は停滞し、経済的にはアメリカ合衆国への依存度が高まることとなった。

経済再建のために国際通貨基金（ＩＭＦ）の融資を受けるには、輸出財政を安定させ、しかも支出を抑えるため国家予算を削減しなければならなかった。その結果たしかに経済は安定したものの、社会福祉を含め、国民の生活水準の低下は避けられなかった。そのしわ寄せが農村地帯に波及することになる。

女性の社会的平等促進法七条により、農業に従事する女性の土地に対する法的権利は確実に増大した。これと前後して農村地帯でいくつかの女性グループができ、一九九六年には「全国農業女性連合会」が就農女性の活性化と所得の向上を目的として結成された。しかし問題は、社会開発や社会正義よりも経済効率を優先せざるをえない情勢の中で、開発プログラムに沿って再分配できる土地がどれだけ確保できるかにかかっている。さらにまた、共同名義の土地が女性の権利として意味をもつのは主として別居や離婚、死別の時であることから、日常の農業活動の中で同法に基づく土地利用が労働者としての権利行使にどれだけの意味をもつかは問題ではある。

女性の社会的平等促進法施行後、政府は各省庁に女性関連プログラムを設置した。司法省内には「女性の権利擁護局」が置かれ、法令や行政措置の見直しに着手した。さらにコスタリカでは、一九九三年に中米各国大統領夫人が一堂に集う大会を開催したこともあり、ファースト・レディーのグロリア・ベハラノが女性に関わるあらゆる問題を扱う機関として国立の「女性協会」設置に奔走した。「協会」とはいえ、研究も実践活動も行うものである。

なお選挙制度との関わりで、今後のコスタリカの行く末につき、苦言が呈示されている。現在、政府の女性問題の担当部署のリーダーは政党から送り込まれている。これでは二大政党による片寄った関心がそのまま国の政治にも反映さてしまうというのである。ややもすれば四年ごとの選挙に向け、いかにして女性票を取り込むかが党の最大の関心で、一般女性が何に悩み、どんな問題を抱えているかは二の次にもなりかねないとの指摘もある。

かつてキリスト教社会主義連合党政権下で教育労働大臣を務めたエステラ・ケサダは、珍しいことにどの政党にも属してはおらず、実質的に二大政党のどちらかが権力を掌握する現行制度に自由な立場から疑問を提起している。各政党は選挙で獲得した票数に応じて政党助成金を受け取ることになっているが、ケサダは、これでは選挙キャンペーンに資金をふんだんに使えるのは大政党だけで、少数政党は自分たちの意見を国政に反映することができない堂々めぐりに陥っているとして、選挙制度の改革と、現行政党助成金制度の違憲性を訴えて憲法裁判所に提訴する準備をしている。さらに彼女は、すべての政党が一堂に会して意見を戦わせるため、その機会をマスメディアの中につくることも提案している。

将来展望としては、NGOとしての女性グループの活躍がある。たしかにコスタリカの階級差は他のラテンアメリカ諸国に比べれば少ない。しかし社会的地位のみならず、地域差が加わり、しかも人口の九〇%以上が白人であるがゆえの少数派である黒人と先住民の地位については、階級的差別が否定できない。こうした問題に取り組む女性グループの台頭により、黒人女性や先住民女性の権利擁護活動にも発展の兆しがみえはじめている。これらの活動は、コスタリカの民主制を確固たるものとし、さらには女性の置かれた環境を変えていくことになるであろう。

参考文献案内

1　Michelle A. Saint-Germain, "Path to Power of Women Legislators in Costa Rica and Nicaragua" (*Women's Studies International Forum*, Vol. 16, No. 2, pp 119-138, 1993). 中米の中でも女性の政治参加の目覚ましいニカラグア、コスタリカ両国を比較し、歴史的経緯の違いを明らかにすることで、両国の置かれた状況を分析したもの。とくに女性運動の具体的経緯が詳細に記述されている。

2　Richard E. Matland, "Electral system effects on women's representation" (*Comparative Political Studies*, Vol. 30, No. 2, 1997). 各国の選挙制度と女性の関係を扱った中で、コスタリカについては、参政権獲得までの状況と、一九五〇年代以降の政党内部での女性活動の記述が詳細である。政治制度に限定したものではあるが、歴史的分析も詳しい。

3　Yolanda Bertozzi et. al, *¿Feminismo en Costa Rica?* (San José : Editorial Mujeres, 1995). 政府女性対策の助成を得て刊行されたもので、国立大学女性講座設置に関わった教授、自ら先住民として生まれ、現在は先住民擁護活動をしている人、黒人救済センターに関わっている人などの自伝的エッセイ集。

4　Teresa Valdes y Enrique Gomariz (coordinadores), *Mujeres latinoamericanas en cifras* : Costa Rica (Santiago, Chile : FLACSO, 1993). コスタリカの女性の状況を統計数値により分析したもの。労働・教育・保健衛生などの分野、政治参加・社会参加の状況、政府内外の女性関連機構と立法状況の概観を示す。

5　寿里順平『中米の奇跡　コスタリカ』(東洋書店、初版一九八四年、改訂版一九九〇年)。直接女性問題を扱っているものではないが、コスタリカの社会的・文化的背景を知るうえで有効。

6　拙稿「一九九〇年代のラテンアメリカ家族法の帰結――コスタリカ「事実婚」立法にみる」(『アジ研ワールド・トレンド』アジア経済研究所、二〇〇〇年三月号)。一九九〇年代の家族法の改正状況を、コスタリカを中心に概観し、ラテンアメリカ諸国の近時の家族政策を言及したもの。

6 章

キューバの新しい社会と女性

フェミニズムなき社会の女性たち

畑 恵子

女性運動の目的は、昨日までの個人主義から社会主義的視点へと、
女性の道徳を移行することにある。
女性には、わが子の母となり、他人を利用することを教えるか、
すべての子どもたちの母となるか、という選択肢がある。
もし後者を選ぶならば、
社会意識をもった子どもたちを育成すべきである。

ロドリゲス＝アコスタの文章より
Ofelia Rodríguez Acosta,“La maternidad transcendente”,
Bohemia 23, no. 26 (el 25 de octubre de 1931)
cited in K. Lynn Stones, *From the House to the Streets*,
Durham, Duke University Press, 1991, p. 139.

キューバ女性史関連年表

西暦	事　項
1923	第1回全国女性会議開催。
1934	女性参政権承認。
1935	キューバ女性、初めて選挙で投票。
1939	第2回全国女性会議開催。
1940	憲法制定、女性の権利拡大。
1958	マリア・グラハーレス小隊、反バチスタ闘争で戦闘に参加。
1959	国際民主女性連盟（ＷＩＤＦ）主催第1回ラテンアメリカ女性会議（チリ）に76人のキューバ代表参加。
1960	キューバ女性連盟（ＦＭＣ）発足。
1961	非識字者撲滅運動実施、多数の女性が参加。
	レーニン児童センター設立。
1962	ＦＭＣ第1回全国大会開催。
1963	ハバナ市で全米女性会議開催。
	母性保護法制定。
1967	全託児所無料化。
1968	労働法により、女性に対する雇用優先職種と雇用禁止職種制定（73年改正）。
1969	砂糖生産1000万トン達成のため、大規模なボランティア動員。
1974	母性保護法改正。
	ＦＭＣ第2回全国大会開催。
1975	家族法制定。
1976	憲法制定。人民権力議会発足。
1977	託児所有料化。
1980	ＦＭＣ第3回全国大会開催。
1984	ＦＭＣ第4回全国大会開催。
1985	ＦＭＣ、ユネスコ・ナジェジュダ・クルプスカヤ賞受賞。
1986	第4回共産党大会でビルマ・エスピン、政治局員に選出。
1989	ビリャクララ大学に「女性と開発」講座開講。
1990	ハバナ大学に女性学講座開講。
	ＦＭＣ第5回全国大会。
1991	第5回共産党大会でビルマ・エスピン、政治局から解任。
1992	憲法改正。新選挙法制定。
1993	人民権力州議会・全国議会選挙で初めての直接選挙実施。
1995	ＦＭＣ第6回全国大会。
1997	第6回共産党大会。
	刑法改正。

序　転換点としての一九七五年

一九七五年は女性にとっての転換点である。メキシコ市で開催された国連主催の国際女性年第一回世界会議（メキシコ会議）と、それに続く「国連女性の一〇年」を機に、女性をめぐる議論は百家争鳴の観を呈し、なかでもフェミニズムが思想としても運動としても時代の一つの潮流となった。ラテンアメリカにおいても中間層や知識層を中心に、フェミニズムは多大な影響を与えた。だがそれとは別に、都市民衆階層の女性たちの間からは、軍政下の経済的窮乏と政治的抑圧を背景に、家族の生存に向けての自助的経済活動や、政治弾圧によって行方不明となった家族を探す活動が生まれた。民衆運動の女性たちは概してフェミニズムに無関心あるいは否定的であったが、実際の活動を通してフェミニズムと人的、思想的に結びつくこともあった。

ところが、キューバでは海外のフェミニズム思想や民衆女性運動などの影響を受けることなく、また下からの自発的な組織化や運動も形成されないまま、国家主導の女性政策が継続された。女性の搾取の根源は資本主義にあるがゆえに、社会主義によって女性は解放されるという公式見解の下で、共産党とキューバ女性連盟（FMC）が女性の日常生活を指導した。FMCはフェミニズムをブルジョワ的と批判し、自らをフェミニストではなく女性組織として規定する。キューバでは女性問題とは平等の実現であり、それは生産労働への参加と法的な平等の権利の保障によって達成される。家事労働は女性を生産労働から排除し、夫への従属をもたらす。ゆえに、生産労働への参加によって女性は解放されるのである。このような見解に沿って、革命後の女性政策は、女性に対する雇用機会の提供と、育児・

家事負担を軽減するためのサービス提供を両輪として進められてきた。

　だが、キューバにとっても一九七〇年代半ばは三つの領域で転換点となった。政治では、国民に限定的ながら選挙権を行使し、政治に参加する機会が与えられた。経済では労働の合理化が始まった。また、一九七五年の家族法によって両性の法的平等が家族にまで拡大され、国家の介入が私生活に及ぶことにもなった。以下、労働参加、政治参加、家族関係に焦点をあてて、一九七五年以降、キューバが大きく動いていく中で、女性をとりまく状況や女性の意識、あるいは社会の女性観がどのように変わってきたのか、キューバの女性問題への取り組みの成果と限界をみていくことにしよう。

一　生産労働への参加

女性の労働参加の実態

　生産労働への女性の参加促進は、革命後の女性政策の最優先課題であった。しかし、それは女性の解放よりも労働力の確保を目的とするものであり、指導層においてさえも、社会主義的平等主義を標榜するかたわらで、女性を補助的労働力とみなし、再生産を女性本来の役割として捉える傾向がある。この理念と現実の矛盾は一九七〇年代後半から顕在化することになる。というのは、七〇年代半ばを過ぎると、ほぼ労働力不足が解消され、男性の余剰労働力が問題になってきただけでなく、女性を生産活動に参加させるために不可欠な託児所・食堂といった公的サービスの負担の大きさに、国家も気づきはじめたからである。八〇年代に入ると、フィデル・カストロの発言にも、「男性に望ましい職を確保すべき」、「本質的でない労働者を解雇すべき」、「女性は託児所やコーヒーショップで働けばよい」などと、本音ともとれる差別主義がのぞくようになる。

　だが他方で、女性の労働参加を支援する体制は継続して整備された。産休に関しては九二年までに、一八週間の給与全額支給の産休、さらに六〇%の給与保障による一二週間の産休延長、出産後一年までの無償育児休暇、そして元の職場への復帰が保障された。また、託児所の数は七五年の六五八から八九年には一〇七二に増え、八九年には六歳以下の児童の一四・五％があずけられ、一三万六五〇〇人の母親が利用していた。

こうした政策が功を奏して、一九七〇年から九〇年の二〇年間の女性の経済活動への参加は、三倍強に増えた。七〇年の一五歳以上の女性の労働参加率は一五・九％で、革命前の五五年の一三％から微増したにすぎなかった。しかしその後の参加率は、七五年二一・一％、八〇年二六・七％と急速に上昇し、八五年には二〇％を越え、九〇年には三四・八％に達した。八〇年の時点で、キューバ女性の労働参加はメキシコ、アルゼンチンを少し下回っていたが、九〇年には、カリブ諸国を除くラテンアメリカ地域で、女性の経済活動への参加がもっとも進んだ国となった。九〇年の年齢別の女性労働参加率は、二五—四四歳の年齢層でもっとも高く、六〇％近い。キューバでは出産・育児期にも仕事を続ける女性が多いため、日本のようなM字カーブではなく、二〇—二四歳で参加率が急速に上昇し、四五—五〇歳以降に漸減する台形カーブを描いている。

農業、工業、サービス業のいずれの部門でも一九七〇年代には女性の進出が進んだ。経済部門別にみた八一年の女性の就労は、農業一〇・六％、工業二一・六％、サービス業六七・八％で、他のラテンアメリカ諸国と同じように、サービス業が女性の主要な雇用先となっている。女性の経済活動人口の九八％が公的セクターで働くキューバと他のラテンアメリカ諸国のサービス業とを同じに論ずることはできないが、キューバにおいても女性が集中している職種は概して低賃金であるともいわれる。ただし、労働時間や賃金にどのくらいの男女差があるのか、統計的な裏づけはない。

一九九〇年の働く女性の地位は、経営者二八・六％、専門職・技術職五七・七％、管理職九〇・二％、労働者一九・五％、サービス職六二・六％であった。トップは男性、中間管理職は女性、労働者は男性、サービス職は女性という明確な分業がみられる。だが、管理職の九割、専門・技術職の六割を女性が占めているという事実は、専門知識や技術・技能が重要な評価基準であり、女性の多くが専門教育を受けていることを示唆している。

高い教育水準

革命直後から識字運動や教育の普及に力が注がれてきた結果、一九八一年の非識字率は一・九％と先進国並みに低くなり、九年間の義務教育も徹底された。八一年の一五歳以上人口の修了教育水準は、教育なし四・一％（うち女性の占める比率五四・六％）、初等教育未修了二六・四％（五四・三％）、初等教育修了二一・九％（五〇・五％）、普通中等教育三五・〇％（四五・七％）、技術・専門学校四・九％（四二・二％）、師範学校二・四％（七〇・五％）、高等教育四・三％（四二・七％）であった。女性の教育水準は男性よりも全般的にやや低い。ただし、この数値には革命以前に教育を受けた年齢層も含まれており、革命後の世代ではほとんど男女差がみられない。たとえば大学では、八〇年代前半に学生数の男女比が逆転し、八九年には女子学生が五七・五％を占めるに至っている。

逆に、女性比が著しく高いのが師範学校である。大学での女子学生の専攻をみても、八九年には教育学五五・五％、医学およびその他の保健学一七・二％、工学六・三％の順で、教育学に女子学生が集中していた。女性教員が占める比率も、学齢期以前では一〇〇％、初等教育七四％、大学教育四五％と高く、教育は女性の職域となっている。大学における女性教員の比率は日本などと比べれば驚くべき高さであるが、生徒が低年齢になるにつれて女性教員の比率が高くなっている。キューバに限らず、育児の延長線上にある幼児・児童教育を女性の仕事とみなす伝統的職業観がある。だがキューバの場合にはその一方で、高度な専門性をもった女性に対しては旧来の価値観にとらわれることなく、男性と平等に門戸が開かれる、という二重性をみることができる。

経済政策の転換

一九七〇年代は革命後、キューバが最高の経済成長を実現した時代である。しかし七〇年代後半に始まる一定の分権化・自由化政策、労働合理化政策、そして賃金・消費政策は、女性の労働参加にとって有利な面と不利な面を併せもっていた。七六年に打ち出された「経済管理計画制度（ＳＤＰＥ）」の狙いは、各企業にその利潤に対して責任をもたせることによって、また労働者や組合の役割を強化することによって、分権化を図ることにあった。家事・育児の責任を負うがゆえに欠勤・早退を余儀なくされ、託児所や食堂などの社会サービスを必要とする女性にとって、労働生産性や技術・能力による評価制度の導入およびコスト削減は、労働条件がいっそう厳しくなることを意味した。だが新たな消費政策、すなわち緩やかな物質的刺激策の導入は女性を有償労働へと向かわせた。それ以前のキューバでは、平等主義的配給制度と物資の不足によって、女性が働かなくてもそれなりの生活が保障され、反対に賃金を得ても買うものがなかった。ところが、配給消費品目の削減、自由農民市場の一時的な認可、そして職場での成績に基づく耐久消費財や住宅の支給などによって、有償労働が消費生活の改善に結びつくようになったのである。

一九八〇年代後半に入ると、キューバ経済はマイナス成長に転じる。政府は矯正路線を打ち出し、物質主義を排除し、思想的引き締めによって共産主義の精神に基づく経済再建を呼びかけた。国民には生産労働だけでなく、住宅建設などの自発的活動への参加も求められた。労働規律が強化され、工場ではシフト制が導入された。労働時間は不規則となり、夜間労働の際には託児所や食堂の利用も難しくなった。

このように必ずしも女性の労働参加を促進する条件ばかりではなかったのに、九〇年まで働く女性は増えつづけた。その背景には、離婚女性やシングルマザーの増加に加えて、革命後に高い教育を受け、新しい労働観をもった世代が育ってきたことや、一人の女性が平均で産む子どもの数を示す合計特殊出生率が、八八年には一・八八人まで低下し、出産や育児の負担が相当軽減されたことなどがある。一九七五年の調査では、女性の多くが労働参加に同意したが、その理由は自己実現というよりも革命が必要としているから、というものであった。ところが八七年のハバナ近郊の紡績工場での調査では、九〇%が労働参加は自立、経験、能力といった点でプラスであり、自分にはずっと働く意思があるし、子どもが小さくても働くべきである、と答えている。サンプル数は限られているが、一〇年間で女性の意識もかなり変わったといえる。

経済危機と女性

ソ連・東欧の崩壊は、一九六〇年代以降、貿易や援助を通してこれら社会主義陣営に全面的に依存してきたキューバ経済を完全に麻痺させ、九〇年には非常事態宣言が出された。九〇年代初頭の年平均経済成長率はマイナス二〇%にまで落ち込んだ。燃料や原料の不足によって工場は閉鎖や操業時間の短縮に追い込まれ、労働者の配置転換が行われた。といっても観光業など一部の産業を除いて雇用機会は限られており、労働者の多数は食料増産計画の下で農業に従事しているものとみられる。九一年六月までに工場閉鎖などによって女性労働者の七五%が配置換えになった、あるいは二〇万人の女性が農業生産派遣団に参加している、ともいわれる。

一九九四年以降、観光業や製薬・バイオ産業の成長によって経済はわずかながら回復基調にある。これらの新興産業は女性が進出しやすい領域であるが、観光業を除いて大きな雇用創出効果は期待できない。農業への労働力の配置によって完全失業は抑えられているとしても、潜在的失業人口は相当数にのぼり、その多くは女性であることが推測される。

経済危機への対応として、一九九三年から政府は限定的な自由化政策を実施している。外貨所持や使用を認め、個人営業を部分的に解禁し、農産物の自由市場化を合法化し、観光業などへの外資導入を進めてきた。こうした政策が貧富の格差拡大を助長するとみるや、政府は九〇年代末に再度引き締め策に転じた。だが観光業の発展や民間部門の成長は、女性の就業形態にも変化をもたらしはじめている。女性の経済活動人口のうち民間部門での労働に従事する比率は、八一年にはわずか一・七%であったが、九七年には一六―一八%に増大した。九六年の全国の自営業者数は二〇万人と推計されているが、ハバナを中心に拡大している民宿、食堂などのように、女性が重要な担い手となる自営業も少なくない。

また、近年の観光業の発展は性産業の復活をもたらした。革命前のハバナはカリブきっての歓楽都市であり、売春婦の更生が革命政府の課題の一つになるほどであった。そしてかなりの成果がみられたにもかかわらず、近年、性産業が拡大し、すでにインターネット上ではタイと並ぶ一大スポットとして注目されているという。そのような兆しがみえはじめた九二年八月に、カストロは「そのような女性たちは教養と健康を備えており、しかも自発的に選択しているのであるから、売春ではない」と売春を容認するかのような発言をして、物議をかもした。また、九七年に改正された刑法でも、売春をした個人に対する罰則規定はなく、他人の売春によって利益を得た者のみが処罰の対象となっている。

九〇年代の未曾有の経済危機が女性に及ぼした影響については、まだ断定できない。経済危機は、世帯の収入を確保するために女性を有償労働へと向かわせると同時に、女性を生産労働の場から再生産の場である家庭に引き戻すことにもなる。なぜならば、雇用機会が減少し、政府の財政難のために託児所などさまざまな公的サービスがいっそう低下し、さらに基本物資の不足や停電、断水などが日常化したことによって、家庭生活を維持するために、女性が費やす時間や労力は著しく増大しているからである。いずれにしても、経済危機がカストロをして「もう一つの革命」といわしめ称揚した、三〇余年にわたるキューバ独自の女性問題への取り組みを問い直す契機となっていることだけは、明白である。

二　政治の制度化と政治参加

七六年憲法と政治の制度化

キューバでは政治の制度化が著しく遅れたが、一九七五年の第一回共産党大会開催、七六年の憲法制定によって国政運営の原則が明示され、諸制度がようやく整備された。

憲法はキューバが社会主義国家であること、そして共産党が社会および国家の指導勢力であることをうたっている。新たな政治体制の下では、立法権は人民権力議会によって、中央行政権は閣僚評議会によって、司法権は人民裁判所によって行使される。だが、人民権力全国議会議員の中から選出された三一名の評議員で構成される国家評議会が、これら三権の調整・指導にあたり、その議長が元首兼行政府の長と国軍最高司令官を兼務する。今日まで議長をフィデル・カストロが、第一副議長をラウル・カストロが務めている。閣僚評議会のメンバーは国家評議会議長の推薦を受け、人民権力全国議会によって任命される。閣僚評議会でも議長にはフィデル・カストロが、第一副議長にはラウル・カストロが就いている。カストロ兄弟は、キューバ唯一の政党である共産党の第一・第二書記長のポストをも占める。また人民最高裁判所裁判官は人民権力全国議会によって選出されるため、彼らは司法にも影響力を行使できる。

この制度化過程でとりわけ重要なのは、国家の最高決定機関として人民権力議会が設置され、議員が選挙によって選出されるようになったことである。ただし、当初から直接選挙が認められていたのはムニシピオ（地方自治体）の人民権力議会議員のみで、一九九二年の新選挙法によって、すべての議員が直接選挙で選出されることになるまで、州議会および全国議会の議員はムニシピオ議会によって選出されていた。また、選挙権は一六歳以上の国民に、被選挙権はムニシピオ・州議会議員の場合には一六歳以上、全国議会議員の場合には一八歳以上の国民に保障されている。

定期的な選挙の実施と選挙権・被選挙権の行使が、キューバ政治にとってもつ意味は小さくない。一九七六年以前は、共産党、労働組合、その他の大衆組織、たとえば革命防衛委員会やキューバ女性連盟などに加盟することによって、間接的、受動的に政治に関わる機会があったにすぎない。大多数の国民は、中央の政策決定を周知し、合意を形成し、実践するための機関である大衆組織を通して、政治的に動員されていただけといっても過言ではない。だが選挙が導入されても、こうしたトップダウン方式がボトムアップになったわけではない。しかも、選挙のやり方そのものが通常の自由で競争的な選挙とは異なっている。このような点を考慮しつつ、女性の政治参加の実態をみていく必要がある。

選挙制度と選挙結果

一九九二年の新選挙法によれば、人民権力議会選挙は次のような手順で行われる。まず、ムニシピオ議会選挙であるが、全国一六九のムニシピオで二年半ごとに実施される。ムニシピオはいくつかの選挙区に分けられており、各選挙区の有権者総会で候補者が投票によって最低二名選出されて、ムニシピオの候補者名簿が作成される。有権者は名簿から一人を選んで投票し、候補者が選挙区の有効投票の過半数を獲得すれば、議員に当選する。州議会および全国議会選挙は五年ごとに実施される。候補者は州・全国候補者委員会が提案する候補者名簿に基づき、ムニシピオ議会で検討し、定員と同人数の候補者を決定する。選挙において、有権者は候補者を複数支持することが可能であり、投票用紙に個人別に支持を記入することも、候補者全員の一括支持を記入することもできる。実際に投票総数のうち九割が一括信任である。そして有効投票の過半数を得れば、議員に就任する。このように直接選挙といっても、あらかじめ候補者が選抜されており、ムニシピオ議会選挙以外は競争がなく、決して不信任のでることがない信任投票にほかならない。

次に女性の議会進出をみてみよう。ムニシピオ議会議員に占める女性の比率は、一九七六年八・〇%、八一年七・八%、八四年一一・五%、八六年一七・一%、八九年一六・八%、九二年一三・六%と推移してきた。九五年、九七年の数値は不明である。州議会では、七六年一七・二%、八一年一六・八%、八六年三〇・七%、九三年二三・九%で、九八年は不明である。全国議会では七六年二一・八%、八一年二二・六%、八六年三二・七%、九三年二二・八%、九八年二七・六%であった。いずれの議会でも一九八六年の比率が突出しているが、この年を除けば女性参加は漸増傾向にある。

これらの数値を比較すると、七六年以降、全国議会において女性参加の比率がもっとも高く、次いで州議会、そしてムニシピオ議会という順になっている。一般には、地域の問題の方が国政よりも女性との関わりが深いと考えられるが、この結果はそれと異なっている。キューバでムニシピオ議会への女性参加が少ない背景には、革命後三〇余年を経てもなかなか変わらない、「女性には家庭に対する責任がある」という頑強な女性観があるようだ。

政治参加の阻害要因

一九七六年に最初の選挙が実施される二年前に、人民権力議会の予備選挙がマタンサス州で行われた。候補者の七

・六%が女性であったにもかかわらず、女性の当選議員はわずか三%であった。この結果に衝撃を受けた政府が実施した調査では、六〇%の人々が女性には家庭に対する責任があるため、リーダーになるのは望ましくないと考えていることが明らかになった。八〇年代の調査でも結果は同じであった。女性は家事と生産労働の二重負担を負っているので議員職は無理であると考えられていただけでなく、女性も自らの負担がさらに重くなるような、しかも無給のムニシピオ議会の議員職に関心をもっていなかった。

キューバでは、誰でも自由に立候補できるわけでなく、ムニシピオ選挙では有権者総会で候補者を推薦し、議論し、投票によって最多得票者だけが候補者名簿に登録される。しかも選挙で唯一競争があるのはムニシピオ議会である。ちなみに一九九七年の選挙では三万一二七六人の候補者のうち、当選したのは一万四五三三人であった。ムニシピオ議会選挙は全国、州議会選挙よりも民意が反映されやすい。ムニシピオ議会で女性議員比率が低い一因は、女性の二重負担を当然とみなす人々の意識が、候補者選出と投票において、女性の議会参加を妨げていることにある、と考えられる。

加えて、共産党と労働総連盟を中心とした選挙のあり方も女性に不利である。非共産党員でも候補者になれるが、党員が多数を占めているのが現実である。九七年のムニシピオ議会選挙では、候補者の八割が党員であった。共産党への入党は、共産主義青年同盟や労働組合での活動歴の厳しい審査を経て初めて可能になる。党員数は一九八五年に約五二万人で、人口の五%にすぎない。党員に占める女性の比率は、八〇年代にようやく二〇%を越え、九一年に二六・三%になった。党政治局の女性比は、八〇年から八九年に中央では三・七%から一二・五%へ、州では四・〇%から八・一%へ、ムニシピオでは四・六%から一三・四%へ上昇した。しかし、九一年にはキューバ女性連盟のビルマ・エスピン総裁が中央政治局員の職を解かれ、九七年にはそれまで三人いた女性政治局員が二名に減った。共産党は依然として男性支配なのである。

キューバ労働者総連合への加盟は、男女ともに労働者の九五%以上に達している。しかし、女性の労働参加は男性の二分の一にすぎない。また、各組合指導層では女性が四〇%台を占めているが、全国レベルでは評議会一九%、書記局一七・六％で、女性はその労働参加に見合った代表権をもっているとはいえない。

女性がもっとも多く加盟しているのはキューバ女性連盟と革命防衛委員会である。前者には一四歳以上の女性の八割以上が加盟し、後者には一四歳以上の国民の八割が加盟し、その半数が女性である。これらの組織は、憲法の中で、国家が承認し、各セクターの利益を代表し、それらを社会主義社会の構築や防衛の中に組み込んできた大衆組織として規定されている。しかし国民の意識の中での位置づけは低い。キューバ女性連盟は主に主婦層から構成され、加盟者のうち労働者は三分の一で、共産党員はごく少数にすぎない。

国家中枢への女性参加

立法、司法、行政の調整・指導を行う国家評議会は、人民権力全国議会議員の互選によって選出される三一人の議員から構成される。実際には形式的な制度で、明確な役割をもつのは議長、第一副議長、そして五人の副議長である。一九九八年にはビルマ・エスピンをはじめ五人の女性が参画しているが、主要ポストには就いていない。立法権をもつ人民権力全国議会では、九八年に議員総数六〇一人中女性は一六六人であった。四分の一強では決して十分な代表権といえないが、それでもラテンアメリカ諸国の中ではもっとも女性参加が進んでいる。行政の中枢は閣僚評議会である。九七年一〇月の時点での構成メンバーは、議長、第一副議長、七人の副議長、書記、そして二九人の大臣で、女性は国内通商相と科学技術環境相の二人だけであった。また、八七年の主要行政職に占める女性比は、大臣五・一％、副大臣九・三％、局長二四・五％、副局長三二・三％、部長二六・七％、課長三五・八％であった。三権の中でもっとも女性参加が進んでいるのは司法であり、人民最高裁判所の裁判官のうち女性は、九〇年に三九・三％、九三年には四三・八％であった。

これらの数値をどのように判断するかは難しいところである。たしかに、女性は政治中枢にかなり食い込んでいる。だが、女性の参加を積極的に推進してきた革命体制四〇年の成果としての評価となると、実績よりも、いまだ伝統的な性別分業意識が払拭されていないという限界を強調すべきなのかもしれない。さらに、こうした女性の進出がどこまで女性の政策決定への参加を意味しているのか、という根本問題もある。七五年以降、政治参加の機会が拡大したが、政策決定が少数の男性指導者の手中にあるという構造に何の変わりもない。参加比率という数値だけで判断できないキューバ社会の特殊性がある。

三　家族と家族関係

理想像と現実の乖離

革命後、国家は青少年女性を教育、労働、社会活動に参加させることによって、家庭内での父権に挑戦してきたが、伝統的価値観や性別分業意識をなかなか変えることができなかった。一九七五年の家族法は理想の家族像を提示し、それに向けて一気に変革を推し進めようとする試みであった。理想の家族とは、法的婚姻に基づく安定的な、夫婦が平等の権利と義務を負いながら新しい世代を養育する核家族である。国家の出版物には定型化した家族モデルがしばしば登場する。それは三〇代の夫婦と二人以下の子どもからなる家族で、夫婦は二人とも専門職に就き、どちらかあるいは両者ともが共産党員で、育児とキャリアをこなし、大衆組織の活動や国際貢献にも積極的な、非の打ちようがない家族である。だが現実は理想から大きく離れている。

まず、家族形成に大きく関わる婚姻と離婚についてみてみよう。一九八一年に一四歳以上の女性人口の四三・三％が法的婚姻、二〇・九％が事実婚、六・八％が離婚・別居、二二％が独身、六・九％が寡婦であった。八七年の一五歳から四九歳までの女性を対象とした調査では、独身一九・四％、法的婚姻三四・七％、事実婚二八・四％、離婚六・六％、別居一〇・三％で、八一年よりも法的婚姻が減少し、事実婚と離婚・別居が増えている。

離婚は一九七〇年代半ばまでに急増し、その後八〇年代には、結婚一〇〇件当たり三五件以上とかなり高く推移し、八八年は四三件にも達している。キューバの場合には、離婚しても女性が経済的にやっていけること、宗教的な抑止力が弱いこと、離婚・別居が日常化し偏見がないことなどが、その要因として考えられる。離婚や別居が多いことは、女性が世帯主の家族が多いことを意味し、八一年には世帯の二八％に当たる六六万四〇〇〇世帯が女性の世帯主であった。この数値は旧英領仏領のカリブ諸国と比べれば低いが、旧スペイン植民地ラテンアメリカの中ではもっとも高い。

一〇代の性の問題

結婚・離婚・出産に関して、もっとも深刻な問題を抱えているのは若年層である。先進国並みの教育が実現されているにもかかわらず、結婚年齢、出産年齢が低く、若年離婚が多いのである。一九八四年に二〇歳未満の女性の二五％が既婚で、しかもこの年に結婚した女性の三二％は一二―一八歳、六八％は二五歳以下であった。一五―一九歳の女性の既婚率はラテンアメリカ諸国中最高の二六・七％で、二位のグアテマラの二二・五％を大きく引き離している。キューバと並んでラテンアメリカでもっとも非識字率が低いチリ、ウルグアイでは、一五―一九歳女子の既婚率が約一〇％である。離婚においても、八四年に離婚したキューバ女性のうち三分の一が一二―一九歳で、六三％が二五歳以下であった。ちなみにキューバで法的に結婚が認められるのは、女性が一四歳以上、男性が一六歳以上である。

当然、若年出産も多く、八四年には一〇代の母親による出産が全体の三分の一を占めた。年齢層では二〇―二四歳の出生率がもっとも高く、一五―一九歳と二五―二九歳の出生率がそれに続く。避妊に関して知識があるにもかかわらず、若い女性が適切な手段をとらないのは「男性が好むから」という理由による。男女の性的関係における行動の形はほとんど変わっていないのである。キューバでは中絶が合法化されており、八八年の推計では一〇件の出産に対して八件の中絶が行われていた。

少女の妊娠に対して、近年、妊娠させた相手の男性が責任を問われるようになってきてはいるが、まだ男性側の両親には息子の行動に対する責任意識が弱いといわれる。若年妊娠は、中絶による心身への悪影響、早婚やシングルマザーの増加による教育の中断、労働・社会活動への参加の低下など、女性にさまざまな負担を強いるうえ、社会的な影響も大きい。一〇代の性の問題を重くみた政府は、一九七七年に性教育に関するワーキンググループを組織し、新たな指針づくりを始めた。東ドイツで出版された性教育の図書をもとに、子どもから成人・専門家までを対象として作成されたテキストは、八六年までに一〇〇万部が売れたという。

これは、経済・政治の目標が優先されてきた革命後のキューバで、初めて行われたセクシュアリティをめぐる議論であった。ワーキンググループは社会主義倫理にふさわしいセクシュアリティのあり方を模索し、テキストでは男女は性的関係においても平等に自由を享受し、責任を負うことが明示される一方で、男女間の婚姻に基づく関係や家族の重要性が強調された。同性愛については容認するものの、真の家庭の幸せを得ることはできないとし、再生産がセクシュアリティの本質的な機能して位置づけれらたのである。セクシュアリティは七〇年代の欧米フェミニズムの主要なテーマでもある。だがキューバでは、社会学的、人口学的、公衆衛生的な観点から論じられ、相互敬愛、誠実、連帯、あるいは家族といった道徳律や倫理的価値が強化された。要するに、社会主義社会におけるセクシュアリティとは、労働者に安心と幸福をもたらすものであり、労働者が自己の義務を円滑に遂行し、次世代を育成することを可能ならしめるものなのである。それは、あくまでも個人の権利・自由という見地からセクシュアリティを論じ、家族や夫婦といったきわめて個人的な場に内在する権力関係を暴いていった欧米フェミニズムとは根本的に異なる議論の展開であった。

家族関係と性別分業

一九七五年の家族法では、その第二章「夫と妻の関係」で家庭や家族に対する夫婦の共同責任が明記された。たとえ一方が家事・育児を専業としていても、他方はそれに協力する義務を負うのである。だが八〇年代になっても、男女ともに役割意識はほとんど変わらず、女性の家族に対する責任はほとんど軽減されなかった。

一九七五年の調査では、女性が家事労働に費やす時間は週二四・五時間で、夫がほとんど協力しないため、女性がフルタイムの仕事に就きたがらないことが明らかになった。八〇年代後半の調査でも、女性の家事労働時間は週二二時間以上であるのに、男性は五時間にすぎず、女性は家事・育児の一方的な負担に不満をあらわにし、男性がもっと協力すべきであると主張した。だが同時に、それらは女性の仕事であり、女性は夫、子どもに属しているという、性別分業意識や家庭中心主義が強いことも判明した。人口三万人の南部の小さな町での調査では、男女の平等観のズレが明らかになった。平等を論じる時に、女性は家庭での共同責任にも目を向けるのに対して、男性は社会的な視点からのみ、すなわち家庭外の労働、教育、政治への参加などで平等をとらえ、すでに高い平等が実現されていると考えていた。またハバナ郊外の紡績工場の女性労働者を対象とした調査では、男性を変えるのは困難であるため、男性の家事協力はあてにしないで、同居するあるいは近くに住む親戚の女性に援助を求める、という回答が多数を占めた。

キューバの世帯規模は平均四人と小さい。しかし、それは家族・親戚関係がないことを意味しているのではない。世帯構成をみると、配偶者が同居する世帯は六七％、息子・娘九〇％、息子・娘の配偶者一一％、姑六％、その他親族一三％となっており、二世代同居もかなりある。また先の紡績工場のケースでは、被調査者の四割が三世代世帯であった。住宅不足に悩むハバナでは、各自が部屋を区画したり、屋上に部屋を増築したり、さまざまな改装を施して居住している。世帯は別でも、家族、親戚が同居したり、あるいは近隣に居住することは十分ありうる。九〇年のハバナの六四家族を対象とした調査によれば、四三％の子どもたちが一人以上の祖父母と同居し、二五％が一人以上のおじ・おばと、一二％が一人以上のいとこと同居していた。

キューバでは生産労働に従事する女性が多い。しかし、託児所や職場の食堂など、家事・育児を補助するサービスが完備しているわけではないし、家庭での夫の協力も期待できない。また、シングルマザーや一〇代の母親、女性が世帯主である世帯も多い。こうした状況を成り立たせているのが、母親やおばに代表される年長女性の存在である。家族法が核家族を強調したのは、年長者の影響から若い世代を引き離し、新しい価値観を根づかせるためであった。年長者との同居は家庭内性別分業など、古い価値観を存続させるからである。しかし、キューバの家族には、異なった世代の家族間の支援なくして、成り立ちえない側面がある。まだ深刻化していないが、低い出生率を反映して、キューバでは高齢化が進んでいる。年長者による若い世代のサポートだけでなく、二一世紀には若い世代による高齢者のサポートの必要性も高まってくる。国家がその支援態勢をつくることができなければ、ますます拡大家族の役割が大きくなることになろう。

四　世紀末のキューバ女性

改革の成果と限界

キューバ女性が革命から得たものは大きい。教育、衛生医療の水準が著しく改善され、専門職を含むさまざまな職業への就労によって経済的自立も実現された。また中絶、避妊なども認められ、女性自身による性のコントロールも可能になった。

一九九〇年に「ボエミア」誌が多様な職業の女性一〇〇人を対象に行った調査では、「近年キューバ女性にどのくらいの進歩があったのか?」という問いに対して、六三%が「かなり」、二八%が「大いに」と答え、「ほとんどない」と回答したのは九%にすぎなかった。女性たちは革命による変革を好意的にみていた。また、九九年の国連開発会議(UNDP)の『人間開発報告書』には、議会、管理職、専門職・技術職に占める女性の比率と女性一人当たりの実質国内総生産(GDP)という四つの指標から算出した女性の社会参加度、ジェンダー・エンパワーメント測定順位が掲載されている。それによれば、キューバは世界二一位で、ラテンアメリカ(カリブ地域を除く)諸国中トップである。コスタリカが二三位でキューバに続くが、メキシコは三三位、ブラジルは七〇位、そして日本は三八位である。

キューバ女性の社会進出については、女性自身も進歩を認め、国際的にも評価されているが、これまでみてきたように、数値だけで判断すると、本質的な問題を見落とすことになる。労働参加率は高いが、女性は二流労働力にすぎない。政治参加も進んでいるが、民意が反映される地方議会よりも中央の意向が強く反映される全国議会で女性進出が著しい。さらに女性を含めて一般市民は政策決定過程に関わることができない。問題の根源は、革命体制が権力の分配をせず、民主的制度を構築しなかったことにあるが、女性政策の最大の欠陥は、女性は一部の男性指導層が構想した変革の対象となるだけで、自分たちの生き方を考え、それを表明する機会が与えられてこなかったこと、また女性がそうした機会を求めようともしなかったことである。女性政策を全面的に実践してきたのは、キューバ女性連盟（ＦＭＣ）である。ＦＭＣはなぜ、女性の主体性・自主性を育むことができなかったのだろうか。

キューバ女性連盟の限界と挫折

ＦＭＣは革命に女性を参加させることを目的として設立された組織である。メンバー全員に出席が義務づけられる居住地区の集会を通して、中央の指針・決定を忠実にこなし、女性をとりまく状況の変革に多大な貢献をしてきた。しかし、革命・国家に対する忠誠・貢献を第一に考えるＦＭＣの姿勢は四〇年間変わることなく、女性の利益の真の代弁者として、女性の個人的な自己実現を優先して女性問題に取り組むという姿勢をもつことができなかった。それは一つには、ＦＭＣにとって政策決定に影響力を行使できるチャンネルが制度化されていなかったことによる。ある国際会議で「どのように政策決定に関わるのか」と質問されたＦＭＣ代表は、「全国大会でカストロに訴える」と答えたという。他の大衆組織でもそうだが、ＦＭＣの場合はとりわけ、カストロの存在が家父長的であり、カストロのおかげで託児所などのサービスが与えられているという意識が強い。このようなカストロとの関係が、まさにジェンダーの根本問題である家父長制支配そのものであることに、ＦＭＣが気づくことはなかった。

だが、ＦＭＣに独自の利益主張がみられたこともある。一九八〇年代に入ると、生産性や効率性を重視する経済政策が女性を差別化し、平等化を遅らせることを懸念する声が、ＦＭＣ内に強まった。それが八四年の第四回大会で、女性の平等は社会全体の進歩と不可分であり、女性の権利闘争が革命的変革と分離されているアメリカ合衆国のフェミニズムとは異なることを確認しつつも、「現在の権利からみて私たちは尊重されていない」という強い不満として表明されたのである。主な要求は職場における昇進の平等と差別的慣行の撤廃であった。具体的に、職場での女性労働者の代表権の保障、女性の権利を守らない雇用者に対する罰則規定の設置、入院中の家族の世話を女性にのみ認めた規定の見直しなどを提案し、メディアにおける性の平等や男性の家事参加を訴えるとともに、男性優位主義を存続させている一端は女性にあることを女性に意識させる必要性にも言及した。

さらに九〇年の第五回大会に向けて、地方組織の自律性の尊重や、地方のニーズ・関心への対応など抜本的な組織改革の提案が準備された。教育を受けた若い世代の女性が増え、地域や世代などによる女性の要求の多様化が進む中、設立当初と同じ中央による指導というやり方では、これまでのように、FMCは女性の利益代弁者として女性を引きつけることができなくなっていたからである。しかしこの大会では、ソ連・東欧の崩壊やニカラグアのサンディニスタ政権の選挙での敗退を受けて、「社会主義か死か」がテーマとなり、国民連帯の確認に終始した。全国から集まった代表にビルマ・エスピン連盟総裁は革命の成果と社会主義の恩義を喚起し、最後に「フィデル・カストロはキューバの母親たちの息子であり、すべてのキューバ女性の先導者である」という宣言を採択した。FMCは再び、フィデル・カストロの強大な家父長的権威の下に戻ったのである。

八〇年代に、国家目標を超えて女性の利益を追求する、新たな組織へと脱皮しかけていたキューバ女性連盟は、こうして自己変革に失敗し、力を失っていく。九一年の第四回共産党大会においてビルマ・エスピンが政治局から解任されたことは、組織の地盤沈下をさらに印象づけることになった。

女性からジェンダーへ

女性問題は久しくキューバ女性連盟が半ば独占してきたが、近年は多様な機関が関与している。政府機関のほかに、学術組織や大学での議論も活発である。科学アカデミーでは心理学・社会学研究センターで女性研究が始まり、キューバ民法学会では女性法学者を中心に法律論争が盛んである。また、大学ではビリャクララ大学に一九八九年に「女性と開発」講座が、九〇年にはハバナ大学に女性学講座が設置されるなど、九〇年代初めには全国一四大学中九大学で女性学研究や講義が行われるまでになった。専門家と協力しながら、キューバ女性連盟の女性研究センターもさまざまな調査を続けている。

八〇年代末から九〇年代初めに、女性からジェンダーへと視点も移行しはじめた。その一例は一九九二年憲法にみられる。七六年憲法では、女性の再生産機能や育児責任を根拠に、女性を特別扱いする傾向が強かったが、九二年の改正によって性別分業に関連した表現は削除された。

両憲法ともその第五章で男女の平等について言及している。七六年憲法では第四三条第一項で、「女性は経済、政治、社会、家族において男性と平等の権利を享受する」と定められていたが、九二年憲法第四四条では「女性と男性は経済、政治、文化、社会、家族において平等の権利を享受する」と改正された。男性と同じ権利を女性に付与するのではなく、男女が同じ権利を有するのである。

このあと、七六年憲法は第二項で「これらの権利の行使、とくに女性の社会的労働への統合を保障するために、国家は女性にその肉体的条件と両立しうる労働ポストを割り当て、出産前後の産休を付与し、託児所や全寮制学校のような施設を創設し……」と続く。女性の社会参加と母性の両立を図るために、女性のためにさまざまな施策を講じる国家の温情主義的、家父長制的役割が強調されている。

ところが九二年憲法では、「国家は、国の発展に完全に参加できるよう、女性に対して男性と同じ機会と可能性を提供することを保障する。国家は、労働者家族に対して彼らの責任遂行が容易になるような、託児所、全寮制学校、高齢者施設といった施設やサービスを創設する。女性の健康と健全な子どもに配慮して、国家は、働く女性に出産前後の産休および母親としての役割と両立しうる一時的な労働の選択を提供する」と定めている。平等とは機会と可能性の平等であり、国家のサービスは働く男女、働く家族を対象とする。九二年憲法は七六年憲法が内包していた「女性のために」という性差別を是正し、平等概念を一歩進めたといえよう。

このような前進はみられるものの、経済危機の下でキューバ女性をとりまく状況は厳しい。革命後のキューバでは、開発や社会主義といった国家目標の中でのみ、女性は政策の対象とされ、ジェンダーやセクシュアリティは主要な論点とならなかった。また、自らの要求を表明する手段をもたないために、女性には何ごとにおいても国家に依存する強い性癖が認められる。一九七五年頃には、ラテンアメリカの中でももっとも女性の社会進出が進み、もっとも両性の平等に近づいていたかのようにみえたキューバであるが、二〇世紀末にはいくぶん時世に取り残されてしまった観がある。もちろん、キューバ女性が革命から得たものは大きい。だがもっとも欠落しているのは、女性が自らの生き方について考え、自己実現のために行動する主体的姿勢であろう。
九〇年代に入り、財政難のために国家のサービス提供力が弱まり、多様な利害関係を有する女性を一元化してきたFMCの位置づけが低下してきたことは、国家と女性の関係を見直すためには好機といえるかもしれない。現在、緩慢ながら経済の自由化、国際交流の拡大、世代交代が進行中である。主体的にものごとを考え、判断し、行動する市民層が拡大し、新たな平等観を身につけた世代が政治中枢を占め、フェミニズムも含めて国際的な潮流の中でキューバを相対化できるまでに視野が広がっていくならば、その過程と平行して、キューバ女性の意識も変わっていくことになろう。

参考文献案内

1 Julie Marie Bunck, *Fidel Castro and the Quest for a Revolutionary Culture in Cuba* (University Park, Penn. : The Pennsylvania State University Press, 1994). とくに三章の Castro and the Goal of Sexual Equality では、指導者に残る伝統的価値観とキューバ女性連盟の従属性を指摘し、現実とレトリックのギャップを明らかにしている。

2 Debra Evenson, *Revolution in Balance : Law and Society in Contemporary Cuba* (Boulder : Westview Press, 1994). 法的視点から革命の評価を試みているが、五章の Law and Equality では、女性や人種に関して、法律の整備が人々の意識変革を保障するものではなかったことを強調している。

3 Mona Rosendahl, *Inside the Revolution : Everyday Life in Socialist Cuba* (Ithaca : Cornell University Press, 1997). 南部の小都市での調査に基づいて、政治的イデオロギーが住民の間で、どのように経験され、認識され、行動されているのかを論じている。

4 Helen I. Safa, *The Myth of the Breadwinner : Women and Industrialization in the Caribbean* (Boulder : Westview Press, 1995). 紡績工場の女性労働者の調査に基づき、女性の労働観や家族観が分析されている五章の"Cuba : Revolution and Gender Inequality"が有用。

5 Lois M. Smith and Alfred Padula, *Sex and Revolution : Women in Socialist Cuba* (New York : Oxford University Press, 1996). FMC、雇用、家族、セクシュアリティなど包括的にキューバ女性をとりまく状況の変遷と現在の問題を論じている。

6 Teresa Valdés y Enrique Gomáriz (coordinadores), *Mujeres latinoamericanas en cifras : Cuba* (Santiago : FLACSO, 1992). 人口、

労働、教育、社会政治的参加など女性に関する統計データがまとめられている。

7　伊高浩昭『キューバ変貌』（三省堂、一九九九年）。女性に関する記述はごくわずかであるが、ジャーナリストによる一九九〇年代末キューバ社会のルポルタージュ。

7 章

エクアドルの女性と新たなる開発

貧困・暴力から参画を求めて

江原 裕美

少し前、私は歴史が嫌いになった。
読み返した時、海賊の黒鞄の中から人種主義の詭弁が出てきた。
ドクマ、十字架、記号、数字、ひねった言葉が私たちの夢をむしばむ。
隠れ家で読み返す古文書は私をダーツのように打ち付ける。
条約、協定、譲歩には、男たちの欲望を映す鏡と金の取り決め。
パチャ、ホナタス、マヌエラ・サエンスと旅をして、
私の目の中に彼女らの目を感じる、
彼女らは幻、叫びの先頭をきってきた活発な子どもたち。
私たちの歴史は蘇るだろう、新しい冒険を得てページの埃を払った時に。

『欲望の最終頁』の無題詩より
Luz Argentina Chiriboga, *La contraportada del deseo*, Quito, 1992.

エクアドル女性史関連年表

西暦	事　項
1478	インカ帝国による「キト王国」の併合。
1533	スペインによる征服。
1768	初の私立女子学校。
1809	独立運動高まりマヌエラ・カニサレスの活躍。
1810	８月２日の反革命、女性たちも犠牲となる。
1822	グランコロンビアの一部としての独立。
1830	エクアドルとして独立。
1835	初の公立女子学校。
1895	エロイ・アルファロ将軍による「自由主義革命」。
	女性が公務員になる道が開かれる。
1897	1897年憲法の制定。
1901	キトに女子師範学校「マヌエラ・カニサレス」設立。
1902	市民登録と結婚法の改正。
1906	グアヤキルに初の女子中等学校設立。
1911	既婚女性経済解放法の成立。
1922	グアヤキルで初のゼネスト、女性200人が犠牲となる。
	マチルデ・イダルゴの有権者登録申請却下。
1924	女性に参政権を認める国会決議。
1925	マチルデ・イダルゴ初の女性投票者となる。
1929	憲法で女性の参政権を認める。
1938	労働基準や女性、年少者の保護をもり込んだ労働法の成立。
1941	真珠湾攻撃により、エクアドルは日本に宣戦。
1963	クーデターによる軍事政権の成立、この後1979年まで文民政権と軍事政権とがたびたび交代。
1978	新憲法の制定。
1979	ハイメ・ロルドス・アギレラ大統領の選出。
1980	国連女性差別撤廃条約に署名。
	社会福祉省の中に女性室が開設される。
1981	国連女性差別撤廃条約の批准。
1983	女性のための NGO エクアドル女性育成活動センターつくられる。
1986	女性室が女性局に格上げとなる。
1994	コミサリーア設立が決定。
1996	「女性と家族に対する暴力禁止法」制定・公布。
1997	女性局が国家女性評議会に再編成される。
1998	新憲法にて選挙の立候補者の20%が女性であるべきであると規定。

序　伝統社会を変える女性の力

エクアドルは、国民構成の多様性とバランス、民族文化の豊かさが変化と起伏に富んだ気候風土と相まって、懐かしくも不思議な魅力をかもし出す国である。人口は約一二〇〇万人、日本の約四分の三ほどの面積に、メスティソ(先住民と白人との混血)人口が四一%、先住民人口が三九%と拮抗し、残り二〇%を白人、黒人、および両者の混血人口が占める。先住民人口は単一でなく、高原地帯を中心にキチュア、シュアール、コファンなど一〇の民族集団、九の言語を数える。先住民の多彩な伝統文化と黒人文化は、都市のメスティソ文化とともにこの国を彩っており、伝統とともに芽生えつつある新しさを感じさせる。

紀元前一万五〇〇〇年頃から人類が住みついていたこの地は一四七八年にインカ帝国の一部に併合され、一五三三年にはスペインに征服されて植民地となった。三〇〇年にわたる植民地時代を通じて、カトリックの教義を柱とし、スペイン人支配者とこれに仕えるメスティソ、先住民、奴隷という人種的序列の厳しい階層社会が形成された。その中で女性には妻、母としての伝統的役割が与えられていた。

貧富の格差、生活条件の違いの大きい階層社会の特徴はいまも歴然としている。都市の中流階級以上はほとんどがメスティソないしは白人系であり、都市周縁や農村の最底辺に暮らす先住民系住民との生活は別世界ほどに異なっている。一八二二年から三〇年にかけて独立したにもかかわらず、一九六〇年代まで続いた大土地所有制と労働搾取の制度はまだ人々の記憶に生々しく刻み込まれており、白人、メスティソと先住民住民とを物理的、心理的に隔てている。

このような分断された社会における女性の暮らしは民族、階層、地域その他によって大きく異なるが、伝統的女性観は、カトリック教徒が九〇%を占める国民の間でいまなお影響を残している。男性優位主義であるマチスモが色濃く残るのと表裏の関係で、母性を神聖化し女性の理想の姿ととらえるマリアニスモが心の底流の一つとなっているようだ。家庭の役割が重視され、低階層においては、理不尽な権力を振るう夫の従順な妻、母の役割を勤める女性たちの姿があり、高学歴なエリート層においても良妻賢母を基本としたうえで社会進出を求める女性たちがみられる。しかも、頻度の高い暴力の行使は女性を支配しようとする既存の構造や心理の強固さを示している。しかし、暴力と闘うために立ち上がった女性たちは強い行動力を示して、エクアドル社会の変革への動因となろうとしている。

一　エクアドルの社会と女性解放の歩み

伝統社会と規定された女性の一生

植民地時代、スペインの中世的な王権制度とその維持機関としての教会が移植された。「神と王のために」新大陸にやって来たスペイン人たちは、アシエンダを単位とした大土地所有制度を経済的基盤に、恐怖を武器として君臨すると同時に、キリスト教による被征服者の教化をめざした。人種により社会階級は厳然と区別され、かつて土地の支配者であった先住民は少数のスペイン人貴族階級への奉仕者として社会の最底辺に置かれた。

先住民女性、黒人女性、混血女性たちは、白人女性に奉仕する存在であった。下層の女性たちは白人女性の使用人となったり、あるいは作物や手芸品などを商ったり、さまざまに暮らしていた。アシエンダでは、自給用耕作地の割り当ての代償として、農作業などの無償労働を行ういわゆるワシプンゴの制度がつくられていたが、その中で先住民女性たちは、主人の家での家事労働や、家畜の世話、共同労働など、幾種類もの無償労働により搾取されていた。この状態は実に一九六〇年代の農地改革法の公布まで続いていた。

社会階級の上下を問わず、男性は圧倒的優位にあった。伝統的に教会は女性を性的誘惑のシンボルと考え、女性であること自体の中に罪を見出していた。結婚はそれゆえ、女性にかけられた「十字架」であって、夫の支配の下に妻は従わなくてはならなかった。女性は弱く無知であり、育児と家事をこなすだけの存在とされていたから、読み書きの能力は有害であるとすら考えられ、法的能力は与えられなかった。植民地時代のエクアドル史に名をとどめる女性は少数だが、ほとんどは修道女であった。女性が家庭生活以外の人生を送ろうとする時、他に選択の余地はなかったのである。

一八三〇年には一国家として独立を達成したが、それはエクアドルの経済構造には何ら変化をもたらさなかった。一八五一年の奴隷廃止も先住民に対する搾取の構造に手を触れなかった。一八六〇年から一八七五年にかけて政権をとった急進的な自由主義者ガルシア＝モレノは経済発展をめざす政策をとったが、政敵に対する厳しい弾圧を行い、彼が暗殺されると保守派は自由主義派を抑圧した。カウディーリョ（政治的軍事的ボス）たちが覇権を争い、保守主義と自由主義、大地主とブルジョワジーとの争いが絶えず続いていた。

こうした政治の動きの中でも、女性の従属的地位にはほとんど変化がなかった。女性の教育では、一八三五年初の公立女子学校がつくられたが、女性の役割は家庭にあり、読み書きができれば十分という考え方がいまだ普遍的であった。

自由主義革命と女性の社会進出

一八九五年六月五日、エロイ・アルファロ将軍の率いる自由主義派がグアヤキルでクーデターを起こし、いわゆる自由主義革命が起こった。一八九七年の憲法は憲法の前文から神という言葉を除去し、憲法が共和国の最高法規であることを宣言した。アルファロ将軍は短い中断を挟んで一九一一年まで権力を振るった。

彼はガルシア＝モレノ時代に着手されていた鉄道建設を再開、一九〇八年七月に鉄道はキトまで到達した。また、一八九五年と一八九八年の政令で、植民地時代以来先住民だけにかけられていた税と不公正な扱いを廃止した。産業はまだ初期段階にあったが、中流階級の出現がみられたことから、科学技術を学ばせるため、多くの学生を農牧業や産業化学、工学などの分野で外国に留学させた。

女性にとっては、家庭内のみに限定されていた生活から、社会生活に参加する扉が開かれたのが自由主義革命であった。まずは革命にともなう戦闘において、男の兵士と同様の働きをする勇敢な女性たちが現われ、女性の力が示された。一八九五年には女性も公務員に就く道が開かれた。また郵便業務に女性たちが初めて指名されたほか、女性のための電報職員養成学校がグアヤキルにつくられた。大学も女性に門戸を開き、マチルデ・イダルゴとオブドゥリア・ルナは初の女子大学生となり、それぞれ医師と弁護士になった。一九〇一年にはキトに女子師範学校が、一九〇六年にはグアヤキルに初の女子中等学校がつくられた。

一九〇二年には教会による結婚の前に法律上の結婚が義務づけられ、一九一〇年には、両者の合意による離婚をも認める法律が承認された。一九一一年、既婚女性が財産に権利をもつことについて定める法律が出され、家族内での法律上経済上の関係が一新された。

この時期、エクアドルにも産業が興ってきており、グアヤキルを中心に麺類やビスケット、タバコ、靴、ビール、石鹼、絹のリボンなどの工場がつくられていた。女性たちは男性よりも安い労働力としてこれらの工場で雇われるようになった。女性たちは収入を得て消費の面でも家族の中でも発言力を得るようになり、また労働者組織の中に女性の姿もみられるようになった。

混乱の時代と女性解放運動

しかし、以上のような成果はみられたものの、平等へ向けての一般女性の意識は全体としては低調であった。これを破って初めて女性が大規模に歴史に登場した出来事が一九二二年一一月一五日のゼネストである。組織労働者を中心として賃上げや労働条件の向上を求めたこのゼネストで、グアヤキルでは八〇〇人以上の労働者が殺されたが、彼らとともに二〇〇人近くの女性たちも犠牲となったのである。

同時期に女性の政治参加のうえで画期的な出来事となったのは参政権の獲得であった。その出発点は自由主義革命の成果にあった。一八九七年憲法三一条では有権者となるには市民であること、すなわち二一歳以上で読み書きを知っていることとされており、性別の記載がなかったが、投票は慣習的に男性に限られていた。一九二二年エクアドル初の女性医学博士マチルデ・イダルゴは、前述の憲法条文に基づき、有権者名簿に登録しようとしたところ、女性であるという理由で却下された。彼女は国会および国家評議会に抗議書を提出、一九二四年には女性は参政権をもつことが決議された。その結果マチルデ・イダルゴは、一九二五年エクアドル初の女性投票者となった。一九二九年憲法では先の国会決議に基づいてラテンアメリカ初の女性参政権が認められることとなったのである。

エクアドルの政治は頻繁なクーデターや政権交代、スキャンダルや無政府状態、政敵に対する復讐や破壊など、政治の不安定状態が続いていた。女性たちの解放運動はそうした政治に対するさまざまなセクターからの抵抗運動の一部として展開されてきた。一九三八年には労働法の改正、一九四四年頃から誕生したエクアドル労働者連盟、エクアドル・インディオ連合、女子大学生協会などでの活動が知られる。そうした運動の中から傑出した女性指導者たちも現われた。農民運動や農地改革実現のために活動した先住民女性ドローレス・カクアンゴや同じくトランシト・アマグアニャ、共産主義運動で活躍し、初の女性国会議員となったネラ・マルティネスなどである。

一九五〇年代の政府による暴力的圧制に対するデモやストライキでは女子学生や女性運動家の活躍がみられた。共産党や社会党などに参加する若者たちは、キューバ革命にも鼓舞され、反帝国主義、反封建制を訴えた。一九六三年の軍事政権の成立は広範な抵抗運動を引き起こし、女性たちも数多く参加した。また教育の民主化要求や、反労働者的な政令や刑法改正への抗議など一九六〇年代から七〇年代には民衆運動の随所で女性が重要な働きをした。女性たちは国内での人権侵害の状況を国際社会に告発し政府に圧力をかけた。

これらの経験を通じて女性たちは政治の場で発言をしはじめた。一九六七年憲法からは女性の投票は義務となった。それまでは棄権が多く、女性の投票は相対的に重要視されていなかったが、この義務化により重要性が増大した。女性たちの投票は一九七八年の国民投票による新憲法承認と翌年のハイメ・ロルドス＝アギレラ大統領選出に決定的な役割を果たしたのである。

二　近代化と女性をめぐる環境の変化

九〇年代までの経済社会開発

戦後世界を方向づけてきた世界的な「開発」潮流にエクアドルも身を置いている。自由市場の拡大は脆弱な成長と富をもたらすかもしれないが、その一方で人々の間の不平等、格差を生み出し拡大する。

エクアドルではこのプロセスの始まりは約五〇年前にさかのぼると考えられている。一九五〇年代のバナナ輸出の活況以来、資本主義に結びついた活発な近代セクターと資本主義以前の生存経済的な伝統的セクターへと二極分化が始まり、七〇年代にいっそう格差が広がった。一九六七年の東部における油田発見は一九七〇年代に高い経済成長をもたらしたものの、石油や外国資本への依存を深め、エクアドル企業自体の生産性増加には結びつかなかったといわれる。農村ではカカオ栽培や酪農など近代セクターに結びついた資本主義的な農牧業生産と山岳部の農民を中心とする生活農業生産との乖離が進行した。都市の所得水準は上昇したが、農村の雇用、収入の増加や生活水準向上はほとんど実現されなかった。

植民地時代からの大土地所有制とワシプンゴやアリマスゴなどの名で知られる半農奴的な労働制度の解体をめざし、一九六〇年代から一九七〇年代にかけては農地改革も行われた。しかし、分配された土地は一般に生産性が低いうえに交通不便な場所にあることが多く、さらに土地を分配された農民と土地なし農民との間の対立を生んだ。七〇年代後半の第二期には、貧民のための改革という意図は地主集団の抵抗により完全に放棄され、大土地所有を温存し、農民自身の生活向上を置き去りにして都市の資本と技術が農村部に急速浸透する形の開発に利する結果となった。

都市と農村の間での所得水準の差は農民を都市に引きつける大きな理由となっている。土地なし農民はいうまでもなく、土地がある場合でも、世代の交代、人口増加とともに零細化した土地（ミニフンディオ）でも、家族の生活を養うことができなくなり、農民は都市への流入を余儀なくされている。しかし、都市工業には膨張した労働力を吸収する力はなく、失業や不完全雇用人口が大幅に増加している。八〇年代の累積債務危機では国際通貨基金（ＩＭＦ）の指導による構造調整政策が導入されて、庶民の生活はいっそう厳しくなった。

九〇年代に至っても、状況は大きな改善をみせていない。経済のマクロな指標は改善をみせたものの、ミクロレベルでみると貧困は深刻化している。しかし一九九三年でもなお、対外債務総額は一四一億ドル、国民総生産（ＧＮＰ）の一〇七％にあたる額である。輸出額に占める返済比率は二六％となっており、民営化と公共福祉・サービスの削減という方針により、教育や保健、社会保障、住居などに影響が出ている。ガスや電気、ディーゼル油への補助金のカット、ガソリン価格の上昇などはインフレ要因となって、生活費の上昇を招いており、とくに貧困層への影響は激化している。そして、そのような歪んだ経済社会開発の結果をもっとも深刻に被っているのが女性たちである。

都市のメルカード（市場）で働く親子。

女性と貧困

エクアドル女性の暮らしは社会階層により大きく異なり、低開発がもたらした貧困化の度合いも異なっている。ベルサ・デ・アラバはエクアドルの家庭を上、中の上、中の下、下と、階層別に分類している。

上に属する家庭は、実業家、企業主、銀行家、大地主、古くからの名門家族など、「経済的オリガルキーア（寡頭支配勢力）」を構成している。女性は家庭内での女主人としての座を守っていることが多いが、地位を生かして社会的活動を行う例もある。必要をはるかに超える福利を享受しており、贅沢で浪費的な生活態度はそれ以下の階層の家族に比較して際立っている。

中の上に属する家庭は専門職、商人、教員、公務員などを職業としていることが多い。このクラスでは、上の階層に近づくために、女性も働いていることがしばしばである。新たに学び直そうとしたり、社会参加への意欲は高い。なかでもそれは専門職、商人に多く、婦人服、装飾品、装身具などの「ブティック」を開いていることもよく見受けられる。

中の下の階層では、下の階層からはい上がり、熟練労働者や下級公務員などに参入している。この階層では家計の収支バランスをとるために女性はいっそう多様な職業で働いている。夫の出奔により家長となるのを余儀なくされているケースも多くみられる。

下の階層にある家庭では、他のラテンアメリカ諸国も直面している低開発がより深刻な形で影響をもたらしている。健康状態の悪化、貧困というより極貧、無知と非識字、低劣な住居、慢性的な栄養不良、子どもと女性の高い罹病率・死亡率などが恒常的にみられる。

このうち国民の多数を占める、中の下以下の階層では一九八〇年代の経済危機以来、大幅なインフレ、失業から生じる貧困が生活を直撃している。貧困と分類される農村住民の割合は九二%、都市住民では約七〇%にのぼっている。これらの数字のうち、農村部においては五三%、都市においては三六%が必要最低限の食糧供給すら不足する「極貧」に属すると調査されている。

農村では、低所得をカバーするため、女性が農村の賃金労働に参加する率が高まったが、差別的な賃金水準、家事労働との二重負担により、負担の強化が生じている。また、農村から都会へ移住した場合も生活基盤のできていない場所であることが多く、厳しい家事と労働の生活に耐えている。「極貧」に属する家庭では食事を最後にとることの多い女性たちは、健康的にも危機的な状況に置かれている。経済社会の低開発状態は女性の生活にいっそうの貧困化をもたらしているのだ。九九年に入りインフレと現金不足を乗り切るために「物々交換」が復活したと報道されており、人々の創意の証とはいえ、生活の厳しさがうかがわれる。

改正された法律上の女性の権利

その一方で法律的には進歩がみられる。国連女性差別撤廃条約は一九八〇年七月一七日に署名され、一九八一年一二月二日から発効したことで国内の実施が義務となった。そのため、一九八九年八月の第四三号法を通じて民法における主な差別的条項を改正した。

民法第一三四条の夫による妻の保護規定は、両者の権利・義務の平等に置き換えられた。第一三五条では、妻は裁判官によって証明される適正な理由がある場合以外は夫に従って共に住まなくてはならないとされていたが、「両者の合意のもとに住居を定める」と変更された。一三八条では、配偶者間で合意のもとに、どちらでも管理権をもつことができると改められた。また、婚外子が嫡出子と同等の権利をもつこと、内縁関係でも配偶者と同様の権利を有することも認められた。

また一九八九年からは、憲法保証裁判所により、商法における女性についての差別的な条項が正式な法律改正に至るまでの間、停止となった。既婚女性については、商売をするのに夫の許可が必要であると定めた第一二条、商売をするのに夫が未成年者であったり、禁治産者であったり、または不在の場合は地方裁判官の許可が必要とした第一四条、夫が共有財産を専有することによって妻の商売を制限することができるとした第一五条などが停止され、不動産の譲渡や抵当権に関して女性に差別的であった条項は廃止された。女性の商売への許可は夫の聴聞を通じて地方裁判所の承認によって取り消されうるとした第二〇条は、未成年の既婚女性にのみ適用されることとなった。また女性に商品取引所に出入りする権利を認めなかった第二〇条第六項、女性が株式仲買人になることを禁じた第八〇条第二項、などが停止されている。

刑法では、従来夫は妻、娘、姉妹、孫、およびその場に居合わせた男性に対し、姦通の現場を取り押さえた場合には殺すことも含め暴力を振るうことが許され、罰せられなかったが、一九九〇年代に入りこの第二七条は停止された。また、刑事訴訟法第二八条では親子間、配偶者間、兄弟姉妹間では訴権が認められていないなどの規定の不備が指摘されていた。こうした経緯から一九九五年一一月二九日、「女性と家族に対する暴力禁止法」が採択され、同年の一二月一一日の公報八三九号で公布されたことは大きな成果といえる。

教育・労働・政治における女性の地位

教育は国全体で前進がみられる分野である。たとえば、非識字率は一九五〇年には四〇％を超えていたが、一九九四年には、一一％台にまで減少している。国民の平均就学年数も、一九七四年の四・七年から、一九九〇年の五・九年へと増加している。初中等教育では女性と男性の間で就学率に差はみられなくなっている。一九九〇年度、都市農村にかかわらずほとんどの年齢層で女性の学校在籍率が男性を上回っている。また、留年と中途退学の頻度でも、女性の方が少ない。高等教育でも、専攻分野別の違いはまだ残っているものの、女子学生の割合は四九％に達している。

しかし、都市と農村、男性と女性という観点から社会集団別にみていくと、依然として差がある。一九九四年、一五歳以上の非識字率は、都市男性が四・三％、都市女性が六・四％であり、農村男性は一六・一％、農村女性は二二・九％という率になっている。ちなみに二四歳以上の平均就学年数は、都市男性八・九年に対し農村女性三・八年であり、農村の成人女性の教育がこれからの大きな課題となっている。

労働方面では、一九八〇年代の経済危機は女性の家庭外労働の増加を促した。労働力人口に占める女性の割合は一九八二年の二一％から、一九九〇年の二六％へと増加を示している。インフォーマル・セクターに属する女性の割合は三八％で男性労働者に比べて多く不安定である。都市における失業率は、一九八九年度、二〇歳以上で男性五％に対し女性は一〇％であった。また、都市での平均収入では、女性は男性の約六五％にすぎない。女性は便利な安い労働力として使われており、社会保障が受けにくい条件下で働く人が多く、男性に比して不利な状況にある。

政治参加の面では一九八〇年代から九〇年代にかけて、県知事、審議会委員、市長、市会議員などの直接選挙に立候補する女性の数は増加し、一九九二年の集計で九九八名に上った。それに対し、県会議員や国会議員への立候補数は少なく、せいぜい五％であった。

しかし、一九九八年の新憲法ではその移行規定で、選挙に関して候補者の二〇％は女性であるべきことが定められ、変化がみられる。一九九九年二月現在では、内閣を構成する大臣一五名中、女性四名となり、女性の割合は二六・七

%となった。新憲法施行後、一九九八年度の国会議員選挙では改選議席数二〇名中、女性が四名で、二〇%の割合を占めている。県会議員選挙では、一〇一名中一二名が女性で一二%を占めている。

三　マチスタ社会における男性の暴力

調査にみる暴力の実態

法律上の進歩はみられる一方で、近年大きな問題となっているのが女性に対する暴力である。一九八七年のキトでの下層住民対象の聞き取り調査では、一三九人の女性中一五%は現在も日常的に殴られており、五八%は過去に殴られたことがあると答えた。

女性に対する暴力はいろいろな形態で現われるが、(1)レイプと性的虐待、(2)職場、教育機関その他で起きるセクシュアル・ハラスメント、(3)取調中または収監中の女性への暴力、(4)配偶者間の暴力とに大きく分けられる。それらは社会階層や経済条件、人種の違いにかかわらず共通してみられ、あらゆる年代にわたり、そして圧倒的に家庭の中で生じている。

エクアドルにコミサリーア(女性や家族が暴力を受けた時など訴え出る警察署的機関)がつくられて以来、ここに通報される暴力事件の件数は年を追って増えている。表1にあるように、キトやグアヤキルの場合など、一年に一万件以上の通報があり、さらに増加する傾向にある。しかも通報される件数は氷山の一角であり、実際はこれをはるかに上回る規模で存在している。一九九五年一〇月から翌年四月までの半年間でグアヤキルのコミサリーアに寄せられた五一二一件からみえてくる暴力の姿は以下のようである。

表1　コミサリーアへの家庭内暴力届け出数

(件数)

都市名＼年	1995	1996	1997	1998	合計
キト	8,311	10,875	10,308	10,782	40,276
グアヤキル	8,337	11,899	15,645	15,521	51,402
クエンカ	1,211	1,774	1,528	2,010	6,523
ポルトビエホ	366	990	1,619	1,063	4,038
エスメラルダス	221	1,039	1,374	1,175	3,809
	18,446	26,577	30,474	30,551	106,048

[出所] Cecilia Tamayo, *Entre la sombra y la esperanza* (CEPAM, 1998), P. 42.

五一二一件中、四六八五件、すなわち被害者の九一％が女性である。年齢は二六歳から三〇歳までの間がもっとも多く二七％を占め、これを含み二一歳から三五歳までの間で、全体の六二％を占めている。しかし〇歳から四六歳以上まで、暴力の対象はあらゆる年齢層にわたっている。学歴は中等学校レベルの被害者が五五％、小学校レベルが三六％、高等教育レベルが五％であり、必ずしも女性の教育歴の高さが攻撃を避ける要因になっているとはいえない。住まいは郊外が三一％で最大部分を占めており、経済的には中下層の傾向がある。

未婚、既婚の別をみると、同棲または既婚あわせて九二％、共同生活年数では、七年以上と答えるものが四二％であり、三人までの子をもつ女性が六七％を占めている。主婦が六三％で最大を占め、経済的に依存している状態の場合暴力を受けやすい傾向がある。

加害者は男性が八八％を占める。年齢でもっとも多いのは、二五歳から四〇歳までで六〇％を占めるが、二一歳以上すべての年齢層に比較的平均的に分布している。職業は、インフォーマル・セクターがもっとも多く五二％、被雇用者が三一％、肉体労働者が八％、主夫が三％、専門職が三％、軍隊または警察が二％などとなっている。初等教育レベル三七％に対し中等教育レベルが四七％、高等教育を受けた人々八％であり、暴力イコール教育程度が低い男性という一般通念は必ずしも当てはまらない。また、攻撃してきた時の状態では、失望している、いらついているなどが五二％強、酩酊状態二八％強、麻薬使用四％、普通状態が一五％と報告されている。酒を飲むと暴力を振るうというステレオタイプが信じられているが、実際は、多くは通常範囲の精神状態にあり、判断力をもった状態で暴力を行使していると推察される。

暴力の形態をみると、四六八五名の被害者のうち、四五五一名は精神的な虐待、三一七五名は身体的虐待、一二二名は性的虐待を受けたと述べており、暴力は重複した形態で振るわれることが多いことがわかる。身体的虐待の被害でもっとも多いのは拳による殴打で二七六六人（五二％）、足蹴りが二〇〇三人（三八％）、平手打ちが一五〇人（三％）、むち打ちが八五人（一％）、それ以外が二七五人（五％）となっている。

被害者―加害者の関係は配偶者がもっとも多く三九％、内縁関係が三五％、元夫ないし内縁関係が一〇％と続く。

料金受取人払

新宿北局承認

3294

差出有効期限
平成14年4月
9日まで

有効期限が
切れましたら
切手をはって
お出し下さい

169-8790

165

東京都新宿区
西早稲田三―一六―二八

株式会社
新評論

読者アンケート係行

読者アンケートハガキ

お名前	SBC会員番号 L 番	年齢
ご住所 (〒) TEL		
ご職業（または学校・学年、できるだけくわしくお書き下さい） E-mail		
所属グループ・団体名 連絡先		
本書をお買い求めの書店名 市区郡町 書店	■新刊案内のご希望 □ある □ない ■図書目録のご希望 □ある □ない	

このたびは新評論の出版物をお買上げ頂き、ありがとうございました。今後の編集の参考にするために、以下の設問にお答えいただければ幸いです。ご協力を宜しくお願い致します。

本のタイトル

この本を何でお知りになりましたか

1.新聞の広告で・新聞名（　　　　　　）2.雑誌の広告で・雑誌名（　　　　　　）3.書店で実物を見て 4.人（　　　　　　）にすすめられて 5.雑誌、新聞の紹介記事で（その雑誌、新聞名　　　　　　）6.単行本の折込みチラシ（近刊案内『新評論』で）7.その他（　　　　　　）

お買い求めの動機をお聞かせ下さい

1.著者に関心がある 2.作品のジャンルに興味がある 3.装丁が良かったので 4.タイトルが良かったので 5.その他（　　　　　　）

この本をお読みになったご意見・ご感想、小社の出版物に対するご意見があればお聞かせ下さい（小社、PR誌「新評論」に掲載させて頂く場合もございます。予めご了承下さい）

書店にはひと月にどのくらい行かれますか

（　　　）回くらい　　書店名（　　　　　　）

購入申込書（小社刊行物のご注文にご利用下さい。その際書店名を必ずご記入下さい）

書名　　　　冊　書名　　　　冊

ご指定の書店名

書店名　　都道府県　　市区郡町

発生場所は家庭がもっとも多く九〇％を占める。これらの点から、対女性暴力は圧倒的に家庭の中で、夫やパートナーなどもっとも近い間柄の人間から加えられること、そして年代、教育程度を問わず発生し、錯乱的な精神状態から生ずることももちろんあるが、その多くは本人のはっきりとした自覚の下で行使されていることが明らかとなる。

男性暴力の文化

一九八八年から一九九二年にかけての資料によれば、裁判所にもち込まれた件数の八割は家庭内での暴力行為であり、その加害者の九割以上は夫または共同生活の男性パートナーであるという。しかし近年までそれは殺人というような例外的なケースを除いては犯罪とはみなされていなかった。男性が権力者として女性や子どもを支配するという家庭の伝統的な権力構造の中では、女性は耐えることがあたり前と考えられていたためである。その考え方は性別役割分業に端を発する男性優位主義（マチスモ）を根幹にもつものである。暴力はマチスモに基づいた家庭構造を維持するための手段として暗黙のうちに正当化されていた。

そうした中では権威としての男性に対し、女性はしつけられなくてはならない動物か子どものようにみられることになり、この傾向は低い階層に限らない。エクアドル女性研究調査センター長のグアダルペ・レオンは、同僚とのパーティーで普段より遅くなった妻に対して、怠け者だ、悪い母親だなどとののしり、暴力を振るって制裁したあげく、慰め愛情を示して良き妻・母の役割を逸脱しないよう懇願した中産階級の夫の例をあげている。またある裕福な公人が四〇歳になる妻に対し、「いいしつけが身につくよう尻をたたく」と発言したことを紹介している。ここには明らかな権力―従属の図式がみられる。

権力―従属の図式が維持される中で、夫の暴力は時間とともに段階的に増大することも観察されると先のレオンは語る。第一段階は性別役割への同化である。女性に伝統的妻・母の役割を期待する夫は「嫉妬」を口実に妻に暴力を振るう。妻の行動の監視、妻のつきあいの制限などにも及ぶ。この時期の暴力に対しては妻も寛容な態度をとることが多い。第二段階は服従と従属の段階といえる。男性は永久的に自分の優越性を確立しようとし、そのために完全な支配を望むようになる。妻への暴力は妻に対する価値軽視と自尊心の破壊が目標となる。女性は自尊心を失い、夫への依存を深める。第三段階は軽蔑が生み出す力の段階と呼びうる。男性は女性を完全に軽蔑し、女性の生命すらも価値のないものとみなすようになる。男性はいっそう攻撃性を高め、女性は生命の危機にさらされたり、致命的な結果に至ったりする。五回の妊娠を夫が腹を殴ることにより中絶させられた女性の例がある。夫の暴力が原因で自殺する例も後を絶たない。ある女性は周囲にこれ以上夫の暴力が続いたら自殺すると予告し、実際に自殺した。夫が手を下す殺人に至る事件もあった。

一般に暴力は精神的・性的に未熟な男性が女性に対して感じる劣等感の複合物であり、マチスモに基づく行動や育児の産物であると信じられている。これが発生する理由は、母親の愛情過多による歪んだ成長によるか、母親の放置や攻撃による愛情不足だというのである。この男性中心の見方は男女にかかわらず多くの人々に共有され、女性自身に責任を転嫁する方向に働く。しかし、先にみるような暴力の昂進はアルコールの影響でも、女性の振舞いに対する反応でもなく、明らかに男性支配を維持するための意志的な行動、重大な犯罪行為であり、女性の生命を守る政策が必要だとレオンは説くのである。

暴力に従わされる女性

実際には、女性たちはコミサリーアに訴え出るまでに平均六年、二割近くは一五年以上もの期間苦しんだのち、第三段階ほどの激しい暴力に至ってようやく訴え出ることを決心するという。それほど長期間夫の暴力を我慢するのはなぜだろうか。

一つには、いわゆるマリアニスモの考え方が残る中で、女性自身も良き妻・母の役割概念を内面化していることから、自分が属する家族の一員を訴えることには大きな精神的抵抗を感じるであろうことは想像に難くない。「攻撃的な息子を育てて甘やかす」とマチスモと暴力の原因を女性に求める傾向の中ではなおさらである。

次に、コミサリーアに詳しいメルセデス・ヒメネス・デ・ベガ弁護士によると、暴力に何度もさらされた女性は自分という存在がつまらないものにみえ、自信を失い、男性に依存しなくては生きられないと思わせられるようになるという。その結果、自立へ踏み出す段階に至ってもまた男性のもとに舞い戻り、再び暴力の対象となるケースも現われている。

夫の執拗な追及も看過できない。女性たちは別居ないしは離婚してからも、元の夫につけ回され暴力を振るわれ従わされたりすることが多い。夫は異常なほどの執念で妻をつけ回し、妻が従わぬと知るや、さらにすさまじい暴力で復讐する。夫を拒否して家の外に出た途端、夫の指示で待ちかまえていた友人たちに連れ去られ、乱暴された妻の例がある。

また、夫婦間の暴力は犯罪にならないという社会的な認識が存在することがあげられる。ごく近年までエクアドルの刑法二八条は、親子間、配偶者間、兄弟姉妹間の告発を認めていなかった。もしこれがなければ、刑法の各種処罰規定で加害者を訴え、制裁を与えることができるといわれる。グアダルペ・レオンによれば一九八九年から九二年までの調査期間中、四日から八日の怪我を負わせた場合の第四五〇条の処罰に相当する二四一件、さらにまた名誉の毀損および三日までの怪我を負わせた場合の四九〇条の処罰に相当する一〇四一件については、一件の処罰もなされなかったのである。このように、夫婦間の暴力が「処罰なしの犯罪」となっていることは女性が耐えなくてはならない大きな要因であった。

女性が訴え出たとしても、ほとんど実効的な手段が打たれない点も指摘されている。審判により発行される各種文書は何らの司法的な価値をもたないため、殺されたり、傷つけられそうな状態にある被害女性を守ることはできず、夫を処罰することもできない。警察や市役所でも支援を与える態勢になっていないという。すなわち、身の危険を感じている女性を保護する場所がなかったのである。

女性の行動に対する公的機関での偏見もある。すなわち、訴え出てもその本人が夫の処罰を望まないことがあり、女性の行動はあてにならない、女性に責任がある、などとする一般通念が司法当局や警察などにも行き渡っていて、家庭内のことはプライベートな問題と片づける態度と相まって、よほどのことがないと取り上げてもらえない傾向があるという。

さらに、「家族と女性の名誉」という名の下に、娘や姉妹が暴力を受けていても夫を訴えず、沈黙を守る家族の例も多い。こうした要因が相互作用する中で、女性はしだいに暴力による支配を受けることを余儀なくされてしまうと考えられる。

四　女性たちの戦い

性暴力に対する女性運動の成果

しかし、こうした暴力に立ち向かう力となっているのもまた、女性たちである。初の世界女性会議（一九七五年、メキシコ会議）以来取り上げられてきた暴力の問題にエクアドルの女性の運動は積極的に発言し、国内でも社会的な問題として認知させた。

一九九四年四月一九日に初めてグアヤキルにつくられたコミサリーアは、その一つの成果であり、国が積極的な取り組みを始めたことの現われでもある。注目すべき点は、コミサリーアのシステムが市民社会の直接的運動や参加を得て実現したことである。社会福祉省の出先機関である女性局の支援があったが、女性組織や非政府組織（ＮＧＯ）が当初から大きな力となり、公的機関だけでなく民間機関も協力した形での運営という、エクアドルでも新しい試みを実現させた。

一九八九年、ロドリゴ・ボルハ大統領の時、初めてコミサリーア設立の提案が提出されたが否決され、シクスト・ドゥラン大統領の一九九四年にキト、クエンカ、グアヤキル、ポルトビエホに設立が認められた。一九九五年、女性局がコミサリーアのシステムに加わることを定めた。現在、先の四カ所にエスメラルダスを加え五カ所となっている。

その特徴はＮＧＯを運営の重要な部分にしていることだ。コミサリーアは内務省だけでなく、国家女性評議会が加わってＮＧＯとの協力を調整していく。ＮＧＯはコミサリーアの実務の中で決定的な役割を担う。助けを求める人々に対する保護のノウハウを蓄積しており、コミサリーア自体に対しても監督、職員への研修、技術的な向上のための活動を行い、対外的な協定を結んだりすることもできる。国はコミサリーア運営のための人件費を支払う。NGOは法律や心理学上の援助をするスタッフの確保や研修、財源探しにも関わる。データベースは国家女性評議会の責任下にある（図1参照）。

図1　コミサリーア・モデル図（1998年）

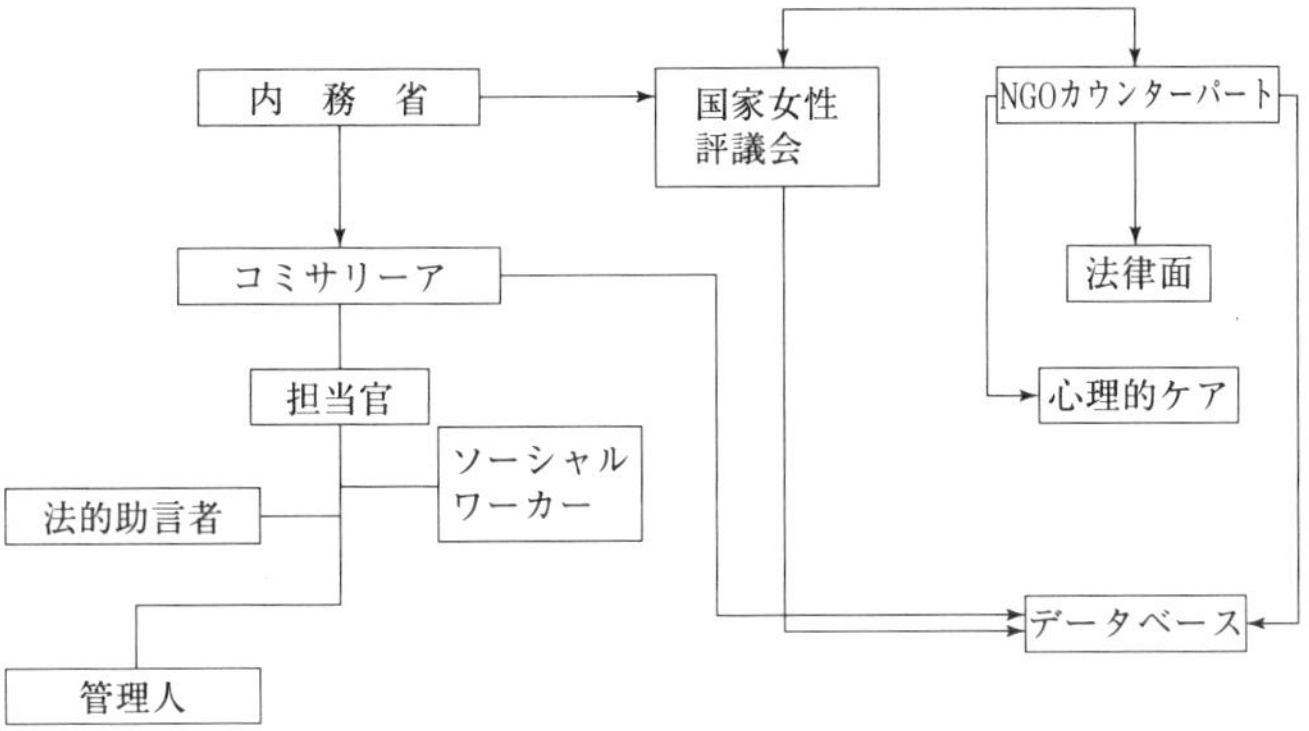

［出所］Cecilia Tamayo, *Entre la sombra y la esperanza* (CEPAM,1998), p.41.

女性たちのもう一つの武器が「女性と家族に対する暴力禁止法」である。この法律の成立は、国が家庭内暴力は基本的権利の侵害であり司法的な介入が必要なものと認識したことを意味する点で重要である。二七カ条からなり、家族間暴力の定義、種類分け、法律の有効範囲、他の矛盾する規定より優位に立つこと、保護の手段、警察との協力などにわたる総合的法律であり、コミサリーアの実際活動の基礎となっている。これらの努力により、通報件数は増加しており、女性たちの自覚と抵抗の拡大を意味している。

性暴力に立ち向かう諸機関

上記の制度のほかにもさまざまな機関やNGOが多様なアプローチで活動している。それらは緩やかなネットワークを保ち、柔軟に協力しあっている。

最初に言及すべきは大統領府直属の国家女性評議会である。この組織の前身は一九八〇年に社会福祉省の中の女性室として誕生し、一九八六年に女性局に格上げになり、一九九七年一〇月からは大統領府直属の現在の組織に変わった。つねにエクアドルの女性運動の先頭であり、かつ支えとなってきた。その使命は女性が同等の機会をもつように、ジェンダーの視点をあらゆる政策、プロジェクトに導入するよう、各公的機関に求めることである。現在、理事会は「機会平等計画一九九六―二〇〇〇」に基づき、「女性の人権と暴力」、「健康」、「政治参加とリーダーシップ」、「教育」、「開発」を重点分野としている。女性の人権と暴力の分野では、先の「女性と家族に対する暴力禁止法」の広い適用、コミサリーアの増設、刑法や刑事訴訟法の改正、民事刑事にわたり裁判官へのジェンダー理解の向上などをめざした活動をしている。

国家女性評議会の代表室にて（右から３人目が代表、６人目が筆者）

「米州女性委員会協力委員会」は外務省から指名される代表がその長となり、ボランティアの会員から構成される非営利団体で、米州間に交わされる条約や協定、米州女性委員会での合意などを実行に移すよう働きかける任務をもつ。女性に関しては、一九九四年六月九日には米州機構総会で採択された「対女性犯罪予防・罰則・根絶のための米州協定」（ベレン・ド・パラ条約）の作成に関わってきた。コミサリーアにおいて活動する弁護士も供給している。一九九六年にはアンデス諸国女性会議も開催した。

暴力の被害女性の保護において有力なＮＧＯは「エクアドル女性育成活動センター」（通称セパン、ＣＥＰＡＭ）である。一九八三年一一月にキト周縁部の大衆階級の女性を対象として女性運動の連帯と発展を目的として活動を開始し、のちにグアヤキルにも拡大した。意識の覚醒をめざす各種プロジェクト、民族と階級の視点からの社会の分析調査、他の国内国外女性組織との交流連帯などに力を注いでいる。独自調査では一〇人中八人の女性が暴力の問題に直面しているといい、人権と家庭内暴力は重点的活動分野の一つである。一九八五年にはエクアドルで初めての家庭内暴力専門の法律相談センターをつくった。その経験はコミサリーアの開設のための推進力となった。当時は対女性

「エバ」創刊号の表紙。エクアドル女性育成活動センター（CEPAM）発行の季刊誌。

暴力の存在は知られていても社会問題と認識されていなかったが、このセンターの活動過程でその重大さがわかってきた。そのため、一九九〇年にはやはり国内で最初のシェルターを社会福祉省との協定のもとに開設した。家庭内暴力が社会問題であり、政府も対策を立てる責任があることを初めて認めたといえる。現在CEPAMは、コミサリーアにおいて被害女性の法律的心理的ケアを担当する一方、二つのシェルターを運営し、避難してきた女性とその家族の保護や再出発の支援にあたっている。

「エクアドル女性研究調査センター」は一九八九年につくられた非営利目的のNGOで、政府機関や民間機関と協力し、多様な専門家の参加によって、人権とジェンダーの平等をめざした研究調査や出版、教材開発などの活動を行っている。警察官や軍隊をはじめ、学校の教員など各種公的機関、民間機関に対してジェンダー教育を行う。また、ビデオ教材やラジオ教材、マニュアルの開発、「女性と家族に対する暴力禁止法」の啓蒙活動、収監中・取り調べ中の女性の人権を守るための国際会議開催などを行っている。このほかにも多数の機関や団体が存在し、種々の活動が展開されている。

二一世紀への展望

一九九九年三月、エクアドルは「建国以来最大の危機」と叫ばれる激動の中にあった。国庫が底をつき、公立学校教員の給与が約二カ月間支給されずストライキ中であったほか、各種公務員の給与支払いも滞っていた。通貨スクレは三月中だけで対ドル相場が九五〇〇から一万八〇〇〇にまで変動し、物価が急上昇したうえ、外貨確保のため銀行の業務一時停止、預金引き出し制限などが打ち出された。電気、燃料などの公共料金の急激な値上がりに耐えてきた住民は抗議行動を展開、軍隊が出動して一部で負傷者もみられた。

こうした状況の中、エクアドルの女性が抱える課題は多い。まず、政治経済の混乱と貧困の拡大は多くの女性をして、日々の暮らしを立て直すための「実際的ジェンダーニーズ」解決のために奔走することを余儀なくさせている。法律上の改革にみられるような「戦略的ジェンダーニーズ」の成果にもかかわらず、女性たちを含む国民の実際的ニーズが解決されていない状況は最大の問題である。第二に、暴力の実態は、法整備や女性の社会進出が進んでも、家庭での女性の解放は進んでいないことを如実に示している。文化に根ざした社会規範に関係するだけに、カトリックの影響が強く、マチスモ、マリアニスモの伝統が残る社会では人々の意識の変革がいっそう必要となるだろう。第三に、大多数を占める大衆階級の女性自身は主体的に変革に取り組むには至っていない。エリート女性たちの華やかな活躍が目立つ一方で、低賃金労働で彼女たちを支えている最底辺の女性たちは周縁的な存在にとどまっている。しかし、分断的社会において発展から疎外されてきた先住民集団の不満は高まっており、なかでも厳しい状況にある女性集団に対しては特別な対策が必要と思われるが、連帯がなお不足している。

とはいえ女性たちの戦いの意味は大きい。困難の中で彼女たちは性暴力に代表されるような不平等な社会に抗議し、貧困の深刻化、生活の非人間化をもたらしてきた現在の開発のあり方を鋭く批判してきた。それは、現代世界が直面する開発の問題に新たな方向を提示し、変革に参画する動きといえる。ゆえに第四の課題として、女性たちは今後求めて行くべき新たな開発と社会について議論を究めると同時に、実質的な政策決定に影響すべく、政治参加と連帯をいっそう深めていく必要があるだろう。

参考文献案内

エクアドルの女性に関する社会学的ないし経済学的研究はエクアドル女性調査研修所から多数出版されている。歴史的参考には文献1と2、女性が置かれた現代の全般的状況を知るには文献3と4が有用である。対女性暴力に関しては文献5から7を主に参考とした。

1　Ketty Romo-Leroux, *La mujer : Dura lucha por la igualdad* (Guayaquil : Universidad de Guayaquil,1983). エクアドル女性の解放の歩みを歴史的にたどり、女性の役割を従属理論的枠組みから分析したもの。

2　Mercedes Jiménez de Vega, *La mujer en la historia del Ecuador : Las mujeres también hacen historia* (Quito : Comité Ecuatoriano de Cooperación con la Comisión Interamericana de Mujeres, 1998). エクアドルの歴史に足跡を残す傑出した女性たちのプロフィールを紹介したもの。

3　Comité Ecuatoriano de Cooperación con la Comisión Interamericana de Mujeres, *Diagnóstico de la situación de la mujer en el Ecuador 1980–1994 : Informe nacional para la Cuarta Conferencia Mundial sobre la Mujer–Beijing 1995* (Quito : CIM/CECIM, 1994). 北京会議に提出されたエクアドル政府の現状報告。

4　Fabiola Cuvi Ortiz & Bertha de Alava, *La mujer, la familia y la sociedad en el Ecuador* (Quito : Instituto Ecuatoriano de Investigaciones y Capacitación de la Mujer, 1995). 家庭と社会における女性の地位を分析した論文集。

5　Guadalupe Leon, *Del encubrimiento a la Impunidad : Diagnóstico sobre violencia de género Ecuador, 1989–1995* (Quito : CEIME Ediciones, 1995). エクアドルにおける性暴力についての実証的分析。

6　Cecilia Tamayo, *Entre la sombra y la esperanza : Investigación de impacto de las comisarías de la mujer y la familia*, (Quito : CEPAM–USAID,1998). 一九九四年にコミサリーアが創設されて以来、寄せられた家庭内性暴力の訴えからその実態を分析し、コミサリーア活動の成果を考察したもの。

7　*La violencia contra la mujer, Informe Estadístico 7* (Guayaquil : Fundación María Guare – UNIFEM, 1996). 一九九五年九月から一九九六年四月までの半年にグアヤキルのコミサリーアに寄せられた五一二一件の性暴力告発の統計的分析。

8　宮淑子『ドキュメント・性暴力』(サンマーク出版、一九八四年)。

9　福島瑞穂『裁判の女性学』(有斐閣、一九九七年)。女性問題解決に取り組む弁護士からみた裁判所の判決についての論評。

8章

グアテマラの新しい社会と女性

戦禍を越えて

高橋 早代

どうか世の人々が、グアテマラを世界一不幸な国だと
考えないでくれますように。そうではありませんから。
私は村々で、指導力を発揮して活躍する女性や
青年たちのグループに出会っています。
ここでは指導者が一人だけということはなく、
各自の仕事はすべて補完的です。
そして、そのことに私たちは勇気づけられています。

リゴベルタ・メンチュウの言より
Rigoberta Menchú, *RIGOBERTA ; La nieta de los mayas*, Madrid, Aguilar, 1998.

グアテマラ女性史関連年表

西暦	事　項
1835	「初等教育法」制定。
1875	「公教育法」制定。
1945	憲法制定。18歳以上の識字能力をもつ女性に参政権が認められる。「同一労働同一賃金」の原則が第58条に明記される。
1947	組合結成の自由とストライキ権を保証する労働法が制定される。
1948	「女性への市民権授与に関するラテンアメリカ協定」を批准する。
1951	「女性への参政権授与に関するラテンアメリカ協定」を批准する。
1959	国連「女性の参政権に関する協定」を批准する。
1965	新憲法制定。18歳以上の女性に市民権が与えられる。普通選挙法が制定される。
1982	国連「女子差別撤廃条約」を批准する。
1986	新憲法制定。
	第4条により「自由と平等」および「男女同権」が確立される。2年間の準備教育と6年間の初等教育課程を無償の義務教育とする（第74条）。また新労働法により年間2週間の有給休暇を保証し（第130条）、既婚・未婚による差別が廃止され（第151条）、母性保護が明記される（第152条）。
1987	ドローレス・ベドヤ基金による第1回中米女性会議がグアテマラ市で開催される。
1988	ラテンアメリカ・カリブ諸国の経済社会発展における女性参加のための第4回会議がグアテマラ市で開催される。
1989	エスキプラスⅡの和平合意を検証する中米女性会議がグアテマラ市で開催される。
1990	文部省内に「教育におけるジェンダーフリー推進委員会」が設置される。
1991	「抵抗の500年キャンペーン」第2回大陸会議がグアテマラ市で開催される。
1992	先住民族女性リゴベルタ・メンチュウ、ノーベル平和賞を受賞する。
1995	（1月）「女性に対する暴力の防止・処罰・撲滅のためのラテンアメリカ条約」を批准する。
	（3月）「先住民族のアイデンティティと諸権利に関する合意」が締結される。
	（7月）「先住民族女性の権利擁護委員会」が設置される。
	（11月）ロサリーナ・トゥユク、先住民族女性初の国会議員に選出される。
1996	政府とゲリラ組織「グアテマラ国民革命連合」の間で和平合意が成立する。
1997	和平合意の検証団体「全国女性フォーラム」が設置される。

序　先住民の大地、ラディーノの国家

私たちが「グアテマラ」と呼ぶ小国の歴史は、一五二三年、ペドロ・デ・アルバラードによる中米遠征に端を発している。しかし、アルバラードと彼の軍隊が無抵抗の山野に分け入り、そこにやすやすと建国の礎を築いたわけではない。なぜなら、スペイン人征服者たちに対して果敢に戦ったマヤ系の先住民がいたからである。なかでも、もっとも執拗な抗戦を展開したキチェ族は、最盛期には山岳部から太平洋沿岸、そして現ペテン県の国境地帯までも支配下に置く王国を築いていた。だが、その勢力も一五世紀末になると衰えはじめ、そしてスペイン人征服者の圧倒的な軍事力の前に、撤退を余儀なくされたのだった。

爾来、五〇〇年。精密な太陽暦をはじめとする高度な文明を発達させたマヤの末裔たちは、高地地方やユカタン半島のジャングルの中で、トウモロコシを主食とする自給自足の生活を送ってきた。しかし、押し寄せる貨幣経済の波とともに、一年の大半をプランテーションの廉価な労働力として半奴隷的な生活を強いられることになる。こうして近代国家の枠組みから切り離され、人間としての諸権利を奪われてきた先住民であったが、一九九二年、リゴベルタ・メンチュウによるノーベル平和賞受賞は、彼らが決して諦観の民ではなく、不屈の精神は静かに、そして脈々と受け継がれてきたことを証明するものといえるだろう。

グアテマラは、「インディオ」もしくは「インディヘナ」と呼ばれる先住民と、非先住民からなる二重構造の国家である。その割合に関して、一九九六年の『イベロアメリカ年報』は総人口一〇三二万二〇〇〇人のうち、先住民五

三％、メスティソ四二％、白人四％、その他一％という数字をあげている。先住民に次ぐ人口比率をもつメスティソ（先住民と白人との混血）は、グアテマラでは「ラディーノ」と呼ばれている。「ラディーノ」とは本来、イスラム支配下の中世スペインで「スペイン語を話す人」を指す用語であったが、グアテマラでは、それ以上に「インディオに非ざる者」という意味合いで使用されている。そして建国以来、リゴベルタ・メンチュウのノーベル賞受賞を契機として先住民たちの社会参加が始まるまで、グアテマラは一握りの白人と、スペイン語を話す官僚化したラディーノたちの国であった。

二重構造国家グアテマラは、またモザイク社会でもある。先住民社会、非先住民社会ともに、一枚岩ではないからだ。マヤ系の先住民は、およそ二三の語族に分かれていて、それぞれの母語を話し、固有の伝統を保持してきた。かたや非先住民社会は、移民たちの社会でもあって、一九世紀初頭よりイタリア人、シリア人、レバノン人、ユダヤ人、中国人、ドイツ人などを受け入れてきた。その中で特筆すべきは、一九世紀末より入植したドイツ系移民である。彼らは主としてコーヒーとサトウキビの栽培に進出していくことになるが、ビスマルクの下で産業革命を達成した本国と緊密な関係を持ちつづけた。そして持ち前の勤勉さと結束力により、少数ながらもグアテマラ社会で、現在に至るまで確固たる力を保持している。

一九六〇年代初頭の反政府ゲリラの活動より始まった内戦は、九六年一二月の和平合意によって終止符が打たれた。この長い内戦は、女性の社会参加を大きく遅らせることになるが、同時に伝統的社会の女性たちの自立を促し、かつてない立場に導く結果にもなった。内戦でもっとも大きな被害を被ったのは先住民社会である。女性たちには、何よりもまず生存のために連帯し、社会と世界に向かって声を上げていった。非伝統社会の女性たちにとっても、軍事政権と内戦の影響は深刻であった。ドローレス・ベドヤという先駆者をもちながら、グアテマラの女性の組織化や社会参加が活性化してくるのは八〇年代後半以降のことである。

一　近代グアテマラの社会と女性

伝統的先住民社会と近代化

先住民の人口比率に関しては、見方によってかなりの振幅があり、上は七〇％近いものから、下は二〇％台までさまざまである。これは「先住民」という概念が必ずしも人種的なものではなく、多分に恣意的、かつ流動的な要素を内包しているためである。今日、「先住民」を定義するのは容易なことではないが、共通して認められる条件は、言語・地域の共通性と習慣、とくに民族衣装の着衣であろう。しかし、この定義は同時に次のような可能性を示唆している。つまり、ある先住民が伝統的な生活様式を捨てて都市生活者となり、公用語であるスペイン語を話すようになると、彼はもはや先住民とはみなされない、というケースである。事実、グアテマラには「ラディーノになったインディオ」という言い回しさえあるほどだ。ともあれ、全人口の半分以上、すなわち六〇〇万前後を先住民が占めているグアテマラは、ラテンアメリカ諸国の中でもっともその比率の高い国である。

次に言語についてだが、マヤ語族は三〇あまりの言語からなる中米最大の語族である。それらの言語にはすでに消滅したものもあるが、グアテマラ国内に限るならば、約一〇〇万人を有するキチェ語族を筆頭に、マム語、カクチケル語、ケクチ語の言語人口が続き、合わせて二一ないし二三の言語が話されている。そして彼らは、かつてスペイン人によって肥沃な土地を追われて以来、「アルティプラーノ」と呼ばれる寒冷の高地に住み、その痩せた土地から上がるわずかな収穫によって生計を立ててきた。ここでは「先住民」と「農民」は同義語である。そして、スペイン語を解さない世代は、事実上、人間として、また国民として、当然有するべき諸権利に対してアクセスをもたなかった人人である。

では、そのような先住民の伝統的な社会とはどのようなものであったか。それは、大地、すなわち自然との共生であるといえるだろう。人々の生活の基盤は共同体にあり、冠婚葬祭から主食であるトウモロコシの種まきと収穫の儀式まで、それを取り仕切るのは共同体であった。塩を購入する以外は、ほとんど自給自足の暮らしの中で、女たちの負担は決して軽くはなかった。日の出とともに仕事に出る男たちのために、暗いうちからトウモロコシを茹でて石臼でつぶし、それを薄く伸ばしてトルティリャ(トウモロコシパン)を焼く。それを昼も夜も繰り返しながら大勢の子どもを育て、畑仕事もして、合い間に織物を織るのである。先住民の女性たちは今日でも相続権をもたないが、共同体内では決して疎んじられる存在ではなかった。母親たちには敬意がはらわれ、花嫁は礼を尽くして迎えられた。また夫婦間のいざこざに年長者が仲裁に入ることもしばしばであった。見方を変えるならば、伝統的先住民社会は、ヨーロッパ的な個人主義とは無縁の「監視する社会」ともいえるだろう。しかし、少なくとも女たちは孤立してはいなかった。さらに、共同体には「コフラディア(信徒団)」という相互扶助組織があり、女性にとって、これは一種の社会参加であった。同時代の非先住民女性と対比した場合、家庭にしばられていた彼女たちよりも、先住民女性の方が社会参加は進んでいたといえるかもしれない。

グアテマラでコーヒー栽培が始まったのは一八四五年である。六〇年代に入ると、ヨーロッパの産業革命によって内外市場が拡大し、少数の農産品輸出業者が現われてきた。そして自由主義の波とともに都市貴族とカトリック教会の結束が断たれ、国家は世俗化していく。教会の広大な永代所有地は解体されて、政府高官やブルジョワジーに譲渡された。こうして八〇年代には太平洋沿岸地方にコーヒー・プランテーションが出現し、生産形態はモノカルチャーによる対外依存型の経済へと移行していくことになる。一方、先住民社会も一つの時期にさしかかっていた。それは、スペイン人侵略者たちが持ち込んだ疫病のために激減していた人口が、長い時間をかけて一九世紀にようやく回復し、その後の増加を狭い痩地の収穫でまかないきれなくなったことである。農民たちは高冷地のアルティプラーノから、太陽が容赦なく照りつける沿岸地方のプランテーションで日雇い労働者として働くことになる。搾取、抑圧、差別などあらゆる人権蹂躪の要素を備えた現代における奴隷制の始まりである。

ここに、一人の母親がその息子に宛てた一通の手紙がある。日付は不明であるが、文面より、グアテマラ総督領がスペインから独立を宣言した一八二一年以前のものであることは明らかである。グアテマラ一国にとどまらず、中米の女性全体にとって社会参加の先駆者であるドローレス・ベドヤ（一七八三―一八五二年）を語るに際し、異例ではあるが、その思想と人格を存分に示す手紙より始めることがふさわしいと思われる。

「ですから、女たちがさまざまな権利や投票権を要求したとしても、それに敬意をはらい、彼女たちの行為を笑わないでやって下さい。男も女も同じ器官をもち、同じ能力を備えているのです。しかし、世界はあまりにも小さく、女は男に従属してきました。私が思うに、肉体的な強さは男の利点で、それは動物も同じです。力強く鳴く雄鶏は支配力をもつのですから。そして男たちにもまたその力があり、支配力は男のもう一つの利点です。この二つの力はとても大きいのです。男たちの中には、そのような力がまだ備わっていない者もいますが、それでも女たちの上に位置しています。私はその二つの力の中に学問が含まれていないことを喜びたいと思います。なぜなら、学問こそは儲け話に目の色を変えるような保護者を必要としないばかりか、法の規制もなく、自己の関心事を意のままに操ることができるからです。女は、娘時代は花で、男はその花をミツバチのように利用します。やがて花は萎れ、見る影もなく……女は自己の行為の主体であり、存続するために必ずしも男を必要とはしないのです。どうか、女が自力で立つために、教育が受けられますように。私は独立のために立ち上がる用意があります。」（参考文献４）。的確な女性観とみごとな先見性で私たちを驚嘆させる女性ドローレス・ベドヤは、グアテマラ市の中流家庭に六人姉弟の長女として生まれた。教育は当時一般的であったカトリック教育と、読み、書き、計算といった初等教育を受けたにすぎないと思われる。しかし、熱心な愛国主義者であった両親は、たえず家庭で政治的な会合をもち、彼女と弟たちはそれに参加することによって、政治的感覚を身につけていった。一八〇四年、外科医で政治家でもあったペドロ・モリーナと結婚し、七人（八人の説もある）の子どもをもうける。結婚後、外科医として赴任した夫とともにニカラグアで一〇年を過ごしている。帰国後は政治家として独立運動を展開する夫を助けて「エル・エディトール・コンスティトゥシオナル」紙に論陣を張った。そして、一八二一年九月一五日、ドローレス・ベドヤの力は遺憾なく発揮されることになった。その日、代議士たちは中米独立の最終調印のために宮殿に集まっていたが、最終段階でなお躊躇していた。状況を見越していた彼女は、ドラクロアの描く自由の女神さながらに、市民を率いて宮殿の外から、歓声と爆竹と音楽によって代議士たちに調印を迫ったのである。こうして彼女は、夫が自由党の党首の時も、中米連邦共和国大統領に選出（一八二九年）された時も、不遇な亡命時にも、ある時はファースト・レディとして、またある時は失意の政治家の妻としてつねにその傍らにあった。

ドローレス・ベドヤ。

ドローレス・ベドヤにおいて卓越しているのは、二〇〇年後の今日にあっても決して遜色のないその女性観である。ジョン・ステュアート・ミルが『女性の解放』を著して、男女間の権利の不平等な関係は他ならぬ強者の法則に由来すると述べたのは、一八六九年のことである。その約半世紀も前に彼女は、男性の社会的優位は、男性が女性よりも肉体的に強かったという不合理な歴史的所産であることを看破しているのだ。そして、それを克服するのは教育であることも認識していた。ドローレス・ベドヤの理念は、その生誕二〇〇年を記念して設立された「ドローレス・ベドヤ基金」によって受け継がれている。

自由主義革命と女性参政権

一九二九年の大恐慌はグアテマラにも深刻な打撃を与えた。コーヒーは暴落し、失業者があふれ、社会不安がつのった。ここにきて政府が採ったのは、独裁という古典的手段である。ホルヘ・ウビコ独裁政権（一九三一―四四年）は、左派や労働組合などの反政府活動に対して徹底的な弾圧で臨んだため、同政権下でフェミニズム運動が胎動する余地はなかった。ウビコ政権は「一〇月革命」で倒され、グアテマラに「一〇年の春」（一九四四―五四年）といわれる束の間の民主主義が訪れることになる。

アレバロ政権（一九四五―五〇年）は封建的なペオン制（債務労働）や強制労働を廃止し、画期的な労働法を公布

（四七年）した。女性の選挙権もその一連の改革の中で与えられたものである。しかしながら、それは一八歳以上で、読み書きのできる女性に限られていた（「四五年憲法」第九〇条第二〇項）。当時のグアテマラの識字率は三〇％に満たず、その恩恵を被ったのは都市に住む一握りの女性たちにすぎなかった。しかも、彼女たちが夫の意に反する人物に投票するとは考えられない時代のことである。参政権運動も存在せず、候補者が必ずしも女性票を当てにする必要がない中で与えられたこの選挙権の背後には、実は国連の意志と圧力が働いていた。第二次大戦後、国連は参政権をはじめとする女性の社会参加を推進しており、グアテマラの状況は、同年、ＧＨＱ（連合国軍総司令部）の指示で日本の女性に参政権が認められたケースと似通ったものである。アレバロ政権が女性の社会参加に明確な理念をもたなかったことは、次の事実からも明らかである。つまり、女性たちは選挙権を得ながら、市民権をもたなかったのである。市民権、そして普通選挙権を手にするまでは、さらに二〇年待たねばならなかった（六五年憲法第一九条）。このため女性の社会進出は大きく遅れることになる。ルス・ディアスは、一九二四年に、当時グアテマラで唯一の大学であったサン・カルロス大学の法科を初めて卒業した女性であったが、市民権をもたなかったため、希望した弁護士資格は与えられず、家庭婦人となった。二番目の女性で薬学を修めたオリンピア・アルトゥベも同様で、薬局の責任者として経営面に携わるしかなかった。初めて職業女性として資格（弁護士）をもったのは、三番目の女性で、いまも存命のエベリア・アヤラ（一九一四年―）である。

アレバロ政権と、それに続くアルベンス政権（一九五〇―五四年）の「一〇年の春」は、アメリカ合衆国（以下、アメリカ）の支援を受けたカスティーリョ＝アルマス大佐のクーデターにより幕を閉じ、グアテマラは長い軍事政権時代（―一九八五年）に入っていく。民主化の時代に生まれた「グアテマラ女性同盟」はまもなく消滅した。一九二〇年代にヨーロッパで始まった「アクシオン・カトリカ」は、自由主義の潮流の中で弱体化した教会を強化するために組織された青年部の活動である。それがグアテマラに入ってきたのは三〇年代後半で、邪教との対決を目的としていた。しかしながら、使命感に燃えた青年たちが目にしたのは、先住民たちの悲惨な状況であった。四五年から高地で活動を開始したカトリック・アクションは、先住民の青年男女を中心に各セクターから五万人も組織化し、農民の意識化と自立を促していくことになるが、これもやがて弾圧の対象となった。この時代を生き延びたのは、教会の慈善団体や家庭内の生活改善を掲げた「主婦クラブ」などわずかである。

二　内戦下の女性たち

グアテマラ内戦（一九六〇―一九六年）

内戦は一九六〇年より始まる反政府ゲリラの活動を端緒とするが、その本質は土地問題、すなわち大土地所有制と富の配分の不平等性にあった。土地問題の起源をさかのぼるならば、一六世紀のスペイン人の到来に行き着くことになる。多くの土地が正当な所有者である先住民から没収され、彼らは高地地方に追いやられた。独立の時代からこの状況は変わらず、自由主義改革によって教会の永代所有地が解体され、それが売却されるに及んで、農地をめぐる状況はさらに悪化した。そして一九一〇年、エストラーダ゠カブレラ政権の時代にアメリカのユナイティッド・フルーツ社が進出してくることになる。同社はグアテマラでバナナ栽培を開始し、たちまち巨大なバナナ帝国を築き上げた。こうしてグアテマラはアメリカにとって中米進出の拠点となっていった。ユナイティッド・フルーツ社の所有地は二二万五〇〇〇ヘクタール（実際の利用はその一五％）に及んだ。実に国土の約五分の一にあたる面積である。二〇世紀半ば、アルベンス政権下の一九五二年に制定された「農地改革第九〇〇号法令」は、初めてこの問題に正面から取り組んだものである。しかし「一〇年の春」が終わるとともに法令も効力を失い、解放された農地は元の地主に返還された。以来、今日まで土地問題は手つかずのままであり、七九年に行われた最後の国勢調査でも、四〇万人近い農民が一片の土地ももっていないことにひきかえ、二・六％の人間が農地の六五％を所有するという極端な所有構造が浮き彫りにされた。そして、土地台帳の完備していないグアテマラでは、土地の収奪、秘密売買など父祖伝来の地をめぐる争いは、いま現在もいくつかの共同体で血なまぐさい事件を起こしている。

政府軍による掃討作戦は、一九七八年のルカス゠ガルシア将軍の大統領就任によってさらに熾烈なものとなっていった。その犠牲者が先住民に集中した理由として、次の三点が考えられる。第一は、七九年の「ニカラグア革命」の余波を恐れた右派勢力が、先住民たちをゲリラの支持基盤とみなしたこと。次に、ジャングルに接し、キチェ県がその半分以上を占める「北部帯状地帯」と呼ばれる地域で、油田とニッケル、そして水銀が発見されたためである。この天然資源を目的にアメリカの多国籍企業が乗り込んできた。キチェ族が軍によるもっとも激しい殺戮の対象になったことはいうまでもない。住民を守ろうとした聖職者たちの運命も同様であり、一九八一年にキチェ司教区は完全に放棄された。第三点としてあげられるのは、グアテマラ社会に根強い人種的偏見である。一般のラディーノたちにとって、先住民は侮蔑すべきものであると同時に、絶対的多数である彼らは既存の社会を脅かす存在でもあるからだ。かくも無残なジェノサイドを可能としたのは、まぎれもなく強者の側に巣くう人種的偏見に他ならない。

一九九九年二月五日、内戦中の人権侵害を調査する「国連・真相究明委員会」は厖大な最終報告書を提出した。それによれば、内戦中の死者・行方不明者は二〇万人以上、そして被害者の八三%はマヤ系の先住民である。また同報告書は、人権侵害の九三%が軍とその関連組織によるとして、軍の浄化や被害者への補償などを勧告している。その他に、破壊された先住民共同体四四〇、寡婦となったもの四万五〇〇〇、孤児一〇万、国内難民一〇〇万、そして国外難民二〇万とされている。先住民にとって、これはスペイン人による征服に優るとも劣らない大量殺戮であり、グアテマラは一平方キロ当たりもっとも多く暗殺の犠牲者を出した国となった。

内戦下の社会と女性

一九九八年の『世界子供白書』によれば、グアテマラの一人当たりの国民総生産（GNP）は一三四〇ドルであり、一日一ドル以下で暮らす人の比率は五三%。そして成人識字率（一九九五年）は、男六三%、女四九%となっている。しかし一九九二年に発足した「先住民族・農民全国調整委員会（CONIC）」の調査では、農村部では、現在でも八四%が一日一ドル以下で暮らす貧民層であり、識字率は一〇%、つまり、一〇人中一人しかスペイン語を解していない。グアテマラは、ラテンアメリカ諸国の中で、もっとも貧困率が高く、識字率の低い国といえる。

訪問者と会談するコナビグアの女性たち。

孤立していた先住民社会が連帯に向かって動き出したのは、一九七六年の大地震以来のことである。そして内戦は必然的に女たちを団結させ、社会参加を促すことになった。八八年に結成された「つれあいを奪われた女性の会・コナビグア(CONAVIGUA)」は、先住民女性たちが初めて自力でつくった組織である。内戦で夫や家族を奪われた女性たち一万一〇〇〇人の参加によって発足し、現在は約一万五〇〇〇人を擁する人権団体に成長している。創設時の行動目標は以下のものであった。強制的徴兵制度の撤廃、軍の下部組織として機能する自警団の解体、和平交渉への市民セクターの参加、秘密基地の発掘、司法・立法・行政機関の浄化などである。和平合意を契機に、強制的徴兵制は廃止され、自警団も解体された。和平後の市民セクターへの参加も進んでいる。いまや彼女たちは権利を要求する側から、法律を立案する側へと回ったのである。

　またコナビグアは一九九五年の総選挙で共同代表の一人、ロサリーナ・トゥユクを国会に送り込むという快挙を成しとげた。彼女はケクチ族の女性で、「新グアテマラ民主戦線(FDNG)」より全国区で立候補し、先住民女性として初めて国会議員に選出された。そして、先住民諸問題に精力的に取り組んできた功績により、八九年にフランス政府よりレジオン・ドヌール勲章が授与されている。

　八〇年代に入り、女性の組織や人権団体が登場してきた。まず八一年、労働省の管轄下に「国家女性局」が生まれた。従来の縦割りの組織から、政府内に初めて女性問題の総合的な調査・研究機関が設置されたのである。そして八三年には、前述した「ドローレス・ベドヤ基金」が設立され、女性の教育と権利の拡大を目標に活動を開始した。また「和平合意」に向かう具体的な足がかりとなった八七年の「エスキプラスII」の二年後には、その内容を検証するために、各セクターの女性たちが集合して、グアテマラ市で「中米女性会議」が開催された。九〇年代に入ると、軍部が行った暗殺事件の真相究明のために活動する「ミルナ・マック基金」のような人権組織も出現した。いまや女性団体は、満を持していたかのように百花繚乱の感がある。

リゴベルタ・メンチュウとノーベル平和賞

コナビグアの女性たちは、「私たちは女として、先住民として、そして貧しい者として三重の差別を受けてきました」と語る。彼女たちは内戦によってさらに大きな犠牲を強いられることになったが、その中からグアテマラ内戦の実態を世界に向かって告発する声が現われたのである。

リゴベルタ・メンチュウ（一九五九年―）はキチェ族の出身で、マヤ系先住民の誕生・結婚・死にまつわる祭祀、収穫の儀式をもっとも伝統的な形で伝える共同体で育った。八歳から一年の半分以上を家族とともに大農園で働きはじめている。一九七〇年代、とくに大地震を契機に労働組合運動が活性化し、グアテマラ史上初の先住民主導による「農民統一委員会（CUC）」が登場したが、その中心メンバーの一人がリゴベルタの父ビセンテ・メンチュウであった。リゴベルタはアクシオン・カトリカの宣教補助者として働いた経験をもとに、習得したスペイン語を駆使して高地の農民と大農園労働者との連帯を強化していった。先住民の自立と反政府ゲリラの結びつきを恐れた軍部は、これに徹底的な弾圧を加えた。七九年に弟が拉致され、すさまじい拷問の後、見せしめとして焼き殺された。そして、一九八〇年一月三一日、軍による人権侵害に抗議してスペイン大使館を平和的に占拠した父は、治安部隊によって虐殺された。四カ月後には母親も、無残な拷問の末にジャングルに遺棄されて死ぬ。彼女自身は、カトリック組織の援助によってグアテマラを脱出。そして一九八〇年、メキシコに亡命し、今日に至っている。

一九九二年のノーベル平和賞の受賞は、「インディオ・黒人・民衆の抵抗の五〇〇年」キャンペーンの中で準備された。リゴベルタ・メンチュウの鮮烈な登場は、世論を動かしてグアテマラを和平に向かわせる一方で、「インディオ」と呼ばれる先住民もまた、ハイテクの時代を生きる同じ人間であることを先進社会の人々に改めて認識させたのである。彼女は、近

リゴベルタ・メンチュウ。

代の先住民同化政策による均質的な国民国家像の欺瞞を突き、歴史と文化の固有性に対する尊重を訴えている。そしてメキシコに本部を置く「リゴベルタ・メンチュウ基金」を拠点に、ユネスコ親善大使として、世界の先住民や少数民族の復権のために活発な活動を続けている。一九九三年九月には市民団体の招きを受けて来日し、アイヌとの親睦も深めた。また一九九八年六月には、長年にわたる人権擁護活動に対し、スペイン政府より「プリンシペ・デ・アストゥリアス国際協力賞」が贈られた。現在、メンチュウ基金が精力的に取り組んでいるのは、二〇〇〇年六月一日より開催される万博「ハノーヴァー・二〇〇〇」に向けた世界の先住民による連帯である。

三　ポスト内戦の社会と女性

法律と政治にみる女性の地位

グアテマラは、次のようなすばらしい憲法をもっている。「グアテマラのすべての人間は、その尊厳と権利において自由かつ平等である。男女ともに、その戸籍上の身分いかんにかかわらず、同等の機会と責任を有している。いかなる人間も隷属すべきではなく、また、自己の尊厳を損なう他の条件に屈服すべきではない。人間は、相互に友愛に満ちた行動をとるべきである」（一九八六年憲法、第四条）。

しかしながら、一九八六年以前に制定された民法・刑法・労働法などが改正されていないため、相互に矛盾が生じている。たとえば、夫婦の関係については、七七年の「民法」に規定された状態から前進していない。夫は妻を保護し、妻は子どもたちを守りながら、同時に家事全般に責任をもたねばならない。しかも夫は、妻の家庭外の活動に対して反対する権限をもつ（第一一四条）。第一一四条は、今日では明らかに憲法違反である。「離婚」に関しても男女同権とは言い難い。離婚の場合は、請求によってただちに判決が下るわけではなく、請求者側の提出する証拠のみでは判決に至らない（第一五八条）。一見、女性保護を思わせる第一五八条であるが、実情は決してそうではない。なぜなら、女性側は、判決以前に、夫からの暴力や脅迫によって申し出でに屈するからだ。そして夫から請求がなされると、妻と子どもは法的な保護下に置かれたのち、子どもは判事の定める保護者（親）に渡される（第一六二条）。そして、「扶養料」に関して、第一六九条は次のように定めている。すなわち、離婚に際して女性側に落ち度がなく、品行にも問題がないうえに、新たに結婚しない場合、前夫より扶養料を獲得することができる。男性の場合も、働くことができず、新たに結婚しない場合、同様の権利をもつ。以上であるが、扶養料を得るためには、女性は身を慎んでいなければならない。これは男性側には要求されていないことである。「品行の問題」について法律は何も規定しておらず、それに眼を光らせるのは、当然ながら扶養料を支払う前夫である。結果、女性はたえず監視下に置かれることになる。

全般的にみて、グアテマラの法体系の整備は立ち遅れている。「国連・人権監視団」も憲法改正を提言してきたが、アルスー前政権は内戦の再燃を理由に改正には及び腰であった。一九九九年五月に実施された憲法改正の国民投票も、否定的な結果に終わった。しかし、真の問題は、改正以前に、法の厳正な履行にあるといえるだろう。内戦時でさえ、人命尊重の法は存在したのである。法と現実との乖離、言い換えるならば、法的モラルの欠如こそが問題の核心である。

表１　国会議員の中に占める女性の割合

年	定員数（人）	女性議員数（人）	女性の比率（%）
1986—　90	100	7	7
1991—　95	100	7	7
1996—2000	100	12	12

［出典］参考文献案内2.3より。

国民にとってもっとも直接的な政治参加は選挙である。一九九〇年三月の段階で、選挙者名簿への登録者数三〇七万六六〇〇人中、女性の占める割合は四〇%である。ここで女性の政界進出を取り上げてみると、グアテマラに女性の閣僚が誕生したのは一九八三年以降である。一九八三—八五年、一四大臣中女性一人。八六—九〇年、一二大臣中女性三人。九一—九五年、女性一人。九六—二〇〇〇年、女性一人。以上が女性閣僚数の推移である。国会議員数は表１のように、現在は一二名（先住民女性二名）となっている。最初の女性閣僚はカタリナ・ソベラニスで、「グアテマラ・キリスト教民主党（ＰＤＣＧ）」の推薦を受けて労働大臣を二期務めている。彼女はリベラルな家庭に生まれ、母親の影響で小さい時から貧しい人々の問題に関心をもって育った。大学では法律を学び、七〇年、「キリスト教民主党」に入党した。しかし、七〇年代といえば、「民主的」即「反体制的」を意味し、賃金のことを話題にするだけでコミュニスト呼ばわりされた時代である。カタリナ・ソベラニスも国外脱出を余儀なくされた。兄弟の一人は暗殺され、おいの二人が行方不明者となっている。帰国後は「労働者会議」の法律顧問を務め、やがて知識と経験をかわれて労働大臣に抜擢された。

教育にみる先住民女性の状況

グアテマラで「初等教育法」が制定されたのは、一八三五年のことで、七五年には「初等公教育法」が公布された。このように、法的には十分に先進国でありながら、現状は惨憺たるものである。まず、歳出の中に占める教育費の割合であるが、一九八二年の段階では、増加の一途であった軍事費に押されて、わずか四％でしかない。八五年、多少回復して一二％である。この劣悪な教育的環境は、表2に示すように、ラテンアメリカでも突出した非識字率となって表われている。同年の民政移管後、教育問題は政府の大きな懸案事項となり、八九年には国家予算の二〇％を占めるに至った。

表2　15歳以上の非識字率（%）

年	全体	男性	女性
1973	54.0	46.4	61.5
1981	44.0	37.2	50.7
1989	40.7	34.2	47.8
1995	43.8	37.1	50.6

［出典］参考文献案内2.5より。

グアテマラにおける教育は依然として不平等なものである。約一〇年前の統計であるが、国民の四〇％近くが義務教育である初等教育の恩恵にすら与っていなかった。中等教育課程に進学したのは、男性で一一％、女性は一〇％である。高等教育、つまり大学への進学が可能な国民は、該当年齢（一八―二四歳）中、一〇〇人に二人（女性の場合は一人）でしかなかった。この数値は、今日でもあまり変わっていない。しかも、これは平均値であって、農村部の現状は、さらに深刻である。

アティトゥラン湖の周辺は、現在も男性の民族衣装が見受けられるなど、伝統文化を色濃く残している地域である。同地域の研究センターが出している九五年の報告書は、教育の現状を次のように語っている。キチェ県の行政中心地であるサンタクルス（人口二五五九）では、一九三五年に創設された公立小学校がいまも唯一の小学校である。生徒数約一六〇人中、義務教育を修了したのは七人（男六人、女一人）。大半が三年次終了後に学校をやめている。

非識字率は七五％であった。農村部では三年間の就学というのが一つの目安になっている。学業を放棄する第一の理由は、子どもが家計を助けているためである。九五年当時で、大人が大農園で働く場合、日当は一一ケツァル（同時期の為替レートで一ドル約六ケツァル）前後で、それ以下の場合もありえた。ところが同報告書は、一一歳で観光客を相手に腕輪などの手芸品を売り、日銭で一五―二〇ケツァルを稼ぐ少女の話を紹介している。まさしく子どもたちは一家の稼ぎ手なのだ。そして親たちは、子どもがあまりにも学校になじみ、価値観を共有できなくなることを恐れている。三年間学んで、読み書きができるようになれば十分なのである。そして女子の場合は、家事手伝いや子守、さらには結婚と、学業を放棄せざるをえない条件は、男子に比べて一段と高い。

この傾向が変化してきたのは最近のことである。それは親の世代がスペイン語の読み書きができないことの不利益に気づき、また教育が高収入に結びつくことを知ったためだ。「自分たちはだめだったが、せめてこの子たちは……」という期待と意気込みが、小さな共同体の粗末な教室に充満している。

労働

リゴベルタ・メンチュウは、八歳より賃金労働者として働きはじめた。彼女の例を一般化することはできないが、グアテマラでは小さな子どもの働く姿は、決して珍しいものではない。なぜなら、最低労働年齢がラテンアメリカで唯一、一〇歳であるからだ。そのような弱年労働者をも含めて、女性の経済稼働率は次のようになっている。一九八〇年のアンケート調査に基づいて出された数値は二一％、最新の一九八九年度で二五・五％（約七四万人）である。一九七〇年より二〇年間で、女性の経済稼働率は一一・八％（男性六九・八％）も上昇しているが、それでもラテンアメリカ諸国の中では低い部類である。しかしながら、この数値は必ずしも実態に則したものではない。理由の第一は弱年労働者の存在で、最低労働年齢を一五歳にアップして、さらに数値を求めるならば、稼働率は約三〇％に上昇する。次に農村女性たちである。農村の先住民女性の労働人口は、女性全体の約四〇％を占めているが、彼女たちの労働は数値には表われにくいために、グアテマラ女性の経済的参加の割合を実質よりも低いものにしているといえるだろう。

次に、女性の労働の内訳であるが、一九八七年には〈管理職〉三・四%、〈専門職〉九・三%、〈従業員、販売業〉二八・〇%、〈農業、漁業〉一五・〇%、〈工芸職人、工員〉二三・六%、〈(家事手伝いなど) 個人サービス業〉二〇・七%となっている。また公務員に関しては、八九年に財務省データ局が以下の調査を行っている。グアテマラ全体の公務員一一万七五七人のうち、中央機関で働いているのは四万三九二四人。内訳は、正規の男性職員四〇%、女性職員三〇%、そして残り三〇%は、性別を問わない一時採用者たちである。また財務省内三四八部署中、管理職を占めるのは男性八二%、女性一八%で、女性の大部分は補助労働にまわっていた。

九〇年代のデータが出ていないこと、グアテマラ国内での難民の移動が激しいことのために正確な数字で示すことは困難であるが、この一〇年の間に女性の雇用が飛躍的に伸びていることは確かである。それは八〇年代の末から、女性にとって新たな労働市場が開かれたためだ。一つは輸出用農産物の箱詰めの仕事で、もう一つは「マキラドーラ」と呼ばれる既製服の縫製工場である。マキラドーラの廉価な製品は、主としてアメリカ向けに輸出されていく。そして、その労働者の九〇%は女性であり、九〇年代半ばで約五万人がマキラドーラで働いている。当然ながら、最低賃金や就労時間などの労働条件に関する問題が噴出することとなった。マキラドーラの問題に関しては、さまざまな労働組合が参加しているが、その中から、組合員の女性だけで組織された「グルーポ・プロ」が生まれた。そしてグルーポ・プロは家庭生活の向上を目標に掲げて、女性の労働者を対象にした数多くのプログラムを打ち出している。

女性と暴力・マチスモ

女性と暴力の問題に積極的に取り組んでいる人権団体「ティエラ・ビバ」は、女性に対する暴力の形態を次の五つに類別している。(1) 路上での暴力、(2) 職場の暴力、(3) 家庭内暴力、(4) 政治的暴力、(5) 性的暴力である。(2) は、まさしく「セクハラ」のケースであるが、セクシュアル・ハラスメントはまだ法的な処罰の対象になっていない。内戦の結果、女性が世帯主の家庭が多いグアテマラでは、セクハラによる不当解雇は、場合によっては死活問題となる。(3)は、苦しめられている女性が多いにもかかわらず、プライバシーに関わるため表面化しにくい問題である。(4)は思想や政治的見解を異にする人間に対する拉致、拷問、暗殺を指す。グアテマラでは、いまもその例証に事欠かない。このようにグアテマラの女性たちは、あらゆる種類の暴力にさらされている。それでも、都市部の女性たちは、ある程度は法によって守られている。それにひきかえ、農村部の先住民女性たちの状況はきわめて深刻である。かつて彼女たちは共同体の規範によって守られていた。夫から暴力を受けた妻たちは、長老者たちに向かって綿々と訴えることができたからである。しかし、そのような共同体の規範は内戦によって破壊された。内戦によるトラウマを抱え、精神的拠り所を失った女性たちのアルコールや薬物中毒患者が急増している。

さらに見過ごしにできないのは、強制的徴兵制によって先住民社会に持ち込まれた組織的マチスモと暴力である。カトリック教会が発行している「エクレシア」誌は一九八〇年六月一四日付で、陸軍増強の恐るべき実態に言及している。それは先住民の若い男性をターゲットとした兵隊狩りから始まっている。軍は地方警察の協力によって先住民共同体を見張り、彼らの働いている場所や教会の出入口、あるいは市の立つ日に付近で待ち伏せして、有無を言わせず引き立てていった。捕まった男たちは地元の牢屋に押し込められ、数日間、食べ物も与えられずに手荒な扱いを受けることになる。そして、その後、軍用トラックで、強制徴兵地から極力離れた兵営に輸送された。真の残虐性が始まったのはそれからである。入隊一日目より、プログラムによってマインド・コントロールが行われたからだ。こうして若い先住民男性たちは、読み書きとともに、アイデンティティの否定と殺人の方法を教え込まれていった。このような兵隊狩りが年に数回も繰り返された結果、グアテマラ陸軍は膨れ上がっていったのである。つまり、先住民たちは、改造された同じ民の息子たちによって追われていったのだ。

一九九九年三月、クリントン大統領は初めてグアテマラを訪問した。そして一三日付の声明により、アメリカが資金・武器の援助・CIA(米中央情報局)によるグアテマラ政府軍の訓練という形で、グアテマラのマヤ系先住民の大量殺戮に関与したことを正式に認めた。軍は縮小され、自警団も解体された。しかし、それは同時に、暴力とマチスモが最悪の形で刷り込まれた若い男たちを野に放つことになった。農村では恒常的に女性が男性の性暴力の対象となっている。

二一世紀への展望

一九九五年の第四回世界女性会議（北京会議）で選択された「北京先住民族女性宣言」は、新世界秩序と市場経済のグローバリゼーションが先住民族を植民地化し、彼らの生存を脅かしている、と述べている。そして私たちは、その実例の一つをグアテマラにみることができる。つまり、軍事政権とアメリカ資本が結びついた経済開発の推進、そこに七九年のサンディニスタ革命という要素が加わり、グアテマラにおける開発は、反乱鎮圧という戦争目的および軍部による民間人支配の手段となっていったわけである。

「和平調印」によって銃火は止んだ。しかし、グアテマラの社会をみる限り、それが真の平和に結びつくとは限らないことを知らされる。なぜなら、人権侵害の犯罪はいまも終わってはいないからだ。真相究明のために働く人々は、脅迫や妨害を受けつづけている。問題は潜在化しているといえるかもしれない。一九九九年一一月七日に行われた二〇世紀最後の総選挙の結果も、同様に懸念されるものである。選挙で圧勝したのは、内戦時にゲリラ壊滅作戦を指揮したリオス＝モント将軍の率いる極右の「グアテマラ共和戦線（ＦＲＧ）」であった。大統領には、一二月二六日の決選投票で同党のアルフォンソ・ポルティーリョが選出された。ポルティーリョ内閣に関して、リゴベルタ・メンチュウは一二月二八日付の「プレンサ・リブレ」紙で、全員がラディーノであり、しかも女性閣僚が一人も入っていないことを強く非難している。

ここで女性たちの活動に目を向けるならば、「国家女性局」は二一世紀への展望として次の四点を大きな目標に掲げ、積極的に取り組んでいる。第一は、法体系の整備であり、家庭内暴力の規制・処罰の法制化を含めて、その作業が進行している。第二は、政治・社会・労働の分野で、現在は一〇％台にすぎない女性の組織参加率を三〇％台に引き上げること。第三に、ジェンダーの不平等を是正するために、教材のチェックを行うと同時に、教師の五〇％に再教育の機会を与えること。そのために九〇年には、文部省内に、性の役割と類型化の排除を目的とする「ジェンダーフリー推進委員会」が設置された。そして最後は、少なくても国民の半数がマスメディアより情報を入手できる環境を用意し、社会的覚醒を促していくことである。そして、これらはすべてジェンダーによる差別の撤廃という大きな目的につながっている。多様なプロジェクトが次々と打ち出されているが、問題は財源である。和平合意後、日本をはじめとする国際社会は、グアテマラの復興のために一九億ドルの援助を決定した。しかし、それらの援助金は、研究機関を潤すまでには至っていない。

ではグアテマラは、どのような国家像をめざしているのであろうか。「和平」後、グアテマラの採るべき、あるいは、採りうる道として南アフリカ共和国の例を引き合いに出す人々がいる。しかし、グアテマラが「同化・融合」の方向に進むことは、まずないと思われる。それは、この地のマヤ系の先住民たちは、『ポポル・ヴフ』（キチェ族の聖典）や『カクチケル年代記』（カクチケル族の年代記）をもつことでも判るように、強靭なアイデンティティを保持しているからである。そして、ここに「グアテマラ・マヤ言語協会（ＡＬＭＧ）」を中心とするマヤ語の復権運動が連動している。最近では、マヤ語を使用した新聞もいくつか登場している。すでにラディーノとの境界を行き来している彼らは、言語の選択肢ももつことになるだろう。ウンベルト・アカバルのように、マヤ語を織りまぜてうたうキチェ族の詩人も登場している。そして彼の詩集は一般の書店でよく売れているという。この事実は、ラディーノの中にも、「詩」という直観的な表現を通して、先住民の世界に接近する人々がいることを示している。

「同化・融合」ではなく、アイデンティティを保持して統合する多民族国家。グアテマラが模索しているのは、そのような、地球上のどの民族もいまだかつてもったことのない国家像である。そして、ここに、私たちをとり巻く一つの真実がある。それは現在の国民国家の枠組みは、愛・家族といった人間にとって等身大の問題を考えるにはあまりに大きすぎ、反対に、自然・環境という人間にとって大きな問題を考えるには、あまりに小さすぎることである。いまは混迷期にあるとはいえ、グアテマラこそ、この問題に対する回答を用意できる国であるかもしれない。

参考文献案内

1　Ana Isabel García y Enrique Gomáriz, *Mujeres centroamericanas* (Tomo 1–2 ; San José, Costa Rica : FLACSO, 1969). グアテマラの女性に関する単独の研究書はまだ出版されていない。今回の執筆では、概論に関しては第一巻の第五章を参考にし、各論は第二巻の該当項目の中からグアテマラ関連のものを抽出した。

2　Teresa Valdes y Enrique Gomáriz (Coordinadores), *Mujeres latinoamericanas en cifras : Guatemala* (Santiago, Chile : FLACSO, 1992). コロンブス五〇〇年の記念出版物。女性問題の動向が総合的かつ簡潔に述べられ、統計なども合わせて非常に有用である。

3　———, *Diálogo* (Guatemala City : FLACSO, No. 8, Año 2, 1998). フラクソ・グアテマラが刊行する報告書。

4　E. Núñez de Rodas, *Dolores Bedoya* (Guatemala City : Ministerio de Educación,1983). ドローレス・ベドヤ生誕二〇〇年記念出版物。ビオグラフィーとともに書簡が収録されている。本書のほかに次のものを参考にした。José A. Mobil, *100 personajes históricos de Guatemala* (Guatemala City : Serviprensa Centroamericana, 1991).

5　ユニセフ『世界子供白書』(日本ユニセフ協会、一九九八年)

6　エリザベス・ブルゴス／高橋早代訳『私の名はリゴベルタ・メンチュウ』(新潮社、一九八七年)。ノーベル平和賞受賞者リゴベルタ・メンチュウの聞き書きで、グアテマラ内戦の実態を示すのみならず、文化人類学的な見地からも貴重な書物である。

9 章

ジャマイカ女性の社会的平等への闘い

抵抗、組織化、諸問題

柴田 佳子

女性たちが結束して共に働き、
共に大きな強力な声をあげることで問題を訴えることができます。
決意の固い、熱心でよく組織された女性の連携で
社会に存在する諸悪と対決でき、
違いを生み、影響を与えられるのです。
女性の連携で国家経済の厳しい現状にも立ち向かえます。

ルシル・メア、AWOJA 主催昼食会での演説より（1989.3.11）

ジャマイカ女性史関連年表

西暦	事　項
1655	イギリス、スペインから実質的支配権奪う。
18C	ナニーらマルーン（逃亡奴隷）、イギリス植民地軍と戦う。
1865	モラント・ベイの反乱で、女性も植民地政府への抗議行動へ参加、弾圧される。
1889	既婚女性財産法制定。
1893	初等教育無償化。
19C末	有産階級女性による大小のさまざまな自助・互助組織が形成され、社会福祉事業に着手。
1918	女性社会奉仕クラブ、慈善事業のほか、女性参政権獲得運動開始。
1919	制限つきで（25歳以上、男性の4倍の税金支払い者）女性に初めて選挙権認められる。
1936	M．ガーヴィーの影響で女性リベラル・クラブ結成。
1938	港湾労働者のストから全島に労働者集団抗議行動拡大、のち全島規模の組合、政党結成。
1944	新憲法発布、二院制による自治政府発足、21歳以上の男女に選挙権、普通選挙施行。
	全島規模のジャマイカ女性連盟結成、就業に関する性差別禁止法制定。
1949	家族計画運動開始。
1962	ジャマイカ独立。ナニーら、国家英雄に選ばれる。
1972	人民国家党政権、マイケル・マンリー首相、弱者重視の政策を開始。
	選挙権、18歳以上に引き下げ。
1974	女性部局（女性デスク）青少年／コミュニティ発展省内に設置。翌年、国際女性年を記念して、女性事務局と格上げし、首相官邸内に設置。
	母性保護法、同一労働同一賃金法、最低賃金法制定／失業対策の特別就労プログラム設置。
1975	子どもの地位に関する法、父親認定法制定。翌年より実効化。
	厳しい条件つきで中絶認められる。
1976	進歩のための女性委員会設置。
1977	シストレン演劇団設立。
1978	女性センター数カ所で設立、以後さらに増加。
1979	差別なしの産休法制定。
1982	西インド大学にジェンダー研究所設立。翌年より学部、95年からは修士課程の授業も開講し、各々学位授与可能になる。現名称ジェンダー・開発研究センター。
1983	女性建設団、女性人材窓口センター設立。
1984	ウーマン・インク、初の女性交易祭開催。
1985	女性危機センター、カリビアン・フェミニスト研究行動協会設立。
1987	「女性のための国家政策声明」政府により採択される。女性メディア・ウォッチ設立。
1988	ジャマイカ女性協会（AWOJA）、警察内にレイプ班設立。
1989	婚姻訴訟法制定。
1992	ジャマイカ女性政治幹部会議結成。
1995	家庭内暴力法制定。翌年より実効化。
1998	ジェンダー・開発研究センター、ルシル・M・メア博士の功績称え、名を冠した記念講演発足。

序　苦境を生き抜くジャマイカ女性

ジャマイカは黒人が大多数を占める多人種・多民族国家である。一九九一年国勢調査では黒人九一%、混血（主に黒人系）七・三%、インド系一・二%、中国系〇・二%、白人〇・二%、その他〇・一%となっている。しかし長い植民地時代を通じて、皮膚の色や容貌など身体形質と社会的地位や文化の優劣を結びつけるイデオロギーが支配し、その影響はまだ残っている。黒人下層階級が大半というピラミッド型社会構造の中で、教育などを通した社会経済的流動性もみられ、黒人の間の階層分化は進行しているが、貧富の差は依然大きい。女性解放運動の活動家を含め、富裕階層の女性は育児や家事などを家事労働者に依存してきたが、女性の社会的平等を求める動きは、階級や人種・民族的障壁も大きく、一筋縄では進展しえない。

一九九六年では労働人口の四七%弱を女性が占め、経済的貢献度が大きく、社会参加が進んでいることも示すが、一部の女性のみが影響力ある地位を得ているにすぎない。カリブ海地域黒人系住民によくみられるが、とくに下層階級ではパートナーに頼れない女性は多く、自らが主たる稼ぎ手、家長・世帯主となり、家族や親族も支えてきた。彼女たちは不遇で厳しい生活環境や劣悪な労働条件の中で生き抜くため、女性親族のネットワークなどを用いて助け合い、時に抵抗し、必要とあらば団結して困難に立ち向かってきた。

一　ジャマイカの伝統社会と女性

奴隷制プランテーション社会の位相と女性たち

ジャマイカは砂糖プランテーションの拡大発展のために、一八世紀になるとアフリカ黒人奴隷を大規模に受け入れ、世紀半ばには黒人人口は白人の約一〇倍にまでなる。この奴隷制プランテーションの形成基盤は、偏狭な人種主義と頑強な階級制度との合体に置かれた。植民地本国のジェンダー観も支配的価値観となり、キリスト教会（主にイギリス国教会、プロテスタント諸派）の影響力の浸透とともに、男性優位と家父長的支配が濃厚だった。

植民地時代初期には、気候や環境の大きな差異による健康上の危険、奴隷反乱、誘拐、外敵の侵略などの脅威のため、白人女性は少なかった。彼女たちはすぐに本国に戻るか、残留しても生活の大部分を家内で過ごしていたが、土地所有者や夫の仕事の管理人や補助者として活躍したり、奴隷を男主人がする以上に酷使した女性もいた。男女比のアンバランスは、黒人奴隷やムラト（黒人と白人との混血）女性を白人男性が性的に搾取する口実ともなった。両者の性関係は多彩な混血を生みつづけたが、異人種間結婚はタブー視されていたため、結婚や性に関する道徳や倫理面での二重規範《ダブルスタンダード》が広まった。女性は処女性と貞潔を守り、従順な良妻賢母になることが理想とされたが、これは奴隷には関係なかった。三世代を経た混血は白人と法的にみなされたが、奴隷制末期に混血は全人口の一五％を占めるに至り、そのうち二五％は奴隷だったと推定されている。母親が奴隷だと子どもも奴隷だったが、女奴隷は性関係を利用しつつ、白人との結婚は無理でも、子どもを自由にしたり、また自身に対してもさまざまな便宜を図らせたりすることはできた。

植民地経済において奴隷制維持の採算、奴隷の再生産の価格計算は重要だった。男性を多く徴募する傾向はあったが、女性は肉体的にも優れ、またアフリカ人より馴化が容易な現地生まれを再生産する方が安上がりだとみなされてからは、奴隷数の男女差は減少した。奴隷は一般に誇り高く、強靱で反抗的だったが、女は男以上に反抗的で扱いにくいとさえいわれた。奴隷反乱の多さと規模の大きさ、逃亡奴隷の多さは有名だった。女奴隷の攻撃的態度や言動、故意の狡猾や怠慢などは日常茶飯で、反乱の好機を仲間に伝え、毒殺も導いた。生理を利用し、妊娠中の身体の不調、授乳期間の延長などで、労働の軽減や一定期間免除も可能にさせた。過酷な運命を担う奴隷を生み育てることへの悲観と抵抗から、堕胎や間引きも行った。

スペイン領時代より逃亡奴隷マルーンが出現し、人口も増えていった。彼らは自律的共同体を東部、西部の山岳地帯に形成し、一八世紀前半よりイギリス軍と七五年以上闘い、和平条約を締結させた。命がけで子連れで参入する女性も後を絶たず、逃亡や反乱、闘争において優れた資質を発揮した女性もいた。もっとも有名な指導者は、アシャンティ族の首長の系譜をもち、生涯奴隷にはならず、呪術師でもあったナニーである。彼女の武勇伝は数多く、そのグループはもっとも反抗的だった。女性たちは英軍を焦らせ、決して降伏しないと誓っていたらしい。彼女の功績を称え、マルーン共同体の一つはナニータウンと名づけられている。一九六二年の独立後、国家統合の象徴として抵抗の首謀者たちが国家英雄に祭り上げられたが、ナニーはその一人である。彼女は黒人女性の象徴として、反逆者だが秩序ある伝統的な体制を維持した政治家、男性主導社会の中で軍事的手腕を発揮した戦略的指揮者、自らの民のために安寧、指導を与えた神秘的な守護者として、その名は国民に刻み込まれている。

奴隷制廃止後、小自営農になっても経済的には困窮のままで、低賃金のプランテーション労働に戻った元奴隷は数多くいた。一九世紀半ばより英領インドや中国などから年期奉公人を徴募し、人種・民族的多様性は増すが、白人寡頭支配体制は不変だった。奴隷制を通して女性も肉体的に有能な労働者だと証明されたが、人種的階層構造は強固で、長い植民地時代を通して男性優位、家父長主義の見えざる力の支配も揺るがなかった。

伝統社会の法的女性差別

法的に夫婦は一つの単位で、妻が夫に従属し、単独の法的人格を認められなかった時代は長かった。未婚の時は父親、そして結婚すると夫が、彼女とそのすべての財産の全面的な保護監督者となった。エリート階級女性の中には財産のために結婚しなかった場合もあった。男性は法律婚と同棲ないし愛人の保持をかけもつ例も多かったが、それは、独身女性の方が既婚女性より自由と独立を享受できる面があったことも示している。既婚女性は夫の許可なしに契約をしたり、財産を取得・処分することもできず、負債も負えなかった。これは、結婚により女性の社会的地位が上昇しても、法的には下降することを意味した。一八八七年の既婚女性財産法により、既婚女性も独身女性同様、個人財産を所有し、支配する権利が与えられた。

長年のイギリス慣習法の踏襲は、従来の偏見とステレオタイプを持続させ、妻は夫に従属するものという解釈は離婚訴訟にも現われた。妻は夫に性的満足を与えるべきで、夫はそれを自由に享受できるという解釈からは、妻は夫にレイプされえないことになる。国籍の取得は父系主義で、非婚の両親の子どもは母親のものを継承した。一九九三年まではジャマイカ人の夫は外国人女性を妻として登録するだけで妻の国籍を取得できたが、ジャマイカ人の妻は外国人の夫と外国生まれの子どもに国籍を継承することができず、その夫は労働許可証なしでは働けなかった。

人種、出生地、政治的見解、皮膚の色や信条による差別はジャマイカ憲法で禁じているが、性差については一九四四年の性差別撤廃法まで明記がなかった。そのため、一九四二年の職業に関する最初の法案では、女性の夜間就労を原則禁止し、労働時間も一日一〇時間までと制限されていた。労働大臣は職務権限で女性の就業規則を規定できた。就職面での女性差別的慣行は長きにわたり、性や婚姻状態による制限や解雇は法的に禁止されたものの、違反に対する言及が何もないため、効果は薄かった。一九六二年の独立後、女性差別撤廃を目標に国際的規準を取り入れる方向へ徐々に進むが、就労と経済的権利については女性に法的規制が課され、また同一労働でも女性の賃金は低かった。妊娠は失職さえ意味した。

伝統社会の中の女性解放運動、参政権運動、政治活動

一九世紀半ばより、主に上流・中流階級の教会や慈善団体の女性たちは、人道主義的立場から恵まれない女性たちのために貢献してきた。一方、下層階級の女性たちも散発的に抗議行動やデモなどで窮状を訴えてきた。自助組織も

つくった。しかし二〇世紀に入るまでは、女性解放運動と呼べるほどの規模や組織性のある動きはみられなかった。

女性解放運動の一つは前者の流れをくみ、多くの中・上流階級の女性組織やクラブが参集したもので、慈善組織として始まったものの、女性の生活の向上全般をめざしたものだった。一九世紀末には有産階級の女性たちによる博愛的な諸組織が主に非婚家族の問題に取り組んだ。他方の運動は男性主導の黒人政治組織から出発したが、同人種で下層階級の女性の特定の問題を主に扱った。ただし、下層階級の女性は家事労働者（家政婦）や家内的労働をする方がよいという暗黙の前提があった。一八八〇年代から男性の移住が顕著になり、残された女性や子どもの悲惨な生活に対して目が向けられたが、これらの動きは二〇世紀に入ると活発化していった。

一九四四年、初めて全島規模の女性組織「ジャマイカ女性連盟」が結成された。前年に着任したハギンス総督夫人が主催し、イギリスの保守的女性団体をモデルに、有産・富裕階級の女性を主体としたが、地方農山村での草の根組織化も図った。家族を支える主婦の伝統的役割を強調したが、労働者階級の未婚女性と子どもの問題にも大きな関心を寄せた。「女性リベラル・クラブ」ほか種々の女性団体も傘下に収め、海外との協力関係もあって発展し、四八年には三万人の会員数に達したが、実質的な影響力は弱かったようだ。もっとも重要な貢献は、それまで組織化されたことがなかった女性を対象にしたことで、「集団結婚式」、地方コミュニティの発展、学校教育、職業訓練、保健衛生に関する活動などを行った。

大小の自助また互助組織が有産階級により個々の目的に応じて結成され、いくつかは横断的に協調し合って広域の社会福祉的奉仕事業を展開していった。それらを通して、恩恵を受ける下層階級の女性たちにとっては自らの置かれている環境だけでなく、他者へも目を向けるきっかけがつくられていった。一九世紀末期から二〇世紀初頭にかけて次々とつくられたこれらの組織の多くは現在も存続し、あるいは発展的に統合され、変化しながらも多くの奉仕活動を続けており、政府と提携したコミュニティ発展運動にも結びついている。

一八六五年の「モラント・ベイの反乱」は、女性も含めた貧困層の黒人たちが抑圧的な植民地政府に対し抗議行動を起こしたものである。しかし、その収拾のため本国からも兵力が動員され、徹底的に弾圧され、それ以降ジャマイカは直轄植民地となる。その後徐々に自治に向けて歩む中で、イギリスを中心とする女性たちの活動も大小の影響を与えてきた。

女性の参政権を求める動きは二〇世紀に入ってから出てきたものだが、これは二〇世紀初頭に大衆動員を可能にした二つの重要な運動の成果とも関連していた。一つはR・ラブ博士率いる「人民会議」、他方はM・ガーヴィーの「万国黒人地位向上協会」（以下、向上協会）で、これらは黒人のアイデンティティの高揚のみならず女性の動員の重要性を強調した。

「人民会議」は一八九五年から一九一四年まで毎年開かれた会議で、家族における女性の重要性を説くと同時に、知的な若い女性に機会を提供したり、女性の権利全般について公に議論するなどして啓蒙した。「向上協会」の掲げた女性像は、妻や母という家族の中での役割とともに黒人文化の擁護者という面があり、教育の必要性とアフリカを強調した文化的純粋性を説いた。ガーヴィーは、女性家長世帯の多さは読み書きができないせいだと断罪し、男性・父親が家長であるべきだという思想の持主だったが、数多くの女性支持者を集めていた。彼は女性の力を信じ、自身の二人の妻をはじめ有能でもっとも熱心だった女性たちに、運動のさまざまな分野で指導力を発揮させた。「黒人十字看護婦会」や「アフリカ自動車部隊」などは女性組織として知られた。三〇年代を通じて、下層階級の黒人女性たちもさまざまな技能を修得していったが、それは彼女たちが指導権を獲得していく基盤づくりともなっていたといえよう。

一方、一九一八年、女性社会奉仕クラブ（のち「協会」と改名）は従来と同様の慈善や社会福祉を目的とする中で、若い女性の就労機会の提供、主に下層階級の母親や子どものケアの向上のほか、女性の参政権へのキャンペーンも活発に行っていった。同年にはイギリスで三一歳以上の女性に参政権が付与された。女性社会奉仕クラブのメンバーの社会的地位の高さやすでに築いていた有力者とのコネなどもあり、公に女性参政権問題を議論できる環境が整いつつある時期でもあった。二五歳以上で年二ポンドの税金（男性の四倍）の支払い者という限定つきではあったが、一九年には女性にも選挙権が認められた。三九年の地方選挙では初の黒人女性が多数の票を得て選出された。この女性は、ガーヴィーの影響で三六年に設立された「女性リベラル・クラブ」の会員で校長だったニップ夫人である。このクラブは主に教師など専門職にある黒人女性によって組織されたもので、女性が広く内外の社会経済や政治を学び、黒人の歴史や国際情勢にも通じ、女性の地位向上のために貢献することを目的とし、政治参加を積極的に働きかけていた。また四四年には新憲法が発布され、総督が最高権限をもつ立法議会に代わり二院制が敷かれ、自治への歩みが進められる。同年、二一歳以上の男女に選挙権が与えられ、普通選挙が施行された。選挙権は七二年に一八歳以上に引き下げられる。

一九三八年、港湾労働者のストから始まった労働者の集団抗議行動は、団体行動や組合結成を禁じる法律の下にあった大多数の労働者に、政治的な力を身につけさせる契機となった。一連の行動は暴動に発展し、さらに全島規模に拡大、長期化したが、これらを契機に大小の労働組合が設立された。女性たちも一連の行動で積極的な役割を果たした。彼らは職業別組合を結成し、また大きな組合の中で女性支部をつくり、経済的関心のみならず政治参加への動機も強めていく。この動きの中から同年、大規模の全労働者組合の指導者を務めたエリート弁護士でナショナリストのN・マンリーを党首に置いた人民国家党（以下、人民党）が設立され、同様にナショナリストのA・バスタマンテがバスタマンテ産業労働組合を結成し、四四年にはジャマイカ労働党（以下、労働党）の指揮をとるに至った。二人とも貧しい労働者のために尽力し、植民地体制に鋭い批判を浴びせ、希有のカリスマ性を発揮し、大衆動員を可能にした。四四年の総選挙では労働党が大勝するが、五五年には人民党が政権をとって、五八年に始まる西インド連邦結成と住民投票による脱退（六一年）を導いていった。そして翌年の独立年にはまた政権が交代する。この激動期にあって女性たちも組合や政党で活動したが、バスタマンテ夫人ら一部を除き、男性指導者の補佐的役目をすることの方が多かった。

女性の福利厚生・教育・就業の推移

人口比では、調査年の八回分（一八九一―一九九一年）をみると、男性の方が女性よりも一割前後少ない。乳幼児死亡率は二〇世紀初頭には高かったが、一九二〇年代末期より急速に減少し、男女比ではおしなべて女児の方の生存率がやや高い。平均寿命においても、一八八〇年代初めは女性四〇歳、男性三七歳だったが、独立直前には女性六七歳、男性六三歳、一九九〇—九五年推計では女性七三歳、男性六九歳と、全般的な上昇の中にあって女性の有利がみられる。

家族計画運動は一九四九年に始められた。全国規模での展開は労働党政権時の一九七〇年、国家家族計画法により政府内に国家家族計画局を設置して推進され、労働党下の八〇年代には「二人は多すぎるより良し」の標語の下に強化され、九〇年代には人民党政権が「個人の選択」のスローガンの下、新しいピルなどの採用を促進している。

ジャマイカでは一八九三年に初等教育を無償化し、教育の向上が図られた。識字率は、一九一一年には一〇歳以上で女性六五%、男性六六%だったが、もっとも向上した一九六〇年には女性八八%、男性八二%にまで高まった。ここにおいても女性上位がみられるが、その傾向は現在ではいっそうはっきりと表われており、九四年には一五歳以上の女性が八一%、男性六九%と大きな開きがみられる。就学率をみても同様で、七〇年から九一年までは未就学者数でも男性の方が多かった。八六年から九六年までの就学者数は、初等教育では男児の方が女児をわずかだが上回っていたものの、中等教育では男子は女子の九三—九六%と逆転する。近年の在校生数の推移をみても女子の方が上回り、毎日出席している生徒数は、九六年で男子七六%、女子八二%となっている。最高学府の西インド大学の在籍数をみても、一九四八年の設立当初は医学生三三人のみのごく少数で、男女差にもほとんど開きはなかったが、六〇年代から絶対数が上昇し男性が多くなるものの、八〇年代半ばからは男性の増加が鈍ったため、女性が男性を追い越した。九六年には七五%以上が女性となっている。専攻分野においても、最近は、従来男性に有利と考えられていた法学、自然科学、医学分野における女性の躍進が顕著であり、しかも優秀な学生が多いと評判である。

しかしながら就職状況をみると、教育レベルでの女性上位は反映されず、女性に不利な実態が明らかである。一九八七年から九六年までの統計によれば、女性の求職者数は男性の二倍前後であるが、就労者数では男性の六七—七九%にとどまり、失業率では男性の三倍弱にまでその差が開く。女性人口の方が多いにもかかわらず、労働力調査でも八七―九六年の平均で男性の八三―九〇%にとどまり、その就労率はかなり低い。九七年一〇月の同調査では、一四歳以上の労働人口は男性五〇%、女性四〇%だが、就業人口は男性九〇%、女性七七%、失業率は男性一〇%、女性二三%、求職率は男性五%、女性一一%と、女性の就職難が一目瞭然となっている。

これは、女性の世帯主が多いという事情を加味すれば、いかに深刻な問題かがわかる。九六年では四五%近くが女性を世帯主とし、しかも男性が家長の場合より世帯規模が大きい傾向がある。ちなみに九一年は、ジャマイカの全人口の九一%のうち、七九%の女性は未婚、一六%が既婚、四%が未亡人、一%弱が離婚、それ以下が法的別居となっている。また九六年では、女性家長世帯の七五%以上はその家長に男性パートナーがおらず、最貧層の場合でも、同じく六一%の女性家長に子どもはいてもパートナーがいない。この問題は地方よりキングストン大都市圏に顕著にみられる傾向がある。

二　マンリー時代の革新的政策と「国際女性の一〇年」

社会民主主義改革と女性

女性をとりまく環境の改善については、国連主催の国際女性年（一九七五―八五年）の影響よりも、一九七二年に政権をとった人民党のM・マンリー首相時代の諸改革の方が、社会的影響が大きかったと評価する意見は多い。たしかにそれらの改革は女性の地位向上や問題の意識化などに大きく貢献した。もっとも、中核的指導層は中産階級以上の出身者で、欧米流の教育を受けたりフェミニズム的思想に触れた女性でもあり、そこで目覚め、国際女性年の後押しで積極的に活動できたことを考慮すると、国際的な影響も無視できない。マンリー政権は八〇年総選挙で大敗するが、次の労働党政権もシアーガ首相の下、国際女性年を意識して女性問題には目を向けつづけた。

人民党は平等や弱者救済などの標語を掲げ、基幹事業や産業の国有化などをめざして左傾化しつつ、国際的連帯を強調し、とくに非同盟諸国の中で指導権をとっていく。改革、再分配といった急進的レトリックを合言葉としたマンリー政権にとって国際女性年という世界的な運動をうまく取り込むことは、弱者の代表ともいえる女性をつねに味方につけておくうえで不可欠だった。七四年には正式に民主社会主義が標榜され、マンリーは旧約聖書のヨシュアにたとえられ、混迷する第三世界の燃える指導者として、左翼の急進的な思想をもつ知識人層の支持も獲得していった。女性は国家建設の重要な一員とみなされ、女性なくして繁栄なしと公式表明された。女性活動家側もそれを利用し積極的に動き出すが、実際の政策では、政党への忠誠や階級、イデオロギーなどに大きく左右され、女性の間でも利害の一致は困難だった。このためそれぞれの陣営は独自の戦略で運動を推進していった。

人民党内に設立された女性運動組織は七二年に発足し、当初は党内の補助的団体として活動をしていた。やがて七七年には首相夫人B・マンリーを指導者として、人民党の独立した女性組織となり、中産階級の女性が指導権をとることで全国的な労働者階級の組織に成長していった。こうして七〇年代には女性団体が次々に組織され、組合運動も支持傾向にあった。「人民党女性運動」はしだいに左翼的傾向を強め、七〇年代半ばには「指導者に従う」中道派と左派とに分裂し、中道派が主流を占めたが、両者は党の政策による社会主義の尖鋭化にともない、「闘争的」で「革命的」な左派的立場で七九―八〇年の国際通貨基金(IMF)への対抗路線を支持した。また、食料や日用品価格に関するIMFの助言を反映した政府の政策に対しても、そのモニターづくりや買いだめ商品の暴露、高価格商品のボイコットの奨励、これらに関する煽動的キャンペーンなどにあたった。

人民党は政府内に「女性の役割と地位に関する諮問委員会」を設け、委員会の推薦により女性問題顧問を任命し、七四年には「女性部局」(当初は青少年/コミュニティ発展省内)を設置した。国際女性年が始まる七五年には格上げして「女性事務局《デスク》」となり首相官邸内に設置されたが、七八年には別の部局に下ろされた。政権交代や経済事情などによって設置部局が変更され、最高責任者の位置づけにも影響が生じたことは批判されている。

「女性部局」の存在により、女性問題は社会福祉事業の一部ではなく、女性の活用が国家の発展と繁栄に直接つながる国家事業だと公的に認知されるようになり、国民意識にも強い影響を与えた。階級やイデオロギー的な差異を越えて連帯することの必要から、すべての女性に共通の問題を優先する機運を生み、多くの政治、教会、専門家グループが協力しはじめた。女性は家庭、職場、社会をつないで諸問題を考えるようになり、政治意識の高揚もみられた。八〇年代には国家女性諮問委員会がつくられ、八五年には行政区諮問委員会を通して各地方の問題も吸収し討議できるよう、具体的なネットワークづくりが行われた。もっとも、七〇年から八〇年代を通して行われた海外の開発援助機関による資金協力については、下層階級の中でもとくに失業中の女性に対し、少ないながらも収入を得、自立できるよう手助けをしてきたが、その規模が小さく依然として女性は社会経済的に周縁部に放置されたままであり、抜本的な解決にはつながらなかったとして批判されている。

もう一つの大きな組織は、イギリスの女性活動家の訪問に刺激されて七六年に設立された「進歩のための女性委員会」である。これは当時の第三政党である左翼のジャマイカ労働者党の指導者と非公式に関係していた、主に中産階級の女性からなる組織委員会である。七〇年代後半には労働者階級の一部にも支持基盤を拡げていき、とくに「人民党女性運動」とともに、与党の立場を支持しつつ、国政に関わる問題も扱った。

一九七四年、女性と若者の間で四〇%近くに上がっていた失業者対策として、特別就労プログラムが設けられた。この対策では予算を従来の四倍弱に増額し、二万人分に専従の仕事を提供したが、とくに貧困層の女性が対象となった。同年、最低賃金法が制定され、週二〇ジャマイカ・ドルとなり、超過勤務、休日労働への割増給支払いを義務づけ、翌年から実施された。当時中間層の平均年収が七〇〇〇ジャマイカ・ドル弱だったことをみれば、いかに最下層民の生活が厳しかったかがよくわかる。その後、週四〇時間四〇〇ジャマイカ・ドル、九四年から五〇〇ジャマイカ・ドルと改訂された。この法律の主な受益者も女性だった。七六年末の総選挙前の二年半は実質賃金の上昇を達成し、平均で男性が一四%増なのに対して、女性は三六%増であった。懸案であった同一労働同一賃金も七四年に法制化され、翌年から実施された。

七五年には子どもの地位に関する法が制定され、翌年より嫡出子と婚外子は法的に平等となった。法律婚と同等に安定している慣習法婚《コモンロー・マリッジ》は長年社会的に認知されていたことから、慣習法婚という理由だけで差別する理不尽さに終止符が打たれたのである。また安定度がやや欠ける「訪問関係」にある両親から生まれた子どもも、同様に平等の地位が保障されるようになった。

七八年には産休法の改善が実現した。教員、公務員に認められていた既存の法は、合法的既婚者のみが対象であったことから、大半の女性が法的に未婚の母である実態にそぐわなかった。そこで「人民党女性運動」、「進歩のための女性委員会」、「全国民主教員組合」と野党の女性たちが集まり、女性の権利のための合同委員会を結成し、要請とキャンペーンを繰り返した結果、ついに七九年末に差別のない産休法の制定にこぎつけた。首相はじめ産業界のトップは危惧し、女性雇用主も反対したたものの、産前産後を含め八週間の有給休暇、加えて無給だが四週間の休暇を要請できるという画期的な法的保護が与えられることになった。また医学的な証明書付きで、本人ないし子どもが病気の場合にはさらに一四週間休め、さらなる休暇の追加も、診察や検査を認める医師の証明書が発行されれば可能となった。ただし、雇用主への届出と証明書の提出は事前に行うこと、対象者は休暇申請前に継続して五二週間の就業経験を有していること、季節労働者の場合はさらに五年間の就業経験を有していること、一八歳未満の申請は認められないこと、家事労働者には有給休暇の資格がないこと、同じ雇用主に四回以上の申請はできないことなど、さまざまな制限がついている。ともあれ、産休中に解雇された場合でもできるだけ同等の職が斡旋されたこと、解雇後に職に就けなかった場合には補償金が支払われたこと、職場復帰の時には同等の場所・仕事内容・条件が保証されたことは、大きな前進を意味した。

国際女性年の評価

国際女性年についてその意味を理解できなかった女性もいたが、この関連諸事業が社会に与えた影響は大きい。この間に人民党政権の改革事項として評価しうるものもいくつかある。一九七五年から多様な女性組織(NGO)が誕生し、活発な活動を繰り広げ、とくに論争の多い問題を真正面から取り上げ、解決への進展に大きな貢献をしたことは特筆に値する。

七八年から数カ所に設立された「女性センター」のおかげで、妊娠で学校を退学させられた少女たちは妊娠中や子どもが乳幼児期でも学業を続けられるようになった。首都にある本部では現在、事務所、学校、保育所を設け、相談にのり、個人に合った進路指導を行っている。センター内の学校は職業訓練的な要素ももつ。近年は中流家庭の子女も増えているようだが、基本的には下層階級の避難所的存在として機能してきた。

海外でも有名なシストレン演劇団は、七七年に下層階級の女性たちによって設立された。自身の体験や身近で観察してきた家庭内暴力、レイプ、近親相姦、セクシュアル・ハラスメント（性的嫌がらせ）、貧困などの問題、あるいは奴隷制に始まる歴史的テーマを劇化して演じ、創造的な実践活動を続けている。

八三年には「女性建設団」が結成され、非伝統的な技術の修得により、女性を新しい分野で活用する道が開かれた。一〇年間に五〇〇人以上が訓練を受け、建設業界も女性の登用を歓迎した。家具製造や重量貨物運搬車の運転、コンピュータ関係のコースもあったが、溶接や自動車機械工養成は、更衣室の未整備など実社会での物理的な困難のために不人気だった。伝統的な技術分野では、農業、園芸、養殖、手工芸、家政、料理などがさまざまなグループによって提供された。これらは主に地方居住者で現金収入を得る術のない女性を対象とし、刺繍などの針仕事や技術を学ばせた。また、材料を提供する事業の方は、ミシンの入手や材料の潤沢度、製品の販売市場の開拓などで困難が多く、現在も続行中ではあるが厳しい状況にある。

シストレンによる演劇、ワークショップ、出版物など、諸活動の展示。

同じ年、「女性人材窓口センター」が「女性の進歩のための組織」によって設立され、下層階級を対象に医療や教育、法、社会的サービス、経済などの各方面で事業を提供してきた。ここでは女性固有の問題に敏感に対応できるスタッフを養成し、配置している。八四年には、女性の福祉の促進を目的として設立された「ウーマン・インク」が初めての女性交易祭を開催した。その利益をもとにして翌年には「危機センター」ができ、レイプ、近親相姦、家庭内暴力などに対する相談・避難所を確保し、援助を続けている。

保健衛生関係では、エイズ、家族計画、栄養などのワークショップや教育プログラムが多くの女性グループによって行われ、産婦人科的問題から乳幼児の病気の治療、移動医療部隊による都市スラム・地方への出張、クリニック開設、高齢者への血圧や尿の検査・相談など、さまざまな実際的サービスが提供された。女性への性的搾取に対しても、かなり効果的な諸活動がみられた。

また経済的困窮者や高校の全国共通試験の失敗者のために、公教育プログラムも新たにつくられた。その他、対象を世代別に分けた活動や障害者のための実践的活動も取り組まれた。

就職全般については、「ジャマイカ家政婦協会」や「女性センター」、「女性建設団」、シストレンなどの組織・グループが目立った活動をし、小規模ビジネスのためのローンによって支援を行う女性グループもあった。もっとも、小規模単位で形成される「スス」と呼ばれる伝統的な女性の互助グループもあちこちに存在し、拠出金をもとに大きな買い物もできるようになっており、このような信頼し合う者同士のネットワークは求職の際にも役立っている。

住宅関連では、いくつかの女性組織がアパートや避難所、ホステルなどを提供し、都市へ出てきた地方出身の女性たちを手助けするのに役立っている。また、下層階級の女性たち自らが協同組合をつくり、共同住宅を建て、自らの名で所有できるようにして、注目をあびているグループもある。

研究組織の拡充と社会・経済的混迷

一九八〇年代に入ると、地域の最高学府である西インド大学の全キャンパス（ジャマイカのモナ校、トリニダードのセント・オガスティン校、バルバドスのケイヴ・ヒル校）で、女性・ジェンダー関係の研究が活発化する。モナ校では八二年にジェンダー研究グループが結成され、翌年から授業を開講してきた。施設、カリキュラム整備、教育研究職員の配備のみならず、国内、地域内双方における協力関係の強化、あるいはワークショップ、セミナー、シンポジウム形式による啓発・問題提起・研究交流を図りつつ、学部・修士での教育と合わせて現在も拡充の一途をたどっている。

しかし研究体制が整いつつある一方で、それを支える国の経済基盤はかなり厳しかった。七五年以降は石油危機とその後の世界的不況の影響をまともに受けることになった。主要輸出産業のボーキサイト・アルミナ産業では劇的な政策の転換（生産課税など）を図らざるをえず、砂糖産業も国際価格の低迷や下落をまねき、外貨獲得ではその筆頭にあった観光業が欧米からの観光客数の激減などで決定的な打撃を受けつづけた。政府は社会経済危機の一大原因を国際的環境に求め、搾取的な資本主義的政治経済体制の弊害を説き、イデオロギー先行の議論に傾斜していった。それがまたアメリカ合衆国寄りだった野党らの猛反発をくらい、加えて選挙絡みの悪名高い血なまぐさい暴力も横行した。キューバとの親密な外交関係は、ＣＩＡ（米中央情報局）なども絡んだ国外からの操作介入を招き、社会的混乱の度は高まるばかりだった。暴力の横行や共産化を恐れた多くの持てる階級の面々が国外移住し、資金・頭脳・技術流出が顕著になった。累積債務問題、ＩＭＦとの交渉の難航で国家経済は破綻してしまった。八〇年の政権交代でＩＭＦ・世界銀行主導による自由主義経済路線への大幅な転向を行い、危機はひとまず脱したものの、個人主義的風潮や弱者軽視の傾向は否めず、労働者階級の女性はかなりの苦境を強いられた。

国際女性年最後の八五年には、「女性部局」と非政府組織（ＮＧＯ）により、女性の地位に関する国家報告書が作成された。この年の前半期は「国際女性の一〇年」の最後を記念する諸行事が多々行われた。第三回世界女性会議（ナイロビ会議）には政府関係者とＮＧＯがともに出席し、報告やパフォーマンスを行った。しかし会議後はマスコミもあまり取り上げず、一般にはその影響や配慮は行き届かなかったと皮肉られている。各行政区の代表で構成された国家諮問委員会は円卓会議やワークショップを開いたが、多くの女性組織はそれに加わることができず、委員会が報告書として作成した「前向きの戦略」とその実現すべき目標について知らずじまいだったグループも多く、のちに批判の対象となった。

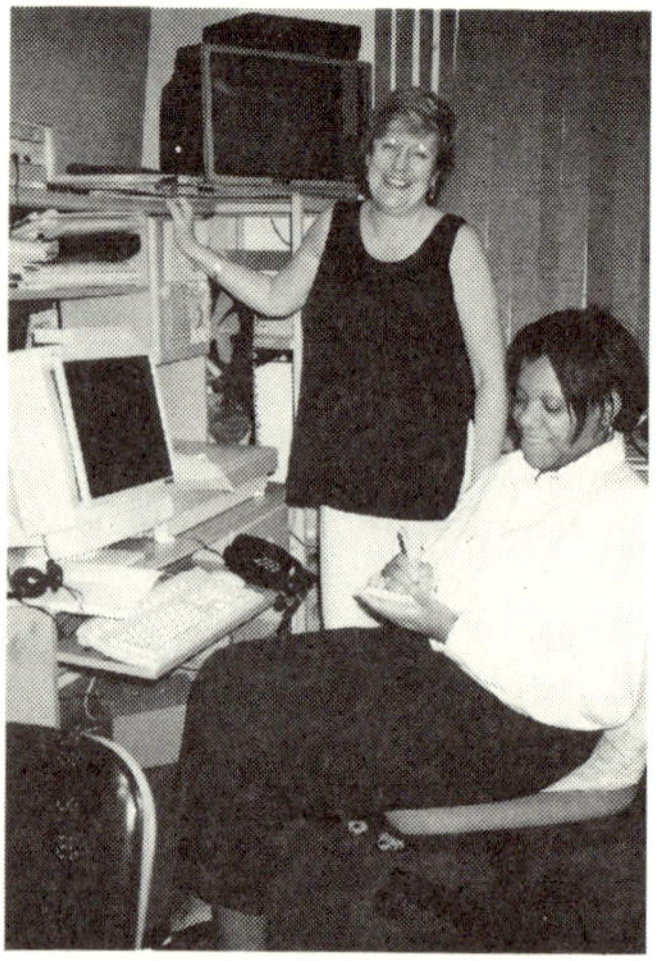

ジャマイカ女性協会（AWOJA）の一団体「女性メディア・ウォッチ」で活躍するスタッフ。

女性グループの活動が拡張したとはいえ、それぞれ厳しい状況に置かれているのも事実である。有力な二四グループのうち、九グループは非常勤を含め一―三人しかスタッフがいない。五人以上のスタッフを確保しているのは六グループである。無給のスタッフとボランティアによって支えられているグループも九つあり、一五グループは事務所もなく、コンピュータを利用しているのは七グループにすぎない。

三　ナイロビ会議以降の変化

「祭り」のあとの女性の活動

女性の活動は一九八五年のナイロビ会議で大きな節目を迎えた。会議への出席とその報告のために協力し合った政府関係者、大学、NGOはその後も多彩に関わり、活動がさらに発展していくための方向づけも行われた。八七年には「女性のための国家政策声明」が政府により採択され、カリブ海英語圏社会で最初に女性のための国家政策を展開することになった。同政策では、国家事業として女性の社会、政治、経済、精神、文化などにおける環境とその貢献を社会の発展のために有効に活用し、従来のあり方を批判しつつ女性の十全の役割を認識する必要性が強調された。コモンウェルス事務局（本部、バルバドスの首都ブリッジタウン）やカリブ共同体事務局（本部、ガイアナの首都ジョージタウン）など海外からの支援もあり、この政策はNGOも介在した「国家行動計画」の作成と働きかけにつながった。そしてこの計画では監視や評価の指標も盛り込み、期限つきで政策実行を要請し、有能な女性指導者が重要な政策決定に公式に関われるようにした。「女性部局」は主導的立場でこれらに従事し、八九年からはさらにジェンダー計画を政府内計画や国家政策にきちんと盛り込むよう推進している。

国政へのインパクトを狙った提言や政策に取り組む動きは、二大政党内の女性組織以外にもあった。コミュニティや教会、主要経済セクター、国政などの場において、女性の指導力や意思決定過程における女性の参画の向上をめざし、YWCAやその他の政党女性組織、あるいは九二年に結成された「ジャマイカ女性政治幹部会議」が活動を始め、女性の発言力や統率力を強化する訓練を行った。同幹部会議は「セント・アンドリュウ・ビジネス女性専門家クラブ」（セント・アンドリュウ行政区は首都圏）の事業として出発し、八九年に運営委員会が設置され、政治過程の研究も行ったうえで結成された組織である。政党内組織の場合は往々にして、党の政策・方針に忠実な女性グループと、女性問題として党を超えて推進活動をしようとするグループとに二分される傾向があったが、同幹部会議はこれを乗り越える形で創られたのである。その傘下メンバーは全政党、「女性部局」、西インド大学、ジャマイカ女性協会（AWOJA、以下「女性協会」）、ジャマイカ教会協議会など多彩である。

一方、経済情勢の悪化は運動全体にも影を落とす。八五年までにジャマイカは数年にわたる世界銀行主導の構造調整を経験し、対外債務の累積、突然解雇やレイオフの対象となった人数の増加、私有化、輸出向け生産、インフラへの支出の削減などにより、生活費の高騰、社会支援サービスの衰退、高い失業率、低賃金といった悪循環にまき込まれてきた。その後も悪化や低迷が続き、八八年のハリケーン襲来では壊滅的打撃を受け、翌年の政権交代後もIMFなどの指針に沿った緊縮政策を断行した。女性たちはそれまで以上に過酷な労働環境に直面し、国際女性年以来、活発な活動を展開してきた女性たちの多くも、生活の必要のために余裕を奪われ、とりわけ若い世代が被った打撃は大きかった。国全体の危機的状況の克服が当面の緊急課題となり、女性関連政策は後退させられたかのような扱いとなった。しかしこのようなムードの中でも、八八年に初めて大小の女性グループを一つの傘下に収めるべく「女性協会」が結成されたことは、大きな前進だった。

北京会議とその影響

「女性協会」も「女性部局」も専従スタッフはわずかだが、連携プレーを続行していく。「女性協会」は一九九一年よりグループ討議を何度も主催し、翌年の第三回全国女性会議をまとめた。北京会議（第四回世界女性会議、一九九五年）へ向けて幅広い範囲で女性層を充実させ、国連機関との連携も続けた。九三年には国家準備委員会が設置され、その指導部にはジャマイカ初の女性大臣シンプソン（労働・社会保障・スポーツ省）と「女性部局」のほか、西インド大学ジェンダー・開発研究センターや各女性グループの代表も加わった。NGOを幅広く結集させることで、女性の連帯の広さと強さが示された。これより国家審議会が六カ所配置され、女性の問題に対する全般的な把握と解決への試案の吸収がめざされた。政治や意思決定過程へのこれまで以上の参加、経済的貢献や企業家精神、高度で専門的な教育・訓練の必要性、家庭の重要性、性生活における主権の認知などが強く要請されたのである。また、子どもや高齢者、障害者などの問題も前面に押し出された。

北京会議には国の代表として二二人（半数はNGO顧問）が参加したが、三〇以上のNGO組織の代表もこれに加わり、独自の調査に基づいた報告と問題提起を行って、のちに政府関係者と作成した「女性の地位に関する国家報告書」でもそれを敷衍した。この会議では多くを啓発され、国際的視野に立つ必要性も強く認識された。八五年以来、ジャマイカ女性の法的地位は、若年層の保護、子どもの養育、相続、市民権、国籍、婚姻に関して一定の改善がみられ評価されてきたが、北京会議では性と生殖に関する権利（リプロダクティブ・ライツ）、女性に影響する暴力（ドメスティック・バイオレンス）、女性の貢献度の統計的評価（ジェンダー・エンパワーメント測定）など、海外での懸案事項の存在も初めて知らされることになった。

北京会議後の動向についてはまだ研究調査の蓄積はないが、多くの活動家や研究者、一般市民たちは、九五年以降は顕著な変化や成果が現われておらず、問題は山積していると感じている。

各女性組織が抱える一大課題は、依然として資金・人材不足である。国連機関を含め、国際民間企業やNGOからの資金援助に依存することにも限界がある。また、女性の労働条件や環境整備が一定水準に達したと思われているために、セクシュアル・ハラスメントや昇給・昇進での差別を含め、これまで繰り返されてきた女性に対する消極的受容はいまだにみられる。伝統的な保守的価値観や態度に対しても、階級や人種・民族、男女を問わず是とされている部分がまだ大きい。中絶はキリスト教会の影響により非合法である。ただし七五年以降は、母体の危機を複数の医者が認知するなど一部厳しい条件つきで認められているが、それでも国民的合意からはほど遠い。また一方では女性の性的イメージをメディア関連で商品化・搾取する行為も問題視されているが、女性からの支持もあると強硬に弁明しつづける企業のトップの力に抗しきれていないという難題を抱えている。

最近では七〇年代に比べて一般に政治への関心が弱まっており、女性の政治参加意欲も低下している。女性の立候補者数も九三年の国政選挙で一〇%、地方選挙で一五%と低い。ただし、女性候補者の選出率は国政レベルでは九三年で五四%（男性四六%）、地方レベルでは六九―九〇年平均で五一%（男性は四三%）と健闘している。しかし独立以来、国会議員となった女性二三人のうち大臣職に就いたのは二人、上院に入ったのは四人のみである。国政での意思決定や政策立案においては、まだまだ女性の力は制約され、女性の声よりも党の方針や政策の方を優先する傾向が根強い。

女性活動家と研究者の提言

活動家や研究者が引き続き問題化し、熱心に改善へ向けて取り組んでいる事柄としては以下のものがある。

法的整備の面では、慣習法婚妻《コモンローワイフ》に遺産相続を可能にした（ただし、「夫」との五年間の共住を前提）。また、既婚女性も契約に署名し、個人財産保護のための提訴ができ、共有財産の自分の持分の決定や、登記上は単独だが実質的貢献をしている場合にはその財産への権益承認請求が可能となった。最近では、結婚後の財産取得への貢献度の中に家庭内無償労働を含むべきだという議論も進んでいる。ただし同居中の夫を刑法上の対象とすることはいまだにできない。

多くの組織のうち中ないし上の下レベルまでは要職に女性が登用されているが、男性優位の風潮は根強く、トップはほぼ男性が独占している。こうした中でセクシュアル・ハラスメントの問題を取り上げても、事態が大きく改善されることは期待できない、とする悲観論が目立つ。これを法制化するにはかなりの時間がかかるとみられている。

レイプは一般の人身犯罪の範疇で扱われてきたが、近年求められつつあるのは、法令により妻が夫を提訴でき、被害者保護のための情報を秘密厳守することである。八八年、警察内に女性スタッフを置いた「レイプ班《ユニット》」が設置されたが、事件の減少にはまだ結びついていない。「女性協会」などの団体では、加害者が一四歳未満の少年の場合でも犯罪の対象とするよう、また被害者が男性の場合もありうるとして性に中立的な法改正を求めている。

家庭内暴力は階級を問わずみられ、長年当然視されてきた。これは過去のイギリス法の遺物だといわれている。イギリス法では、夫が権力や支配権を握り、暴力的で残酷でない限りは妻を殴打してよいと認められ、また妻が夫の財産や名誉を傷つけたとみなされる場合には夫が妻を家に幽閉することもできたのである。これについては、国際女性年やNGOの諸活動などの影響で、被害者が相談したり緊急時に逃げ込める場ができ、また一九八九年の婚姻訴訟法により、比較的簡単な手続きと低料金で相手を訴えることができるようになった。九五年には、「女性協会」を中心とした働きかけにより、家庭内暴力法が制定され、翌年実効化された。これにより夫婦間の暴力も犯罪として処理できるようになったが、見えにくい場で執拗に続けられる事例がきわめて多く、さらなる教育広報活動が必要だとされている。

近親相姦に関しては、義理の家族、法的保護監督者、おじ、おば、めい、おいを含め、また未成年同士でも適用できるよう法改正の動きが出はじめている。ただしこれも被害者が訴えにくい特殊な状況があり、問題の解決や防止は非常に困難とみられている。

メディアによる女性の商品化、イメージの搾取に対しては、「女性メディア・ウォッチ」が熱心な調査を続け、関連業界内の労働者や制作者向けにワークショップやセミナーを開いたり、一般企業や学校などでも効果的な教育活動に取り組んできた。しかし、視聴者に長らく親しまれてきたシーンの大幅な変更は至難の技だとする業界と、その受益者でもあった女性自身双方の意識革命の方が急務だともいわれている。

二一世紀に向けての課題

現在、西インド大学ではジェンダー関連コースの整備とともに、高学歴の指導者を育成するためのさまざまな取り組みを行っている。大学のジェンダー・開発研究センターでは、女性運動の一大立て役者であり、学問、行政、外交など多分野で偉大な功績を残したルシル・M・メア博士を称え、彼女の名を冠した記念講演を一九九八年に発足し、その第一回目には、メア本人も列席した。一方、大学外の草の根レベルでも、具体的問題への対処を通して、地道で主体的な努力が続けられている。個人的なつながりを多重にもつことでネットワークを拡張しつつ、密で強固な相互協力関係を基盤とする態勢が整いはじめており、今後もそれを増大する必要がある。危惧される問題は、一連の諸改革を形骸化させたり、中途半端な形のまま放置することで、当事者である女性たちをも放置しかねないことである。「女性部局」や「女性協会」など強力な推進団体が中心となり、さまざまな政策に女性の視点を盛り込み、改善を促すよう政府につねに働きかけていく必要があろう。

大多数がキリスト教の影響下にあり、しかも男性主導の解釈に則ってきたジャマイカ社会の中にあって、超教派で地域に根づいた独自の神学教育・研究を行っている西インド合同神学大学からは、聖職者や教会関係の女性指導者らが輩出され、フェミニスト神学的な発言や組織づくりがなされはじめている。また、一九三〇年から続いている反体制的宗教社会運動でキリスト教以上に男性中心・家父長主義的な傾向をもつラスタファリ運動の中からも、フェミニズムや近代高等教育の洗礼を受けた女性たちが従来の解釈や実践に挑戦して活発な活動を続けており、今後の展開が興味深い。

活動家や研究者も指摘しているように、女性運動は多くの犠牲と努力により拡大成長してきたにもかかわらず、なぜ女性の置かれた状況はもっと良くならず、運動自体の力も弱いのか、と問いつづける必要はあろう。階級を越えて真の連帯を組むことの難しさは多くの持てる階級に属する指導者層も認めているが、存在する高い障壁を越えた利害の調整をさらに進める必要がある。少数民族の側では、伝統的な価値観や役割などがもつ意味をもう一度捉えなおし、女性をめぐる現在進行中の動向を疑問視しつつ事態を静観視しようとする人々もいる。政治経済的要因による利害だけではなく、女性が女性であることの意識を強く自覚していく中で、相互に相入れない多くの異なる利害意識を逆に強めていったということも忘れてはならない。女性の生のいっそうの改善のために、計画的で系統だった政策のみならず、変化に対しても柔軟に対応しうる行動が強く求められている。

参考文献案内

1 Leona Bobb-Semple, compiled, *Women in Jamaica: A Bibliography of Published and Unpublished Sources* (Kingston, Jamaica, Barbados, Trinidad & Tobago: The Press U. W. I., 1997).

2 Bertie A. Cohen Stuart, compiled and annotated, *Women in the Caribbean: A Bibliography* (Leiden: Royal Institute of Linguistics and Anthropology, 1979). 1と2は入手がやや困難な未出版物も含めつつ、基本的な文献を網羅した書誌である。

3 Hermione MacKenzie, "The Women's Movement and Public Policy in Jamaica," in Geertje Lycklama A Nijeholt, Virginia Vargas, and Saskia Wieringa eds., *Women's Movements and Public Policy in Europe, Latin America, and the Caribbean* (N.Y. & London: Garland Pub., 1998) は社会学者による女性の地位や運動の変遷を中心に歴史的にまとめた有用な論文。

4 Carol Narcisse, *Moving Forward: The Work, Realities and Visions of Women's Organizations in Jamaica, 1985–95* (Kingston: AWOJA, 1995) は、「ジャマイカ女性協会」が「国際女性の一〇年」を端的に評価した出版物で具体的提言も掲載。

その他、ジャマイカを含む英語圏カリブ社会の女性については、西インド大学の女性研究者を中心に八〇年代から「カリブ女性プロジェクト」を発端として調査研究ワークショップなどが精力的に行われ、その成果がテーマ別の論文集や総合的論集、著書として出版されている。個別テーマを扱った論文は未刊行分も含め数多い。

5 柴田（長嶋）佳子「主をほめよ――ジャマイカにおける女性の力、女声の和」（八木祐子編『女性と音楽』東京書籍、一九九〇年）は、主に黒人下層階級の女性の宗教的コミットメントや儀礼の場でのあり方を音楽という側面からみた民族誌的論文。

6 柴田（長嶋）佳子「奴隷たちの世界――植民地期ジャマイカのクリオール社会と文化」（石塚道子編『カリブ海世界』世界思想社、一九九一年）は、ジャマイカのクレオール社会と文化の形成期に焦点をあてた論文だが、その中で女性の果たした役割などにも少し言及している。

10章

メキシコの新しい社会と女性

社会の民主化と平等をめざして

国本 伊代

わたしたちメヒコ人にとって忘れられない
1985年9月19日という日付は、
また同時に希望のかすかなきらめきを持っている。
それは地震のなごりのなかから生まれた
新しい裁縫婦の組合の名前となったのだ。
「さようなら、ご主人様」と言うことを学んだ、
新しい女性たちのグループが誕生したのだ。

エレナ・ポニアトウスカ／唐澤秀子訳「さようなら、ご主人様」より
『もう、たくさんだ！　メキシコ先住民蜂起の記録1』（現代企画室　1995年）

メキシコ女性史関連年表

西暦	事　項
1915	離婚法の成立。
1917	家族関係法の成立。ユカタン州で全国女性会議が開催される。
1921	フェミニスタ大会がメキシコ市で開催され、女性参政権を要求する。
1922	ユカタン州憲法で女性の参政権が認められる。
1923	サンルイスポトシ州憲法で女性の参政権が認められる。
1925	サンルイスポトシ州で連邦議会下院議員にエルビラ・カリリョ＝プエルトが当選。
1935	女性の権利擁護統合戦線が結成される。
1939	連邦憲法第34条修正案がすべての州で批准される。
1947	連邦憲法第115条の改正で、地方レベルの女性参政権が成立する。
1953	ルイスコルティネス大統領、憲法第34条修正案に署名し、女性参政権が成立する。
1955	連邦議会選挙で、女性有権者初めて投票する。
1958	大統領選挙で、女性有権者初めて投票する。
1961	連邦最高裁判所に初の女性判事が任命される。
1968	メキシコ・オリンピックと「68年騒乱」事件。
1974	「人口に関する一般法」の制定および一連の男女平等に向けての法改正が行われる。
	国家人口審議会（ＣＯＮＡＰＯ）が設置される。
	男女平等法制定される。
1975	国連主催の第１回世界女性会議がメキシコ市で開催される。
1979	初の女性州知事がコリマ州で誕生する。
1980	女性を対象とした諸政策の調整機関ＰＲＯＮＡＭがＣＯＮＡＰＯに設置される。
1981	国連女性差別撤廃条約をメキシコ連邦議会が批准する。
1983	ＣＯＮＡＰＯ内に女性情報センターが設置される。
1985	ＣＯＮＡＰＯ内に国家女性審議会が設置される。
1987	女性州知事第２号が、トラスカラ州で誕生する。
	ゲレロ州で全国初の女性庁が創設される。
1988	大統領選挙で初の女性候補が革命労働者党より立候補する。
1991	女性州知事第３号が、ユカタン暫定知事として誕生する。
1993	選挙法の改正により、女性の政治参加促進のため選挙において積極的な措置をとることを政党に義務づける。
	国家人権委員会が創設され、「女性問題プログラム」が設置される。
1994	大統領選挙で２名の女性候補が労働党と社会主義人民党からそれぞれ出馬する。
	「性的暴力の犠牲者のための総合的支援プログラム局」が設けられる。
1996	内務省内に、国家女性プログラム（ＰＲＯＮＡＭ）が設置される（ただし80年に設置されたＰＲＯＮＡＭとは無関係である）。
1998	連邦議会下院に「平等とジェンダー委員会」が設置される。
1999	初の女性メキシコ市長が誕生する。

序　抑圧と差別と貧困への挑戦

過去二〇年間に、メキシコの社会は大きく変貌した。一九八〇年代の深刻な経済危機と九〇年代の世界的なグローバリゼーションの波の中で取り組まれた政治と経済の構造調整によって、社会も大きな変革を強いられたからである。そしてメキシコは、一九九四年に「先進国クラブ」とも呼ばれる経済協力開発機構（ＯＥＣＤ）の二五番目の加盟国となった。それから五年後の二〇世紀末現在、メキシコには約一億に達する人口のほぼ半分が貧困層にとどまり、四〇％の中間層と一〇％の富裕層が豊かさを享受する、極端な貧富の格差のある階層社会が出現している。しかも国民の約一〇％を占める先住民人口の八割は「日当一日一ドル以下の最貧層」に属し、九四年に勃発した南部チアパス州におけるサパティスタ民族解放軍によるゲリラ活動もいまだに解決されていない。それどころか全国で一四の集団がゲリラ活動を展開しており、メキシコにとって民主的で豊かな多民族・多文化社会の形成は二一世紀に積み残した課題である。

このような社会で生きるメキシコ女性をとりまく環境も、この間に大きく変化した。一九七〇年代半ばに始まった家族計画が定着し、出産可能な年齢層の女性の六五％以上がその恩恵を受けているメキシコ社会で、生涯を通じて女性が産む子どもの数は一九七〇年の六・四人から九〇年の三・二人へと減少した。九九年現在では二・八人と推定されている。しかもこの出生率の低下は、女性の教育レベルと高い相関関係にあることが指摘されている。教育を受けていない貧しい女性は相変わらず多くの子どもを産み、低賃金で働き、貧困から抜け出す術をもっていない。他方、中間層以上の女性たちは少なく子どもを産み、大切に育てるだけでなく、先の貧困層とは比較にならない恵まれた環境を享受している。専門教育や高等教育を受け、就労条件の恵まれた仕事を得る機会があり、後述するように専門職や管理職に参入する女性の割合は、日本よりはるかに高い。このような恵まれた女性たちは、伝統的に女性に課されたハンディからも解放され、政治の意思決定過程にすら参入しはじめている。

しかし性差による役割分担と不平等を特徴とする伝統的な社会がなくなったわけではない。カトリック信仰に根づくジェンダーともいうべき「男性性」の優位を謳歌するマチスモと無条件の慈愛と寛容を象徴するマリアニスモは、中間層以上の人々の間では過去のものとなりつつあるが、下層社会では依然として顕著である。さらに教育を受けられない先住民女性の多くが家事労働者となって恵まれた女性の豊かな生活を支えるという伝統的な構造も顕在である。こうして皮肉なことに、もっとも敬虔なカトリック信徒を有する先住民社会にメキシコ社会の貧困と抑圧と性差別が集中し、先住民女性は先住民であることによって受ける貧困と抑圧と性差別に加えて、非先住民女性からも差別されるという四重の重荷を背負いつづけているのである。

しかし男女平等が法律上達成された現在、女性たちは自らがつくっている女性同士の間にある格差と対立にも目を向けはじめている。かつて恵まれたエリート層の女性の解放運動であったフェミニズムは、女性労働者、農村女性、下層階級の女性たちをまき込んだ幅広い女性運動に変質した。その結果、多種多様な組織によるさまざまな活動が都市でも農村でも展開されており、抑圧されつづけてきた社会集団である女性と先住民の権利回復と地位の改善が取り組まれている。以下では、このようなメキシコ社会における女性をめぐる環境が一九七〇年代以降どのように変化してきたか、その概略をできるだけ最新のデータで紹介したい。

一　転換期となった一九七〇年代と新しい変革の流れ

「六八年騒乱」と七〇年代の社会改革

女性の参政権を要求する、いわゆる第一次女性解放運動が一応の目的を達成したのは一九五三年であった。その後メキシコは高度経済成長期に入り、五〇年代後半から六〇年代を通じて新たに出現した都市中間層が豊かさと近代化を謳歌した。ただしそれは社会の一部の恵まれた人々に限られていた。したがってその矛盾は、メキシコ・オリンピックの開催をめぐって起きた「六八年騒乱」に象徴される反政府運動となって爆発した。

「六八年騒乱」は、一九六八年のメキシコ・オリンピック開催の資格なしとして政府に反旗を翻した学生の抗議運動に始まり、たちまち一般市民をまき込んで閉鎖的な政治体制の開放と国民の政治参加を求める民主政治の要求へと発展した。しかし首都の中心部に位置するトラテロルコ三文化広場に集まった反政府抗議デモに参加した者たちを軍隊が殺戮するという悲劇を生み、結果としてその後の一連の改革を促し、一党独裁政治の鉄壁に風穴をあける事件となった。

この「六八年騒乱」は、メキシコの女性運動にとっても大きな分水嶺となった。その理由は、従来の女性解放運動が主としてエリート層によるものであったのに対して、大衆層の女性たちが「六八年騒乱」に参加し、それは農村にも影響を及ぼして、その後の新フェミニズムと呼ばれる第二次女性解放運動を誕生させる原動力となったからである。それは単に女性の解放を要求するだけでなく、政治・社会の民主化を求める大衆運動の一部としての女性運動であった。七〇年代から八〇年代にメキシコ・フェミニズムの旗手となる若き日の作家・ジャーナリスト、エレナ・ポニアトウスカに代表されるように、のちの指導者層が育っていった。

「六八年騒乱」の鎮圧にあたったディアスオルダス政権の内務大臣エチェベリアは七〇年に大統領の座に就くと、国民の不満を鎮めるために幅広い社会改革の政治に着手した。その中でも女性をめぐる社会的・経済的環境に大きなメスを入れたことはメキシコ現代史のうえで特筆に値する。七一年には農地改革法が一部改正されて、女性農業従事者もエヒード（農地の利用権）の分配に与れる権利が初めて認められた。七四年には後述する憲法改正が行われ、男女平等を法規に明文化した新しいメキシコ社会の枠組が示された。続いてメキシコの人口政策を大きく転換させることになる「人口に関する一般法」が制定されると同時に、実質的に女性問題の担当機関となる国家人口審議会が設置された。また憲法改正に合わせて労働法、民法、刑法などが改正されると同時に、男女平等・人口抑制・女性の経済参画推進の基本方針が打ち出された。そして七五年の国連主催による「国際女性の一〇年」の第一回世界会議をメキシコ市で開催するために、メキシコ政府は「国際女性年国家計画」を作成して政府主導の女性政策に取り組んだのである。

女性に関する法改正の経緯

メキシコは社会革命を経験しているとはいえ、この国の法体系は基本的には一九世紀後半に制定された憲法、民法、刑法などが基盤となっており、それらは頻繁に改正されて現行の法体系を形成している。したがってそれまでも女性差別に関わる条文の改正は必要に応じて行われてきたが、憲法における理念と施行細則が整合性を欠く場合も少なくなく、法律上の矛盾を解消するだけでも長い歳月を要した。そして法の下での男女平等が確立した二〇世紀末の現在でも、法と現実のギャップは依然として大きい。以下では、主な法改正によって改善されてきた女性の地位が現在どのようになっているかを概観してみよう。

まず憲法からみてみよう。現行の憲法である一九一七年の革命憲法は、一八五七年の自由主義憲法を改正したもので、その後も比較的頻繁に修正されてきた。女性に関わる重要な条項を大きく変更したのは、女性の参政権を認めた三八年の改正と男女平等を明確に明文化した七四年の憲法修正である。ただし女性の参政権問題は憲法修正後も手続きがもたつき、発効したのは五三年になってからであった。

一九七四年の憲法修正は、男女平等を国是とする明確な国家の意思表示として行われ、字句の修正が特徴の一つとなっている。第四条の「個人は法の下で平等である」とする文言を改めて、「男性と女性は法の下で平等である」と修正した。そして職業の自由をうたった第五条では、男性を示す「オンブレ」を「人」を意味する「ペルソナ」に変更した。選挙権を認めた第三四条の条文も、「メキシコ国民は、男性も女性も、すべて投票する権利を有する」というように、女性を明記している。

一九七四年の憲法改正に合わせて修正された民法では、それまですでに既婚女性は夫の許可なしでも家の外で働くことはできたが、家事は妻の任務であり、家族を養う経済的義務は夫が担うとされ、夫婦の役割分担が明確にうたわれていた。妻が外で働く場合には、家事と子どもの世話に支障がない範囲でのみ働くことが認められていたのである。このような従来の家庭における男女の役割分担の規定が民法改正によって撤廃され、「家庭における男女平等の原則」が確立した。

七四年の憲法改正に合わせて修正された労働法では、差別の撤廃と男女平等という理念から、女性の深夜労働、危険で健康を害する職場での就労の禁止など、それまでとられてきた女性保護の条項が撤廃されて、職業選択の自由の下に男女平等の扱いが基本となった。ただし妊婦および授乳期間中の女性の保護は残されている。また雇用者は、男女の能力に差がない場合、家族を養う必要性の高い方を雇用する義務が新たに課された。さらに性別と結婚の有無によって雇用を拒否することもできないとされている。これらの条項は女性に有利にもみえるが、現在のところ必ずしも現実に対応できる条文ではない。

女性の生活環境を大きく変えた重要な法律は、一九七四年に制定された「人口に関する一般法」である。爆発する人口の抑制と調整を目的として制定されたこの法律は、その後のメキシコの人口逓減に大きく貢献した。この法律では、人口調整手段として健康を害することのない避妊法はすべて合法とされている。これと関連して七三年まで非合法であった避妊具の宣伝と販売が七四年に合法化された。堕胎は連邦刑法で禁止されているが、強姦による妊娠の場合は中絶が認められている。またチアパス州のように経済的な理由による堕胎を認めている州もある。

さらに女性との関連で行われた重要な法整備として、一九九一年に刑法に挿入された強姦罪がある。強姦罪は刑法二六五条で幅広くかつ具体的に定義され、「社会に対する犯罪」として規定されている。多くの国で強姦は私的な問題とされており、告発できるのは被害者ないしはその保護者のみとなっているのに対して、強姦を社会に対する犯罪としているメキシコの刑法では、第三者が告発することもできる。この刑法改正まで強姦罪を告発できたのは「家柄と品行の正しい」女性だけであった。「家柄と品行の正しい」という文言は事実上強姦罪の成立を不可能にしていただけでなく、告発された加害者が結婚すればその罪は消えたのである。さらに家庭内で起こるドメスティック・バイオレンス（夫による妻への暴力）も傷害罪になりうるが、重大な傷害でない限り立証するのは困難であるとされている。なお九四年に「性的暴力の犠牲者のための総合的支援プログラム局」が設置され、レイプとドメスティック・バイオレンスに対する取り組みが九〇年代半ば以降には積極的になっている。

新フェミニズムの台頭

一九七〇年代にメキシコで台頭した新フェミニズムは、すでに取り上げたように六八年の学生を中心とした反政府運動と七〇年代のエチェベリア政権の政策を基盤にして誕生した。しかし、七五年にメキシコで開催された国連主催の「国際女性の一〇年」第一回世界会議の影響を受けて台頭したさまざまな女性組織は、イデオロギーのうえでも行動目的からも互いに激しく対立した。七〇年代に組織され女性運動の活動体となった「女性同盟」（七六年結成）と「女性解放国民戦線」（七九年結成）はいずれも分裂し、短期間活動しただけで消滅した。そして八一年に第一回全国女性集会がメキシコ市で開催され、約五〇〇人の代表が集まったのちは、全国規模の女性集会が、労働者、教員、都市大衆、農民など分野別で開催された。

一九八〇年には国家人口審議会に女性を対象としたさまざまな政策を調整する組織「女性に関する国家プログラム」（ＰＲＯＮＡＭ）が創設され、国家が女性政策に本格的に取り組む体制が整備された。同時に、大学や研究機関に女性研究センターや情報センターが創設され、女性講座も大学で開かれた。「フェム」に代表されるフェミスト誌が発刊され、ラジオでフェミニズム番組が組まれたのもこの時期である。

この間に数多く組織された多様な女性運動は、急進的なフェミニスト、労働組合、同性愛者、左翼政治勢力などさまざまな集団によって推進され、激しく対立した。その中でも自由意思による母性（性教育の権利・避妊・堕胎）、性的暴力に対する闘い、自由な性の選択などを全面的に掲げた「フェミニスト女性連合」と「女性の解放と権利のための国民戦線」が、八一年に「自由意思による母性のための立法計画」を提出して、右翼勢力およびカトリック教会と対立した。この後、急進的なフェミニスト運動は後退している。この急進派の撤退はフェミニズム運動に大きな転機をもたらした。その後は八〇年代の経済危機の中で一般大衆層の女性たちが参加する民衆運動の様相をもつ女性運動が台頭した。

このような流れの中で、女性運動を一つの流れにまとめる契機となったのが一九八五年九月に首都を襲った大地震である。フェミニスト、女性労働者、一般主婦、女性農民、学生たちが団結して被害者の救出作業に加わり、その後も被災者救済のための活動を続けた。その過程で急進的な中間層フェミニストと一般大衆層の女性たちの間に一定の相互理解が生まれ、社会階層を越えた新フェミニズムが形成されていった。八七年に首都から一〇〇キロ南の観光都市タスコで第四回ラテンアメリカ＝カリブ・フェミニスト集会が開催されたが、それはこのような社会階層を越えた女性たちの出会いと連帯を象徴するものとなった。

サパティスタ民族解放軍の女性ゲリラ兵士たち。

このような新しい女性運動に政治参加という新たな局面をもち込んだのが八八年の大統領選挙である。ほぼ六〇年間権力を独占したきた制度的革命党が、党候補者を選出する過程で内部分裂を起こし、左派勢力が離党した。そして彼らは幅広い国民層をまき込み、とりわけさまざまな女性組織を取り込んで「民主国民戦線」を結成し、大統領選挙を闘ったのである。この大統領選挙で、与党のサリナス大統領候補はかろうじて過半数をとって当選した。しかし開票の過程で不正な操作があったと現在でも信じられている、歴史に残る選挙となった。なおこの大統領選挙で、労働党が史上初めて女性大統領候補を立てて闘った。こうして八八年の選挙は、メキシコの女性運動を著しく政治化させ、九〇年代の目覚ましい女性の政界進出の契機となったのである。

選挙運動の過程で結成された「国民投票防衛のための女性戦線」は、選挙後に「民主主義のために闘う女性戦線」とその名称を変え、民主的な政治の枠組を確立するために女性の参画は不可欠であるとして多様な女性運動を展開した。八九年に開催された第六回全国フェミニスト集会では、フェミニズムの主張を政治に反映させるための政治組織の結成が合意された。さらにフェミニスト・グループは、九一年の中間選挙に向けて各政党に対して「積極的差別解消策」を選挙運動に盛り込むことを訴えた。九一年三月には「民主化のための全国女性会議」が設立されている。

一九九四年元旦の北米自由貿易協定（ＮＡＦＴＡ）発足に合わせて武装蜂起したチアパス州におけるサパティスタ民族解放軍の出現は、メキシコが抱える問題を鮮明化した事件であった。とりわけ先住民の女性たちの積極的なゲリラ活動への参加は、先住民社会における女性の置かれた環境を白日の下に曝した。同時にこの年の大統領選挙をめぐって不正を許すまじとする「市民戦線」が全国で結成され監視活動を展開すると、多くの女性たちが参加した。人権団体、環境団体、多様な社会問題に取り組むグループも合流した。「市民戦線」が選挙の不正をどこまで封じ込めることができたかという議論は別として、選挙後も新しい政治文化の創造をめざして活動を継続しており、その中で女性は重要な役割を担っている。

二　現代メキシコ女性の実像

少子化と家族形態の多様化

男性優位主義の強いラテンアメリカ諸国の中で、メキシコは逸速く離婚法を制定し（一九一五年）、家族関係法（一九一七年）をつくって男女平等の社会を創造する努力をした国の一つである。しかし、これらの画期的な法律を早期に制定し、社会の近代化に取り組み、革新的な一九一七年の革命憲法をもつメキシコにおいても、一九六〇年代頃まで女性に対する社会通念は依然として「女は結婚し、子どもを産み、夫と子どもの世話をするものであり、家事万端を担う、夫に従属する女性」であった。「女の幸せは結婚にある」という通念が社会を支配していた。伝統的な家父長的大家族主義が保持されてきた社会では、女性が結婚し子どもを産むことが重要な要件であり、家族計画などが受け入れられる余地はなかった。しかもそのような社会のバックボーンとなっていたのがカトリックであることを考えると、女性が男性・家族・地域社会からどれほど監視される存在であったかが推察できよう。

しかし爆発する人口増加という現実の前に、政府主導の人口政策が策定され、それが八〇年代以降のメキシコ社会と家族そして女性の地位を大きく変化させた。これら社会の変化の中でもっとも著しいものは出生率の低下とそれにともなう家族数の激減であり、それは同時に人口・寿命・出産・家族関係におけるメキシコ女性の地位の変化でもあった。一九六〇年代半ばに年率三・四%を記録した人口増加率は、その後著しく減少し、九〇年代に入ると二・〇%にまで低下した。この変遷の過程を、一人の女性が生涯に産む子どもの平均数を示す合計特殊出生率で整理したのが表1である。七〇年代半ばを分岐点としてメキシコ女性が産む子どもの数の激変ぶりがわかる。こうして二〇世紀末のメキシコは、かつての「若い人口と高い増加率」から「人口の高齢化と少子化社会」へ向かう過渡期にある。一九七〇年に人口の四七%が一五歳以下の若年層であったのに対して、九〇年にはそれが三八%となり、二〇〇〇年には二五%と予定されている。

このような出産率の低下および医療の向上と普及などによって、女性の寿命は延び、家族の姿は大きく変化した。一九九〇年の国勢調査によると、家族の七五%は核家族であり、伝統的な拡大家族は過去のものとなっている。しかし同時に女性を世帯主とする家族が、一九五〇年以降の各国勢調査ごとに逓増してきて、九〇年にはついに一七・三%となっていた。女性を世帯主とする家族の増大の要因として離婚・死別・別居などを想定できるが、とりわけ女性の寿命の延びにともなって生じる寡婦と未婚の母子家庭が多く含まれる。女性の世帯主の四七・七%が寡婦、二二・三%が別居と離婚者であった。なお女性を世帯主とする家族の四五%は五〇歳以上となっていた。

かつて下層の若い女性たちが安易に同棲し、子どもを産んだあとで遺棄されるというケースが一般的で、母子家庭はそのような下層の女性の人生を象徴していた。しかし今日では中間層以上の女性たちが結婚して子どもをもうけても離婚し、

表1　メキシコ女性の合計特殊出生率

年	子どもの数
1950—55	6.8
1960—65	6.8
1970—75	6.4
1980—85	4.3
1990—95	3.2
1995	2.8

［出所］*Mujeres latinoamericanas en cifras:Mexico*および*Mujeres y hombres en México.*

それが社会に容認されている。この社会変化はかつてみられなかった新しい傾向である。

女性の教育と社会参加

一人の女性が平均で産む子どもの数を示す合計特殊出生率の低下と同様に、著しい変化をみせたのが教育の普及である。とりわけ従来の教育における男女格差の縮小が著しい。表2はメキシコにおける非識字率の推移をまとめたものであるが、一九七〇年から九五年にいたる四半世紀の間に女性の非識字者の割合が三〇%から一三%まで

表2　メキシコにおける非識字者の推移（15歳以上の人口対象）

（%）

年	女	男
1970	29.7	21.8
1980	20.1	13.8
1990	15.0	9.6
1995	12.7	8.4

［出所］*Mujeres y hombres en México.*

低下したことがわかる。

しかしメキシコが直面している問題は、非識字人口の割合を単に低下させることだけでないことにある。表3に示されているように、地域格差の大きさが現在の問題であり、これが単に教育問題にとどまらず貧困をはじめとするほとんどあらゆる面で顕在化していることである。同時に先に指摘したように、メキシコが抱える先住民問題に直接的に絡む問題でもある。一九九〇年の国勢調査によるとメキシコの人口の約八%が五四の言語に分類される先住民となっているが、先住民人口の占める割合の大きいオアハカ州（五三%）、チアパス州（三五%）、イダルゴ州（二六%）、プエブラ州（二〇%）、ベラクルス州（一九%）、ゲレロ州（一七%）はいずれも女性の非識字率が高い。非識字率がもっとも高いチアパス州とオアハカ州の場合、実に女性の三人に一人は読み書きができなかった。しかも四〇歳以上の人口に絞ると、三人に二人が非識字者である。しかも男女間の格差の大きいことも表3からわかる。

しかしこの先住民問題を別にすると、女性の教育は著しく向上している。就学前教育の伸びは女性の社会進出にほぼ平行していた。七〇年代半ばに就学前教育施設に通っていた児童の数はわずか六三万弱であったが、九〇年代初めには四倍の二六〇万に達していた。しかもこの間が出生率の著しく低下した時期であること考慮すると、その伸びの急速度がわかる。八〇年前後に四―五歳児の三〇%が保育所か幼稚園に通っていたのに対して、九〇年前後にはほぼ

六〇％の幼児が就学前教育を受けていた。就学前教育を受ける割合に男女差はほとんどみられない。同じく初等教育と中等教育においても男女の格差はほとんどなかった。ただし各レベルで教育を修了したかどうかについては、やや女生徒の方が男子生徒より中退する割合が高くなっている。中等教育を受ける割合は九〇年代には男女とも同世代の五五％前後となっていた。

しかし専門・高等教育では男性の進学率一七・九％に対して女性は一〇・五％となり、かなりの格差が存在する。ただし国立総合大学の約四〇％は女子学生で占められており、技術系大学でも約三〇％は女子学生である。もっとも女子学生が選択する学科に大きな偏りがあることが指摘されており、看護学部、教育学部、人文科学および社会科学系に偏っていることが就業の場における男女の格差をもたらしているとされている。

表3　メキシコにおける非識字率の地域格差（1995年）（％）

非識字率の高い地域			非識字率の低い地域		
州名	女	男	州名	女	男
チアパス	32.7	19.2	ヌエボレオン	4.3	3.3
オアハカ	29.0	16.7	北バハカリフォルニア	4.5	3.4
ゲレロ	28.0	19.5	メキシコ市	4.1	1.7
イダルゴ	20.5	13.2	ソノラ	5.0	4.9
プエブラ	20.2	12.0	南バハカリフォルニア	5.3	4.5
ベラクルス	19.8	12.8	コアウイラ	5.1	4.5

［出所］*Mujeres y hombres en México.*

経済参加と労働における女性の地位の変化

メキシコは、男女の役割分担をめぐる伝統的な社会通念が根強いために、長く女性の社会進出が遅れ、女性の経済活動に占める割合が低い国の一つであった。従来「女性は家庭を守り、男性が外で稼ぐ」という社会通念が支配していた。その結果、一九七〇年まで経済活動に占める女性の割合は二〇％に達していなかった。しかも女性の就労傾向は若い独身女性が多数を占めるというものであった。しかしこの傾向は、八〇年代の経済危機を挟んで大きく変化している。経済危機の中で家計を補うために妻が外に働きに出る割合が高まり、一九八八年には三〇％を越え、九九年には四〇％とされている。そのうえ、女性の年齢別の就労状況をみると、明らかに育児期間と想定される二五歳から二九歳の層がやや就労率を下げているが、いわゆる日本の女性の就労傾向を示すM字カーブを描かず、五〇歳までそれほどカーブは下がらない。また女

表4　女性の主要職種と就労人口の割合(1995年)

職種	女(%)	男(%)
店員	23.2	9.2
事務員	13.4	5.1
家事労働者	11.6	0.6
農業	10.8	30.2
サービス業従業員	7.9	5.4
教員	3.4	1.8
露天商	4.6	3.2
技術職	4.3	2.5
専門職	2.0	2.4
公務員・管理職	1.2	2.3
その他	14.6	37.3
計(%)	100.0	100.0
実数(人)	10,850,595	22,996,574

[出所] *Mujeres y hombres en México.*

性の教育水準と経済活動人口の割合は強い相関関係にあることが知られている。一九九五年の統計でみると、学校教育をまったく受けていないか小学校を中退したレベルでは、二七・五%しか就労していなかったのに対して、中等以上の教育を受けた場合、五二・三%が仕事に就いていた。

次に女性の就労分野をみると、一九九五年の働く女性の約六二%が給与所得者で、次いで農業と家事労働者が一一%前後を占め、拮抗している。表4でみるように、男性の就労構造と大きく異なるのは農業、家事労働者、事務員と店員である。男性就労者の三〇%が農業に従事しているのに対して、女性のそれは一〇・八%であった。家事労働者は女性の就労者の一一・六%を占めていたが、男性の場合〇・六%にすぎなかった。事務員と店員は女性の就労者の三六・六%を占めていたが、男性の場合一四・三%であった。専門職と技術職の分野では、女性の進出度は男性の数に肉薄している。

ところで男性と並びうるほど進出している女性の専門職と技術職は、その数を実数でみると、女性の全就労者の二%にあたる二一万五九一八人となっていた。これは男性を含めた専門職と技術職の総数の二八%にあたる。同じく四・三%を占める技術職の実数は四六万八一六七人で、男性を含めた総数の約四五%であった。序章における国際比較で示されているように、専門的な教育を受けたメキシコ女性の社会進出は国際的にみてもかなり高い。以上の二つの分野よりかなり劣るが、公務員と民間企業の管理職も女性の進出の割合としては低くはない。男女合わせた総数の一八%強が女性で占められていた。ちなみに別の統計資料で示された一九九八年における国家公務員の管理職についてみると、二六%が女性であった。

このように先進諸国に劣らぬレベルで専門・技術職および管理職に進出している観のあるメキシコ女性であるが、

メキシコではその専門職の中に女性の職業ともいうべき職種が厳然と存在し、それはまた低賃金の代名詞でもあることに注意しなければならない。とりわけほぼ一〇〇%を女性が占める就学前教育のための要員と六二%が女性となっている小学校の教員は看護婦と並んで女性の職業であり、専門職種であるにもかかわらず低賃金である。

女性の経済参加が進んでいる一方で、その就労条件は依然として厳しい。失業率および潜在失業率はつねに女性の方が高く、男女の賃金格差も大きい。経済活動人口全体の平均でみると、女性の平均賃金は男性の三八%となっているが、都市部に限っても女性は男性の賃金の五〇%弱しか稼げない。男女の賃金格差は農村と都市の格差だけでなく、職種によっても異なる。さらにインフォーマル・セクターで働く女性の割合は高く、最低賃金以下の収入と社会保障のない生活を強いられている女性の割合はさらに高い。

三　政治参加にみる女性進出の躍進

意思決定過程への道

歴史的にみると、メキシコにおける女性の意思決定過程への参入は、一九一〇年代のメキシコ革命の動乱期にみることができる。女性の自立と男女平等を勝ち取るために女性の参政権を求めたカランサ大統領の秘書エルミラ・ガリンドは、参政権の確立を実現することはできなかったとはいえ、カランサ革命政権が離婚法や家族関係法を制定する過程においてある程度の影響を与えたと考えられている。しかしその後はさまざまな女性運動が女性たちの手で組織され展開されたが、女性が行政、立法、司法をはじめとしてさまざまな分野における意思決定過程に参入するには一九八〇年代まで待たねばならなかった。

一方、個別的にみるとメキシコの女性は早くから台頭していた。メキシコ女性解放運動のパイオニアの一人であるアマリア・カスティリョ＝レドンは、一九三〇年代から米州機構の下部組織である米州諸国女性委員会のメキシコ代表として活躍し、数々の国際会議にメキシコ政府代表として出席したのち、ロペスマテオス政権時代（一九五八―六

表5　メキシコ連邦議会における女性議員数の変化

大統領名	議会会期（年）	連邦議会上院			連邦議会下院		
		議員総数	女性議員数	女性議員の割合（%）	議員総数	女性議員数	女性議員の割合（%）
ルイスコルティネス	1952—55　42期	60	0	0	162	1	0.6
	1955—58　43期				160	4	2.5
ロペスマテオス	1958—61　44期	60	0	0	162	8	4.9
	1961—64　45期				185	9	4.9
ディアスオルダス	1964—67　46期	58	2	3.4	210	13	6.2
	1967—70　47期				210	12	5.7
エチェベリア	1970—73　48期	60	2	3.3	197	13	6.6
	1973—76　49期				231	19	8.2
ロペスポルティリョ	1976—79　50期	64	5	7.8	236	21	8.9
	1979—82　51期				400	32	8.0
デラマドリ	1982—85　52期	64	6	9.4	400	42	10.5
	1985—88　53期				400	42	10.5
サリナス	1988—91　54期	64	10	15.6	500	59	11.8
	1991—94　55期	64	4	6.3	499	44	8.8
セディーリョ	1994—97　56期	128	16	12.5	496	70	14.1
	1997—2000　57期	128	19	14.8	500	87	17.4
合計		630	64	10.1	4948	476	9.7

［出所］Programa Nacional de la Mujer, *Más mujeres al congreso*.

四年）に文部省の初代女性文化担当次官となった。さらに、スウェーデン・ノルウェー大使およびオーストリア大使も務めた。このように個々のメキシコのエリート女性たちは、比較的早くから華やかな活動の場を与えられてきたが、政治の舞台に実力で登場するのは決して早くはなかった。

メキシコ女性は一九五五年から選挙権を行使しているが、政界への女性の進出は遅れていた。メキシコ女性が参政権を取得した時期のルイスコルティネス政権（一九五二―五八年）から現在までの各政権を単位として、連邦議会の上院と下院の議員に占める女性議員の割合をまとめた表5によると、連邦議会における女性議員の割合は七〇年代以降着実に増加していることがわかる。上院では八〇年代に女性議員の割合がほぼ一〇％となり、二〇世紀最後の政権となるセディーリョ政権の下で約一五％となっている。一方、下院においては六〇年代から着実に増加しはじめ、八〇年代には上院と同様に一〇％に達し、セディーリョ政権の後半には一七％を超えている。過去四八年間の下院議席数延べ四九四八のうち、女性は全体の約一〇％にあたる四七六議席を占めていた。

このような女性議員の逓増は、政府の意思決定レベルにおける女性の参画にも反映されている。次官級に女性が初めて登用されたのは先述のロペスマテオス大統領時代であり、最初の女性大臣が出現したのはロペスポルティリョ大統領時代（一九七六―八二年）であった。八〇年代から女性の登用が恒常化し、デラマドリ大統領時代（一九八二―八八年）にも一名が、そして次のサリナス大統領時代（一九八八―九四年）には二名が、そして二〇世紀最後の大統領であるセディーリョ政権（一九九四―二〇〇〇年）には四名の女性閣僚が登用されている。これまでに女性大臣が占めたポストは、観光大臣、会計監査大臣、環境大臣、外務大臣であった。

一方、地方政治に目を向けると、州知事では七九年に初の女性州知事がコリマ州で誕生し、八七年に女性知事第二号がトラスカラ州で誕生した。九一年にもユカタン州で暫定知事ではあったが、女性知事が誕生している。一九九九年一〇月には首都メキシコ市で女性の市長が誕生した。メキシコ市長のポストは一九二八年に大統領の任命となり、九七年に至るほぼ七〇年間、市民が選出できない閣僚級の特別職であった。そして制度改革後の九七年に実施された選挙で民主革命党から立候補したクワウテモック・カルデナスが選出され、九九年一〇月にカルデナス市長が大統領選への出馬を決定して辞任した後に、女性市長が選出された。一方、市町村レベルでは全般的に女性の進出は鈍く、市町村長でみると八三年の二・九％は九三年になっても二・九％と変わらなかった。

女性の政治参画の現状

国連の『人間開発報告書』（一九九九年）で示された世界各国の女性の総合的な地位を比較した「ジェンダー・エンパワーメント測定」によると、メキシコは第三三位にあり、三八位の日本の女性よりも上に位置していた。国会における女性議員の占める割合と管理職に占める女性の割合は、日本のそれよりもかなり高い（序章表2を参照）。ちなみに議会における女性議員の占める割合は、日本の八・九七％に対してメキシコは一六・九％であり、管理職ではもう日本の九・三％に対して一九・八％となっていた。このようなレベルにある女性の政治参画の現状を、ここでは少し詳しくみてみよう。

一九九七—二〇〇〇年における連邦議会で女性が占める割合は、上院で一四・八%、下院で一七・四%であった。表5でみたように、同期の下院における女性議員数およびその占有率はともに史上最大規模である。一方、上院の方は絶対数では最大人数となっているが、割合はサリナス政権の前半の方が高い。このように立法府の意思決定レベルに参加する女性の割合は占有率で一五%前後にまで到達しており、司法でも女性の占める割合は約一九%であった。しかし州および市町村レベルではわずかに五%ほどの進出度にすぎず、身近な地方行政が男性に独占されている傾向が問題視されている。

一方、政党の党内活動では、与党である制度的革命党、中道左派の民主革命党、保守派である国民行動党の主要な三党をみると、執行部に置ける女性の割合は一六—二四%と比較的高い水準にあった。もっとも多くの女性を登用している民主革命党は、一九八九年の結成以来、女性の登用を積極的に進めてきている。結党以来初めて実施された九九年の党総裁選挙では女性総裁が誕生している。二番目に女性の登用が進んでいるのは制度的革命党である。三番目の国民行動党はカトリック教会との関係が強い。

ところで一九九九年の連邦議会の上院と下院に占める有力三党の女性議員数は表6の

表6　主要政党の連邦議会女性議員数と各党議員総数に占める女性議員の割合（1999年現在）

政党名	上院		下院	
	女性議員数	割合（%）	女性議員数	割合（%）
民主革命党	4	25.0	30	24.0
制度的革命党	14	18.4	40	16.8
国民行動党	3	9.7	15	12.6
その他の党	1	—	5	—

［出所］www.senado.gob.mx および www.cddbcu.gob.mx

通りである。民主革命党が擁する議員の四人に一人は女性議員となっており、先に紹介したように八九年に結成された経緯からみても、同党はメキシコ社会の民主化にもっとも積極的に貢献してきた政党である。

二一世紀に向かって

以上でみてきたように、メキシコ女性の社会進出は目覚ましい。同時に階層間の格差がいっそう拡大している中で、女性間の格差拡大も一段と進んでいる。このような現状を踏まえて策定された「国家女性プログラム——一九九五—

二〇〇〇年」は、男女平等と女性の社会参加を促すために一〇の提言を行っており、国家が積極的に女性問題に関わろうとしている決意がわかる。これらの目標が実施され、その目的が達されるには、長い時間と多大な努力を必要とするであろうが、メキシコはすでに問題解決のために努力している。

一方、メキシコ女性たちが現在取り組んでいる重要な課題は、政治の意思決定過程により多くの女性が参画できるような割当制度を確立することと、ドメスティック・バイオレンスへの対応策を確立することであろう。そしてセクシュアル・ハラスメント（性的嫌がらせ）も重要なテーマとなっている。

割当制度は、一九九三年の選挙法改正によって各政党へ課された改善目標となったが、それは比例代表制の被選挙人リストの三分の一を女性候補としなければならないとする緩やかな改革であった。これを受けて積極的に党内で女性の登用を進めてきた民主革命党のみが、すでにみたように目覚ましい女性の進出を実現している。しかし女性が意思決定過程で少なくとも三分の一に達するには依然としてほど遠い観がある。

一九九八年三月七日と八日の二日にわたって開かれた、連邦議会の女性議員を中心とするジェンダー会議では、「女性の政治、経済、社会参加を促す割当制」を集中討議した。ここで指摘されたのは、各政党は連邦・州・市町村のすべてのレベルの選挙で候補者の半分を女性とすること、経済活動では同一業務においては片方の性が七〇％を越えてはならないこと、公務員は男女の人口比で雇用すること、各種組織の成員は最低三〇％を女性とすることなどが提案された。これらは女性運動の次なる目標であり、二一世紀の早い時期に達成されるべき課題であろう。

メキシコ社会の女性をめぐる環境の変化をもっとも象徴的に物語るものは、男性の女性に対する暴力とセクハラに対する社会の姿勢の変化である。近年までメキシコでセクハラが真剣な議論の対象となるとは考えられなかったほど、「男性性」の圧倒的強さがメキシコ社会の特質であったからである。この意味で九〇年代のメキシコのフェミニズムは、女性への暴力に対する闘いとその対立概念である民主主義の実現をめざす運動としてとらえることができる。女性に対する家庭内暴力は、これまで外部に曝されなかっただけで、マチスモ文化を規定する特徴の一つであった。しかし現在では、単なる家庭内における夫の暴力だけでなく、職場における性差別や性的嫌がらせ、マスメディアにおける性の商品化など、広い概念でとらえたセクハラが問題として浮上している。

九〇年代に進展した経済のグローバル化は国内に失業の増大、貧困層の拡大、階層間の格差拡大など深刻な問題をもたらしているが、同時に知識、情報、ひとが国境を容易に越えてかつてない勢いでメキシコ国内に浸透している。その結果、国内の人権問題、女性問題、政治倫理なども国際的な監視の目に曝され、国家にもその改善を迫るという効果をもたらしている。二一世紀のメキシコ社会は、さらにスピードをあげて変化していき、女性をめぐる環境は一段と改善されるであろう。

参考文献案内

1　国本伊代「メキシコ女性解放運動の歩み」（国本伊代・乗浩子編『ラテンアメリカ　社会と女性』新評論、一九八五年）は、古代アステカ時代から二〇世紀に至るメキシコ社会とそこで生きた女性の姿を概観したうえで、一九世紀に始まる女性解放運動の流れを紹介した、日本語で読める入門的な文献である。一九七〇年代以降の変化に焦点を絞った本章と併読されたい。

2　一九八〇年代から九〇年代にかけてみられた女性運動については、数多くの報告書や書物が出版されている。次のものはそのようなものの一つである。現代メキシコ社会の女性問題を多角的に分析した論文集であるが、全体像を知るにも有用である。Patricia Galeana, Compliladora, *La condición de la mujer mexicana* (Tomo 11; México: Universidad Nacional Autónoma de México y Gobierno del Estado de Puebla, 1993).

3　女性の政治参加に関する次の文献では、女性の政治参加の歴史と女性に関わる法改正をめぐる議会における議論の過程および連邦議会における女性議員に関する統計がまとめられている。Secretaría de Gobernación, Programa Nacional de la Mujer, *Más mujeres al congreso* (México: Secretaría de Gobernación, 1997).

4　メキシコ女性に関する有用な統計資料に次の二つがある。とくに前者は国立統計地理情報院が毎年まとめているもので、詳しい。México, Instituto Nacional de Estadística, Geográfica e Inofrmática, *Mujeres y hombres en México*. 本書で使用したのは第三版（一九九九年）である。Teresa Valdes Echenique y Enrique Gomariz Moraga, Coordinadores, *Mujeres latinoamericanas en cifras: México* (Santiago, Chile: FLACSO, 1995).

11章

ニカラグアの女性解放運動

サンディニスタ革命を越えて

松久 玲子

私のと同じ体まるごと、私は女たちを愛する
抜きはなったペンと声で、抵抗しもがく彼女《おんな》を愛する
夜、泣く子を見に起きる彼女《おんな》を愛する
永遠の眠りについた子どものために泣く彼女《おんな》を愛する
山の中で奮い立ち闘う彼女《おんな》を愛する
都市《まち》で―わずかな賃金で―働く彼女《おんな》を愛する
唄いながら、熱いコマルでトルティリャをつくる、
太って満足そうな彼女《おんな》を愛する
大きなお腹の中にはらんだ生命《いのち》の重みに耐え、歩む彼女《おんな》を愛する
すべての女たちを愛する、そして自分が同じ性であることを祝福する

ニカラグアの女性詩人、ショコンダ・ベリの作品より
Clara Murguialday, *Nicaragua, revolución y feminismo: 1977–89,* Zed Books Ltd, 1990.

ニカラグア女性史関連年表

西暦	事　項
1502	コロンブスの最後の航海で、ニカラグアに到達。
1523	ヒル・ゴンサレスによりニカラグア征服。
1570	グアテマラ総督府に統合される。
1821	グアテマラ総督領がスペインから独立を宣言。
1838	ニカラグア共和国独立。
1927	アメリカ合衆国の海兵隊派遣に対し、サンディーノ将軍が蜂起。
1933	「イベリア、イスパノアメリカ国際女性連盟とニカラグア女性十字軍」設立される。
1935	マナグアに「女性労働者戦線」設立される。
1936	アナスタシオ・ソモサがクーデターを起こす。以後ソモサ一族の独裁が続く。
1939	「共和国市民として女性の権利を議会に要求する女性解放の請願」を議会に提出。
1955	女性参政権が公布。
	「自由党婦人翼賛部」設立。
1957	選挙で、初めて女性参政権が行使される。
1963	バエスが「ニカラグア女性愛国同盟」設立。
1969	サンディニスタ民族解放戦線が設立される。
1977	「国事問題を考える女性連盟」が設立される。
1979	ニカラグア革命。
	「ルイサ・アマンダ・エスピノサ・ニカラグア女性連合＝アムラエ」設立。
	養子法制定。
1980	家事労働者組合結成。母乳保護法制定。
1981	国連女性差別撤廃条約批准。
	農業改革および農業組合法制定。
	コミュニケーション・メディア法制定。
1982	「母親・父親・子どもの権利に関する法律」制定。
	離婚法制定。
1983	養育法が制定。
1987	憲法改正にともなう家族条項の改正。
1989	アムラエが「女性の家」を設立。
1990	総選挙でサンディニスタ民族解放戦線が敗北。ニカラグア初の女性大統領誕生。
1991	「52%の祭典」が開催される。
1992	刑法改正。ホモセクシュアルを処罰。
1993	「ニカラグア女性機構」再編。
1996	前マナグア市長アーノルド・アレマンが大統領となる。
1998	女性に対する姦通罪（刑法211、212条）が廃止。

序　革命と内戦を生きぬいた女性たち

ニカラグアは、中米に位置する人口約四九〇万人（一九九九年）、国土面積は日本の北海道と九州を合わせたほどの小国である。一九七九年に、独裁政権を打倒してニカラグア革命が起こり、社会変革への道を歩みはじめた。ニカラグア革命は、ロシア革命、キューバ革命に次ぐ社会主義革命の中の女性解放闘争の第三の実験の場でもあった。先行する二つの革命の女性解放の道程を踏襲しながらも、ニカラグア革命には国際社会でのフェミニズム運動の新しい流れが加わった。さらに、社会主義体制が一〇年で終止符をうち、一九九〇年から新自由主義政権が発足して、フェミニズム運動も転換期を迎えた。

一九七五年の国際女性年第一回世界会議（メキシコ会議）は、ラテンアメリカ諸国の女性たちに大きな影響を与えたが、ニカラグアでは、一九七九年のニカラグア革命と一九九〇年の自由主義政権への交替は、それ以上に女性とフェミニズム運動に決定的な影響を及ぼした。こうした状況の中で、女性たちはどのように生き、政治に関わってきたのだろうか。まず、ニカラグア革命とその前後のフェミニズム運動と女性の法的、政治、社会、経済活動状況をみることにより、ニカラグア革命が女性の社会進出と地位向上に及ぼした影響を探ってみたい。また、一九九〇年以降の女性とフェミニズム運動の変化について述べ、ニカラグア女性の今後を展望したい。

一　革命前の伝統社会と女性

ニカラグア革命前史

ニカラグアは、スペインによる征服と植民地化、そして一九世紀初めの独立という歴史を他のラテンアメリカ諸国と共有している。一五〇二年にスペイン人がニカラグアに足を踏み入れてから、スペインによる植民地支配が始まり、一五七〇年にはグアテマラ総督府に統合された。植民地時代には、カカオとアニール（染料の藍）、牧畜以外にはほとんど産業がなく、資源に乏しい辺境として植民地本国から顧みられることはなかった。一八二一年にグアテマラ総督領が独立を宣言するとともに、ニカラグアはスペイン支配から解放された。メキシコ帝国の一部となり、その後中米連邦の結成に参加し、一八三八年に中米連邦が崩壊した後、ニカラグア共和国として独立した。

二〇世紀に入り、ニカラグアは第一次産品のバナナ、コーヒー、サトウキビなどの輸出農業に特化し、第二のパナマ運河候補地として軍事戦略上の要所となったために、アメリカ合衆国（以下、アメリカ）の政治干渉を招いた。一九二七年のアメリカによるニカラグアへの海兵隊の派遣に対し蜂起したサンディーノ率いる民族闘争には、サンディーノの妻ブランカ・アラウス、愛人でゲリラを率いたテレサ・ビジャトロ、民族解放軍将軍の妻で戦闘に参加したマリア・アルタミラノなどの女性の名が歴史に残っている。民族解放闘争への女性兵士の参加は、半世紀をさかのぼる歴史をもっていた。その後、サンディーノを暗殺したアナスタシオ・ソモサが、一九三六年にクーデターを起こし、以後約四〇年間にわたるソモサ一族による独裁政治が続いた。

植民地時代を経て、一九世紀末から二〇世紀初頭の女性の状況は、スペインによる植民地化と独立を経験した他のラテンアメリカ諸国と共通する点が多い。階級格差が大きく、国民の大部分は貧しい農民層で、男性は農場の労働者として働いていた。女性もまた大部分は、農民か、あるいは都市の貧困層に属していた。中産階級の女性たちには、カトリックの宗教規範が強く影響を及ぼし、家父長制の下で二〇年代まで女性が公的な場で働くことはほとんどなかった。高等教育は女性に閉ざされていたが、富裕層を除いて男性もまた高等教育を受ける機会はほとんどなかった。男女の非識字率に大きな差はなかったが、都市と農村を比べると、表1に示すように都市の女性の非識字率は一九五〇年代でも約三〇％なのに対し、農村では男性同様、ほとんどの女性は文字を知らなかった。

ニカラグア社会は、母親を中心に子どもや親族が寄り添う母系制拡大家族社会だった。こうした家族構造は、男性の家庭放棄による母親を中心とした単親家族の増大に基づいている。国民の大部分を占める農業労働者は、輸出作物の収穫地から収穫地へと移動する季節労働に従事していたが、季節労働は男性不在家族を生み出し、長期化すると男性の家庭放棄をもたらした。子どもを単身で育てる女性は、雇用機会の少ない農村から、仕事を求めてしだいに都市へ移住した。一九五〇年頃から徐々に都市への移住が増加し、都市に三九％、農村に六〇％だった女性人口の割合は、一九七〇年にはそれぞれ五〇％近くとなり、一九九〇年には都市六二％、農村三八％と女性の人口分布が逆転している。都市への人口流入は男性と比べ女性に顕著にみられる。

女性の移住をうながしたのは、農村における女性の雇用機会が限られていたためである。表2に示すように、農業労働が女性の職業の中で低い割合を占めているのは、女性が自給的な農業労働に従事しているため経済活動人口として現われてこないことと、農場の季節労働者として雇われる場合でも、家父長制的な家族労働の下で、家族単位の季節労働の契約を家長である男性が行い、賃金も一括して家長が受け取っていたためである。また、都市でも労働市場は狭く、教育のない女性は家事労働者、零細な物売りなどの劣悪な条件の職業しかなく、ソモサ時代にはマナグアなどの都市では、売春婦が数多くみられた。

表1　地域別非識字率　（％）

年度		全体	女性	男性
1950	都市	30.0	31.9	27.3
	農村	81.1	82.4	80
1971	都市	18.3	20.3	15.7
	農村	64.8	65.7	64.0
1985	都市	13.0	14.3	11.6
	農村	40.0	40.3	39.7
1992	都市	11.6	13.5	9.6
	農村	38.9	38.7	39.1

［出典］*Mujeres Latinoamericanas en Cifras, Nicaragua*（FLACSO, 1993）.

表2　女性経済活動人口の産業別分布　（％）

	1970年	1971年	1972年
農　業	16.2	12.6	21.6
工　業	19.9	18.7	10.0
サービス業	63.9	68.7	68.4
計	100.0	100.0	100.0

［出典］*Mujeres Latinoamericanas en Cifras, Nicaragua*（FLACSO, 1993）.

女性参政権運動と政治参加

ニカラグアの女性参政権運動は、アメリカ合衆国（以下、アメリカ）の女性参政権運動に触発されて二〇世紀初頭に始まった。教会や、国家、政党から自立した女性組織がつくられたが、これらの組織は、都市を中心とした中流以上の女性により担われた。女性組織は、女性参政権の法制化と高等教育への女性の参入を要求したが、一九一六年頃までに女性参政権の支援を表明していた民族主義自由党にしだいに近づいていった。

教育家であり女性参政権運動の中心的人物であったホセファ・トレドにより一九三三年に、「イベリア・イスパノアメリカ国際女性連盟とニカラグア女性十字軍」（以下、国際女性連盟）が設立された。この組織は、女性の自立のための技術学校や農婦のための識字学校の設立、女性の社会的政治的解放、国家の自治などを要求した。国際女性連盟は、アメリカのフェミニストたちと親交があり女性参政権に好意的な態度をとっていたソモサ一族と接近し、その名誉会長としてソモサの妻サルバドラ・デバイレを迎えた。一方で、労働運動や政治運動への女性の参加がみられ、一九三五年には首都マナグアで「女性労働者戦線」が設立された。

一九三九年、ホセファ・トレドは、他の女性組織とともに、「共和国市民として女性の権利を議会に要求する女性解放の請願」を議会に提出した。この請願には、男性と同様の政治的権利、市民権、労働における機会の拡張と母性保護が要求されていたが、女性参政権は却下された。結局、女性参政権は、ホアキナ・べガなどのフェミニストの要求により、アナスタシオ・ソモサが事実上独裁者として権力を握っていた一九五〇年に選挙法が改正され、一九五五年に公布された。

参政権を獲得して以降の女性組織の活動は、選挙活動が中心となり、独裁政権に取り込まれていった。ニカラグア初の女性弁護士オルガ・ヌニェスによって「自由党婦人翼賛部」（以下、婦人翼賛部）が、一九五五年に設立された。この組織は、ソモサ政権を支える民族自由党の傘下の女性組織として、高等教育を受けた女性たちを中心に組織された。婦人翼賛部の役割は、独裁政権の支持に女性を動員することであり、選挙運動が主要な活動で、大きな集票力を発揮した。マナグアを中心として中産階級の女性や専門職の女性を成員とした権威的な組織構造をもち、さらに地方出身のエリート女性たちを招き、そのネットワークを利用して民衆層の女性たちを全国レベルで組織した。とくに民衆層の女性たちに絶大な人気があったのは、貧しい階層の出身から身を起こしたニコラサ・セビリャで、のちに独裁政権の蔭の部分である親衛隊に影響力をもち、絶大な権力をもった。

ソモサ政権の女性政策は単純明快だった。一九五七年の選挙でアナスタシオ・ソモサは、すべての選挙演説で女性の権利について言及し、民族主義自由党を女性に法的平等を与える政党であると位置づけた。初期のソモサ政権はポピュリズム的性格をもち、女性組織はソモサへの支持の見返りとして、選挙権、大学への入学、政府での地位や基本的権利を獲得した。こうして、婦人翼賛部は独裁政権維持のための選挙への貢献により、ソモサ政権内部で大きな力をもつに至った。この政策は、四〇年、五〇年代にはうまく機能したが、七〇年代に入り独裁が強まると、選挙の重要性が減少し、婦人翼賛部の女性たちの影響力も減少した。ソモサ政権の腐敗と抑圧が進行する中で女性の市民権の重要性も減少し、あるものはサンディニスタ支持にまわっていった。

反ソモサ独裁闘争の中の女性たち

四〇年近く続いたソモサ独裁時代には、治安警察により独裁に反対する人々に過酷な弾圧が加えられ、政治抑圧が日常化していた。一九六一年に、サンディニスタ民族解放戦線が創設され、武装闘争を通じニカラグアに社会主義革命を実現しようとした。この時期に、のちにサンディニスタ民族解放戦線に加わったグラディス・バエスやドリス・ティヘリーノを中心に、モスクワ寄りの共産主義政党である社会党により「ニカラグア民主女性組織」がつくられた。さらに、一九六三年にはサンディニスタ民族解放戦線に参加したバエスが農民、労働者、学生などの民衆セクターの女性を組織することを目的に「ニカラグア女性愛国同盟」を設立した。秘密組織だったため、バエスの召集に応じて第一回の会合に参加したのは、三人にすぎなかった。この組織は、女性労働者の労働条件の改善、同一労働同一賃金、女性労働者組合の組織化、託児所の設置を目標に掲げ、七〇年代を通じ活動を続けた。

一方、反ソモサ闘争の過程で子どもや夫を殺された女性や政治犯の母親たちを中心に「母親委員会」がつくられ、ソモサ政権への抗議活動が続けられた。サンディニスタの要請により、一九七七年に「国事問題を考える女性連盟」(以下、女性連盟)が、(1)国が直面している問題を考え、その解決にニカラグア女性が参加し闘う、(2)経済、社会、政治のあらゆる生活の諸側面における女性の権利を守る、(3)人権侵害に対し闘う、という三項目を目的として組織された。

一九七八年一月に、合法的政治活動の指導者だったペドロ・ホアキン・チャモロが、ソモサの秘密警察により暗殺された。これを機にサンディニスタ民族解放戦線は市民にも広範囲に支持され、抗議集会が開かれた。「女性連盟」は、都市の専門職や中産階級の女性を中心として組織されたが、人権運動のみでは不十分であることを認識し、ソモサ抜きのソモサ主義つまり自由主義路線か、あるいは民衆による社会主義革命をめざすのかで、活動の路線をめぐり内部対立が起こった。そして、「ニカラグア民主女性組織」を中心とした労働者階級の女性や「政治犯の家族および母親の会」と連帯することにより、一挙に組織を拡大し、反ソモサ運動を展開していた「統一民衆運動」に参加した。

一九七八年七月には、人権、土地の分配、同一賃金同一労働、売春禁止、法的女性差別などの女性の権利に関する政治分析セミナーを開催し、八月にはソモサの消費税の増税に抗議し、「子どもは飢えている」というスローガンを掲げたデモを組織した。七八年九月には、「女性連盟」のメンバーが情報伝達や食料の調達、武器の運搬などの地下活動に協力し、サンディニスタ民族解放戦線の武装蜂起を全面支援した。「女性連盟」の活動は、反独裁政権闘争に女性を組織化することが大きな目的であり、母親、妻としての立場から発した女性たちのソモサへの抗議運動を基盤として、人権問題や女性の法的権利の平等を求める活動を付加した。一九七〇年代の欧米の第二次フェミニズム運動の中心的な関心事だった女性差別やジェンダー(社会的、文化的な性差)役割への抗議を全面に打ち出したフェミニズム運動と一線を画し、ソモサ一族とその背後にある帝国主義への闘争が女性の解放と同義語となっていた。

二　革命と内戦の中の女性たち

サンディニスタ民族解放戦線の女性解放政策

一九七九年七月に国家再建政府が樹立され、新生ニカラグアへの道を歩み出した。サンディニスタ政権は、政治的多元主義、混合経済、非同盟主義の三原則を掲げ、社会変革に着手した。しかし、アメリカは経済封鎖を行い、さらに国内では旧ソモサ派による反革命闘争が開始された。コントラと呼ばれた反革命勢力は、アメリカの資金援助を受け、隣国のホンジュラスに基地をかまえて武力闘争を開始した。一九八三年頃から内戦は本格化し、ホンジュラスの国境周辺では多くの市民が殺され、国家経済も大きな打撃を受けた。こうした内戦状態の中で社会変革が進められ、女性もまたその過程に統合されていった。

アムラエの本部事務所。

サンディニスタ革命を全面的に支援した「女性連盟」は、革命後サンディニスタ軍で殉死した最初の女性兵の名前を冠した「ルイサ・アマンダ・エスピノサ・ニカラグア女性連合」(以下、頭文字からとった略称のアムラエと呼ぶ)と名称を変え、新たに活動を開始した。サンディニスタ民族解放戦線の創始者の一人で、当時の内務大臣のトマス・ボルヘ司令官は、ニカラグアの女性運動の五周年式典で行った演説で、女性解放に関する公式見解として、女性の解放は「社会の基本的経済構造を変えること以外に道はない」と述べ、「女性は、労働の場で搾取され、低い賃金で搾取され、そして家庭で搾取されている」、つまり三重の搾取にさらされていると述べた。女性解放をマルクス主義の伝統的立場からとらえ、母性をもつ労働者として女性を革命に統合することを使命とした。アムラエの役割は、「女性の民衆参加を促進」し、親権の問題や養育法などについて女性のための議論を行う組織と位置づけられた。

革命政府は女性の地位向上のための法的改正を次々に実施した。七九年に交付された権利憲章三条で、男女間の「絶対的平等」が保証された。七九年に養子法、八二年に「母親・父親・子どもの権利に関する法律」、八三年に養育法が制定され、国連女性差別撤廃条約は、八一年に批准された。

一九七九年の「養子法」は、一九七二年のニカラグア大地震と内戦による孤児に対処するための法律で、結婚していなくても男女を問わず養子が可能となった。「母親・父親・子どもの権利に関する法律」では、母親に父親と平等の親権を賦与するとともに、子どもに対する衣食住を含めた養育義務を定めている。また、離婚した場合、七歳以下の子どもがいる母親に養育権を認めている。「養育法」では、家族の成員が性別に関係なく家事を負担しなければならないと規定してる。

労働法では、妊婦の労働条件の改善のために、妊娠を理由に解雇されないこと、産前四週間、産後八週間の有給休暇が保障された。また、母乳保護法が発令された。一九八〇年に家事労働者組合が結成され、際限のない労働と差別的待遇、恣意的な解雇に耐えてきた家事労働者に対し、一日最低一〇時間の継続的休息（夜間の八時間を含む）、最低賃金、時間外休日労働に対する割り増し賃金、産前産後の休暇、不当解雇に対する保証、労災摘要の権利が一九八一年に法制化された。同年に、農業改革および農業組合法が発布された。農業組合法は、農業共同組合を組織し土地なし農民に土地を分配するための法律だったが、ラテンアメリカで初めて、女性は家族内の役割とは無関係に、共同組合の個々の成員として土地配分の対象とされた。また、売春を禁じ、女性を商業的、経済的搾取の対象として扱うことを禁止したコミュニケーション・メディア法が施行された。

八七年の憲法改正にあたりその第四章の家族の権利では、家族を社会の基礎単位として位置づけ、家族を保護するのは社会および国家の義務であると述べている。同法では、結婚は法的結婚であるかどうかを問わず、平等に国家に保護され男女の自由意志に基づき成立すると規定している。同年に、離婚法が制定された。しかし、女性の姦通は離婚の理由となるが、男性のそれは認められないなど、法制上も男女の不平等が放置されつづけた。

革命とそれに続く内戦、経済の困窮は、国内および国外への移住を助長し、ニカラグア革命の一〇年の間に家族構造を大きく変えた。第一の変化は、女性世帯主の増加である。革命以前の一九七七年には二三％だった女性世帯主の割合は、一九九三年には二八％となり、とくに都市の女性世帯主は三六％に増加している。法的婚姻関係にある女性の割合はしだいに減少しているのに対し、内縁関係は一九七九年には二二％だったのが九三年には三五％に増加している。一方で、女性の早婚、多産の傾向はいまなお続いており、離婚の割合は増加している。婚姻関係は不安定となり、結婚と別離を周期的に繰り返し、同一家族内に父親の異なる子どもが何人か存在する家族が増えている。失業や貧困化がさらに家族構造を不安定にし、家庭内における暴力を誘発している。

サンディニスタ政権では、女性労働者の権利と保護に関する政策の法的整備は前進したが、こうした急激な家族構造の変化に対処し、中心的家計維持者としての女性労働者に、雇用における機会均等や権利を保障するうえでは不十分なものだった。また、家庭内における不平等や性別役割に起因する女性の二重労働や夫からの虐待、リプロダクティブ・ヘルス（性と生殖に関する健康）の問題には応えることができなかった。

女性の置かれた政治・経済環境

ニカラグア革命により樹立された国家再建政府には、ペドロ・ホアキン・チャモロの未亡人ビオレタ・チャモロが国家評議会メンバーに加わり、「女性連盟」の創設メンバーたちが閣僚あるいは副大臣に抜擢された。また、革命に功績があった女性たちが政府の要人に登用され、革命以前には一人もいなかった女性の国会議員は、再建政府の全国会議員五二人のうち六人となった。八四年の選挙では一六歳以上の男女に選挙権が与えられ、国会議員九六人のうち女性議員は一四人に増加した。

サンディニスタ政権の下で、女性の政治参加はしだいに増加したが、意思決定を行う執行部への参加にはガラスの天井が存在した。サンディニスタ民族解放戦線は、選挙戦で一九％の女性候補者を出したが、中間組織の執行部では女性が五六％を占め、活動家の二一％が女性であるのとは対照的に、国政レベルの執行部に女性は入っていなかった。一九八九年までのサンディニスタ民族解放戦線系の組合への女性の参加をみると、サンディニスタ労働組合の組合員の三七％、農村労働者連合の会員の四〇％、全国農牧業組合の一二％を女性が占めていたが、執行部における女性の

マサヤ市場の風景。

割合はそれに見合ったものではなかった。

女性の労働市場への参入は、内戦が始まり徴兵で男性が戦場に赴いたことにより、ますます前進した。経済活動人口に女性が占める割合はしだいに増加し、女性労働人口は革命前の一九七五年から一九九二年の間に二・五倍に増加している。しかし、一九九〇年に内戦が終結し、男性が戦場から戻ると失業率が高まり、男性が元の職場に戻って女性と競合しはじめた。

産業別にみた女性労働人口の割合は、表2で示したように農業が少なく、サービス業がもっとも多く過半数が従事している。一般に、農業人口に女性が占める割合は低く、内戦のさなかの一九八五年でも一二％、内戦終結後の一九九三年には八％未満だった。しかし、季節労働を含めると、一九八五年にはコーヒーおよびタバコの季節労働者の七〇％、綿花の六〇％が女性で、一九九一年には、綿花で三六％、タバコで四八％、コーヒーで三八％が女性だった。季節労働者として働いている女性は、共同組合への参加は少なく、組合員と同一賃金を受け取るが、組合の運営や、組合の提供する技術訓練プログラムに参加できない。労働内容は、男女で明確な役割分担があり、たとえばバナナ農場では、農作業や管理、収穫は男性の仕事で、女性は週二、三回のバナナの選別や箱詰め作業に従事し、トラクターなど機械化された部門は、ほとんど男性の仕事になっている。

工業部門では、ジェンダー役割と一致した繊維、食料などの部門に女性労働者が多く、伝統的な女性の職種に対する低賃金化という隠れた差別が存在している。八五年の繊維・被服部門の調査では、女性労働者が七〇％を占めるのに対し、管理職の女性の割合は二〇％だった。第三次産業内の職業別の女性分布は、零細な物売りなどに代表される商業が二二％、家事労働者などの個人および公共サービス関係が二八％と高い割合を占め、技術、専門職、事務職がそれぞれ一〇％、管理職はほとんどいない。とくに、女性はインフォーマル・セクターの労働が多く、不安定な就労状況に置かれている。インフォーマル・セクターの労働の代表的職業は、家事労働者（女中）である。革命直後に、アムラエにより家事労働者組合が結成されたが、一九九三年の調査では九八%の家事労働者が組合の存在を知らず、八二年に法で定められた権利も知らない家事労働者は全体の半数近くに及んでいる。家事労働者のうち、教育レベルが初等教育以下が全体の七九%を占め、一五歳から三五歳までの若年女性と独身の母親が全体の七三%を占めている。教育を受ける機会がなく、子どもを抱えた女性にとって、職種の選択は非常に限定されているといえよう。

一方、革命以降ニカラグア国民の教育機会は大きく前進した。革命直前には五〇%に及んでいた非識字率が、全国識字運動後一四%まで減少した。革命前と九三年を比較すると、就学者数は初等・中等教育で二倍、高等教育でも一・四倍に増加した。徴兵を義務づけられなかった女子の就学率は一般に男子を上回り、初等教育を留年せずに卒業する女子が一四%に対し、男子は一〇%である。一方、まったく教育を受けていない人々も存在し、人口の三〇%近くに及んでいる。とくに農村では、女性の四四%、男性の四六%が教育を受けていない。女性の教育機会の増大と労働市場への参入の関係をみると、教育レベルが高くなるほど就労機会が高まっている。しかし、技術・職業教育における女性の専攻分野は、農牧業三%、工業二%と低く、タイプライター、速記、編集、経理、秘書などの実業教育が九四%を占めている。高等教育における専攻分野では、教育専攻の七〇%、社会科学専攻の八三%、人文科学の七〇%の学生を女性が占めている。男女の専攻別の分布は革命前と比べると均衡化しつつあるが、労働市場への参入におけるジェンダー役割を打破するものではなく、まだ伝統的女性分野への進出が多い。

サンディニスタ政権下のフェミニズム運動

サンディニスタ政権下で公的な女性解放運動を担ったのがアムラエであり、その重要な役割は女性を革命へ統合することだった。アムラエは、一九八〇年の全国識字運動や続く全国保健運動に女性を動員した。アムラエのメンバーの二〇%が識字運動に参加し、識字運動の教師の五一%を女性が占めた。識字運動に続く保健運動にも、多くの女性たちが隊員として参加し、予防接種や衛生、栄養指導などを母親たちに行った。最初の二年間のアムラエの活動は、国家再建と防衛のために女性を動員することに費やされた。一九八〇年には、アムラエのメンバーは一万七〇〇〇人から八一年には二万五〇〇〇人に達し、四二〇の農村支部と三八二の都市支部が活動していた。

アムラエが、サンディニスタ民族解放戦線と最初に対立したのは徴兵問題だった。ソモサ独裁に対する武力闘争には、多くの女性が兵士として参加した。その数は、全兵士の四分の一とも三分の一ともいわれている。女性たちは、武器を運んだり、伝令をしたりという後方活動だけではなく、実際に戦闘に参加し、司令官として大きな作戦を実行した。一九八三年の徴兵制施行で、アムラエは男女平等に徴兵を適用するよう主張したが、サンディニスタ民族解放戦線は女性がまだ家庭での責任を担っており、保育所などの施設の建設は内戦状態の中で事実上不可能であることを理由として、とりあえず男性だけを徴兵の対象とすることに決定し、女性は志願制とした。この措置で、サンディニスタ軍における女性の割合は、四〇％から一四％に減少した。女性の徴兵問題に関しては、さまざまな論議があるが、女性の軍隊への参加は、市民権獲得の問題と深く関わってきた。また、軍隊から女性を排除することはジェンダー役割の容認につながる。同年、アムラエは女性のための法律事務所を開設し、離婚、夫による妻への暴力、子どもの扶養料について相談を受け付けた。このプロジェクトは、アムラエがサンディニスタ民族解放戦線の下部組織としてではなく、初めてフェミニズム組織として女性の問題を独自に取り上げたものだった。

一九八六年のアムラエの第二回全国大会は、その後のアムラエの活動方針を決定づける岐路となった。この大会では、避妊の必要性や女性への暴力、職業をもつ女性への職場でのセクシュアル・ハラスメント（性的嫌がらせ）などが問題とされた。女性労働者は労働組合の中で、専門職の女性は職場で性差別を感じていた。サンディニスタ民族解放戦線は、女性の抱える問題に党員の目を向けさせるための指導性が欠けると批判された。アムラエは、サンディニスタ民族解放戦線を頂点とする垂直的組織化を行ってきたが、職場や自立的に女性の問題に取り組むグループは、この権威主義的傾向にも批判的だった。八七年には、女性の問題およびアムラエとサンディニスタ民族解放戦線の関係についてさらに議論が激化した。批判的なグループのうち農村労働者連合の女性労働者たちは、アムラエにより管理されていたフェミニズム運動の分権化を主張し、各労働組織ごとに女性部を設置した。また、理論的なフェミニズム分析を行う小グループ「エロティック左翼党」が誕生し、メキシコで開催された第四回フェミニズム会議に初めてアムラエ以外の組織として参加した。演劇活動を通じてフェミニズム運動を実践する「マタガルパ女性集団」も、一九八六年に誕生した。

こうした一連の動きに対し、一九八九年にサンディニスタ民族解放戦線は、女性差別に反対するための男性および女性の教育と意識の向上に責任をもっと表明したが、一方で女性解放運動が革命の発展を妨げ男性に敵対する闘いにならないようにという見解を発表した。サンディニスタ民族解放戦線は、基本的に女性組織を管理下に置こうとし、アムラエ内部にもフェミニズム運動の分権化に対し強い反発があった。

サンディニスタ民族解放戦線は、女性からの要求をブルジョワ的あるいは国際社会の借り物としかみず、マチスモや家庭内の暴力、子どもへの近親相姦や職場でのセクシュアル・ハラスメントの実態を真に認識してはいなかった。ニカラグアでは女性一人当たりが産む子どもの平均数は五人と高く、性教育や家族計画は緊急の問題であり、一九八六年の憲法制定会議においても「意識的な母性」が必要であるという論議が展開されたが、サンディニスタ民族解放戦線はその論議を人口政策に発展させることができなかった。カトリック教会との新たな対立を避けるため、堕胎は問題にすらならなかった。しだいに、アムラエは、サンディニスタ民族解放戦線の方針に従い、農村や、共同体の女性の組織化や英雄・殉死者の母親の組織化に活動が移っていった。同時に、一九八九年から「女性の家」を各地につくり、家庭における暴力問題への取り組みを開始した。

一九八九年三月、アムラエは、総会で選挙においてサンディニスタ民族解放戦線を全面的に支援することを決定し、サンディニスタ民族解放戦線の下で集票組織化していった。アムラエの最大の問題は、経済封鎖や革命への防衛を優先し、女性の問題を二次的問題ととらえたことである。アムラエ執行部は、女性が労働組合や他の組織に参加しながら、なぜ女性独自の組織が必要なのかを理解しなかった。一九九〇年の選挙戦で、サンディニスタ民族解放戦線は貧しい女性たちの抱える問題をすくい上げることができないままに終わった。アムラエは、サンディニスタ民族解放戦線の下部組織として活動することで、政策立案へのパイプを得たかにみえたが、実際には上位の意思決定には参加することができなかった。サンディニスタ民族解放戦線のくびきから逃れられず、真に自立的なフェミニズム運動を構築することができなかった。

三　サンディニスタ革命を越えて

保守化の波

一九九〇年の選挙でサンディニスタ民族解放戦線が敗北し、替わってビオレタ・チャモロ大統領が誕生し、「野党連合」が政権与党となった。ニカラグア初の女性大統領が誕生したが、このことは必ずしもフェミニズムの前進を意味したわけではなかった。一九九〇年の選挙では、国会議員九二名中女性は一七名で、選挙における女性候補者の占める割合は二五％だった。政党別に候補者をみると、チャモロ大統領を支持した「野党連合」の女性候補者の割合は、一一％、サンディニスタ民族解放戦線は一九％だった。地方選挙での女性候補者の割合は、「野党連合」が一九％、サンディニスタ民族解放戦線は一四％にすぎず、とくにサンディニスタ民族解放戦線は全政党中で女性候補者の割合がもっとも少なかった。

選挙中、チャモロ大統領は聖母マリアと伝統的母親のイメージを全面に打ち出し選挙戦を展開した。これは、母親を中心に大家族が結束する伝統的ニカラグアの家族への回帰を示唆している。伝統的カトリックの影響が強い新政権は、教育においても新たに公民教育を加え、キリスト教の教えや、伝統的な家族像、ジェンダー役割を教科書の中に挿入した。性教育に関しても、中等教育の公民教育では家族または性の問題を取り上げているが、人工的な避妊を否定し、唯一自然な避妊のみを認めている。堕胎は、宗教的、倫理的に厳しく非難されている。公民教育において示された家族像は、核家族を基盤とした性別役割を遵守する伝統的家族像だったが、現実には、教科書の示すような家族規範とは異なる男性の家庭放棄と女性の世帯主化が増大する家族構造の変化がみられる。

チャモロ政権では、一九九二年のホモセクシュアルに関する刑法の改悪にみられるような保守的傾向が増大した。性教育やＨＩＶ検査が妊婦に行き届いていない状態は、容易にエイズの温床となりやすいが、エイズ対策として政府はコンドームの使用や性教育を援助する代わりに、ホモセクシュアルと売春を罰する法律を可決した。

新自由主義経済政策が女性に与えた影響と女性政策

国際通貨基金（ＩＭＦ）と世界銀行の指導による構造調整が実施されると、とくに貧困層の女性たちに大きな影響を及ぼした。一九九一年三月の通貨切り下げの結果、物価は三五八％上昇し、構造調整と経済危機の影響は失業という形で顕著に現われた。一九九二年末には、経済活動人口の四〇％から五八％は失業状態にあった。公務員の解雇と民営化のための政府の職業転換政策は、多くの失業を生み出し、伝統的に女性の職場とされる繊維、縫製、食料、手工芸の工場や農業共同組合が閉鎖された。一九九　年のアムラエの調査では、約一万八〇〇〇人の女性がこれらの分野で職を失った。男性の戦場からの帰還は、女性の失業にさらに拍車をかけた。さらに、教育、福祉予算が削減され、女性世帯主の生活を直撃した。

子どもたちの食事を共同鍋で用意する母親グループ。

女性世帯主の八六％は単身で、七七％が労働市場に参入しているが、都市の女性世帯主の大部分が、不安定なインフォーマル・セクターの仕事に従事している。女性世帯主の四四％は貧困状態にあり、三八％は極貧状態にある。これらの家庭は、生存のための戦略として、労働の強化、経費の縮小などのほかに子どもを含めた家族の成員を少しでも多く労働市場に送り込もうとした。その結果、単に教育の民営化の影響で授業料が徴収されたことばかりが原因ではなく、学校の中退率が増加した。

チャモロ大統領の下で一九九三年に「ニカラグア女性機構」が政府の女性政策の諮問機関として再編された。この組織は、一九九五年の第四回世界女性会議（北京会議）への参加準備として教育、労働、暴力の分野における全国女性活動計画を作成し、一九九〇—九六年女性プログラムを策定した。「女性と児童委員会」が設立され、女性と児童に対する暴力の問題に取り組んだ。ここで定義される暴力とは、女性・子どもへの家庭内の暴力・性暴力、職場での性差別・セクシュアル・ハラスメント、マスメディアにおける性の商品化である。ニカラグアでは、闇堕胎による女性の死亡は少なからぬ数に上っているが、非合法的な堕胎による女性への被害はこの取り組みには含まれていない。一九九六年一〇月に、家庭内の暴力を予防し、罰するための法律が施行された。また、憲法と刑法の矛盾として問題となっていた女性に対する姦通罪（刑法二一一、二一二条）が、一九九八年に廃止された。

「ニカラグア女性機構」内に農村女性フォーラムがつくられ、農漁業政策にジェンダーの視点を取り入れることが承認された。農牧業省は、女性のために農業生産者と漁業従事者のための技術訓練プログラム「女性・ジェンダー・開発セミナー」を開設した。国立技術研究所がジェンダーによる職業の偏りを是正するため、秘書、服飾、繊維関係のほかに女性にとって非伝統的職種である装飾鋳物、建築用部品製造、家庭電器、繊維機械操作などの失業女性のための技術訓練コースを設立した。

フェミニズム運動の多様化

一九九〇年におけるサンディニスタ民族解放戦線の敗北は、フェミニズム運動に関わる女性たちにも大きな影響を与えた。アムラエ内部でも、組織の批判的再検討とサンディニスタ民族解放戦線との関係についての論議を呼び起こした。一九九一年三月九日と一〇日にアムラエの全国大会が開催され、選挙の総括が行われた。アムラエは、女性問題は基本的に経済的問題で、革命的な変革が構造的問題を解決するというサンディニスタ民族解放戦線の公式路線を踏襲した。これに対し、大部分の労働組合の女性部はアムラエの全国大会をボイコットした。

サンディニスタ民族解放戦線＝アムラエ路線に対するもう一つのフェミニズム運動の考え方は、経済的問題の重要性は否定しないが、女性特有の問題は階級的視点からだけでなくなるわけではなく、女性の現実とマチスモ文化という特定の視点からみる必要があるというものだった。これを支持するフェミニストにより、同年三月に全人口に女性の占める割合から名づけた「五二％の祭典」が開催された。アムラエは参加を拒否したが、初めて組織として参加したレスビアンなどの参加を得て、成功裡に会期を終了した。しかし、アムラエのヘゲモニーを批判して結集したフェミニスト・グループの間にも、運動の進め方をめぐり新たな分裂が始まった。農業労働者組合や中央サンディニスタ労働者の女性事務局は、自立的なフェミニズム運動の形成よりも、目前の失業問題を最重要課題と考えた。

こうした多様なフェミニズム運動の誕生を背景に、一九九二年一月に八〇〇人近い女性の参加を得て、再び「多様性の中の団結」をスローガンにした全国大会が開催された。大会には、女性労働者・専門職、フェミニスト、大西洋岸の先住民女性、農民、学生など、さまざまな女性たちが参加した。大会では、保健、教育、性、女性に対する暴力、経済について話し合われ、フェミニスト・プロジェクトへ出資するための女性銀行の創設や、ゲイ・プライド・デイへの支援、性差別のない教育が決議された。こうした動きの中から、一九九五年の北京会議に非政府組織（ＮＧＯ）として参加したグループやさまざまな女性組織が生まれた。

一九九六年の選挙でチャモロ大統領から政権を引き継いだアレマン大統領は、新自由主義体制をそのまま踏襲したが、新しい積極的な女性政策の展開はみられない。むしろ国立女性図書館を民間のＮＧＯに委託するなど、ますます民営化の傾向を強めている。

自立的フェミニズムへの模索

サンディニスタ政権時代には、ニカラグアのフェミニズムはニカラグア革命とともに始まったといわれた。女性参政権運動以来、多くの女性が自由主義政党を支持し、ソモサ独裁政権の中で女性組織が積極的な役割を担ったという事実は、忘れ去られるべき事実あるいは黙殺すべき事実としてニカラグアの正統派フェミニズムの視野には入らなかった。一九九〇年のサンディニスタ民族解放戦線の敗北は、フェミニズムの多様化への道を開いたと同時に、女性の政治参加の多様なあり方への批判的な考察をも可能にしたといえよう。

サンディニスタ政権による女性解放政策は、ニカラグアの女性の地位の向上にとって大きな前進を意味した。その功績を過小評価するわけではない。しかし、女性の参政権、権利獲得の名の下に独裁主義に従属していったフェミニズムのあり方は、社会主義に従属させられたフェミニズムにも批判的に照射されよう。民主化に取り組みながら、自立的なフェミニズムを模索し、運動を展開するためには、自由主義体制、独裁制、そして社会主義体制における女性解放運動の歴史的事実を、現代のフェミニズムの視点から再構築する必要があろう。

参考文献案内

1　ニカラグア革命における女性の状況とフェミニズム運動については、Helen Collinson, ed., *Women and Revolution in Nicaragua* (London and New Jersey : Zed Books Ltd, 1990) が、女性の状況、政策、およびフェミニズム運動について概論している。一九八〇年代のアムラエの活動を中心としたフェミニズム運動については、Clara Murguialday, *Nicaragua, revolución y feminismo : 1977–89* (Madrid : Editorial Revolución S.A.L., 1990) がある。

2　Margaret Randall, *Sandino's Daughters : Testimonies of Nicaraguan Women in Struggle* (Vancouver, B.C. : New Star Books, 1981) は、サンディニスタ民族解放戦線の反独裁闘争に加わった女性たちの証言によりニカラグア革命を描いている。同じくMargaret Randall, *Sandino's Daughters Revisited : Feminism in Nicaragua* (New Jersey : Rutgers University Press, 1994) は、その続編で、サンディニスタ政権が敗北したあとのフェミニストやサンディニスタの女性たちとの対話を通じて、ニカラグアのフェミニズムを総括している。

3　Teresa Valdes Echenique y Enrique Gomáriz Moraga coordinadores, *Nicaragua : Mujeres latinoamericanas en cifras* (Santiago : FLACSO, 1994) は、ニカラグアの女性に関する人口、労働、教育、法制、社会政治参加などの広範な情報を集めている。

4　ニカラグア革命における女性解放闘争についての日本語文献は、拙論「ニカラグアにおける革命と女性」（加茂雄三・細野昭雄・原田金一郎編『転換期の中米地域』大村書店、一九九〇年）に所収。同じくサンディニスタ政権下の家族政策については「ニカラグアの家族——サンディニスタ革命と新しい家族像」（三田千代子・奥山恭子編『ラテンアメリカ　家族と社会』新評論、一九九二年）を参照。

12章

ペルーの新しい社会と女性

グローバル化と参加の噴出の社会に生きる女性たち

浅香幸枝

女たちが、なぜここにいるかって？
貧困への闘いを一緒に分かち合いたいからだ。

『代表の女たちは語る——エル・アグスティノの28人の代表の証言集』表紙より
Hablan las mujeres dirigentes
— testimonios de 28 dirigentes de el Agustino —,
Lima, Servicios Educativos El Agustino, SEA, 1996.

ペルー女性史関連年表

西暦	事　項
1955	男女の最低賃金平等化を制定。
	女性参政権が成立する。
1961	私企業の女子労働者の産休を制定。
1965	夫婦別産制（夫婦がそれぞれ別々に財産を所有管理する制度）を制定。
1973	「女性再評価の規則」制定。
1974	「ペルー全国女性委員会」設立。
1975	「ペルー女性の年」を宣言する。
1976	人口政策のガイドラインに生殖に関する権利が盛り込まれる。
1978	市民的および政治的権利に関する国際規約と経済的、社会的および文化的権利に関する国際規約を批准する。
1983	リマで第2回ラテンアメリカ＝カリブ・フェミニスト集会開催。
1984	出生、国籍、婚姻、仕事において成人女性は完全に能力があると民法で制定される。(男性と完全に平等な独身女性と異なり、既婚女性は夫が裁判の代表権をもつ)。
1985	女性の人権のために国家人権調整委員会設置される。
1987	アプラ党のガルシア政権下でペルー初の女性大臣誕生（厚生省および文部省で)。
1988	任意の不妊手術が許可される。家族計画に中絶は含まない。
1989	文部省、性差別をしない教育方法のガイドラインを発表。
1990	フジモリ政権下で女性の政治中枢での参加が増大する。
1992	女性のためのプログラムが国家レベルで20プロジェクト（ラテンアメリカ第1位)。
1993	全国の市長の6.2％を女性が占める。
	農村労働組合の指導者の30.6％を女性が占める（ラテンアメリカ第1位)。
	家庭内暴力に対する保護法公布される。
1994	法務省の下に、「女性と子どもの権利の恒久委員会」設置。
	行政権の20％を女性が占める。ラテンアメリカでは、コスタリカ、ホンジュラスに続き第3位。
1995	フジモリ大統領、第4回世界女性会議（北京会議）に出席する。
	女性労働者には産前産後に45日間の休暇の権利が認められる。
	18歳以上の女性を25人以上雇用する会社は育児室を設置しなければならないとする法令が成立。
1996	「女性と人間開発推進省」、行政監察委員会における女性の監察委員会および国会における女性委員会の3つを設置し、その長にはすべて女性が就任。
1997	割当法成立。
1998	地方選挙で初の割当制が採用される。
2000	「女性と人間開発推進省」、リマでラテンアメリカおよびカリブ海地域の経済社会発展における女性の統合について、第8回会議を開催。
	大統領選挙・国会議員選挙でも初の割当制が導入される。

序　女性からみえる現代ペルー社会の特徴

現代ペルー社会といえば、読者の皆さんはどのようなイメージと印象をもたれるであろうか。インカ帝国や空中都市に住む、帽子とギャザースカートが特徴の、民族衣装をまとった先住民女性たちののどかで優雅な姿であろうか。それとも出稼ぎで日本に来ている日系人やフジモリ大統領を通じて身近な隣人であろうか。

ＣＳ衛星放送のＩＰＣラテンアメリカ・チャンネルで「私たちラテンアメリカ（Somos Latinoamerica）」という二四時間放映のラテンアメリカのスペイン語圏各国の人気テレビ放送が日本でも受信できる。このペルー放送を見ていると「グローバル化」「参加の噴出」といったキーワードで今日のペルー社会を捉えることができるように思う。さまざまな肌の色、文化背景の異なった人たちが、インタビュアーの質問に答えている。ペルーのダイナミックな社会変動を画面からうかがうことができる。新しいペルーを建設中なのだという熱気が伝わってくる。同時にスペインの植民地時代以来の旧支配層は押され気味な様子も伝わってくる。

本稿執筆中の一九九九年八月下旬から九月にかけて、女性関連のニュースは、カリスマ人気をもつミス・ペルーとフジモリ大統領がジャンパー姿で自転車に乗り、貧困地区を歩いている姿が放映され、その後元ミス・チリが同様に姿を現わしている。また、フジモリ政権の女性政策の目玉でもある女性の権利推進大臣が女性の深夜労働からの保護を強く訴えていた。実力派の頼もしい女闘志といった風貌である。二〇〇〇年四月の大統領選挙に向けて、「国民とともにあるフジモリ大統領」といった映像が流れている。一般大衆向けとしては、ルーマニアのサーカス団の女性スター、マリネラとペルー人のマルコが駆け落ちしたことがほぼ毎日のように大きく扱われていた。ペルー男性とペルーを生活の場に選んだマリネラにペルー国民の好意的な熱い視線が注がれていた。この事件を通じて「ペルー国民」であることの誇りを確認しているようだった。「ミス春」のコンテストの模様が放映されている。ペルーでは女性の美しさというのは社会上昇のための道具だということが伝わってくる。

女性の権利の進展を国際社会の中に位置づける場合、一九九九年ペルーの「人間開発指数」(序章参照)は世界の八〇位だが、「ジェンダー・エンパワーメント測定」(序章参照)は六三位である。ラテンアメリカでの一位はバハマで、人間開発指数世界三一位、「ジェンダー・エンパワーメント測定」は一三位である。ペルーはラテンアメリカでは二一番目の人間開発指数であり、「ジェンダー・エンパワーメント測定」は二〇位である。ちなみに日本は人間開発指数が世界の四位でも、女性は三八位となっている。(序章参考文献5)

「平等、開発、平和」をスローガンに一九七五年に始まった国連主催の国際女性年は、世界の女性や家族に大きな影響を与えた。マスメディア、通信、交通の発達により、新しい女性の理想像が国際社会に提示された。こうした影響はペルー社会にも及んだ。これは近代化の歪みが、弱者の立場に置かれた女性たちから指摘されたといってよいであろう。一九八〇年代になると民主化が進み、一九九〇年代にはグローバル化の波におおわれたペルーは、先進諸国と同様に高度情報化社会に適応した女性像が日常生活の中で浸透していった。女性からペルー社会をみると、男性市民中心の見方とは異なった特徴が浮かび上がってくるように思う。

一　現代ペルー社会の特徴

五〇年代以降のペルー社会の大変動

現代ペルー社会の特徴を考えるならば、まず、一九五〇年代のペルー社会の大変動を知らなければならない。

一九五〇年代、外国資本による製造業の発達により都市においては新しい職業が創出され、都市化が進んだ。一方、山岳部では輸出農業が浸透し、とくに、人口増加のためにいっそう窮乏化した農民たちは、一九六〇年代の初めには、ペルーの農民運動の指導者ウーゴ・ブランコを中心に農民闘争を激化させていった。一八八三年、チリと戦った「太平洋戦争」の完敗以来、ペルーの近代化にとって一番の課題は、先住民の大多数が住む山岳部をどのように国家に統合していくかということであった。しかしながら、一九世紀の末から始まったペルーの近代化は大多数の先住民民衆を排除していた。先住民民衆は、単に、経済発展から取り残されたというだけでなく、言語、価値観、生活様式といった文化面でも、近代化の波に乗った人々とは異質であった。つまり、植民地時代には、イベロ文化と先住民文化が共存していたが、二〇世紀になると、資本主義への順応を基準として支配文化と亜文化が形成されるようになった。支配文化を形成したのは、イベロ文化の担い手であった西欧化した上層階級であり、工業化によって生まれた中間階級であった。ところが、競争を好まず、温情主義を頼みとする大多数の民衆は亜文化を形成したのだった。たとえば、先住民民衆は経済的には国の経済機構に従属しながらもある程度自給自足しており、言語、価値観、生活様式においては独自性を保っている。また、家事労働者（女中）などの下層階級の文化もこの亜文化を形成した。

ペルーにおいては、近代化から取り残された人々というのは、植民地時代以前からの先住民文化をなおも引きずっているのであって、ここに国家への統合の難しさがあった。しかし、一九八〇年代からの民主化と経済危機による社会構造の変容は一九九〇年代にはグローバル化の中で加速変化し、先住民民衆たちが形づくっていた亜文化は必ずしも弱者のものではなくなりつつあるのが今日の特徴である。

軍部クーデターによる革命と先住民政策

現代ペルー社会の大きな変容の土台となった軍部のクーデターは次のような背景でなされた。軍部は伝統的には、教会および大土地所有者とともに保守派であったが、一九五〇年代になり、高等軍事研究センターで改革的な教育が行われ、軍人に中間階級と下層階級の出身者が増えると軍内部にも改革的な傾向が現われるようになった。

一九六八年、クーデターによって政権についた軍部は、ラ・コンベンシオンでのウーゴ・ブランコを中心にした農民反乱を鎮圧したのち、ここで農地改革を行った。また、全米農業開発委員会を招待したり国家企画庁を設立することによって、農業問題や社会経済開発計画などペルーの抱える問題解決に乗り出した。

一九六八年の軍部による改革は「インカ計画」と称され、低開発を克服して、富の公正な分配をめざしたものだった。具体的には、農業改革の実施や資源および重要な輸出産業を国家管理するとともに、農業共同組合および鉱業・工業・漁業・通信の各部門での共同体づくりなどによる経済基盤の整備である。また、社会動員翼賛庁（SINAMOS）によって国民の政治参加を実現した。一九六九年には「先住民の日」を制定し、七五年にはケチュア語を公用語として、先住民にも国民としての参加の道を開いた。

インカ帝国の統治については、ペルーでは先住民問題との関係でよく取り上げられてきた。毎年家族の成員数によって土地が分け与えられ、夫婦を中心とする家族のアイユでの生活を、低開発の山岳部農村における発展モデルと見立てるからである。インカ帝国では、人口が増加すると灌漑により耕地面積を拡大した。あるいは、その地方の生産規模に合わせて、農民の国内移住も計画的に行われ、富の分配が公正になされていた。そうした安定した経済的社会的基盤の上に、夫婦はそれぞれの役割分担はあったとしてもどちらか一方が優位に立つということはなかった。子どもたちは長じるに従って、男子は父親から、女子は母親から、それぞれの役割を学んでいった。また、寡婦や孤児は生活上の心配をする必要がなかった。富を共有し、血でつながっている血族や、結婚によってつながっている姻族の集団であるアイユの中で扶養されていたからだった。

しかし、軍事政権時代（一九六八—八〇年）の農村やスラムでは、そのような生活形態はすでに過去のものとなっていた。マチスモ（男性優位主義）が支配的で家長権の強い農村やスラムにおいては、夫の収入が減って男らしさの対面を保てなくなると、妾宅への夫の逃亡や夫の暴力の頻度が増した。生活のために妻が働いている間、平均四—五人いる子どもの世話をしたり、家事をするのは、幼い兄姉であることが多かった。そこには、実質的に母子を中心とした家族があるのみといってよい。幼い子どもたちは労働力であり、両親の愛情に満たされて育てられた中間階級以上の子どもたちとはほど遠い生活を送っているのが現状であった。

民主化と経済破綻とテロ

一九八〇年代は、多くのラテンアメリカの国々と同様、ペルーはベラウンデ政権下で自由主義路線をとった。しかし、有効な政策を欠き、外国資本の導入によって国内産業は大きな打撃を受けた。さらに、一九八〇年の民政移管にともない、山岳部アヤクチョで毛沢東主義派のゲリラ運動センデロ・ルミノソ（輝く道）やトゥパック・アマル革命運動（ＭＲＴＡ）が農村部・都市部に武装活動を開始し、治安は悪化していった。一九八五年にはアプラ党の若き大統領ガルシア政権に引き継がれ、反帝国主義である反米路線をとり、国際金融資本と対立し、一九八七年には銀行の国有化を行った。この大統領の下でペルーの経済状況は停滞からカオスへと向かい、八八年には経済成長率はマイナス八・八％、翌八九年にはマイナス一〇・四％となり、一九九〇年までの五年間で物価は二万二〇〇〇倍にものぼった。

このように、ペルーでは一九八〇年代は国家経済が危機的状況であり、政府の管理を外れた路上の両替や行商といったインフォーマルな経済活動が活発化し、このインフォーマル・セクターから新しい中間層が形成されていった。フォーマル・セクターが没落して、中間階級はいくつも仕事を兼務しなければならなくなった。すなわち八〇年代になると一九六八年の農地改革をはじめとする一連の改革で没落した上層階級が立ち直りの見込みがないほどに窮乏化した。この頃から中間階級の社会での志向性に変化が現われるようになった。かつては伝統的にスペインの伝統文化を受け継ぐ上層階級と価値を等しくする傾向にあったが、新興の民衆層と共同して社会改革に意欲をみせるようになったからである。政府および非政府組織（ＮＧＯ）の支援の下で、道義的な理由だけでなく、ペルー社会の下層階級の人々と手を組む方が自らの仕事の確保にもなったのである。

このような困難に直面しながらも、逆説的だが、スラムではその生活改善に向けて積極的なつながりが強化されていった。食料難のため、スラムでは、独特の給食サービスを行い、地域ごとの助け合いが行われている。中間層の女性たちの一部は貧しい女性たちを啓蒙し、また連帯しながら、女性差別、暴力、子育て、避妊、円満な夫婦関係を漫画などを使ってわかりやすく教えた。こうして女性たちは自ら組織化し、政治力をつけていったのである。こうした活動を支える「おんなの声」、「ビバ」など七種類の雑誌は、一九八〇年から九〇年代にかけて盛んに出版されるようになった。これらの雑誌を時代順に読んでいくと、ペルー社会が底辺から力強く変わってきたことがわかる。

スラムにおける運動は、一九七〇年代の占拠した土地の合法化および電気・水道・下水道といった基本サービスを求める運動によって町内会結成に至り、八〇年代には経済危機下で家族の栄養と健康を守るために、住民から地方自治体に働きかけるようになった。とりわけ、女性たちが中心になって母親クラブや共同調理の民衆食堂、子どもたちに牛乳を飲ませる牛乳委員会を形成した。一九七〇年代の末に始まった民衆食堂は、カトリック教会によって始められた。国勢調査によりまとめられた『ペルーの女性』(参考文献2、一九九五年)によれば、一九九四年にはリマの民衆居住区では二二七三の数の食堂がつくられた。母親クラブ数は二五七五、牛乳委員会数は七六三〇にのぼっている。ペルー全土では、母親クラブは一万九二五〇、牛乳委員会は三万七八三、民衆食堂は四四八六の数にのぼっている。スラムや地方においては伝統的に相互扶助意識があり、集団で結束することにより問題を解決しようとする傾向がある。この人たちは額に汗して働くことを嫌わないことにも、肉体労働を嫌うペルーの支配文化をもつ人々とは根本的に異なっている。

ベラスコ軍事政権により、征服以来社会の最底辺層を占めた山岳部農民やスラムの住民たちは自らのもつ人権に目覚め、民主化の動きが強まったペルー社会ではあったが、続く経済政策の失敗によって意識の高揚のみが拡大され、国家規模での政治的、経済的、社会的統合までには至らなかったのである。

フジモリ政権下の新自由主義と構造調整

一九九〇年六月に誕生した、「誠実・勤勉・技術」をモットーとした日系人フジモリ大統領による新政権は、こうした自らのための発展を求める人々の支持を得て成立した。フジモリ大統領は最初、取るに足らない泡沫候補と見なされてきた。しかし、国際社会でプレゼンスを増した日本を先祖の国とする日系人たちの特徴とされる「誠実・勤勉」

は、実はもともとインカ帝国の民でもあった先住民文化を受け継ぐ人々にも共通する特徴だったのである。

かつて人々の生活の模範として、インカ皇帝自身も畑を耕して、民衆に勤勉の見本を示した。健康な者は誰もが働かなければならなかった。そして民衆は、日常生活に支障のない範囲で、労働力やそれぞれの地方の特産物、たとえばトウモロコシ、キヌア（お粥にして食べるアカザ科の穀物）、毛布などを税として納めた。戦争のない時には、健康を害した者や貧しい人や寡婦に対して、インカ皇帝は納税品を与えた。これは、ヨーロッパ人にはユートピアの理想郷と考えられ、社会主義理論のモデルとなった。前政権アプラ党は、理論的にはこれを受け継いだが、インカ皇帝のようにまめな働きぶりは示さなかった。一方フジモリ大統領の方は、大統領の地位に甘んじることなく、問題のあるところへは自ら率先して出かけ、現実的な解決を図ろうとする。そこに、フジモリ大統領のカリスマの源泉がある。

フジモリ政権は、土着の文化をその生活基盤としている人々から支持されたがゆえに、国民の参加の噴出を受け入れる土台となった。このため、国民の大多数の自発性が発揮されることとなった。こうした支持があったからこそ、フジモリ政権は国民に忍耐を強いる「フジ・ショック」と名づけられた荒療治で、国際通貨基金（ＩＭＦ）などの国際機関や日本と協力し、新自由主義路線・構造調整を行うことができた。

二　開発と女性

軍部による上からの開発戦略と女性

現代のペルー女性の意識の変化、また権利の推進の土台をつくったのは、一九六八年のベラスコ軍事政権である。ペルー社会の変革を達成するために教育により女性の意識改革を行い、家庭および職場での役割を重視した。一九七三年に、女性再評価の規則が定められた。その内容は、以下のとおりである。

（１）女性再評価のために、文部省は教育の普及と特別のプロジェクトを実施する。

（2）教育により、すべての分野での女性の就業を可能とする。
（3）女性の市民権の保障とその政治活動を助成する。
（4）教育調整常設委員会の下に「女性再評価技術委員会」を置き、文部省、社会動員翼賛庁、厚生省、運輸省、ペルー・ユネスコ国民委員会の各代表がこれに参加する。

このように、教育を通じて女性を再評価し、社会、経済、政治への参加の道を開き、国家の開発の中へと女性を取り込み、それにより家族をも変革しようとしたのであった。何となれば、女性は家族の中で、子育てを通じ次世代への影響力を強くもっているからである。また、識字教育、衛生教育などによって健康な家庭生活を築くことを可能にするからである。

一九七七年になると、基本的にはベラスコ軍事政権を継承した穏健派のモラレス軍事政権は、「トゥパック・アマル計画」を打ち出した。ベラスコ軍事政権が「インカ計画」ならば、モラレス軍事政権は、征服後、新インカ帝国の建国を試みたトゥパック・アマルの名をその計画に冠して、国家建設のシンボルにしたのだった。

このトゥパック・アマル計画では、前政権の路線を踏襲して、政策ガイドラインが作成された。すなわち、農村の女性を重点的な対象とし、女性の社会進出に必要な諸施設を整備し、法的保護を行い、新しい女性像を普及させようというものである。

このガイドラインに基づいて、読み書きのできない先住民女性に識字教育を施し、男性と同じように就業できるよう職業訓練校や男女共学校の建設をめざした。また、既婚の女性が仕事を継続できるよう保育施設などの諸施設の設置も盛り込んだ。法律では、民間企業においても産前・産後の母性保護を定めた。既婚女性も夫と同じように夫婦の財産を処理できるようになった。伝統的な生き方に縛られがちな多くの女性には、コミュニケーション・メディアを通じて新しい女性像を普及させていった。

このようにして、軍事政権は、女性と先住民を含めたすべての国民を政策対象にした。政治、経済、社会発展にすべての国民を参加させようとしたことは、ペルーにおいては史上初の画期的な取り組みであり、高く評価できる。いままで疎外されていた女性や先住民を国民として強力に国家統合し、経済を発展させ公正な分配を行おうとしたのが、ベラスコを中心とした軍部の開発戦略であった。また、これは当時ペルー人口の一％にも満たない少数民族であった日系人にとっても将来への政治参加への希望となったと、一九九九年六月に連載された「日本経済新聞」の「私の履歴書」の中でフジモリ大統領本人が回想している。モラレス軍事政権は、開発のために国有化や共同体化を押し進める一方、外国から開発資金を求めた。しかし、これが債務を拡大し、経済は窮乏化した。この経済の悪化にともなって国民の軍部支持は低下し、一九八〇年代への民政移管となった。

軍部の女性労働に対する改革は、女性や先住民の意識を高揚させる点では成果があったように思われる。しかし軍部の改革は、女性をはじめとする下層階級の人々に希望を与え、上昇志向を与え、ペルー社会は新しい段階を迎えるかと思われたが、経済の悪化によって、近代的な労働環境がつくられず、インフォーマル・セクターが増大したのであった。

女性の社会進出と家事労働

時代はさかのぼり、一八七二年から七六年にかけての文民党のマヌエル・パルド大統領の治下、高等教育にも実学が重んじられ、リマに女子師範学校が設立されると、都市中間階級の女性たちは教師として職場進出した。

この時代の女子の初等教育、高等教育は伝統的な良妻賢母教育を行う女学校が主流であった。一九〇八年になってようやく、大学への女子の正式入学が認められ、学位を取り職につくことができるようになった。また一九二八年には、リマにリマ国立女学校が設立された。二〇世紀になると、このように教育の門戸は良家の娘たちに大きく開かれ、教職を中心とした女性の社会進出が始まった。このような女性たちは独身でいるか、あるいは安価な家事労働を受けもつ女性を雇い、仕事を継続しやすかった。

一九五〇年以前には、労働力人口の六〇％が農業人口であり、農村において女性は妻として母としての伝統的な役割を維持したままで生産に従事していた。一方、都市では、伝統的に商業や仕立てや、とくに家事労働（女中）が主な女性の職業であった。一九五〇年代になると、織物工業・食品工業に女性たちが組み込まれ、またその他は、商業に従事していった。工業化による都市の製造業の発展は、農村から都市へと国内移住の波を生み、高等教育を受ける機会のない女性には、伝統的な仕事のほか、工員という新しい職業を提供した。また、こうした都市での生活は伝統的な家族にも変化を与えた。

首都圏リマを中心とする海岸地帯における工業化の進展は、新しい職業、西欧化した生活を生み出し、また都市化により開発の遅れた農村部から首都圏リマへと人々を吸収していった。低開発の農村では、人口の急増によって仕事や生活が圧迫されると、よりよい生活を求めて農民たちは都市に流入していった。なかでも、農村出身の若い女性たちは、スペイン語を支障なく話すことができず、技術もないために、知り合いを頼って都市に出て家事労働者になることが多かった。また、彼女たちは結婚すると土地を占拠する形で新居をもち、スラムの住民になっていく。

このように農村から地方都市へ、そしてリマへと出てきた若い女性たちは、二四時間、中・上層階級の家族らとともに日常を過ごすことによって、西欧化した生活様式を身につけていくのである。彼女たちは、リマ首都圏に住む家族や親戚のところには週一回訪問し、地方に家族が残っている場合には年一回帰省する。こうした人間関係のネットワークがもたらす情報とつてによって、リマ首都圏は農村に住む人々にとっては憧れの地となり、国内移住の流れはさらに大きくなった。

一九七〇年代には、こうした家事労働者の三分の一が政府とカトリック教会によって経営されている特別識字学校、小学校、職業訓練校に通っていた。夢であり現実の選択として多いのは、下層階級の仕事である街頭や市場での行商人や露店商であるのが特徴である。店や工場で働きたいという者は少ない。勉強を続けて、熟練労働者、お針子、美容師、看護婦になりたいと考えている者も多い。このように彼女たちの上昇志向は強い。家事労働者として上層階級や中間階級から西欧化の影響を受けた若い女性たちが、年頃になり結婚すると、一度知った都会の便利さが忘れられず、リマに残りスラムの住民となっていく。そして結婚後は蓄えをもとに、行商人や露店商になっていく。こうしたプロセスによりスラムは拡大され、政府の管理できないインフォーマル・セクターが増大していくのである。

しかし彼女たちは、子どもたちに対して教育熱心で、小・中学校の教師、看護婦、外国語のできる秘書、エンジニア、軍人といった中間階級の仕事に就職してはしいと考えているという。自分たちのようにはなってほしくないと考えているのである。

征服以後のペルーの伝統的な家事労働という職業の歴史を眺めると、多くの研究者が指摘してきたとおり、この職業は植民地時代以来、上層・中間階級と先住民下層階級との間に位置しており、社会の二分化を維持固定してきたようにみえる。しかし、一九六七年から七〇年にマーゴ・スミスが行った面接調査をはじめとする軍政以降の数々の研究からは、明確に上昇志向をもった若い家事労働者の姿を知ることができる。このように家事労働者たちも含めて、新しい職業の増加と意識革命によって、伝統的に二分化し、固定されたペルー社会の構造が揺るがされつつあるのが軍政以降の七〇年代であったといえよう。この意味で九〇年代のフジモリ政権というのは、山積みの難問を抱えながらも、ペルーの歴史と伝統を活かした自生の内発的発展を追求する良い機会をもつことになった。

農村開発と女性

山岳部を中心とした農村の低開発の主要な一因は、植民地時代にスペインの副王領であったペルーは国際的な市場経済に組み込まれたことである。農村部で生産された富は蓄積されず、都市で消費されたり、本国スペインへと送られていった。今日まで開発が遅れ、先住民の伝統文化が残っている山岳部での一九七〇年代の農村女性の典型は、以下のようにまとめることができる。

家事と時折の農作業や行商をしており、スペイン語を読んだり書いたりすることはできず、土着語のみを使用している人が多い。一五歳前後の若さで結婚することが多く、子どもの死亡率が高いため多産の傾向がある。家族内では母子関係が中心となっているが、夫の家長権が強く、夫の暴力もしばしば振るわれる。山岳部の農民は、言語、服装、行動様式が独特なので先住民というカテゴリーに分類されている。迷信を信じ、宿命に従って生きている。資本主義的な価値観になじまず、名誉と尊敬を得るために村の祭りでは有り金をはたくことが美徳とされ、貯金はできない。

トゥパック・アマル計画で、このような農村の女性を重点的な対象として識字教育を計画したことは、ペルーの国家統合にとって重要な政策であった。しかし、彼女たちにとってスペイン語は外国語のようなものであり、公用語化されたケチュア語自体も地域によってかなり異なるものだった。そのうえ、一九七二年の国勢調査によれば、農村部の非識字者は一五歳以上の男性で約三〇・四％、女性で約六九・二％であった。そのため、ケチュア語は一九七五年に公用語化されたものの、一九七九年憲法ではこの二重言語政策は明文化されただけにとどまった。その後一九九三年に行われた最近の国勢調査では、農村部の非識字率は男性一七％、女性四二・九％と減少している。

また、軍事政権は、インカ帝国にならって、農民には家族単位で土地を分配していった。すなわち、妻は一人前と扱われず、夫が家族の代表として名義人となった。大農場は同じ規模の生活共同組合に編成され、小作人だった人々が管理した。しかし経営経験のない小作人たちは、やがて自分たちで土地を分割して所有するようになった。その結果、クスコ人権擁護委員会の報告にみられるように、夫が妻子を遺棄して妾のもとに通ったり、妻子に暴力を振るったりするようになり、家庭内の暴君にさらに強力な武器を与えるような事態となった。こうした状況にある女性たちを救援するには、むしろ、女性を一人前として扱い、彼女たちに農地を分配することの方が実質的だといわれるようになる。これは一九九七年にフジモリ政権下で女性も一人前として土地の名義人となり、ようやく結実することになった。

三　現代ペルーの社会と女性

激動の二〇年とペルー女性

ペルーにおいては伝統的に女性たちは結婚し家族をもつことを最終目標とし、家庭外の仕事は夫の収入を補足するものであった。一九八〇年代の経済危機下で育児も家事も担いながら一家の収入の半分近くを女性が稼いでいても、依然として妻は夫をたてる傾向があった。それは、一九九五年前後に出版された数々の研究書からも裏づけることができる。しかし、最近の研究やテレビを通じた映像からは、ペルー女性の意識の変化の過程には先進国の女性のそれに近いものが観察できる。つまり、先進国の場合と同様、ペルーでも権利の獲得のために社会の偏見と闘ってきたのは五〇歳以上の伝統的価値観をもつ世代であり、それ以下の世代、とくに三〇代から四〇代にかけての女性たちは、こうした女性の権利を当然と考えて社会進出している。若い世代は生殖医学の進歩を利用して、結婚や出産を遅らせ、勉強やキャリアを積もうとしている。ペルーにおける一九六〇年代の合計特殊出生率（一人の女性が一生に産むであろう子どもの数の平均）は六人であったが、九〇年代には三・五人となり、すべての階層で少子化が進んでいる。

　一九八〇年代の経済の悪化にともない、家長の夫の収入減を補うために、妻子が職に就いていった。教育の高い中間階級以上の家庭では、妻の就業に際して夫の協力も多いし、必要となれば家事労働者を雇って家事を軽減することも可能だ。そのうえ、子どもの数も平均二―三人であるために家事も少なく、子どもに高い教育を与えることもできる。こうした中間階級以上の家族の中では男女はより対等になっていく傾向にあることが指摘されている。また男たちも、「男らしく」といった古い価値観に縛られなくなっている。一方、フォーマル経済が破綻しインフォーマル経済が活発化してくると、二つの大きな変化が生じることになった。すなわち、農村出身の新中間層が出現してきたことと、行商などの女性の小商売の比率が家事労働を上回ったのである。

「女性手工芸家の家」の作品。

　現代ペルーの女性たちは、生活の場を守る中で権利意識に目覚めていった。つまり、ペルーの女性運動の特徴は、先にあげたスラムの民衆食堂などを拠点としている点にあるのである。また、農村部の女性の生産活動や、リプロダクティブ・ヘルス／ライツ（性と生殖に関する健康・権利）を、国や地方レベルで女性団体が一致団結して進めたことも特徴である。現代ペルー社会を外からみると、なんともバラバラで統合のない様子にみえるが、ペルー女性の側に視点を移してみ

ピウラ県における「女性のための小規模ビジネス支援プロジェクト」における会合。

ると、希望に満ちたやる気の出る社会構造に変化している。

ペルーの女性運動において農村やスラムでの女性の自立を支援するにあたっては、世界のNGOが大きく関わっている。個人ベースで出かける人も含めると、正確な全体像はなかなかつかめない。子どもをとりまく環境改善をめざして地域開発を進める老舗のNGOの一つにフォスター・プラン（本部イギリス）がある。先進国のフォスター・ペアレント（支援者全員）の家族と途上国のフォスター・チャイルド（当事国の子どもの全員）の家族を文通で結び、住民参加型の持続可能な開発を手助けしている。現在ペルー国内では三万人以上のフォスター・チャイルドを登録している。このプランは一四年間の空白期間を経て、フジモリ政権下で再開されたものである。

このフォスター・プランは、子どもの成長にもっとも大きな影響を与えるのは母親であることから、数々の女性支援プログラムを行っている。たとえば、山岳部のピウラ県で行われている「女性のための小規模ビジネス支援プロジェクト」もその一つである。ここでは、食品や雑貨の小商い、養鶏、菜園など、女性に対してフォスター・プランが無担保、低金利の信用貸付をしている。女性たちはグループで貸付を受け、連帯責任を負っているため、返済率がきわめて高い。また、同NGOによる「母子保健指導プロジェクト」では、診療所で保健促進員が母親たちに栄養バランスを考えた食事を子どもに与え、子どもの体調異常に早く気づき、適切な処置をとれるよう指導している。クスコ県では、子どもたちが安全で整った環境で成長できるよう、保育園に教材・遊具を支給し、母親が子どもの成長を見守るだけでなく、安心して仕事に打ち込めるよう取り組んでいる。

一九八〇年代の経済危機は、実質的にあらゆる階層の女性たちを社会に進出させ、それにともなう政治参加も活発化させていった。一九八七年、ガルシア政権下では、ペルー初の女性大臣が厚生省および文部省から誕生した。厚生省も文部省も、女性が自らリプロダクティブ・ヘルス／ライツを活かしながら、社会にも政治にも参加していくためには、非常に重要となる部門である。八八年には、望まない妊娠で仕事が中断されることなく、子どもの数も自ら選ぶことによって家族の将来を予測可能なものにする家族計画の一つとして、「任意の不妊手術」が許可された。ただし、国民の大半がカトリック教徒なので、中絶手術は含まれていない。

一九八九年に、文部省は性差別を行わない教育方法のガイドラインを発表し、子どもの頃から女性だからといって遠慮する必要などないことを教えはじめた。一人の人間として経済的にも社会的にも自立する生き方が、教育現場でも推進されるようになったのである。

一九九〇年代に入りフジモリ政権は、国際金融界との関係修復および国内の構造調整による経済安定、そして国内の治安をめざす政策に取り組んだ。フジモリ政権の特徴は前述したようにペルーの実態をよく把握し、国内外の専門家の意見を聞き、自ら現場に出かけて、最善の解決策を採用したり、自ら作り上げることにある。

火中の栗を拾うような大変不利な政権の始まりであったにもかかわらず、フジモリ大統領は一九九二年の自主クーデターで軍を政権内に取り込み、自警団をつくってテロ活動から国内の治安を守った。このように国内の治安を回復すると、今度は外国からの投資を呼び込み、外国のＮＧＯ活動とも巧みな連携を行った。

フジモリ政権の中枢には成立当初から優れた女性たちが起用され、その存在は大きい。たとえば、ペルー問題研究所（ＩＥＰ）所長のセシリア・ブロンデによれば、フジモリ政権の改革には女性グループの力が大きく貢献しているという。フジモリ政権を支える女性政策集団には二種類あると指摘している。一つは、大統領の非常に近いところにある上層階級出身の若くて現代的な女性たちの小さなグループである。彼女たちは経済危機とテロを避けて外国で教育を受け、フジモリ政権の成立後に帰国した弁護士、企業の経営者、銀行家、ジャーナリストたちである。この人たちはフジモリ大統領をペルーの救世主と考えており、忠誠心があり、現在は新官僚として政権の公務員、顧問、相談者となっている。彼女たちは海外で培った人脈と貴重な経験を利用して、あらゆる国際機関との良好な関係づくりに取り組んでいる。

もう一つは、中間階級出身の女性たちで、彼女たちも大統領に近いところで大臣クラスの役割を担っている。彼女たちは高等教育を受けたキャリア官僚、弁護士、技術者、一流の学校の教師や専門家たちである。また、大統領の「目と耳」といわれているアジア系の女性たちも重要な場所に配置され、先の二つのグループに次ぐ二番の地位ではあるが、大統領が一番信頼を置いているスタッフとして影響力をもっている。

こうした女性たちに加えて、たとえ政権中枢には入ってこなくても、フジモリ大統領は民間の女性問題専門家たちやＮＧＯの女性活動家たちとのパイプももっている。各種報告書の作成においてこれらの女性たちが大統領に直言できる関係にあることが、いくつかの報告書から読みとれる。

このようにフジモリ政権中枢の女性たちのプロフィールをみると、現代ペルー社会が一般的にはフジモリ大統領個人のカリスマ性に頼った制度的にも脆弱な体制にみられがちなのとは対照的に、かなり国際的にも連携できる地に足のついた社会であることがわかる。

九〇年代の女性に関する法制度改革

フジモリ政権下で女性の政治中枢での参加が増大し、これらが農村、スラムでの女性の自立運動と連携すると、きわめて効率的に日常生活の問題を解決できるようになった。実際に現地に出かけるフジモリ大統領は、政権内部の腐敗を断固として拒み、女性たちの自立に必要な要望を吸い上げた。これまでのペルーの歴代の政権と決定的に違うところは、下から上へと意見が取り入れられていることだ。また、それを可能にしているのが、こうした女性たちの存在であるともいえる。『統計数字にみるラテンアメリカ女性——比較編』（序章参考文献3、一九九五年）によれば、一九九二年に、ペルーでは国家レベルの女性のためのプログラムが二〇のプロジェクトとして立ち上げられた。この数は、ラテンアメリカでは第一位である。さらに、九三年にはペルーの全市長の六・二％を女性が占めた。農村労働組合の幹部の三〇・六％を女性が占め、これもラテンアメリカ第一位である。農村労働組合に女性の幹部が多いのは、ボリビアと並んで鉱山労働に女性の従事者が多いからだという指摘もある。このように女性が社会で活躍するようになると、女性に対する家庭暴力を阻止するための保護法が公布された。一九九四年には、法務省の下に、女性と子どもの権利の恒久委員会が設置された。同年、大統領、副大統領、大臣、副大臣など国政担当者では、その二〇％を女性が占めている。これはラテンアメリカでは、コスタリカ、ホンジュラスに次ぐ第三位である。

一九九五年にフジモリ大統領は、国内の女性たちに率いられて第四回世界女性会議（北京会議）に出席した。この年、女性労働者には産前産後に四五日間の休暇を得る権利が認められ、一八歳以上の女性を二五人以上雇用している会社事業主に育児室の設置が義務づけられた。

一九九六年には女性の問題を取り扱う三つの機関、すなわち「女性と人間開発推進省」、行政監察委員会における女性の監察委員会、そして国会における女性委員会が設置され、その長にはすべて女性が就任した。これらの機関の設置により女性の権利の推進は制度化された。さらに一九九七年には、「割当法」が成立し、各政党は国会議員、地方議員の候補者リストの二五％以上を女性にすることが義務づけられた。一九九八年の地方選挙で初めてこの割当制が実施された。割当制の効果は、『女の香水の付いた政治権力——ペルーの割当制』（参考文献6、一九九八年）の報告によって示されている。

二〇〇〇年二月、リマ市で「女性と人間開発推進省」の主催により、ラテンアメリカおよびカリブ海地域の経済社会発展における女性の統合について、第八回会議が開かれた。四月の大統領選挙・国会議員選挙でも、国政レベルでは初の割当制が導入されるので、注目されている。ペルーは二一世紀に向けて、これまでペルー社会の懸案であった低開発の問題を女性の社会・政治参加を強化することによって解決しようと試みている。さらに、社会全体において経済を活性化させ、国際社会への参加を積極的に行い、一方で国内の社会的不公正の問題解決に向けて世界のＮＧＯとも手を携えようとしている。すでに高度情報化社会に突入しているペルーにとって、男女ともに自らの能力を活かして働き、それぞれが家事や育児を分担するという姿は、もはや不可欠なものとなっている。

参考文献案内

1　日本語での文献は、筆者による継続的な研究がある。「ペルー女性解放史――二つの文化のはざまに生きる女性たち」（国本伊代・乗浩子編『ラテンアメリカ　社会と女性』新評論、一九八五年）は、インカの文化とスペインの文化伝統とを異なってもつ女性の背景の違いについて女性解放史の中で紹介している。「ペルー社会における女性労働と家族」（日本総合研究所編『ラテンアメリカの家族構造と機能に関する研究』総合研究開発機構、一九八九年）は、女性労働を通してみた社会と家族の関係を論じたものであるが、ペルーにおける女性労働は一部のエリートを除いて夫の賃金不足を補足する傾向がある。「社会変動と家族――ペルーにおける家族の変遷」（『名古屋聖霊短期大学紀要』一九九一年）は、開発理論の系譜と社会の基礎集団である家族との関係を、ペルーを事例として論じたものである。「ペルー家族史――家族の伝統と近代化」（三田千代子・奥山恭子編『ラテンアメリカ　家族と社会』新評論、一九九一年）では、先住民の家族観とスペインからもたらされた家族観という二つの伝統的価値観が、植民地時代から独立期まで並存し、共和国時代の近代化の中で社会構造に変化がもたらされると、新たな家族を形成するに至ったことがわかる。近代化に適応した中間階級以上の家族は、家父長家族から友愛家族へと移行するのである。日本語で読める他の女性関連の文献としては、重冨恵子「ペルーの低所得層女性の生活における共同調理活動」（『ラテンアメリカ・レポート』アジア経済研究所、一九九六年六月）がある。

2　スペイン語の文献として代表的なものは次のものがある。

国勢調査をもとにペルー女性の全体像を描き出した基本資料として、Instituto Nacional de Estadística e Informática, *La mujer en el Perú: Características demográficas, sociales y económicas según los censos nacionales de población y vivienda* (Lima: 1995) がある。

3　政治における女性の役割や実際の権利の状況を描いたものには、P. Córdova Cayo, *Liderazgo femenino en Lima* (Lima: Fund. F. Ebert, 1996) や Cecilia Blondet, *La emergencia de las mujeres en el poder: ¿Hay cambios?* (Lima: IEP= Instituto de Estudios Peruanos, 1998) および Glays Acosta Vargas, *Para que los derechos no nos sean ajenos: ¿Ejercen las mujeres andinas su derecho al trabajo?* Serie Mujer y Derechos Humanos 4 (Lima: Movimiento Manuela Ramos, 1998) があり、わかりやすくまとまっている。

4　ペルーにおける女性への暴力に関する状況を知るには次のものが基礎文献となる。*La violencia contra la mujer: Aplicación de la Ley de Violencia Familiar desde una perspectiva de género: Estudio de casos*, Serie Mujer y Derechos Humanos 5

(Lima: Movimiento Manuela Ramos, 1998).

5 リプロダクティブ・ヘルス／ライツに関する研究成果は、ペルーの代表的な七つの女性研究センターが一九九三年以来合同してまとめていた次の二冊がある。*Caridad de atención en salud reproductiva* (Lima: Consorcio Mujer, 1998). *Salud sexual y reproductiva, derechos sexuales y reproductivos* (Lima: Consorcio Mujer, 1998).

6 割当制についてわかりやすくまとめている基礎的文献としては、*PROMUJER, Poder político con perfume de mujer: Las cuotas en el Perú* (Lima: 1998) がある。

13章

ウルグアイの新しい社会と女性

「先進国」の憂鬱

内田みどり

もっとも急がなければならないこと、その２。
世帯主である女性が職に就けるよう、必要なプログラムを促進すること。
同時に、その子どもたちが教育を受けられるよう、
必要な社会的賃金を彼女らに支払うこと。

1999年大統領選挙における左翼連合「進歩会議」の公約より

ウルグアイ女性史関連年表

西暦	事　項
1828	ウルグアイ東方共和国独立。
1830	初の共和国憲法制定。
1868	初の民法典制定。女性は法的無能力者扱い。
1877	普通教育法制定。男女とも初等教育が義務化される。
1878	身分事項登録の民事化。
1884	初の女性向け職業学校が開校。
1885	民事婚の義務化。
1900	この頃、アナーキストや社会主義者の女性たちが女性解放運動を始める。
1907	離婚法制定。
1911	汎アメリカ女性連盟ウルグアイ支部設置。政令で公務員への道が開かれる。 女性教師の産休を法制化。
1913	離婚法改正。女性の意思のみで離婚が可能になる。
1915	困窮する母親を救う母親基金設立。
1916	P．ルイシが中心となり、全国女性会議設立。
1917	政教分離を定めた新憲法発効。
1918	ウルグアイ婦選同盟設立。
1920	老齢年金法、最低賃金法制定。
1924	徴兵制に反対する反軍国主義女性委員会発足。
1926	民事訴訟法改正。女性も書記や証人になれるようになる。
1932	女性参政権立法化。
1933	裁判所組織法により女性も判事・検事になれるようになる。テーラ大統領のクーデター。
1938	初めて女性が選挙に参加。
1942	バルドミール大統領のクーデター。下院２人、上院２人の女性議員が誕生。家事労働者も年金制度の対象に。
1943	家族手当の法制化。
1946	民法改正で民法下の完全な男女平等が実現。
1973	軍事クーデター。
1980	憲法改正を問う国民投票で軍部が敗北。
1981	国連女性差別撤廃条約（1979）を批准。
1985	民政移管。失効法制定。
1989	国民投票で失効法存続が決定。雇用均等法（法令16045号）制定。
1993	中絶合法化法案が提出されるが、可決に至らず。
1996	女性への暴力根絶を約した米州機構のベレン・ド・パラ条約（1994）の国内法上の効力を承認（法令16735号）。

序　「ウルグアイみたいな国はない」

「コモ・ノー・アイ・ウルグアイ（ウルグアイみたいな国はない）」。日本で二人目の女性大使として地球の反対側の小国ウルグアイに赴任し、一九八六年九月のウルグアイラウンドにも立ち会った赤松良子が愛情を込めて任地を紹介した著書にも登場するこの言葉。これは、ラテンアメリカでは例外的に文民統治の伝統をもち、所得分配も比較的平等で政教分離が根づいているこの国の人々が、誇りを込めて口にするお国自慢である。女性の地位についても、赤松がアメリカ合衆国の人口危機委員会の順位表でウルグアイが「日本のワンランク上に位置づけられていることは不思議ではない」と述べているとおり、マチスモとマリアニスモの影響が濃いラテンアメリカでは「ウルグアイみたいな国はない」といえる。

ウルグアイは、ラテンアメリカの大国であるアルゼンチンとブラジルの緩衝国家として、イギリスの後押しを受けて一八二八年に独立した小国である。人口は一九九九年現在で約三三〇万人と少ないが、少子高齢化が進んでいることで有名で、人口の約一二％の人々が六五歳以上であり、平均寿命は男性七〇歳、女性七八歳に達する長寿国である。温帯の穏やかな気候となだらかな国土を利用した牧畜が盛んなことで知られるが、都市化率はきわめて高く、人口の約半数が首都圏に住んでいる。先住民はほとんどおらず、一九世紀に欧州諸国からたくさんの移民を受け入れたため、人口の九割近くは白人系で、メスティソ（先住民と白人との混血）は八％、黒人は四％にすぎない。識字率は九七・五％で、わずかながら女性の方が高い。教育程度は高く、約三割が高等教育に進学する。所得分配も比較的平等だったが、一九五〇年代以降経済が長期にわたって低迷しつづけているため徐々に貧富の差が開きつつある。脱宗教化も早くから進み、カトリック信者が六六%を占めるものの日常的に教会に通う成人は半分以下にすぎず、宗教を訊かれて「信仰なし・その他」と回答する人が三割もいる。ウルグアイの特徴を示すこうした指標は、第三世界の一般的なイメージとは異なり、むしろヨーロッパに近い。

一　ウルグアイの伝統社会

独立運動と志士たちの妻

ウルグアイは、植民地時代はバンダ・オリエンタル・デル・ウルグアイ（ウルグアイ川東岸）と呼ばれ、ブエノスアイレスを首都とするラプラタ副王領に属していた。この地域をスペインからの独立に導いたアルティガスの下でともに戦った二人の「志士」がいる。のちに袂を分かつこの二人は、以前からの領土的野心に基づいて一八二一年にこの地を併合しブラジルへの反乱を開始したファン・アントニオ・ラバリェハと、はじめブラジルへの服属の道を選びながら、反乱に合流したのちはブエノスアイレスからの独立をも主張したフルクトゥオーソ・リベラである。リベラはのちに初代大統領となった人物である。二人の対立は、今日の二大伝統政党コロラド党とブランコ党（のち国民党と改称）を生んだ。

独立戦争では女性もまた、蜂起軍と行動をともにし、ある時は捕虜となり、あるいは追放の憂き目をみた。独立戦争のさなか、アナ・モンテロソとの結婚式の日も戦いに赴かねばならなかったラバリェハのために、リベラが花婿の代理を務めたこともあった。同じ頃リベラもベルナルディーナ・フラゴソと結婚した。二人の反目は、かつては夫たちと同じように友愛で結ばれていたその妻をもまき込んだ。彼女たちは夫の良き助言者、理解者であったばかりか、留守がちの夫に代わって家の采配を振り、そのサロンに支持者を集め、今日でいう情報活動を展開し、反乱の資金繰りをして内助の功を尽くした。実子に恵まれなかったベルナルディーナは、夫がなした大勢の庶子を養育した。第二代大統領でブランコ党の創始者であるオリベに対しリベラが起こした反乱がアルゼンチンをまき込み、さらに英仏が海上封鎖で介入した一八三九から五一年の通称「大戦争」では、ベルナルディーナは上流夫人をメンバーとする慈善協会を組織して負傷兵士のための病院を設立した。彼女は夫の死後もモンテビデオの恵まれない人々に奉仕した「慈母」であった。一方、アナは合計一〇人の子をなし（うち双生児は早世）、独立戦争当時には夫とともに虜囚生活を送り、反乱の際には協力者となる女性を自ら選び、資金を出し、檄文すら飛ばして政府ににらまれ、政敵リベラの尊敬をもかちえた「女丈夫」であった。

一九世紀のウルグアイ社会

一八二八年に独立した当初のウルグアイの人口は七万五〇〇〇人ほどにすぎず、その四分の一が首都に住んでいた。一九世紀のウルグアイを特徴づけるのは、二大政党の絶え間ない対立、武装蜂起であり、それが近隣国や英米の介入を招いた国際戦争に発展したことである。一八三〇年制定の憲法では、多くのラテンアメリカ諸国の憲法に置かれている「非常大権」をはじめとする強大な大統領権限が規定されており、これが選挙に敗れた側を武装蜂起に追いやるのだった。二つの政党は、おおまかにいって都市に基盤を置くコロラド党と、農村を地盤とするブランコ党という色分けができるが、実はどちらの党にもインテリ層とカウディーリョ（政治的ボス）の対立があり、さらにアルゼンチンの連邦主義者と中央集権論者の対立がウルグアイ国内の対立と結びついて、二大政党の対立を複雑化させた。前述の「大戦争」のほか、六三年にコロラド党のフローレスがアルゼンチンの支援を受けて行った武装蜂起からブラジルとパラグアイをまき込んだ戦争へと発展したパラグアイ戦争は七〇年まで続いたし、その直後にブランコ党のカウディーリョが蜂起して始まった戦いは七二年まで続いた。こうした戦乱は大地主に大きな被害をもたらした。

牧畜を基本とするウルグアイの経済は一九世紀を通じてイギリスの「非公式帝国」に組み込まれていった。文化・思想の面でもイギリスの影響を受けた。一九世紀後半の窮屈なビクトリア朝的女性観とカトリックの伝統的な女性観は、女性を「妻—母」の役割に押し込めようとした。中・上流階級の女性は家父長の優良な遺伝子を引き継ぐ子どもを生み育てるだけではなく、かわいらしい家庭のお飾り、「お人形」であることを期待され、子どものように無知であるのがよいとされた。女性の純潔を汚すことは家父長の財産を侵害することに等しかった。農村部の女性に目を向けると、筋力がものをいう牧畜の世界では女性は「役立たず」にすぎなかった。空間的にみても牛を追う男たちと女の居場所は分離されていた。入植地で定住農業を営む家庭は少なかったが、そうした家庭において耕作のかたわら家事をもこなす主婦は、夫や息子たちへの献身を評価されていた。一方、現金収入につながる仕事は農村では洗濯女くらいしかなかった。

新しい時代の到来——世紀末のニュー・ウーマン

伝統的な女性観とはうらはらに、戦乱に明け暮れたウルグアイでは多くの女性が未亡人や孤児として残され、自ら生計を立てざるをえなかった。一九世紀後半には「おんなのこ」が家の外に出て校舎へ向かうこともできるようになった。軍人大統領の下で比較的政治が安定していた一八七五年から九〇年までの間に、ホセ・ペドロ・バレラが指導して教育改革が行われ、七七年には普通教育法が制定され、宗教的色彩のない初等教育が男女ともに義務教育となった。さらに資本家たちは、働き手を確保するために八四年に女性向け職業学校の設置を後押しした。この頃から、ヨーロッパから大量に移民がやって来た。移民の妻子は家計を助けるために働きに出た。当時、ウルグアイに移住した社会主義者たちによって発行された数々の新聞のうちの一つ、「労働闘争」は、ヨーロッパの記事の翻訳が多いとはいえ女性解放についての記事も多く載せていて、その中には早くも、家事労働が不払い労働であることへの疑問や、「女は妻・母に専念しろ、と男性は主張するが、父親の役割を忘れてしまう男は容易に妻子を捨てるので、そうなったら養育にまず責任がある女性が働かなくてはならない」といった論説が現われている。

一方、上流階級の女性たちにもかわいいだけでは飽き足らない女性が現われる。二〇世紀初頭には、ごく少数ではあるが女性が大学教育を受けるようになった。イタリア系移民の娘であるパウリーナとクロチルデのルイシ姉妹は、前者が一九〇八年に女性で初めて医学部を卒業して医師となり、後者は一九一一年に弁護士となった。パウリーナは、のちにウルグアイのフェミニズムを代表する活動家となる。ローマ法の正教授となる女性、外交官として大使館に勤務する女性、弁護士になる女性も現われた。

一九世紀末には、奔放に性愛を歌い上げる女性詩人も現われた。ウルグアイの女性政策に大きな影響を与えた哲学者バスフェレイラの妹のマリア・エウフェニアは、家庭人としては保守的で体面を気にする兄の危惧や、彼女を普通の娘に育てようとした母の畏怖をよそに、当時の上流階級の慣習を無視して付き添いもなく外出、サロンで男性と対等に議論し、上流男性に対するのと同じように市街の浮浪者とも親しく語らった。当時の常識からすれば「奇行」ともいえる彼女の「機知」はオスカー・ワイルドに比するともいわれ、雑誌上で社会主義者フルゴニとエロティックな相聞歌《そうもんか》を合作したこともあった。恋愛が戦いなら、当時の女性は征服され、従属する役にまわるのが常であったが、彼女はそれを潔しとしなかった。一方、一二歳でデビューした早熟の女流詩人デルミラ・アグスティーニは、結婚の時期をはさんで複数の男性と恋に落ち、最後は別居中の夫が企てた無理心中の犠牲となって短い生涯を閉じた。

もっと普通の女性たちの間では、専門職として働く女性が着実に増えていった。初等教育の教師は職種として伸長著しく、女性教師は「第二の母」として職場の大半を占めるようになっていった。フェミニズム運動の創始者の一人であるアベリャも教師だった。また、すでに一九世紀末には女性の婚姻年齢が上昇し、一八九〇年代の全国平均で二一―二五歳、首都では二五―二八歳になっていたこと、子どもの数も平均六人で、とくに上流階級ではこの頃から少産化の傾向がみられつつあった。

二　福祉国家の建設と女性の地位の向上

福祉国家を建設したバッジェ大統領

ウルグアイでは、カトリック教圏にしては珍しい「離婚法」を二〇世紀の初めに成立させている。この法案のほか女性の法的地位向上への道を開いたのが、一九〇三年に大統領に就任したコロラド党のホセ・バッジェである。彼は一九〇三―〇七年と一九一一―一五年の二期にわたって大統領を務め、福祉国家建設をめざして活躍した「近代ウルグアイの父」とも呼ばれる人物である。

二〇世紀初頭になってもなお反目を続けるコロラド党とブランコ党は、平和共存のためにウェストファリアの講和さながらに地域的にすみわけていた。バッジェは、選挙制度改革や行政府にスイスに倣った合議制を取り入れるなど、政治・社会面で今日のウルグアイの礎となった多くの改革を指導し、二大政党の戦いを「弾丸から投票に」変え、国民統合を実現した。

バッジェが二大政党の地域的すみわけに反対であったため、翌年、ブランコ党のアパリシオ・サラビアが蜂起、内戦となった。一九世紀後半に国軍は物理的強制力の独占を進め、装備や情報、兵站の面で優れていたため、内乱は辛くも政府が勝利したが、カトリックの女性が運営するウルグアイ赤十字がサラビアに味方したのは痛手であった。ゆえにバッジェは内乱後、病院や慈善施設から宗教色を取り除くことに腐心した。

離婚法の成立

ウルグアイは一九世紀後半まで独立の司教区ではなかったせいか、世俗化が早かった。一八七九年には身分事項登録が民事化され、八五年には民事婚が義務化されて、婚姻は宗教上の「秘跡」ではなく完全に世俗の行為となった。これは自由主義者たちが進めた近代化の一環であった。だがこうした自由主義者たちも一歩家の玄関をまたげば、敬虔なカトリックの妻にかしずかれる家父長であった。

しかし、バッジェ大統領と同時期に初当選を果たした若い自由主義者たちは、女性に権利を認めることと民主主義とを同義と考えており、女性を従属的地位に貶めているカトリック教会の権威を打ち砕くことに意を注いだ。離婚法成立に尽力したカルロス・オネト・イ・ビアナは、結婚は秘跡ではなく両性の合意にのみ基づくものだから合意によって解消もできると主張しつづけた。バッジェ自身も、従兄弟が五人の子をなしたにもかかわらず遺棄した女性と正式に結婚することがなかなかできなかったように、婚姻制度の矛盾の犠牲者であった。離婚法をめぐり賛成・反対いずれの立場も非嫡出子の多さには問題を認めていたことから、制度の矛盾は明らかであった。一方、女性の経済的自立にはほど遠い当時の状況も相まって、離婚法が成立すると男性が勝手に女性を遺棄するようになるのではという危惧が敬虔なカトリック女性に広がり、九万三〇〇〇名の女性が法案反対署名を行った。

法案は一条ごとに検討され、一九〇七年にようやく成立した。保守派と妥協しながら成立させたので、その内容は男女の平等を実現するものとはいえなかった。離婚が可能な場合についての判断は、古代ローマの家父長制に基づくユスチニアヌス法典に倣っており、たとえば妻の姦通は即、離婚理由になるのに、夫の姦通はそれを自宅で行い、かつ公の醜聞になった時のみ離婚理由になるとされた。それでも夫の暴力が度重なる場合や、配偶者の生命をねらう犯罪が企てられたとみなされた場合には正式に離婚が成立するようになったこと、また両性の合意で離婚が可能になったことは大きな成果である。従来は、死別し再婚した場合か、夫に遺棄された場合か、未婚の母となった場合かでもない限り、女性には基本的に親権は認められていなかったが、ここでようやく五歳以下の子どもは離婚後でも母親の親権に属するようになり、また、五歳以上の子どもについても有責配偶者の親権は原則として認めないことになった。一九一三年の改正では女性の意志のみに基づいて離婚ができるようになった。

なお、一九一八年憲法でウルグアイは政教分離を正式に定め、「世俗化」は法制度上完結した。

補償のフェミニズム

バッジェは女性労働者の母性保護や、女性参政権の実現にも取り組んだ。ウルグアイの女性関連法案に大きな影響を与えた考え方は、バスフェレイラの「補償のフェミニズム」である。彼は、男性は性関係から何も影響を受けないが女性は妊娠するから、男女は完全に平等ではなく、女性の損害を償わねばならないと主張した。一方、女性の能力と家庭での責任については、母親が教育を受けていることは望ましいとする一方で、「女性の特質の頂点は母性にあるから自然に女性は他の職を選ぶよりも結婚する傾向がある」と述べ、能力の欠如と結婚・出産ゆえにダーウィン流の淘汰が働き、職に就く女性は限られてくるとも考えていた。

こうした発想は、女性労働者の待遇改善に取り組む場合、とくに母性保護を重視する政策につながっていく。産休は一九一一年、まず女性教師に認められた。また貧困家庭の母子へのミルク配給、非嫡出子の保護なども重視された。ユニークな母性保護法としては、一九一八年の「椅子」法がある。女性が長時間立ちづめになるのは体によくないので、休憩時間に全員が座って休めるよう十分な椅子を用意するように定めたものである。稼働中のエンジン・機械の清掃などの危険有害業務に女性の就労を禁じるのも、一九一四年に始まっていた。

「産む性」を神聖視する考え方は、二〇世紀前半の南部諸国では、男性だけでなく女性のフェミニストにも広く共有されていた。母性保護や衛生の観点からばかりか、社会改良をめざすあまり優生学にコミットしたケースもある。現代ウルグアイのフェミニストであるロドリゲスとサプリサは、「女性の家庭における責任を強調するバスフェレイラの思想が今日なおウルグアイ社会で一種のパラダイムと化している」という。また、一九世紀末から一九四〇年代の南部諸国におけるフェミニズムと社会変動との関係を研究したラヴリンは、バスフェレイラのフェミニズムは労働者保護の点で社会主義者にも受けがよく、母性重視の点で保守派も満足させたと指摘する。「補償のフェミニズム」に基づくなら、法的平等は母親の能力を増す効果はあっても男性の権威や家長としての権利を脅かすことはない、と保守派も安心して改革を支持できたのである。

参政権、民法上の平等と母性保護

自由主義者は、「女性の家庭での役割が重要だからこそ、立派な役割を果たしている女性に参政権を与えないのは不当」だとして保守派の説得に努めたが、参政権はなかなか実現しなかった。社会党のフルゴニも女性参政権実現を支持した。彼はバッジェの社会改革全般の良き協力者であった。一九一六年には全国女性会議が結成され、機関紙「アクション・フェメニーナ」でキャンペーンをはり、署名を集めた。一九一八年憲法の審議過程では、条文の hombre（男）をすべて persona（人）に書き換えれば男女の普通選挙権は実現するという案も出たくらいだが、結局、女性参政権は実現せず、将来「両院の三分の二以上の賛成があれば参政権を付与する」ことが確認されるにとどまった。

一九年には全国女性会議の分科会としてウルグアイ婦選同盟が結成された。だが、フェミニストたちは参政権そのものよりも、禁酒運動などを含む広汎な社会改革を実現する一つの手段として参政権を位置づけていた。最終的に女性参政権が実現するのは一九三二年である。これには、大恐慌以後の経済運営とからめて合議制の廃止が国論を二分し、保守派を含むすべての政治家が少しでも自己の支持者を増やしたいと考えるに至り、女性票を得ようとした背景がある。もっとも、議会と合議制の行政府が二重権力状態に陥って憲法改正が手詰まりとなり、当時のテーラ大統領が合議制を廃止するために三三年にクーデターを起こしてしまったため、初めて女性が投票におもむいたのは三八年になってからだった。

法的権利の平等で最後に残ったのは、民法上の権利である。ナポレオン法典にならって一八六八年に成立したウルグアイ民法典では、女性はまったくの無能力者扱いだった。妻は夫に従うことと明記され、妻は夫の居所に同居せねばならないのに対し、夫にその義務はなかった。刑法でも、妻が夫に殺傷されても妻の不貞が原因なら罪が軽減される理由となっていた。既婚女性は、遺産を相続するにも夫の許可が必要だったし、外で働いても給料を自分の裁量で使うことはできなかった。民法改正の議論が本格化したのは、参政権をめぐる議論と同時期、一九一〇年代だった。ここでもバッジェ派が活躍した。なかでも、一九年に弱冠三五歳で大統領に就任したバッジェの「愛弟子」ともいうべきブルムは、両性の法的平等のために、民・商・刑法にわたる広汎な改正が必要だという優れた報告を議会に送るなど、中心的役割を果たした。優れた法律家であったブルムは、夫＝主人という概念を打破することが重要だと考え、既婚女性が自分の裁量で財産を管理し、収入を処分する権利の確立を重要視した。だが、二〇年代から三〇年代は保守化が進み、女性の民法上の権利は、三二年にブルム案、三八年にエチェゴージェン案が上院で承認されたものの改正に至らず、遅々として改善されなかった。既婚女性は一九一一年四月の政令で公務員への道が開け、二六年の民事訴訟法改正で裁判所書記や証人になれることになり、三二年に参政権を得て、三三年の裁判所組織法では検察官・判事への道も開かれるようになった。とはいえ、働くためには依然として夫の許可が必要で、給料も自由にできず、夫の一存で遺産相続ができない場合も考えられたのである。また二〇年代には、すでに職業教育の分野では女性の進学率の方が高く、二九年から五九年の間は、高等教育進学率も女性の方が上回っており、法的な権利能力を行使するに足る知的レベルに達していたといってもよいはずなのに、女性は身分行為（親族関係の発生・変動・消滅に関わる法律行為）を除いて、私法上の法律行為の主体になれなかったのである。

一九三六年には女性政党もできて、民法改正を訴えた。ウルグアイの特色は、民法上の平等な権利を女性自身が起草した法案によって実現したことにある。四二年、女性が参政権を得てから二度目の選挙で、初めてコロラド党から上院議員二人・下院議員一人、共産党から下院議員一人の女性議員が誕生した。コロラド党の上院議員二人は、四三年にそれぞれ民法改正案を提出し、そのうちアントネッリの案が審議・可決され、一九四六年九月、法令一〇七八三号で民法上の完全な平等が実現した。この法案によって、既婚女性は財産管理・処分権を認められ、夫婦の一方または双方の名義になっている夫婦共有不動産の権利関係の変更は双方の合意に基づくものとされた。夫婦間には忠実義務（婚姻相手間で一夫一妻を遵守する法的義務）が課せられ、居所は互いの合意によって定められることとなった。また、親権は両親が共同で行使することになった。

三　不安定な時代の社会と女性

ばらまき福祉から慢性不況へ

テーラの親ファシズムは、中間層のみならずイタリアとスペインからの移民が多い労働者にも、また英米と関係の深いビジネス・セクターにも不評だった。フェミニストも、一九三六年のウルグアイ女性会議の中心議題として、反ファシズムと戦争・平和の問題を取り上げた。

ところで、テーラのクーデターは一面ではウルグアイの派閥政治の所産であった。派閥政治は政党に付き物だが、ウルグアイの政党政治では、政党間より政党内の派閥間の方で政策距離が大きい。一九九六年の憲法改正で大統領候補が各党一人に一本化されることが決まるまで、選挙では政党ではなく派閥ごとに候補が立つのに得票計算は政党単位で合算し、最大得票政党の最大派閥の候補が大統領に当選するという変わった仕組みをとっていた。これは選挙期間には派閥の対立を温存する一方で大統領の議会内の基盤を弱くする。そこでテーラは憲法を改悪して二大政党の最大派閥による共同支配を強化した。テーラが壊した民主主義を回復し外交を連合国寄りに軌道修正したのは、三八年の選挙で女性票の獲得に成功して当選したバルドミール大統領である。この時も派閥間の関係が膠着状態に陥り、議会で憲法改正が成立しないとみてとったバルドミールは四二年に緊急避難的に自らクーデターを起こし、少数派の政治参加に配慮した憲法を成立させた。その後四六年の選挙ではコロラド党のバッジェ派が勝利し、一九三三年以来遠ざかっていた大統領の座を射止めた。翌年、この大統領が死亡したことから、バッジェの甥ルイス・バッジェが副大統領から大統領に昇格した。

この一九四〇年代からルイス・バッジェがブランコ党に敗北を喫する五八年までは、ウルグアイにおいては国家介入による輸入代替工業化路線を強化し、社会保障制度を拡充させた時代である。主要輸出産業である農牧業から国内向け工業・農業製品生産へ資本を移転し、国内市場を保護する差別的な関税・為替政策をとって産業育成に努め、産業の国有化を進めた。また、農牧業の利益の一部を必需品の価格調整のための補助金に振りあてて再分配を行い、農村労働者や家事労働者の賃金・労働条件を法制化した。物価上昇を大幅に上回る賃上げを確保した労働者もいた。

女性への福祉も拡充された。五〇年には産休期間中に給与の満額を支給する規定が罰則付きで設けられ、五八年には産休期間が出産の前後各六週間に拡大された。また、すでに四三年には家族手当が制度化されていただけでなく、六歳以下の子どもと母親が直接補助を受けられるようにもなっていた。一八九六年に教師から始まった年金制度は対象となる労働者の範囲を広げつづけ、四二年には家事労働者も対象となった。ただし年金基金は職種ごとに設けられ一本化されず、他の労働者に比べ家事労働者の年金はきわめて低かった。年金受給資格は在職三五年であるが、一〇年以上在職して解雇された場合や、幼い子どもがいる女性が解雇された場合も、同様の資格が得られた。

こうした福祉政策と、ラテンアメリカでは珍しく民主主義制度が根づいていたことから、この頃のウルグアイは「南米のスイス」「南米の福祉国家」と賞賛された。五二年には憲法を改正し、大統領制を廃止して行政府を合議制に一本化した。四五年から始まる一〇年間の経済成長は、年平均八％で世界平均の五％を大きく上回り、首都失業率の方も三・五％と低かった。

だが好況は長く続かなかった。朝鮮戦争（一九五〇―五三年）が終わって一次産品ブームが去ると、輸出は激減し外貨準備も減る一方で、総人口が五〇年当時で二四〇万という国内市場の狭さから、輸入代替工業化も伸び悩んだ。増えたのは公務員と年金受給者だった。公務員は四六年からの一〇年間で六万八〇〇〇人も増えて五五年には一六万八〇〇〇人を数えた。在職三五年で年金が受けられる規定は早期退職者を大量に生んだ。以降、ウルグアイは慢性的な経済の低迷と財政赤字に陥った。

国を出る男性と「家」に安住できない女性

私法・公法上の権利を獲得してしまうと、ウルグアイのフェミニズムは退潮へ向かった。公共の保育所のような施設・制度も整備されていなかったため、高等教育を受け専門職に就いた女性も、出産とともに退職する傾向があった。そしてウルグアイの妻そして（あるいは）母が再び「妻・母」でありつつ有償労働に就くのは、家族観の変化とともに、社会・経済状況が悪化する時代、いわば「南米のスイス」からその首都がラテンアメリカ最強の都市ゲリラと軍・警察との戦場へと変わる一九六〇年代のことであった。

五五年以降、経済が停滞したことから、五八年選挙では工業化に有利な為替・関税政策で不利益を被っていた農牧業部門の後押しにより、九三年ぶりにブランコ党が勝利し、ついで六三年選挙も第一党となる。だが、伝統政党の政治家たちは、経済危機の打開に関しては無策に等しかった。彼らは政治クラブを通じて、年金受給の口利きや公務員への就職斡旋といった利益誘導で票を集めてきたので、抜本的な改革を試みることは自らの首を絞めることを意味したのである。六六年選挙で政党が重視した争点は経済政策ではなく、「（経済発展に取り組むべき）行政府の仕組みは、いまの合議がよいか、それとも大統領制がよいか」という統治機構の問題だった。

ここに、民族解放運動、通称ツパマロスが登場する。リーダーの元社会党員センディックは、内陸サトウキビ農業労働者の窮状をデモ・集会といった平和的手段で訴えることに限界を感じ、非合法手段による反政府闘争に転じた。彼らはカジノや金融機関を襲って強奪した現金を資金として都市に拠点をつくり、武器を奪い要人を誘拐し、暴力によって政府の無能さを浮き彫りにする戦術をとった。ツパマロスの活動は六九年から七二年にピークを迎えるが、その活動と相前後して、銀行労働者をはじめとする労働者の工場占拠・スト、大学生と高校生による抗議デモ・学校占拠が頻発した。これに対し政府は報道規制で問題を隠蔽しようとしたばかりか、憲法の規定を盾にとって緊急非常措置をたびたび発令し弾圧した。この措置は、内外に深刻かつ不測の事態が生じた場合、「二四時間以内に議会に事後説明をすれば安全を守る緊急手段をとることができる」という規定に基づくもので、物価・賃金の凍結、スト・労働集会の禁止、表現の自由の制限などを含んだものである。七〇年頃からは高校を舞台とした極右武装集団による衝突・傷害事件が多発するに至り、七一年からは対ゲリラ戦の責任を軍が担うことになった。一方、伝統政党に飽き足らない政治家たちは、キリスト教民主党から共産党、トロツキストまでを含む広汎な第三勢力「拡大戦線」を結成して七一年選挙に臨んだ。ツパマロスも選挙期間中は休戦を宣言し、「拡大戦線」は首都では三一％の票を獲得したが、政権獲得には及ばなかった。この頃から、軍と政党政治家との対立が激化した。

この間、失業率も平均七―八％に達した。経済も政治も悪くなる一方のウルグアイから大量の成年男子が流出した。女性にとって、この現象は三つのことを意味した。まず、結婚退職＝専業主婦という図式が不可能になったことである。ウルグアイの研究機関の調査によれば、六八年頃から、正規婚姻件数の増減と実質賃金の変動・失業率の高低とは奇妙なほど正の相関を描いている。同棲は、法律婚への疑問からよりも経済的理由に基づくというのが一般的なパターンである。ここから、正規婚の減少は、伝統的家族観の変化やフェミニズムといった文化的要因よりも経済的要因の影響が大きいという指摘がなされる。離婚も六〇年代から増加の一途をたどり、六〇年代から九〇年代で件数が四倍に増え、実に二・八組に一組が離婚している。男性に比べ女性は再婚のチャンスが少ないという指摘もある。

次に、国外へ出た男性、あるいは失業した男性の穴埋めとして女性が働くケースが増えた。専業主婦であっても夫が失業してしまえば、主婦や他の家族が収入の道を見つけて家計を補わざるをえない。六〇年代から軍政期（一九七三―八五年）にかけては、労働市場に新規参入した人々の実に八四％が女性であった。最後に、六〇年代は主に経済的理由、七〇年代は後述する政治的理由から生じた人口の国外流出は、都市部を中心に男女の比率の均衡を崩し、かつ現在では人口ピラミッドに歪みを生じさせている。九〇年代、六五歳以上のいわゆる高齢者人口は半数以上が女性であり、その多くは単身世帯である。

軍政時代の社会と女性

ツパマロスの活動はほぼ下火になったものの、一九七三年には軍がますます政治に関与するようになり、同年六月、ついに議会が閉鎖された。

軍事政権は、国家安全保障ドクトリンに基づき、国民一人一人の「危険度」をAからCにランクづけして管理しようとした。多くの女性たちとその家族も軍部の人権侵害の犠牲となった。人権NGO「正義と平和への奉仕」ウルグアイ支部がまとめた報告『二度と再び』によれば、学生・専門職・公務員など高学歴の、ゆえに左翼分子とみなされた人々が、不当に逮捕され拷問を受けた。身体的・心理的な拷問としての性的拷問も、おそらくは報告書の数字以上に行われたであろう（被害報告は女性からだけではなく男性からもあり、男女とも七％となっている）。軍政下で逮捕された人々を年齢別にみると、女性は男性よりもいっそう若年層に偏っており、全体の六九％が三〇歳以下で、逮捕時の年齢が一八―二四歳だった人々が三八％にのぼる。

「殉教者や英雄を創らない」という方針から武装左翼のリーダーは「処刑」されなかったが、軍政前から軍・警察の人権侵害を批判してきた合法政党の政治家たちも弾圧を免れなかった。七一年の大統領選挙で「拡大戦線」の大統領候補だったセレグニは投獄され、同じ年の国民党の大統領候補フェレイラは亡命を余儀なくされた。七五年五月には「拡大戦線」のセルマル・ミケリニが、ブエノスアイレスの中心街のホテルからアルゼンチン軍の手で誘拐され、数日後、自宅から誘拐されたグティエレス＝ルイス元下院議長ほか二名とともに遺体となって発見された。強制的失踪・行方不明事件についてはいくつかの報告で犠牲者数に違いがあるが、下院に提出された調査結果によれば、行方不明者は一五八名、うち六名は未成年である。このほか誘拐された児童が一一名おり、そのうち四名しか発見されていない。

停滞した経済は、軍事政権によってもはかばかしい回復をみせなかった。加えて、政治的な理由で国外へ脱出する成年男子が増えた。このため、七五年以降、出産・育児期間にも仕事をやめなくなり、かつ、事実婚を含む既婚女性が働きに出るようになった。また六五歳以上の就労者も増えており、同年齢人口の三割強の人々が働いている。これも社会経済状況の厳しさを反映しているといえよう。

四　現代ウルグアイの社会と女性

ポスト軍政と人権問題

軍部は、軍部の政治介入を明文化した憲法改正草案を一九八〇年に国民投票にかけたが、否決の憂き目をみた。そこで政党と軍との間で話し合いがもたれ、八五年に民政移管が実現した。

だが、この民主化には問題があった。八四年八月の「海軍クラブ合意」で、軍部とコロラド党・拡大戦線・市民同盟の三政党との間に密約が交わされ、民政移管と引き換えに軍政時代の人権侵害の訴追をしない、という取り引きがなされていたのである。八五年に発足したサンギネッティ政権は、人権問題は「忘れることが解決になる」という態度で臨み、同年一二月に訴追を不可能にする「失効法」を成立させた。

これには国民の反対も多く、暗殺されたミケリニやグティエレス＝ルイスの未亡人らが中心となって失効法廃止をはかる国民投票を要求する署名が集められた。軍の暗黙の脅しと、政府の意向を受けた選挙管理機関（選挙裁判所）の引き延ばし工作に遇いながらも八九年四月にようやく実現した国民投票では、首都では失効法廃止の声が上回ったものの全国では僅差で失効法存続が支持された。以来、真相究明を求めるあらゆる手続きは失効法に妨げられ、遺族にとって法律の「壁」となっている。

女性の政治参加

ウルグアイでは議会選挙で拘束名簿式比例代表制を採っていることもあり、政界への女性の進出は、司法分野などと比べると遅れていた。（左翼野党が躍進した九九年選挙でようやく女性の国会議員が増えたが、それでも上下院とも約一割にすぎない）。しかも軍政は、男性が取り仕切ってきた政治＝「公」の領域に侵入しただけではなく、新自由主義経済政策と政治弾圧によって多くの国民に家族の解体と変容を強いて私的な領域をも政治化した。こうした変化を背景に、軍政期以降、女性団体がいくつも結成された。

この時期に登場した女性の運動は、参加する人々の階層やイデオロギーの幅を広げただけでなく、従来のピラミット型の組織と形式主義を否定する「新しい社会運動」の性格をもつことになった。研究・啓蒙機関としては「ウルグアイ女性の状況研究グループ」（一九七九年結成）や憲法を通じ女性の権利と義務を啓蒙する「出会い」（一九八五年）、ワーカーズコレクティヴとしては「助け合う女性たち」（一九八二年）や農村女性を支援し工芸品を商品化している「マノス・デル・ウルグアイ」（一九八五年）などの相互扶助組織ができた。

女性の身体にまつわる権利に関しては、「マリア・アベリャ女性の家」がリプロダクティブ・ヘルス（性と生殖に関する健康）の問題を扱った。キリスト教世界では強いタブーとなっている中絶は、治療目的および「女性と家族の名誉を救うため」以外は認められていないが、八九年にメディア業界で結成された「女性の日常」の活動がきっかけとなり、自己決定権との関連で大きく取り上げられるようになった。可決には至らなかったが九三年には中絶の合法化法案も提出された。また、急増する女性への暴力も大きな社会問題になっており、八八年にドメスティック・バイオレンスの問題を扱う「女性ＳＯＳ」ができたのに続き、八九年には全国女性会議が援助センターを開設した。

グローバル化と女性

民政移管後の歴代政府は、基本的に軍政以来の自由主義経済路線を踏襲している。累積債務国として国際通貨基金

（ＩＭＦ）の監視を受けているウルグアイとしては、それ以外の政策を選択する余地はあまりなく、財政再建は最優先事項となっている。国内市場が狭く雇用創出も難しいが、民営化・公務員削減は必至である。漸進的に相互の関税を調整し、域内貿易の拡大をめざす南米南部共同市場（一九九五年発足）にはウルグアイも参加している。また、ウルグアイの通商相手としてアメリカ合衆国以上に重要だったヨーロッパは、巨大な経済ブロックを形成した。

こうした経済変動が労働市場のフレキシブル化を余儀なくしたため、失業率は軍政末期から一〇％前後で推移しており、抜本的な改善はみられない。女性の就労は、看護婦・教師・小売業・クリーニングなどいわゆる女性向きの分野に偏っているうえに、管理部門、専門職の割合が減っており、給与水準も男性よりずっと低い。同じ職歴・学歴でも男性の六割の給料しかもらえないという統計もある。また、一九九五年九月の法令一六七一三号による社会保障改革では、これまで五五歳からだった女性の年金受給年齢が男性と同じ六〇歳に統一され、さらに順次引き上げて二〇〇三年には男女とも七〇歳となることについては、給与水準から考えるとむしろ女性にとって不公平ですらある。国際競争力の弱い食品や繊維などの産業に女性労働者が多いことも指摘されている。

新自由主義政策の実施において支出削減のやり玉にあげられているのが、伝統的に女性の職業とされてきた教師である。教師の質の向上と人員・人件費削減がセットになった教育改革は、彼女たちの職場を脅かしている。

自由化と経済統合は女性の就労に暗い影を落としている。一方では女性就労者を多く抱えた国際競争力のない分野が淘汰され、失業が増えている。また一方では、域内で相対的に高い教育水準を生かしつつ産業を育成するうえで適した情報処理・研究開発に関わる部門を高等教育機関で専攻している女性はまだまだ少ない。貧困層では一〇代の未婚の母が増えていて、貧困の悪循環を生んでいることも懸念材料である。経済の停滞から治安も悪化している。

このようにみてくると、ウルグアイの女性が直面している問題は、法的平等は実現したが意識改革が遅れ、経済にもかげりがみられる日本のような保守的な先進国とも共通するものではないだろうか。

参考文献案内

1　赤松良子『うるわしのウルグアイ』（平凡社、一九九〇年）。一九八七年に国際協力事業団（ＪＩＣＡ）の研修に参加したウルグアイの労働省法律顧問の女性が執筆した当事国女性の現状レポートも収録されている。著者は八六年から八九年、日本で二番目の女性大使としてウルグアイへ赴任した元労働局婦人少年局長・国連女子差別撤廃委員。

2　Silvia Rodrigerz Villamil y Graciela Sapriza, *Mujer, estado y política en el Uruguay del siglo xx* (Montevideo: Ediciones de la Banda Oriental, 1984). 二〇世紀ウルグアイ女性史。

3　Ana Inés Larre Borges, et.al., *Mujeres uruguayas* (Montevideo: Ediciones Santillana, 1997). リベラ、ラバリェハ両夫人やウルグアイの著名芸術家・スターなどの女性たちの評伝。

4　N. N. Argañaraz y otros, *Formas de la micropolítica en el Uruguay de fin del milenio* (Montevideo: Ediciones o Dos, 1996). 主に一九八〇年代から九〇年代のウルグアイの新しい社会運動の争点を紹介したもの。軍部の女性観にも言及している。

14章

プエルトリコの新しい社会と女性

自立する女性たちの記録

志柿 禎子

私は男たちが望むような女になりたいと願った…
人生の一つのもくろみ、自分自身とのかくれんぼ。
けれど、私は一つひとつ現実のうちにつくり上げられていた。
年老いた木の幹が絢爛にも並び立つ中、
私の在ることを告げる呼び声の響きわたるその時、
男たちに従おうとした私の願いはくじかれ、
私への献辞はただ宙にこだまするばかり。

プエルトリコの詩人フリア・デ・ブルゴス（1914―53）
「私の歩いてきた道は私自身だった」『二十の畝の詩』より
Julia de Burgos, “Yo misma fui mi ruta”, *Poema en 20 surcos*, Puerto Rico, 1938.

プエルトリコ女性史関連年表

西暦	事　項
1860	首都サン・フアン市に女学校創設。この頃、愛国経済協会名誉婦人委員会設立。
1885	女性教育のための婦人協会設立。
1893	アナ・ローケらにより、プエルトリコで最初の女性のための雑誌「ラ・ムヘール（女性）」発刊。
1902	アナ・ローケらにより、プエルトリコで最初の女性のための女性による新聞「ラ・エボルシオン（進歩）」発刊。
1903	プエルトリコ大学が師範学校として創設され、多くの女性を卒業生として送り出す。
1908	労働者自由連盟が第５回大会で女性参政権を要求することを決議。
1917	プエルトリコ女性連盟設立。
1919	第１回プエルトリコ女性労働者会議開催。
1920	プエルトリコ・フェミニスト人民協会設立。
	アメリカ合衆国で女性参政権が成立したのを受け、労働者自由連盟の代表の女性が、プエルトリコがアメリカ合衆国の領土であることを理由に女性参政権を求める訴訟を起こし、敗訴。
1923	汎米女性協会成立。
1924	女性参政権論者社会同盟の女性が女性参政権を求める訴訟を起こし、敗訴。
1925	プエルトリコ女性参政権論者女性協会設立。
1929	読み書き能力のある女性に限定した選挙権が成立。
1935	すべての成人女性を対象とした完全普通選挙権が成立。
1946	（～68）フェリサ・リンコンが首都サンフアンの市長に就任。
1969	プエルトリコ政府の依頼で、公民権委員会が女性差別への調査を開始。
1972	公民権委員会の女性差別に関する調査結果が公表され、女性問題に関する論争が活発化。
	フェミニスト・グループＭＩＡが誕生。
	雇用における性差別が禁止される（法令50号）。
1973	プエルトリコ政府内に女性の権利改善委員会が設置。
	米連邦最高裁判所でプエルトリコに中絶の権利を適用する判決。
1975	（～77）プエルトリコ女性連盟結成。
1976	プエルトリコの家族法が改正され、共有財産や親権における夫婦平等の権利などを認める。
1977	1975年にメキシコで開催された国連主催の国際女性年第１回世界会議（メキシコ会議）を受けてプエルトリコ女性会議が開催される。
1979	女性の健康問題に取り組むグループ　Taller　Salud　が結成される。以後、個別の課題に取り組むフェミニスト・グループが数多く結成されていく。
1982	プエルトリコ両院合同決議により、女性に対する暴力の問題を公に認識し、男性から暴力を受けた女性への保護施設「フリア・デ・ブルゴスの家」への予算措置を決定。
1985	結婚後も女性が姓を変えないことが認められる（法令93号）。
1988	職場におけるセクシュアル・ハラスメントを禁止（法令17号）。
	女性団体連絡会議結成。
1989	ドメスティック・バイオレンスが犯罪として規定される（法令54号）。

序　アメリカ合衆国の影響を受けた社会と女性

プエルトリコは、キューバやドミニカ共和国などがある大アンティール諸島の東端に位置し、北は大西洋、南はカリブ海に面する亜熱帯の島である。面積八八九六平方キロメートル、東西約一八〇キロ、南北約六〇キロの島に三五二万人の人々が住んでいる。また、島とは別にアメリカ合衆国（以下、アメリカ）本土に住むプエルトリコ人が二七三万人に達し、そのうち約一一〇万人がニューヨークに居住している。

プエルトリコ人は、先住民のタイノ族にスペイン系白人とアフリカ系黒人の血が混じった混血人種であり、現地を訪れるとさまざまな肌の色、容姿の人たちに出会う。人々はスペイン語を話し、カトリック教徒の割合は八割から九割近くとされ、イスパニア文化の伝統とカリブ海地域の文化を併せもっている。一八九八年の米西戦争終結以降はアメリカ領土となり、一九一七年にアメリカ市民権を賦与され、種々の法的変遷を経て、アメリカの自由連合州として現在に至っている。そのため、スペイン文化に加え、アメリカ社会の影響を強く受けてきたことも、プエルトリコを理解するうえで重要である。現地の新聞やテレビのニュースでは、プエルトリコの政治的地位をめぐる論議がかまびすしいが、バスに乗るように飛行機に乗り込み、アメリカ本土と現地とを自由に行き来しているプエルトリコ人たちの姿には、他のラテンアメリカ・カリブ地域とは異なるアメリカとの結びつきを実感させられる。

二〇世紀に入って大きく変化した女性の社会的地位に関しても、このアメリカ社会との結びつきの強さが、プエルトリコ女性史の一つの特徴となっている。それは同時に、女性たちの性差別への取り組みが、プエルトリコの政治的地位をめぐる政争にまき込まれる危険と隣り合わせていることを意味する。プエルトリコのフェミストたちは、この問題とつねに向き合っている。現在のプエルトリコ女性の社会的地位は、アメリカの影響という外的要因と、プエルトリコ社会の内的要因とが互いに影響したうえで成立してきたものだといえよう。

一　プエルトリコ女性の歴史における社会変容と女性の地位の変化

プエルトリコの伝統社会と女性

スペイン人たちが到着する以前のプエルトリコでは、先住民であるタイノ族が狩猟や漁を営み、キャッサバ、タバコ、トウガラシなどを栽培し暮らしていた。このタイノ族の中には、女性の族長をもつ部族もあったことがスペイン人によって確認されているが、女性の族長に男性と同様の権限があったかどうかについては研究者の間で意見が分かれている。このほか、女性たちが農耕技術を発展させ、神事の球蹴りなどに参加していたことも考古学的研究によって明らかにされている。このように、タイノ族の社会では、女性も部族社会の重要な構成員であった。しかしスペイン人たちが島に到着したあと、これらの先住民の社会は急速に消滅していった。

プエルトリコにコロンブスたちが到着したのは、一四九三年のコロンブスの第二回目の航海のことである。一五〇八年には、プエルトリコで最初の植民地が建設され、先住民を使用した金鉱採掘や農作業が始まり、砂糖生産も開始された。しかし、これらの労働で酷使されたことや伝染病が原因となり多くの先住民が死亡した。また、残った先住民たちも他の島へ逃亡するなどして、島の先住民の人口は激減した。このため一五一〇年以降は、先住民人口の減少を補うため黒人奴隷が使用されはじめた。しかし一五三〇年代に入ると、金の採掘量も底をつき、またピサロらスペイン人たちのインカ帝国の征服の話が伝わり、ペルーやメキシコへ移動する植民者が相次ぎ、植民者の数も減少した。

一七世紀になると、カリブ地域のスペイン領はオランダやイギリスなどの攻撃をたびたび受けるようになった。そのため、これらヨーロッパ諸国の海賊の攻撃を避けるためにスペインの船はキューバのハバナに集結し、船団を組んでスペインとアメリカの間を行き来するようになった。このため、プエルトリコに船が到着することはほとんどなく、経済活動は停滞し、人口の流出が続いた。その結果、一七〇〇年の時点で島の人口は一万人にも満たない状態であった。

以上のような理由で、プエルトリコは、スペイン人たちの植民が早くから始まったにもかかわらず、長い間、スペイン軍人と貧農白人が島に散らばって居住しているだけの地域にすぎなかった。しかし一八世紀に入ると、ヨーロッパにおけるスペイン王位継承戦争が終了し、スペインは再びアメリカでの経済活動に力を入れるようになった。一七六〇年にキューバのハバナがイギリスに占拠されるとスペインはプエルトリコにも目を向け、商業取引を目的とした砂糖などの農業生産を開始した。その結果プエルトリコへの移民が増え、黒人奴隷輸入が急増した。

また、一九世紀に入ると、ラテンアメリカ諸国はスペインから次々と独立していき、キューバとプエルトリコがアメリカでスペインに残された最後の植民地となった。スペインは植民地を失っていく過程でこれまでなおざりにしていたプエルトリコへの植民地政策を見直し、島の経済の活性化を図った。外国との取引を自由にし、港を建設し、砂糖の生産を増産し、移民が増え、小規模農園の経営者層が形成されていった。このようにして、プエルトリコの人口は一九世紀初頭の約一六万人から、一九世紀末には約一〇〇万人に膨れ上がった。

ところで、近代化が始まる以前のプエルトリコ社会の女性の規範といえば、農園制度の中で、家庭にその居場所があることが基本であった。家庭が女性の世界であり、家庭的であることが女性の美徳であった。そして、何もすることがないということが、女性の育ちの良さと富の象徴となった。しかし、このようなスペインのエリート層の規範がプエルトリコ社会の文化に引き継がれ普及していくのも、すでにみたように、一九世紀末になってからのことである。そして、これら近代以前の女性の資料に関しては、たとえば、スペインからプエルトリコへ植民し一家を養った女性の例や、必死に働きつづけ奴隷の身分を買い戻した黒人女性の例など、一部にその足跡を歴史に残した女性たちが存在するものの、一般に一九世紀以前の女性に関する資料を見つけるのは困難を極める。また、現在につながる広範囲の女性の地位向上の動きが生じたのは一九世紀末から二〇世紀に入ってからである。したがってプエルトリコの女性の歴史は近現代が中心とならざるをえない。

また、近代の女性の歴史としては、一九世紀末から二〇世紀初頭に世界の各地で生じた女性参政権運動を中心とする女性解放への動きが重要である。しかしその中でも、プエルトリコにおける女子教育の普及と早期の女性参政権成立は、ラテンアメリカ・カリブ諸国の中でも際立っており注目に値する。

女性への教育の普及

一九世紀の女子教育に関しては、世紀初頭、女子にも男子と同様の教育機会を与えるために女子の学校を創設した女性、セレスティーナ・コルデーロの活躍が知られている。また一九世紀後半には、愛国経済協会名誉婦人委員会や、女性教育のための婦人協会などの団体による女子教育推進の努力が重ねられた。しかし実際に多くの女性が教育の恩恵に浴するのは、二〇世紀に入ってからのことである。一九〇〇年以降、アメリカ政府はプエルトリコにおける公的教育の普及・充実を推進する政策に取りかかった。この政策により多くの子どもたちが教育を受けるようになり、同時に、女性の教育機会も大幅に拡大した。一九世紀には、女性で高等教育を授かる者はほんの一握りであったのが、二〇世紀に入ってその数は飛躍的に増加した。また、一九〇三年にプエルトリコ大学が師範学校として創設され、一九〇三年から一九二三年の間の卒業生の七四%を女性が占めた。彼女らの多くは、教師、看護婦といった専門職に就き、プエルトリコの教育、公衆衛生の進展を担った。そして、これらの女性たちの中から、女性参政権運動の指導者が輩出されていった。また、アメリカで高等教育を受けた女性たちが、プエルトリコの女性参政権運動の重要な指導者となったことも見逃せない。

このように、アメリカ政府の公的教育普及の政策がもたらした女子教育の広がりがフェミニズムを醸成していく素地をつくり出したことは、プエルトリコ女性史の一つの側面として重要である。現在、プエルトリコで高等教育を受けている者の男女比は男一〇〇に対して、女一五九ときわめて高い。女子教育の開始とその一般への普及が早かったことが、現在の知識層の女性の発言権の強さや専門職の女性の活躍につながり、女性の社会への進出を押し進めてきたといえよう。

女性参政権獲得への道

一九世紀末から二〇世紀初頭にかけて、プエルトリコでも女性参政権運動が盛り上がり、一九二九年に読み書き能力のある女性の選挙権が成立し、一九三五年にはすべての成人女性に選挙権が与えられた。これは、ラテンアメリカ・カリブ地域諸国の中でももっとも早く女性参政権が成立したエクアドル（一九二九年）に次ぐものであり、世界的にみても早い時期に女性参政権が成立したことになる。

この女性参政権成立の過程では、教育の機会均等や女性参政権を求めた専門職の女性および富裕階層の女性たちによる女性解放運動の勢力と、労働者階級の中から生まれた女性解放運動の二つの流れが大きな力を発揮した。とくにプエルトリコでは、二〇世紀初頭から盛んになった労働運動の中に女性解放の運動が生じ、女性参政権運動に合流したことが、女性参政権運動を盛り上げた要因として重要である。労働運動の中で、社会変革の一部として女性解放が唱えられたのである。それは、プエルトリコの主要産業であったタバコ産業や縫製業といった分野に女性労働者が多数従事していたため、女性の参加なしでは労働運動そのものが成り立たないという事情があったためでもあった。

プエルトリコでは、一九世紀後半にアメリカとの間の経済関係がしだいに強まっていったが、一八九八年にアメリカ主権下に移管して以降、アメリカ資本の参入によって砂糖やタバコ産業の工業化が進行した。また、縫製業もプエルトリコの安い労働力に注目したアメリカ資本が参入することで、島に普及していった。縫製業とタバコ産業で多くの女性労働者が使用されたため、プエルトリコの労働運動においては、女性労働者の組織化という課題が避けて通れなかったのである。

一八九八年にプエルトリコで初めての労働組合的性格をもつ組織が創設され、翌年、労働者自由連盟と名を変え、組織を新たにした。この労働者組織は、女性労働者の低賃金により労働者全体の賃金が下がるのをくい止めるため、女性労働者の組織化と教育に積極的に取り組み、一九〇八年の第五回大会の時点で早くも女性参政権の要求を掲げた。

これがプエルトリコにおける最初の女性参政権要求とされている。また、一九一五年にはこの労働運動の政治組織部門として社会党が創設され、女性参政権を要求した最初の党となった。そして、女性参政権をめぐって論争が紛糾する一九二〇年代に社会党は勢力を拡大し、三〇年代に入ると連立政権の下で与党の立場から女性参政権運動を推進した。

このように、プエルトリコでは、労働運動の歴史が女性の歴史および女性参政権運動の重要な一部を成しており、女性参政権論者が女性労働者の会議に参加したり、女性労働者が女性参政権連盟のメンバーとなったりして、女性労働者と女性参政権論者とが連帯して参政権運動を支えていた。これらの女性労働者の増加、労働運動の中で活躍する女性たちの出現、女性知識層の増加や女性参政権論者による活動などを背景に、参政権運動は高まりをみせていった。

一九一七年に新組織法によりプエルトリコ市民はアメリカ市民権を賦与された。そのアメリカで一九二〇年に女性参政権が成立すると、アメリカ領土である以上、プエルトリコにも同様の権利が認められてもよいという期待が、プエルトリコの女性参政権運動の中に広がった。一九二〇年には労働者自由連盟の代表者として、ヘナーラ・パガンが地方選挙登録委員会に対し訴訟を起こし、女性参政権を要求したが、敗訴した。また、一九二四年には女性参政権論者社会同盟のメンバーであり、汎米女性協会の会長であったミラグロス・ベネットが同様の訴訟を起こした。このケースも敗訴したが、女性への差別を法的に明らかにした意義は大きかった。この後、プエルトリコに存在していた女性参政権運動の団体は、アメリカの女性団体に援助を求めるようになった。女性参政権論者社会同盟がアメリカの全国女性党に加わり、プエルトリコ女性参政権論者女性協会が、同じくアメリカの全国女性有権者協会に加わって、アメリカ連邦議会へのロビー活動を展開したのである。その成果が上がり、アメリカ連邦議会はプエルトリコの女性参政権を要求するための法律改正の案を作成した。しかし、最終的にはアメリカ議会によるプエルトリコの内政への介入という形を避けるために、当時、アメリカ大統領によって任命されていたタウナー知事の下で、一九二九年にプエルトリコ議会が、読み書き能力のある女性に参政権を認める法案を承認した。この後、とくに労働運動側からの強い要求で、一九三五年にすべての女性に対して参政権が認められた。しかし女性参政権成立という一つの目標の達成とともに女性解放の運動は沈滞し、また一九三〇年代の不況の中でタバコ工場や繊維工場が閉鎖されていくにつれて、戦闘的女性労働者も減少し、プエルトリコにおける女性解放運動の第一波は終焉していった。

しかし、この女性参政権運動から優秀な女性たちが多く生まれ、プエルトリコ女性解放運動の先達となった。労働者階級に属する女性が労働運動のリーダーとして活躍し女性参政権運動に加わった例や、アメリカで教育を受けた富裕層の女性たちが女性参政権要求のリーダーとして活動した例など多くの女性が歴史にその名を刻んだ。知識層の女性では、一九世紀末から二〇世紀初めに教師として教科書を執筆、プエルトリコで最初の女性のための雑誌・新聞を発行し、女性参政権運動のリーダーとして活躍したアナ・ローケが有名である。また、労働運動の中からは、プエルトリコで初めてズボンを着用した女性としても知られるルイサ・カペティージョが、労働運動の中で女性の権利を主張し、著作も出版した。

二　工業化の進展と女性の社会進出

参政権成立以後の社会と女性（一九四〇―七〇年）

女性参政権成立以後、女性解放の動きが再び活発になるのは、一九七〇年代以降のフェミニズムの登場を待たねばならない。しかしその変化は突然のものではなく、参政権成立以降も女性たちの社会進出が着実に進行しつづけた結果生じたものであった。

二〇世紀に入って雇用労働市場に参入を始めた女性たちは、プエルトリコ社会の工業化社会・消費社会への移行とともに、その役割も変化させていった。一部の人たちの目には、女性の社会進出はアメリカ化の一部として映ることになり、アメリカへの反発と女性の役割が変化していくことへの反発とが混在する結果も招いた。たしかにプエルトリコの近代化は、アメリカ社会の影響を強く受けて進展した。三〇年代の不況期には、アメリカの公共事業拡大の経済政策がプエルトリコにも適用され、四〇年代には税制優遇を柱とするアメリカ資本の導入による工業化政策が開始され、急激な工業化とそれにともなう新たな雇用の創出が準備された。また、大戦の勃発にともなって多くのプエルトリコ人が兵役に駆り出されると、退役軍人の連邦政府への就職や進学の機会の増大といった現象を生み出し、それが島の近代化を後押しするという結果となった。加えて、この四〇年代にアメリカ本土でプエルトリコ人のコミュニティが形成され、プエルトリコの歴史に新たな要素が加わった。これらの変化が、女性の果たす役割の変化を準備していった。

一九四八年には、選挙による初めてのプエルトリコ人知事が誕生し、政府による新たな工業化政策が押し進められ、プエルトリコの経済成長率は大幅な伸びを示した。五〇年代はプエルトリコの高度経済成長の時代にあたるが、このようなプエルトリコ社会の工業化の進展は、都市化の拡大をもたらし、六〇年代以降、プエルトリコには都市住宅、車社会、消費社会が出現した。都市に住む女性の意識は変化し、女性の高学歴化と経済的自立の機会が拡大し、専門職や政治の分野へ女性が進出していった。それは、女性のアイデンティティが家庭の女性としてではなく、生産者としてのアイデンティティに変化していくことを意味したが、そのアイデンティティは、スペイン文化の伝統の中で女性に与えられた役割とは相容れないものであった。そして、五〇年代以降の急速な経済成長過程で生じた女性の社会進出は、六〇年代に専門職女性たちを中心とした女性差別への抗議行動を生み出した。この抗議行動の結果、公民権委員会は一九六九年、女性差別への調査を開始した。この流れが七〇年代の新たなフェミニズムの時代を生み出す重要な契機となる。

七〇年代以降のフェミニズム

ウーマン・リブとして知られるアメリカ女性たちの新たなフェミニズムの波は、メディアを通してプエルトリコへも広がった。一九七一年にプエルトリコ女性ジャーナリスト協会の招きでアメリカの女性誌「ミズ」の創刊者であり編集者であったグロリア・スタイナムがプエルトリコを訪れ、プエルトリコのメディアの注目を集めた。その翌年、プエルトリコ政府が公民権委員会に委託していた女性問題に関する調査結果が公表され、女性問題に関する大論争をまき起こした。その論争の中から誕生した最初のフェミニストのグループであるＭＩＡ（ミア）は、新しい家族法の成立に向けて議会に精力的に働きかけた。このフェミニストたちの動きに影響される形で、政党も女性差別に向けた取り組みを政策として掲げるようになった。民主民衆党は選挙戦で女性局の設置を公約として掲げ、七二年の選挙戦勝利後、政府内に女性の権利改善委員会が設立され、教育の場における性差別調査、女性への暴力、セクシュアル・ハラスメントへの対応などに一定の成果をあげた。また、七五年にメキシコで開催された国際女性年第一回世界会議（メキシコ会議）を受けて、プエルトリコでも七七年に女性会議が開催された。こうしてプエルトリコ内部の事情と国際的趨勢の双方から、公的機関や政府筋が女性問題に取り組まざるをえない状況が醸成されていった。そして、この七〇年代に女性研究なども活発になり、八〇年代に入ると女性学研究センターが大学などに設立され、女性問題研究や女性差別撤廃教育などがいっそう推進された。

法的にも、一九七三年に中絶が合法となり、七六年に夫婦共同による財産管理などに関する一連の家族法の改正が行われ、八八年には職場でのセクシュアル・ハラスメント禁止、八九年にはラテンアメリカ・カリブ地域ではもっとも早く、ドメスティック・バイオレンス（男性のパートナーによる女性への暴力）を犯罪と規定する法律が制定された。このような七〇年代以降の女性の社会的地位向上に、プエルトリコのフェミニズムは大きな役割を果たした。

実際に一九七〇年代に始まったフェミニズムの盛り上がりの中から、それ以後八〇年代にかけて数多くの女性団体が結成された。七九年に組織された女性の身体を考えるグループは、自分たちの身体を女性の目で理解しようというフェミニズムの一運動から出発したが、現在ではさらに活動の幅を拡げ女性の健康指導やエイズ予防、一〇代の妊娠問題など、行政の委託を受けて啓蒙活動を行うなど成果をあげている。また、八〇年に男性パートナーの暴力の犠牲者の女性を救うためのプエルトリコで最初の女性保護施設として出発した「フリア・デ・ブルゴスの家」は、その実績を認められ、行政の補助を受けて運営規模を拡大した。現在では警察と連携して助けを求める女性をシェルターに保護し、カウンセリングと就職プロジェクトとを組み合わせたプログラムで多くの女性の生活再建を援助しており、他のボランティア団体がそれに続いている。その他、活動するフェミニスト（一九八三年設立）、プエルトリコ女性

プエルトリコの女性団体連絡会議の女性たち。

労働者組織（一九八二年設立）、プエルトリコ大学女性センター（一九八四年設立）など、さまざまなグループが誕生した。暴力、健康、法律といったそれぞれの課題に沿って活動するこれらのグループによって代表されるフェミニズムの動きは、八〇年代には政治的にも力を増し、女性団体連絡会議が八八年に設立された。この組織は、女性への暴力を防止する法制定に向けて行政側である政府の女性局担当者らと協力して取り組み、八九年に女性への暴力を犯罪とする法律を制定させ、政治的圧力団体として大きな実績をあげた。

一九九〇年代に入ってからは、ホモセクシュアルや黒人女性などの権利を主張するグループ、教会における女性への差別に反対するクリスチャン女性グループ、リプロダクティブ・ライツ（性と生殖に関する権利）を守るグループの連盟などの団体が現われ、八〇年代まではタブー視されていた問題にも積極的に取り組みはじめている。

女性の政治的発言力の拡大

前述のとおり、プエルトリコの女性は、一九二九年に読み書き能力があることという制限つきではあったが参政権をもつようになり、一九三二年の選挙から、その権利を行使するようになった。また一九三五年には労働運動側からの要求もあり、すべての女性に対して参政権が認められた。そして、この女性参政権成立の過程では、女性参政権論者たちが実際の政治勢力として議会を動かし、同時に労働者階級の女性たちの存在も政治的な勢力として女性参政権をめぐる各政党の政治動向を大きく左右した。このように、女性たちは参政権成立に向けて活発に政治活動を行い、政治的力を発揮した。それにもかかわらず、女性参政権成立後の女性の議会への参加は限られていた。つまり、参政権成立当初から一部の女性が議会に参加し、また、市会議員への女性の参加は当初から一割を越えていたものの、女性が参政権を得てから今日約六〇年間を通して、全体としてみてみると女性の議会への参加は限られている。ただし、一九九六年では上院・下院議員に占める女性の割合はそれぞれ一七・九%、一六・七%にまで上昇し、女性市長も八名誕生し、市長総数に占める女性の割合は一〇・三%を占めるまでになっている。したがって、この数値と近年の女性たちの各方面にわたる社会進出や、一九七〇年代以降の女性の権利に関する法律の整備などを考え合わせると、今後は女性の議会への参加が着実に増加していくことが予想される。

このほか、一九七〇年以降にフェミニストたちが政府や議会へ活発に働きかけて、女性の地位を向上させる法制度を成立させていった取り組みも、プエルトリコの女性の政治参加を語るうえで重要な政治活動といえる。この時期、フェミニストたちは、女性たちが職場や教育の場で平等の権利を可能な限り享受できるようにと、法改正や教育システムの改革にとくに力を入れて取り組んだ。そして、政府や行政機関の女性政策に積極的に関わり、女性の権利に関する法律の整備に貢献し、ラテンアメリカ・カリブ地域でも先進的といえる女性の社会的地位を築いた。ただし、このことに関しては、アメリカ連邦政府の女性政策やアメリカの女性運動が大きく影響しているという研究者の指摘もあり、その事実は無視できない。しかし、プエルトリコの女性たちの存在が政治的に重要性を増し、政党がその存在を意識せざるをえないことや、フェミニストたちが政府や行政に女性政策を実施するよう活発に働きかけたことが最大の要因となったことも否定できない。

三　現代のプエルトリコの社会と女性

筆者は、一九八四年から八九年までプエルトリコに滞在し、現地社会に直に経験する機会に恵まれた。なかでも、さまざまな場所で積極的に行動するプエルトリコの女性たちの姿にはとくに興味を惹かれた。当時プエルトリコで筆者が接した世界は、プエルトリコ大学の近辺に限られていたが、教官、学生、職員に占める女性の数は日本とは比べものにならないほど多く、女性が学長を務めるキャンパスも存在していた。また、現在の首都サンファンの市長は女性で、知事選への出馬も取り沙汰されている。プエルトリコではすでに一九四〇年代から六〇年代にフェリサ・リンコンという女性がサンファンの市長職を勤めるなど、総じて女性の社会進出が目覚ましく、幅広い分野で女性たちが活躍しているという認識をもった。

また、一般家庭の女性に目を移してみても、女性が一家を支えている例がごく一般的に見受けられた。離婚率もアメリカ以上で、離婚経験のない夫婦の方が珍しいほどに、離婚が日常茶飯事の出来事であった。カリブの女性は強くて男性以上に働き者だといわれるが、社会で活躍する女性たちなくしてプエルトリコ社会は存在しえない、という印象をもった。ここではプエルトリコの女性の現状を大まかに把握するために、女性の置かれている社会経済的状況を示す統計をひもといてみよう。

統計にみる家族形態の変化

まず家族構成平均人数であるが、ラテンアメリカ・カリブ地域では家族構成人数が四—五人という数字が多い中で、プエルトリコの家族構成は三・三人（一九九〇年）と少ない。出生率に関しても、ラテンアメリカ・カリブ地域はここ二〇年間で、四〇％以上の減少率を達成し、人口増加を続けるアフリカ地域と対照的であるが、その中でもプエルトリコは、キューバなどと並び、合計特殊出生率（女性一人が産むであろう子どもの数の平均）二・二人（一九九〇—九五年）と低い数値を示している。同時に、避妊実施率も高く、再生産年齢の既婚女性による避妊法の使用は七〇％（一九八〇—八四年）に及び、アルゼンチンやキューバなどとともに先進地域並みの数字を示している。また、軒並み中絶を禁止している国が多いラテンアメリカ・カリブ地域にあって中絶が合法化されている点も注目に値する。

また、プエルトリコにおける家族関係のあり方を示す指標の中で、離婚率の高さは際立っている。一九九四年の婚姻数が三万三二〇〇件だったのに対して離婚数は一万三七二四件で、婚姻数に対する離婚数の割合は四割程度である。

また、この数字を一〇〇〇人当たりの離婚率に換算すると、五・一となる。一〇〇〇人当たりの離婚率は、日本で一・四五（一九九二年）、アメリカで四・七（一九九〇年）であるからプエルトリコの離婚率の高さがうかがえよう。『世界の女性、1970—1990 その実態と統計』（国連）の家族と世帯に関する指標における一五—四四歳の女性の離婚状況をみても、カトリックの影響の強いラテンアメリカ・カリブ地域では、離婚率が〇—四％と軒並み低い数字を示している中で、アメリカ領バージン諸島の一二・四％、社会主義国キューバの九・八％に次いで、プエルトリコは九・五％という高い数値を示している。筆者が現地に滞在していた当時も、離婚に反対する教会が家族の絆を訴えるキャンペーンを盛んに行っていたが、家族のために尽くし夫に従う女性像などはもはや期待できない、という状況であった。離婚率の高さに関しては、カリブ地域の女性に関する研究者ヘレン・サファが「カリブ地域では歴史的に結婚よりは同棲が普及しており、プエルトリコはカリブ地域の中では結婚制度が定着した方であるが、その代わり離婚数も増えた」ことを指摘しているが、カリブ地域独自の歴史文化と工業化の過程での女性の経済力の拡大が相まって、離婚や未婚状態が一般的な姿として社会に浸透したと考えられる。

このほか、最近のプエルトリコの家族関係を示す指標として、結婚をしていない母親の出産の割合が増加しており、一九八〇年の二〇・九％から、一九九二年の二九・三％へと、一二年間で倍増している点も見逃せない。これは、全年齢層の女性で起きている現象である。婚姻していない状態というのは未婚の場合もありうるし、かつて結婚していたことがあるが現在は婚姻状態にないという場合もある。ただし、この婚姻していない母親の七六％がパートナーと同棲中であるという現象も、離婚率の増加とともにプエルトリコ社会における婚姻制度の空洞化を示すものとして興味深い。

女性の経済活動の多様化

では、社会での発言権と直接関わってくる、女性の経済活動への参加に関する統計数値はどうだろうか。一九九五年の女性の経済活動率は三四・二％で（表1）、経済活動人口に占める女性の割合は九〇年には四一・三％であった。

表1　プエルトリコの男女別経済活動率　（%）

	1970年	1990年	1995年
女	28.0	31.4	34.2
男	70.8	60.7	61.2

［出所］*Participación de la mujer en la fuerza laboral 1995*, Departamento del Trabajo y Recursos Humanos より筆者作成。

表2　職業別女性雇用者構成比の推移　（%）

	1899年	1940年	1970年	1995年
専門職および関連職	0.5	6.0	14.4	23.0
管理職、行政職および関連職	2.4	1.6	5.6	8.9
事務職	0.2	4.2	21.3	28.7
工員および関連職	12.4	49.9	28.3	15.0
家事使用人および関連職	74.6	27.6	6.5	1.6
その他	9.9	10.7	23.9	22.8

［出所］表1の資料および *Indicadores socioeconómicos de la situación de las mujeres en Puerto Rico 1970 a 1989*, Junta de Planificación de Puerto Rico より筆者作成。

この数値そのものは、さほど目立ったものではないが、プエルトリコ労働・人的資源局の報告によると、一九七〇年から一九九五年の二五年の間、年々男性の経済活動率が低下している一方で女性の経済活動率は増加し、また雇用者増加の半数以上を女性が占めていることが指摘されており、労働市場での女性の重要性の増大が示されている。

また、ブランカ・シルベストゥリニの研究によれば、女性人口に占める雇用者の割合は、一八九九年の九・九%から一九一〇年には二一・七%に増加し、以後一九七〇年まで二〇%台であることが指摘されており、経済活動への女性の参加が二〇世紀初頭から始まっていることがわかる。しかしながら、そこには一九五〇年代を境にして大きな変化がみられた。

表2からわかるように、現在、プエルトリコでは女性の半数以上が専門職や事務職に従事している。一九世紀末、女性の職業といえば家内労働であり、その比率が七割を超えていた時代から比べれば隔世の感がある。また、三〇年代、四〇年代の女性の職種は、家事サービス、もしくは自宅で仕事が行われる縫製業への就業が主であったが、この時期以後も女性の労働形態は変化を続け、プエルトリコの工業化とともに女性の職種も専門職や事務職へ移行してきた。

このほか、一九九〇年前後の女性の経済活動に関する指標の一つである管理職の割合をみても、男性一〇〇人当たりの女性の数は四〇人と高い数値を示している。ちなみに日本では八人である。一九八〇年から九〇年の間にラテンアメリカ・カリブ海地域では、先進地域と並んで大幅に管理職の割合が増加しているが、プエルトリコはその中でも管理職に就く女性の割合が高い地域となっている。

以上、経済活動においても女性の重要性が増していることは統計的に明らかである。しかし、それは男女が同等の経済力をもっていることを意味しない。たとえば、プエルトリコ労働・人的資源局は、女性がその教育の高さに見合った職業に就いていないことを指摘している。プエルトリコの修学年数の平均値は一九九五年で男性一二・五年に対し女性は一三・三年であり、前述したとおり高等教育進学率は男一〇〇に対して、女一五九と女性の方が高学歴である。このことを考えると女性が経済活動においてその能力を十分に発揮するまでには至ってないといえる。同様に、賃金格差も改善傾向にあるとはいえ、まだ男女の間に大きな差が存在している。男性平均賃金一〇〇に対する女性賃金は一九六〇年で四二・八、一九七〇年で六〇・四、一九八〇年で六五となっている。

しかしながら、全体としてプエルトリコ女性の経済的プレゼンスは拡大していることが、数字の上に現われている。その進出を支えてきた要因としては、二〇世紀に入ってから女性が高い就学率を保ってきたことが重要である。

エリサベス・クレスポは、二〇世紀に入ってプエルトリコで女性の就学率が急速に高まった背後には、「結婚相手がいい人とは限らないから勉強しておきなさい」と母から娘に言い伝えられてきたことを取り上げ、教育をマッチョ文化の中で女性が生き延びるための資源としてとらえる、自立した女性の智恵が存在していることを指摘している。

二一世紀に向けた課題

以上、女性の歴史的側面および社会経済的側面から、プエルトリコ女性の社会的地位が変化し、改善されてきた過程を考察した。しかし、解決すべき問題は未だ多く存在している。北京で開かれた第四回世界女性会議のNGOフォーラムに向けて作成された資料のプエルトリコ女性の現状には、女性が世帯主である家庭の厳しい経済状況、政界における男性優位、男よりも高学歴であるにもかかわらず女性の方が高額所得者になりにくいといった事実をあげ、女性にとって厳しい現実を指摘している。また、一五歳から四四歳の女性の死因をみても、トップがエイズで、四番目に殺人が入っており、プエルトリコの社会問題である犯罪、暴力、エイズが女性の生活に大きく影を落としている。

フェミニスト・グループが取り組んでいる女性への暴力やリプロダクティブ・ヘルス（性と生殖に関する健康）への活動は、このようなプエルトリコの社会問題と深く関係しているのがわかる。

その一方で、プエルトリコのフェミニストたちは、プエルトリコの置かれている政治的状況の影響を強く受けている。フェミニスト・グループＭＩＡのメンバーとして活躍し、メキシコ会議に参加したアナ・イルマ・リベラに、筆者は一九九八年の現地調査でインタビューを行った。彼女によると、七五年のメキシコ会議でラテンアメリカ諸国の女性たちは先進国のフェミニズムに対してブルジョワの運動だと非難の声をあげた。彼女はそれに反対したため、会議の中でも、プエルトリコ代表の中でも、孤立したとのことである。彼女としては、プエルトリコの男たちの問題をアメリカのせいにするのはおかしい、と考えてのことであった。しかし他の人たちにとっては、プエルトリコの男社会の問題は、アメリカとの従属関係によって規定されるものであり、アメリカは非難されるべき存在として映っていたのであろう。プエルトリコの抱えるアメリカとの政治的問題が、女性問題へ深く影響している一例である。

また、アメリカへの反発が存在するだけでなく、内部でもプエルトリコの政治的地位をめぐり、政党同士が激しく対立している。プエルトリコのフェミニストたちはこの問題にも向き合わなければならない。前述のアナ・イルマ・リベラは、当時の多くの女性団体が短命だったのに比べ、唯一ＭＩＡだけが八年続いたことを指摘し、ＭＩＡが設立当初から特定政党のイデオロギーがもち込まれないように、極力注意を払っていたからだと強調した。事実、ＭＩＡが結成された後、一九七五年に広範な女性の勢力を集結すべくプエルトリコ女性連盟が結成され、本来ならば女性グループの連合体として大きな力を発揮するはずであった。しかし党派主義がもち込まれ、組織は混乱し、二年の短命に終わった。ＭＩＡも最終的に党派主義の争いにまき込まれて解散している。プエルトリコの政治的地位をめぐる対立が、女性運動の場にも深刻な影響を及ぼしてきたのである。

しかし一九八〇年代、プエルトリコのフェミニストたちの運動は、女性の健康問題やドメスティック・バイオレンスといった個別問題に活動の目標を絞るようになる。そして、八〇年代後半にそれらのグループが連帯して、ドメスティック・バイオレンスを犯罪と定義する法律制定に向けて行政側の女性局などもまき込む形で協力して運動を展開し、一九八九年に法制定にこぎつけた。個別課題に取り組むそれぞれのグループが、一つの利益課題に対して連帯し行政に圧力をかけたのである。この経験は、プエルトリコのフェミニズムの障害となっている党派主義を克服したものであり、プエルトリコにおけるフェミニズムの政治的な成熟度を示している。

現在では一九八〇年代後半の時のような勢いがなく、暴力問題以外にも山のように女性問題は存在しているのに有効な手段をもたず、プエルトリコの女性運動は曲がり角にきている、との批判も現地調査で耳にした。しかし、このような批判が聞かれること自体、プエルトリコのフェミニズムが次のステージに向かっており、女性運動のあり方が見直されつつあることを意味している。今後のプエルトリコ女性の動向が注目されよう。

参考文献案内

1　プエルトリコの歴史については、Fernando Picó, *Historia general de Puerto Rico* (Puerto Rico : Ediciones Huracán, Inc., 1986) および Francisco A. Scarano, *Puerto Rico : Cinco siglos de historia* (S. A. : McGraw-Hill Interamericana, 1993) が詳しく有用である。

2　女性参政権に関しては、María de Fátima y Barceló Miller, *La lucha por el sufragio femenino en Puerto Rico 1896–1935* (Puerto Rico : Ediciones de Huracán, 1997) および Yamila Azize, *La mujer en la lucha* (Puerto Rico : Editorial Cultural, 1985) にその経緯が詳しくまとめられている。

3　プエルトリコ女性に関する入門的な概説書としては、Centro Coordinador de Estudios, Recursos y servicios a la mujer del Centro de Investigaciones Sociales (Universidad de Puerto Rico) と *Participación de la mujer en la historia de Puerto Rico* (New Jersy : Rutgers, 1986) が読みやすく有用である。

4　その他、インターネット上の書店で入手が比較的容易なものとして、Félix V. Matos Rodríguez and Linda C. Delgado, *Puerto Rican Women's History* (N. Y. : M.E. Sharpe, 1998) または、Yamila Azize Vargas, "At the Crossroads : Colonialism and Feminism in Puerto Rico", Barbara J. Nelson and Najma Chowdhury ed., *Women and Politics Worldwide* (New Haven : Yale University Press, 1994) もプエルトリコ女性の全体像を把握するのに有用である。

5　志柿禎子「女性の権利に関する法制整備と女性運動――一九七〇年代以降のプエルトリコにおける女性政策とフェミニズム」（『言語と文化』第2号、岩手県立大学言語文化教育センター、二〇〇〇年）に最近のフェミニズムの動向を詳述してある。

6　志柿光浩・志柿禎子「現代プエルトリコの人と社会」（中川文雄・三田千代子編『ラテンアメリカ　人と社会』新評論、一九九五年）にも女性の状況について概略してあるので参照されたい。

15章

マヤ系先住民社会の女性

長い眠りから目覚めた先住民女性たち

桜井三枝子

大いなる母の抱擁、生命の実りには終わることがない、
昨日は彼女が売りにいき、あなたが買う、
今日、あなたが売り、私が買う、明日、私が売り、彼女が買う、
湖岸に洗濯場があり足を浸す、語りあいながら洗濯岩に向かう、
織り棒、紐、糸そのものは紡げない、
女がその前に座ると、母の胎を成し布が生まれる、
そして、一日の仕事が終わると、身体は母なる闇のしじまの中で休息する。

女性画家アンヘリカ・バウエルの作品より
Angelika Bauer, “Ixoi Tzutujiles”, Guatemala, Litorama S.A., 1991.

序　近づきにくいマヤ女性

とかく旅行社などのパンフレットには「マヤ」というと遺跡が中心で、肝心の人間はまるで謎の多い消滅してしまった民族であるかのように紹介されている。しかしマヤの民はある意味で「不滅の民」であり、メキシコのユカタン半島全域、タバスコ州とチアパス州の一部、グアテマラ、ベリーズ、そしてホンジュラスとエルサルバドルと、五カ国にわたる切れ目のない一つの地域に住んでいる。

マヤ地域は南部、中部、北部に分かれており、南部高地は良質の土壌と適度の雨量に恵まれ人口密度が高く、中部と北部は石灰岩土壌の低地で気候は耐え難いほど暑い。鬱蒼たる熱帯雨林の広がる中部から北部のユカタン半島へと北上するにつれ、雨量が減少しサヴァンナ地帯となっている。マヤ語を話す人々は時代と空間を通じて驚くほど「凝集」して住んでいるが、「マヤ語族」という言語集団は近親関係をもちながら長い年月の間に生じた内部分解で、現在では相互が会話しても理解しにくい二〇以上のグループに分かれている。主に焼畑農耕で三大主食（トウモロコシ、インゲンマメ、カボチャ）を栽培し、とくにトウモロコシは私たち日本人の「米」に相当する主食であり、粒をひいて粉状にし、その粉を焼いてトルティリャ（パン）に、蒸してタマル（ちまき）に、液状にしてアトレ（飲料）にするなどさまざまなやり方で調理している。

さて、メキシコはカリブ海に面した国際的リゾート地として有名なカンクンのあるユカタン半島や、グアテマラの風光明媚なアティトラン湖畔の観光地を訪れると、手先の器用なマヤ女性の手工芸品に目を奪われる。ユカタン半島では酷暑に映える白地に色鮮やかな刺繍の施されたウィピルと呼ばれる直線裁ちのワンピースが、そして気候が温暖なグアテマラでは、厚地木綿の手織り布に丁寧な刺繍模様のブラウスや、テーブル掛け、袋物一般が魅力的に店に並べられている。私たち観光客にとって、製品に馴染むのは容易だ。しかしこれらを生産するマヤの女性たち、つまり「人間」と直接に接触する機会は少なく、親しくなるのは結構難しい。それというのも、彼女たちは外の人間に対して不信と警戒の念を抱き、スペイン語を解せなかったり、口数の少ない習慣をもっているうえに、先住民でない人々との接触がきわめて限られてきたからであろう。

筆者が祝祭儀礼の文化人類学（民族学）的調査に入ったのは、ユカタン半島では一九八八年で、グアテマラでは一九九二年からであり、最近ではそれにエルサルバドルも加えて現在に至っている。熱帯雨林の中で繰り広げられる排他的で、ある意味では神秘的な祝祭儀礼にロイダ（マヤ集団リーダーの娘）の手引きで参加を許されるようになると、筆者は必然的にマヤ女性たちに混じって祝祭用の食事の準備に加わり、水汲みと水運び、土製平鍋でトルティリャを焼き、土炉で一昼夜かけてつくる豚料理の手伝いをした。穏やかな年配女性が若手女性たちを指揮して手慣れた様子で調理していく様子は、まるで嫁ぎ先でしていた秋祭りの鯖寿司の支度のようで、違和感なく彼女たちの中に溶け込めた。一方、内戦終結以前に調査入りしたグアテマラでは、キチェ・マヤの名門出身で国立サンカルロス大学で社会学を学ぶ女子大生ロシベルと懇意になった。彼女は直毛・漆黒の美しい長髪を保ち、来日の折りにも民族衣装を着用しつづけていた。弟たちが国軍に拉致されたのちに、故郷のコマラパ市から両親たちと首都の先住民居住地区に移転してきた。ロイダとロシベルの背後に控える多数のマヤ系

グアテマラのキチェ・マヤの女子大生ロシベル（左端）と祖母、叔母が改良竈でトルティリャを焼く。

先住民の「女性」に焦点をあてる必要があるようだ。

先住民女性は、第一に先住民であることで、第二に女性であることで、二重の抑圧と差別を歴史的・社会的に受けてきた。一九七五年にメキシコ市で開催された国連主催の国際女性年第一回世界会議（メキシコ会議）を契機として意識上の変化が及んだのは中間層出身の女性までであった。この当時において同じ女性でありながら社会的に下層に位置づけられる先住民女性はまったく問題外に置かれていた。しかし一九九二年、グアテマラのキチェ・マヤ出身の人権擁護活動家リゴベルタ・メンチュウにノーベル平和賞が授与され、続けて一九九三年が国連により「先住民の年」と定められてから、いままで地下で燃えていた先住民復権と女性解放の意識が地表に表われてきている。そうした様子を以下の手順で述べていきたい。

本章ではまずマヤ系先住民女性に関してエスニック集団の差異、居住形態や家事作業、女性の聖職としての織物と助産婦について概観し、次に一九世紀末からしだいに自給的・閉鎖的・同質的な先住民共同体が近代化の渦にまき込まれていく過程で、プロテスタントの布教とカトリックの対応が及ぼした女性の婚姻形態意識の変貌について述べ、最後に観光産業のグローバル化や教育の普及、およびチアパス州で現在進行形のサパティスタ民族解放軍における女性解放など先住民女性を取り囲む環境変化について記していきたい。

一　マヤ系先住民女性に関する概観

先住民と非先住民

まず、メキシコとグアテマラ両国の総人口に占める先住民人口を観察してみよう。一九九五年統計資料によれば、メキシコ総人口約九一一五万人のうち先住民言語人口は五五〇万人で約七％を占めていた。地域別に多い四州をあげるとユカタン州の総人口のうちで約四〇％、オアハカ州三七％、キンタナロー州二六％、チアパス州二五％であり、オアハカ州を除いた三州で話されている方言の異なるマヤ語人口を合計すると約一五〇万人になる。先住民言語しか話せない人口を男女別にみると男性は三七％であるのに、女性は六三％と圧倒的に多い（一九九五年）。識字率をみると男性は七〇％が可能であるのに女性は半分以下の四八％にしかすぎない（一九九〇年）。

メキシコでは四世紀を経てメスティソ（先住民と白人との混血）化が全国レベルで進んだが、グアテマラでは比較的最近まで先住民と混血という二つの民族集団が離れて居住してきた。メキシコのメスティソに相当する語がグアテマラではラディーノであるが、この言葉は植民地時代に土着の語風を捨ててスペインの習俗を採り入れた先住民を指して用いられた。ラディーノは先住民の血を受けた子孫であるが、文化的に異なり、明瞭に階層化した社会階級に属しているのに比べると、先住民は比較的階級差の少ない同質的な共同体社会を形成していた。グアテマラを旅すると色彩豊かな民族衣装を着けたマヤの人々の姿に目を奪われるが、町や村が変わるごとにその共同体単位の「制服」の織り柄や刺繍柄が異なっていることに気づかされるだろう。

グアテマラのカクチケル・マヤの子沢山キョウダイ。

さて、グアテマラの国立統計院（ＩＮＥ、一九九六年）によれば先住民人口は国民の約四〇％を占め、別の資料では六〇％であるから、メキシコ（七％）の比ではない。主に都市部に少数の白人とかなりの非マヤ人（ラディーノ）が居住し、基本的市民生活を享受できる環境で暮らし、地方にはマヤ系先住民村落が劣悪な環境で生活している。地方に住む先住民では女性が六〇％を占めており、さらにそのうちの六五％が二五歳以下の若い人口で、半数が早婚で平均五人を出産している。経済的に四分の三以上が貧困に直面し、学校教育は五〇％しか整備されておらず、そのため非識字率は四七％に及び、大学教育を受ける女性はまさに一％にしかすぎない。初等教育段階で先住民女性が脱落する背景は貧困や親の教育への無関心、劣悪な教育施設や教員の特権的な態度など学校側の問題も無視できない。

居住形態と家事作業

世帯単位は父方居住で、中庭を取り囲み、ゆるい拡大家族が一定空間に固まって住む傾向がある。新婚夫婦は夫の両親の家に同居し、子どもの数が増えると新居用の土地を分けてもらう。父系相続は義父と婿の土地をめぐる葛藤を避けるのに適しており、父親や老人の権威が守られ、壮年男性が村内の政治的・宗教的役職に就き、未婚の娘たちの行状を監督し結婚の仲介役を務める。広大な密林の中に村落を形成しているユカタン半島東部マヤ地域では、父親の家の傍に息子たちの家族の新居がつくられ「一家」をなし、その単位で耕作をしている。一方グアテマラ北西部高地では、村落が密集人口を抱え、調査地のツトゥヒル語マヤ村落では居住空間が密接しているので、トイレと洗い場を数家族で共有している例が多い。土地の相続では概して父親とともに耕作をする息子の方が多く分与を受けるが、チアパス地域チャムラ村では双系制で娘も分与を受けるなど地域差がみられる。

先住民共同体では、男女の役割分業が明確に存在する。男性が三大主食の耕作や出稼ぎ農業労働を、女性が農作物の加工・保存・調理を担当する。大型家畜（牛馬・ラバ）の世話は男性に任されている。女性は年齢により仕事の内容が異なる。年配女性は小商い、薪運び、菜園栽培など戸外の仕事を引き受け、幼い子どもをもつ母親は家庭内にとどまり、小型家畜（鶏・豚・羊・ヤギ）の飼育、薪割り、洗濯、トウモロコシ挽き、料理を担当している。一〇歳位までの子どもたちは男女の別なく家畜の放牧、薪拾いと運搬、水運び、年少の弟や妹の世話をするから、子どもは決して厄介な存在ではない（参考文献2　ローゼンバウム）。子どもたちは家族集団の中で農耕・手作業・商売・家事を手伝いながら社会化され、青年期になると男女別に分けられる。

男女協同で住居用アドベ煉瓦づくりや種子播き、収穫の取り入れをする。男性が箒や籠、ロープやハンモックなど家内生産した品物を市場に売りに行くが、概して収入は微々たるものだ。グアテマラではケツァルテナンゴ市やソロラ市、およびパナハチェルなどの観光地向けの織物で女性が得る収入は、毎月の家族総収入の二分の一から三分の一と多額を占めている。しかし農村女性の生産や商業活動が経済活動として統計上みなされていないし、男女ともに女性の経済活動は親族集団への貢献段階にとどまり、意識上の変化がみられない。

共同体村落内では相互協力と援助が「倫理・道徳」として躾教育になっていたから、特定の家族に富の偏在が生じないような社会的装置が宗教的・政治的組織（カルゴ・システム）で形成されていた。しかし公的教育を受けると必然的に学業競争や個人主義など異なる文化的価値観を埋め込まれるので、他者を利用することにより自己の利益を得るという傾向が生じ、かつてのような共同体内の経済的平等主義が崩れ、経済格差を生み出している。概して両親が娘の公的教育に不熱心なのは、スペイン語を解すると共同体から離脱し、非先住民（ラディーノ）と結婚して両親を見捨てることを恐れるからだ。男性は現金収入を求めて共同体の外に出て賃金労働者になり社会構造に組み込まれてしまうし、労働が長期にわたると共同体村落の文化的伝統や価値観を女性に託して留守にする。したがって女性のラディーノ化が進めば、共同体文化が根絶やしになる危機がうかがえる。

カクチケル・マヤの村にて。聖シモンの祝祭日。
男性は椅子にかけて食事をする。

女性は松葉を敷いた床のペタテ座布団に正座する。

上の写真は、グアテマラで祭礼調査を行った際のものである。男性は椅子に腰掛け、女性は床の敷物に正座し、男女別に固まって食事を取っている。筆者は女性であるが非先住民のカテゴリーに入るからか、椅子でもなく床でもなく、長椅子の席に座るように指示された。女性が跪いたり地面に座って作業する（トウモロコシを挽く、トルティリャを焼く、織物、商売）のが習慣となっているのは、女性と大地が一体化している世界観（後述）によるが、この姿勢で重労働をするので女性の健康を損ねており、一説には逆子や子宮後屈の原因となっている。

女性の聖職・織物と助産婦

【民族衣装を織ることとそれを着用することの意味】 グアテマラでは異なる言語の分布に共同体の民族衣装が一致しているが、これはスペインが先住民集団ごとに異なった「ユニフォーム」を着用させることで、容易に共同体を操作するためであった。スペイン王室は先住民の綿布に金糸銀糸使用の奢侈禁止を発令したり（一五六三年）、ユカタン半島では豪華な刺繡入り裾長の衣装着用はメスティソ女性に限定され、先住民女性は膝丈の長さに規定されていた。概して先住民集団を出て都市部に出かける時に男性は民族衣装を脱ぎラディーノの洋服姿に「変身」するが、これはラディーノ社会が先住民社会に経済的・社会的・文化的プレッシャーをかけてきたからで、不利を蒙らないために彼らは止むなく「変身」する。

一方、マヤの女性は民族衣装を着用することで自らのアイデンティティを表示し、積極的に文化的レジスタンスを試みる。前述した民族衣装を着た女子学生のロシベルと首都のレストランに入ると、ボーイたちの露骨な差別的態度に出会うが、淡々と対応する彼女の姿に筆者はかえって感動を覚えるほどであった。彼女の着ているウィピル、帯、巻スカートの柄や織り方は「目に見える言語」としてコマラパ出身であることを示すが、同時に民族衣装を着用することが「沈黙の言語」としてのレジスタンスを表わしている。民族衣装には政治的メッセージ、先住民としてのアイデンティティを示すシンボルの働きがうかがえる。

一方、民族衣装を織る行為そのものが女性の聖なる仕事の意味づけをもっており、これが女神、祖母、月、水、湖と象徴的に関連している。人体を模して「頭」「肋骨」「臍」と後帯機《こうたいばた》の上部から名称をつけたり、立ち木に結びつける縄紐を「臍の緒」と呼び、この樹木を「母なる樹」とみなす。女性は母なる樹木と向かい合う位置に座ると、まず祈りを捧げ機織りの作業にかかる。これを「織り機に食物を与える」と表現し、織り布が完成すると「さあ、布が生まれたわ」と、子どもの出産に模す。こうした深い意味の込められた織り布を売却する行為自体が一九三〇年代頃までは「妖術」に身をさらす、あるいは魂を売り渡すような行為とみなされていたから、村で生産した織物を部外者が購入することなど不可能であった（参考文献2　プレチテル、カールセン）。

女性のウィピルと好対照をなすのが、男性宗教的高位役職者が頭に被る長方形の手織り布で、これは房飾りを含めて「太陽の運行に基づく彼らの世界地図」であり、「働く男」と呼ばれる宗教的役職者たちは「時間と太陽」を運ぶ役割を担っている。「働く男」に対して「紡ぎ織る女」が生命の根源を司っており、「働く男」と「紡ぎ織る女」の、両者結合ユニットで行われる祝祭儀礼が宇宙の運行の均衡を保ち、村に豊穣と安寧がもたらされると考えられている。つねに男女で一単位であり、世界中でこれほど完璧を示すことはないという基本概念があるから、若い男性は結婚せずに役職に就くことはできず、宗教的役職には夫婦一対で活動する。

サンティアゴ・アティトラン村の守護聖人像の前で正装した宗教的役職者夫婦。

この村の民族衣装の五〇〇人の着用率を調査したカールセンによれば、男性は七五％が着用し、二五歳以上になると九五％に上昇する。女性は年齢に関係なく一〇〇％が着用している（参考文献2　カールセン）。一九八〇年代はグアテマラのマヤ人にとって悲劇の一〇年間であった。ルカス＝ガルシアに続くリオス＝モント大統領により国軍のゲリラ撲滅作戦に事実上まき込まれ、焦土と化した村落から追放された百数十万人の先住民たちは国外に脱出した。そのうちの約一五万人が国境地帯のチアパス州に逃れ難民セツルメントに収容された。政治的・社会的危機状況の下で心身ともに絶望感にうちひしがれていた難民に、生きるための活力を与えたきっかけは、支援団体が観光客やアメリカ合衆国の消費者向けに商業用織物工芸を生産し収入への道を開いたことにある。

【専門職としての助産婦】一般的に母から娘、姑から嫁にと病気に対処する薬草の知識と処方が継承される。概して病気は自然と人間との調和が破綻した時に生じると認識されている。では、サンペドロ村に住むローサの事例をポール（一九七五年）の調査から引用してみよう。

ローサは四〇歳の時に大病にかかり奇妙な夢を見る夜が続いた。夢の中でローサは助産婦として村の女性に奉仕するようにという召命を受ける。彼女は一二人の子どもを出産したが四人を失い、この召命を断れば残っている子どもも死を免れないといわれる。ローサは驚愕し恐れ、自分は助産婦の経験もなければ技術も持ち合わせていないと夢の中で応じると、その霊は恐れることはない、いつもローサを援護し守るからと告げる。ローサは見た夢が気になりシャーマン（呪術師）に相談に行くと、召命を受けるのが運命だという判断を下される。しかし問題なのは夫である。夫は妻の召命が気に入らない。男性仲間から「甲斐性がない」とからかわれるのが嫌なのである。夫の反対に合い逡巡するローサの病気は一向に回復しない。ついに夫も妻の仕事を認めざるをえなくなる。女性の専門職が存在しなかった村内において、同性の嫉妬や羨望をかうおそれがある。普通の女性から特別な女性への変容のプロセスにおいてシャーマンの薦めが「お墨付き」となり自他ともに承認し承認される社会的装置がなされている（参考文献2　ポール）。

妊娠から出産・授乳に至るまで数十回と産婦に付き添い介護する助産婦の仕事に対する報酬はわずかである。犠牲的奉仕の割合に報酬がともなわないが、村内における敬意を一身に集め、人気のある助産婦はその専門的技術と人柄ゆえに影響力が強い。

二　近代化と女性をとりまく婚姻形態意識の変化——カトリック教会の対応をめぐって

カトリック保守派と慣習婚——サンペドロ村の事例から

サンティアゴ・アティトラン村の守護聖人の大祭期間中、カトリック教会では民法上の婚姻の誓いの儀式（七月二三日）に引き続き、大勢の村人たちの見守る中、アメリカ合衆国出身の司祭の下で六七組の「結婚式」が晴れやかな中に厳粛に行われた（七月二五日）。若いカップルが多いが、なかには「新婚カップル」とはみえない中年夫婦や、子ども連れのカップルもあり、それだけに感慨深い人生儀礼（通過儀礼）が観察された。今日（一九九九年）の盛況あるミサ風景とは対照的に、内戦中はプロテスタント大統領の就任でカトリック弱体化のための弾圧政策がとられ、当村では教区司祭F・スタンレー・ルーサー神父が暗殺され（一九八一年）、極度にカトリック信者の教会活動への参加が減少した。代わって、アメリカ合衆国のプロテスタント各派宣教団が豊富な物資供給や教育への機会提供、禁酒・勤勉・節約を唱え、当村のプロテスタント信者数が増大した。しかし、内戦も終結し、教会司祭とアクシオン・カトリカ（カトリック改革グループ）の草の根的布教活動（組織的互助活動・地区別相談所設置・未亡人や孤児への対応・貧困家庭への補助）が結実し、現在の立錐の余地もないほどの参加者を集めた。

それでは、約半世紀の間に婚姻形態をめぐる先住民女性の意識変化について、ポールを案内役として、サンティアゴ村の隣に位置するサンペドロ村の事例を紹介していきたい。一九四一年の人口はおよそ二四〇〇人でラディーノは一％以下であった。結婚相手を村内に求める比率が九〇％で、村外婚はわずか一〇％にしかすぎず、同姓同士の結婚は望ましいが、第一いとこ婚や疑似親子制度（代親制度）の子ども同士の結婚は忌避されていた。配偶者選びにそれほど変化はないが、伝統的婚姻形態である慣習婚（pedido）は一九〇〇年代までで、それから半世紀間に「駆け落ち婚」が流行し、一九五〇年代から「教会婚」が定着してきた（参考文献2　ポール）。

中米のインディヘナ（先住民）共同体では昔から思春期の娘は周囲の厳重な監督下にあり、男女の別が早くからされ、少女は近親者以外の男性と路上で話しているだけで「ふしだらである」と非難された。では、恋人たちはどのように生まれるのか典型的な事例をあげてみよう。まず、娘たちはアティトフン湖まで水汲み・洗濯・水浴に行くのが日課である。この往復路に若者が待ち伏せし、恋心を寄せる娘に何回かのアタックをして見込みがありそうならばスペイン旧貨をそっと渡す。これが返却されれば見込みなし。無事娘が受け取ってくれれば、若者は天にも昇る心地で両親に結婚相手ができたことを報告する。求愛は個人的関係であるが、「求婚」は両家の親族関係であるからだ。するとと両親は仲人を立てて、手土産を携えて娘の両親宅を何回か訪問する。無論若者の方も毎月トウモロコシの束を携えて恋人を訪ねる。こうして、両家の親しさが増し信頼関係が成立すると、呪術師に吉日を占ってもらい求婚者一行の最後の訪問で、結婚が認められたことになる。

娘の両親は持参金代わりに花嫁衣装一揃いを娘にもたせ、翌朝花嫁は花婿の家へと移る。婿の家族側は午前中に七面鳥や鶏肉入りのトウモロコシ料理（タマル）を花嫁の両親や自分の親族一同および世話人宅に贈り届け、夜の披露宴の支度にかかる。祝宴の様子を概略すると、新カップルが両親の前に跪くと、世話人は「男の勤め」と「女の勤め」を尽くし、互いの両親を敬い孝行するようにと教訓する。花嫁はこの日から姑の管轄下に、花婿は父親の管轄下に置かれる。世話人は二人が各々の仕事に専念し、インディヘナの子孫を生み育て、誇り高い生涯を共同体とともに過ごすようにと訓話する。この慣習婚ではまだ役所への登録が義務づけられたり教会での挙式が行われることは一般的ではない。さて、若者が貧しく婚資に不足していたり、娘ばかりで息子がいない家庭の例もあるわけで、このような場合には若者の方が一定の期間母処婚（妻方居住婚）し、舅の耕作を手伝う。舅にしてみれば婚資の代わりに信頼できる勤勉な労力を得たことになる。やがて、子どもが生まれ家族が増えると父処婚から新処婚へと移行する。以上がある意味でフォーマルな結婚形態であったが、二〇世紀前半になると次に述べるように「駆け落ち婚」が流行し比率が逆転していく。

駆け落ち婚から教会婚へ

この頃からサンペドロ村では、中米の他のインディヘナ共同体のように「駆け落ち」という既成事実をつくり、そのあとも、挙式をして親族一同に承認してもらうという手順を踏まず、「駆け落ち」のしっぱなしで、挙式という社会的認知のステップを省略してしまうケースが増えてきた。湖畔で恋愛が始まりやがて求婚となるのだが、ここで若者は「慣習婚」と「駆け落ち婚」のどちらを選択するか、その決定を娘側に任せてしまう。すると、娘たちの大半が駆け落ちの方を選んだのだ。娘は両親が寝静まるのを待ち、あらかじめ用意しておいた身の回り品をもち、若者と決めておいた場所（親族や知人）に身を隠す。翌朝娘の不在に気づき両親が若者を長老「判事」に訴えると、判事は若者の両親を相手取り罰金の支払いなどを命じた。

やがて、プロテスタント布教が強大となり、村内の半数近くが改宗する事態が生じ、これに危機感を抱いたカトリック教会が従来の慣習派を打開する改革派を起こすに至り、次に述べるような「教会婚」がなされるようになる。

一九五〇年代になると湖畔での恋愛が徐々に姿を消し、若者たちは好んでカトリックかプロテスタント教会の集会に出席するようになる。この頃になると広場や道路での男女の会話が大目にみられる。その背景には小学校教育の普及がこの村にも及んできたことがあげられる。たとえば、一九四一年頃小学校は三学年のみで男女別の授業であったが、一九五六年になると六学年となり男女共学となった。では、湖畔の恋愛はなぜ流行しなくなったのか。理由はきわめて無粋なことながら単純だ。すなわち、一九五八年に水道管敷設工事が行われ、いままでのように湖まで水汲みに行く必要性が少なくなったからだ。とはいえ、筆者の調査では現在でも湖畔での洗濯・水浴はなされている。

この頃から役場での市民登録が義務づけられ、婚姻届けを提出し教会で挙式する様式に変わった。カトリック教会の祈りの夕べに参加して娘を見初めると、若者は代理人を同行せずに単独で娘宅に行き、今後、結婚を前提として訪問するのを許可してほしい旨を告げる。娘の父親が承認すれば、若者の両親は贈り物を携えて訪問し、やがて挙式に至る。挙式の前日には五〇人ほどの参列者が花嫁宅に集まり、菓子パンとココアの振舞いを受ける。役場には結婚届を提出すると、花嫁は舅から贈られた衣装をまとい、教会での挙式を済ませ花婿宅で披露宴となり、一連の行事が終了する。

以上時代とともに結婚形態が変貌していく過程を記したが、ここで考えをまとめてみよう。二〇世紀初頭、当該村では、常駐司祭が不在で、短期滞在の折りには洗礼式を主体にし結婚式は二の次であった。司祭の不在を補うために、村内の宗教活動は長老たち主導のコフラディア（信徒集団）組織を中心とした守護聖人の祝祭儀礼に集中した。ところが、プロテスタントの布教が開始されるや、改宗者が村民の三分の一に達した。こうした事態に教会側は旧慣習派を廃止し対プロテスタント改革活動を進め、コフラディアではなく教会をカトリック活動の中心地とする作戦に出た。

かつてバリオス大統領が発令した土地・労働法（一八七七年）により先住民共同体の共有地が廃止され、自給的耕作から輸出用コーヒー・プランテーションの拡大化にともない大土地所有者が出現し土地の私有化が始まった。一九二〇年代当時、サンペドロ村は大きな犠牲をはらい共有地を奪還した。しかし村民が村落共同体全体ではなく、個人の能力に応じて財力をつけていくと、村民間に経済格差が生じ、家族間の結束が緩み慣習婚を継続させるだけの活力を失っていった。両親は娘が駆け落ち婚をすれば年長者への尊敬を失墜させられ憤怒するが、息子が駆け落ち婚をすれば婚資で出費をせずに嫁を迎えるという経済的利点をもつから、ここには両親の両義的対応が観察されるのである。

プロテスタント改宗者の増大（一九二〇年代）とウビコ将軍時代（一九三〇年代）には若者たちが強制的に軍事教練に駆り出されたので、コフラディア組織の成員の不足をまねき、長老たち中心の宗教的・政治的権威が崩れ主導権が低下していった。教会結婚は進歩のシンボルとなり、両親たちへの従順を訓話した慣習婚から、教会や共同体への義務を遵守することに強調が置かれる教会婚へと移行した。いわば、駆け落ち婚はその狭間に生じた束の間の「女性の自立意識が生まれた」過渡的現象と考えられる。

今日の現象として、従来の村落共同体の倫理観がゆさぶられ、青少年たちの性がある意味で「野放し」となり、慣習婚や教会婚という婚姻形態を取らずに娘が妊娠してしまう状況が頻繁に起きている。妊娠を契機に結婚する場合もあるが、両親の反対・経済的理由・学業修了などの理由で結婚しないこともある。ある意味で世間的に「未婚の母」は広く受容されており、将来の結婚に際して夫側が了承していれば問題が生じない。ただ微妙なことに「尻軽娘、ふしだらな娘」という噂がたつと軽蔑と嘲笑の対象になる。プロテスタントの場合「未婚の母」は道理から外れた行為であるが、これを後悔し懺悔し正常な道理に戻る努力をみせれば救済され、未来への道を歩めるとされている。

識字運動、西洋的健康法の指導、清掃概念など中流階層のモデルを提供したプロテスタント布教が、貧困階層に属する先住民女性から広く受容された理由は、夫や息子のアルコール依存症が改善されれば、わずかな所得が飲酒に浪費されず家庭経済の改善にまわされるからであろう。

三　グローバル化と女性をとりまく環境の変化

観光産業ブームとマヤ女性による民芸品生産

メキシコ南部チアパス州のサンクリストバル・デ・ラスカサス（以下、サンクリストバル）市やグアテマラのアンティグア市は、植民地時代から中心的都市として栄えてきただけにスペイン風の重厚な教会建築美術や温暖な気候、それに市周辺のマヤ村落の生産する民芸品などが、近年とみにヨーロッパからの観光客の人気を集めている。一方、カリブ海に面した美しい海岸線が売り物のユカタン半島では、一九七〇年代に国際的リゾート地カンクンが誕生し、マヤ遺跡地域への観光客を増大させ、一九八五年で七一・二億円ペソの収入をあげた。こうして、今日グローバル化した観光産業は、好むと好まざるとに関係なくマヤの女性たちに大きな影響を与えている。

オブライアンの報告によれば、サンクリストバル市のサントドミンゴ教会とラカリダー教会広場には、ツォツィル・ツェルタル語マヤのチャムラ村やシナカンタン村、アマテナンゴ・デル・バリェ村（以下、アマテナンゴ村）からマヤ女性たちが続々と集まり、地面に敷物を広げ手製の民芸品を並べる。チャムラ村の女性たちはマクラメ編みの腕輪やベルトを、シナカンタン村の女性は観光客向け織布を、アマテナンゴ村からは素朴な陶器類を競うようにして並べ、観光シーズンの七・八月には教会の広場から庭・パティオに至るまで露店がひしめいている。売り手集団は出身村落ごとに女性家族単位で露店を営み、客を相手にする時以外はひたすら編み物や刺繍に専念している（参考文献２オブライアン）。

こうした手工芸品市場の出現は、メキシコが一九八〇年代に被った債務危機に適応するための一つの対応であった。メキシコ政府は新自由主義という競争原理に基づく経済改革を推進し、北米自由貿易協定（ＮＡＦＴＡ）や経済協力開発機構（ＯＥＣＤ）に加盟し、先進国入りを企てたものの、チアパスの先住民農民を主体とするサパティスタ民族解放軍の蜂起（後述）でさらにメキシコ経済は昏迷を深めている。メキシコ政府は商業的農業への私的資本の拡大を推進するために、先住民共同体の保持してきた土地に対しても規制緩和を図り、法的に農地の売買を可能にしようとした。このため、メキシコ国内でも最貧州のチアパス農民は、スペイン系およびドイツ系の牧畜業者、コーヒーやカカオ、綿花やサトウの農園主、製材業者など寡頭階級の経済的侵略と社会的差別に直面した。土地利用の変化で耕作地を細分化され収奪された先住民男性は、太平洋岸農園に移住したり出稼ぎで最低賃金の労働に就くか、道路・建設作業で日雇い労働者の仕事を探さざるをえなくなり、グローバル化した国際経済の渦にまき込まれていった。観光産業もその中の一つであり、チアパス州の経済状態が先住民女性の従来の役割を変貌させている。

長期間出稼ぎで村を留守にする男性に代わって、女性が家族を扶養するために経済行動に出たのである。この時、外部世界の技術を獲得しなくとも、伝統的に女性の天職とされていた織物・製陶技術が外部世界からの需要に応えていくことになった。女性が天職に専念することに対する男性たちの反応に矛盾はみられなかった。しかしながら、経済力を備え発言力を増し所帯主になる女性が出現し、娘たちが一向に結婚したがらず、経済活動に夢中になるのをみると、男性でもとくに年長者たちの不快感が増大していった。娘たちは結婚して夫や婚家先に従属するより、自由を享受し実家にとどまる方を選択しはじめた。宗教的・政治的組織が弱体化し、女性の経済的進出により男女の間の関係に緊張感が高まり、それにともない男性のアルコール中毒と家庭内暴力が増大し、新たな社会関係を生み出している。たとえば、都市に手工芸品を売りに出る主婦は夫から売春の疑いをかけられたり、製陶の村アマテナンゴでは、生活協同組合を組織した女性が暗殺されている。いずれも「過度の」経済活動が伝統的な家庭のもつ聖性をおびやかしたせいだと考えられる。

一方ユカタン半島では、先住民女性の着用するウィピルが外国人女性観光客の人気を集め、これが先住民と非先住民女性の民族衣装に関する意識変化をもたらしている。植民地時代には身分や階層によって服装の規範が義務づけられており、エスニック集団の差異は如実に服装の差異に表われていた。日常的に民族衣装ウィピルを着用する先住民女性と比べ、都市部に住む非先住民女性はウィピルを室内で着用していた。ところが、外国人女性観光客が新しいセンスでこの民族服を着用し街路を闊歩するのをみると、いままで遅れて田舎くさいとみなしていたウィピルが急速に流行となり、非先住民女性も好んで町着として着用するに至ったのだ。と同時に先住民の手工芸品や衣装に対して、消費者全体の意識変化が生じ、劣等感意識が減少し、がぜん生産と着用にはずみがついていった。すなわち、外国人女性の嗜好に触発されて国内の非先住民・先住民を問わず女性たちが民族衣装の消費者として市場に大きな位置を占めていった。しかし、民族衣装を生産する側には組合所属の「工芸家」として収入をあげる女性と、在宅で仲買人の注文に応じて低い労働賃金で生産する女性が生じ、両者の間には待遇と賃金の格差が生じてきている（参考文献2レホン・パトロン）。なお、ユカタン地方では農村識字運動、生活改善運動、保健衛生普及運動が政府の肝いりで進められており、グアテマラと比較すれば女性の環境は改善されている。

女医マリア・アンヘリカの誕生

近年になって地域保健所や公共診療所が地方周辺に設立され、西洋医学の促進運動が村落レベルまで知られてきたが、これらは従来からの伝統的治療と衝突することが多い。そこには先住民と非先住民の文化的価値尺度の相違がある。伝統医療においては患者と治療者は信仰・象徴・儀礼・価値観など共通の文化的基盤の上に長年の信頼関係を成立させている。一方、保健所は先住民文化を無視し、家族計画運動や予防注射・母子健康管理などをスペイン語で広報しても理解されないことが多い。とくに一九八〇年代に出生率抑制のために本人の承諾なしに不妊手術をさせられて以来、先住民女性の公的医療機関への強い不信感は無視できない。これでは、せっかくの予防注射や検査のための採血も猜疑と恐怖心を生むことになる。専門医療機関が支配的態度で治療にあたるのではなく、奉仕の観念に基づいて長期的視野に立ち、助産婦や地区委員、民間治療師などとの協力のもとに初歩的保健衛生に関する意識教育をしていくのが先決であろう。

メキシコ全体での乳児死亡率は一九七〇年で生存者一〇〇〇人につき七七人であったが、一九九五年には改善されて三〇人に減少している。では、出産場所として病院と自宅のどちらを選択しているのだろうか。キンタナロー州で先住民人口が多いフェリペ・カリーリョ郡に着目してみよう。産婦一七八四人のうちで病院出産は五二一人にすぎないが、逆に自宅出産は看護婦か助産婦の介添えのもとに一一九七人と多い（一九九五年）。ところが同州内でもメスティソ人口の多いベニト・フアレス郡では逆転し、産婦八〇四五人中病院での出産は七〇一七人と圧倒的に多く、自宅での出産は一割以下の七七五人にしかすぎない。

グアテマラ国立母子健康調査報告書（一九九六年）によれば、首都圏に居住するラディーノで学校教育のある母親の九三％は保健所、診療所などを利用し出産するが、先住民人口の多い北西部では九〇％、北部では八一％の妊産婦が自宅で助産婦のもとに出産している。乳児死亡率に関しては一九八五年から一九九〇年までの五年間で都市部で約五〇％、地方で約七〇％であったが、その後五年間で都市部約四一％、地方約五六％に減少しているものの、前述のメキシコと比較するとまだ乳児死亡率は高いことが憂慮される。初産年齢をみていくと都市部で平均二一歳、地方で一九歳であり、一五—一九歳までの早婚（妊娠）の傾向が先住民人口の地方では多くみられる。グアテマラでは妊娠中絶は違法なので、医師による中絶は高価であり、不衛生で未熟な違法中絶が女性の健康を損なっている。早婚や望まぬ妊娠が「捨てられる女性」や「未婚の母」を多く出しているのが現状だ。したがって、これから述べるような先住民出身の「女医」の誕生は、将来の明るい展望を予知させてくれる。

ツトゥヒル・マヤ（グアテマラ）の女性マリア・アンヘリカは父親やおじをはじめ、親族に数多くの教員をもつ環境の下に誕生し成長した。小学校五年までサンペドロ村で学び、残る一年間を寄宿しながらソロラ市の小学校に転校し卒業した。さらに大きな町ケツァルテナンゴ市でアメリカ合衆国出身者の経営する教育レベルの高いパトリア中・高等学校で学んだ。裕福な家庭や外国人の子女が通学しているが、宗教的教育理念からラディーノ、インディヘナ、外国人という差別をしない環境で勉学生活を享受した。高校では男生徒二八人に女生徒がただ二人であった。やがて、彼女は医学を志望し大学に進学した。祖父母は、女性が学問をつけても何の役にも立たない、家事をこなせる方が家族のためになると言ったが、父母は逆に、つねに彼女の向学心を支援してきた（参考文献2　ペトゥリッチ）。彼女は、先住民女性が家族のためだけでなく、地域ひいては国家的規模の役割を果たした先駆者である。

先住民の村落で女性が伝統的に専門職としていたのが助産婦であった。前述のように、助産婦になる女性は夢の中で神より召命され、ほぼ無報酬に近い形で村人に奉仕する仕事という理念がある。こうした環境の下でマリア・アンヘリカが医学の中でも産婦人科を選択したのは当然の帰結であった。やがてクチュマタン村で研修医になり国家試験に合格し、サンティアゴ村の病院に勤務し、患者の治療のかたわら精力的に予防・衛生の指導をした。ツトゥヒル語を解してくれる女医の誕生は村人を磁石のように病院に引きつけた。それまでは、権威的なラディーノの男性医師に対してマヤ語しか話せない村の女性たちは、どうやって症状を説明し治療してもらってよいのかわからず萎縮していたのであった。

こうして辺境の病院で活き活きと治療にあたっている彼女に、ある日突然首都の厚生大臣から厚生省での勤務を要請される。時あたかも、先住民の復権が高らかに唱えられ人権擁護団体出身のデ＝レオン＝カルピオが大統領に就任（一九九四年）し、政策上彼女が注目されたのだ。しかしマリア・アンヘリカは村人の治療の方を選択した。女医マリア・アンヘリカの誕生は、若い先住民女性に高度教育を受ける希望を抱かせてくれた。しかし、稀少事例にすぎず、現実にはまだこれから述べるような苦渋と不満に満ちた中年女性たちの声と、年長女性に批判的な娘たちの声が錯綜して聞こえてくる。

今日の先住民女性の生の声

内戦下のグアテマラでは国軍の爆撃で若い未亡人になる確立は大きかった。それ以外にも、大農園で労働に就く夫がマラリア、寄生虫、結核、毒蛇に嚙まれるなどで死ぬ場合がある。畑作業中に怪我をしたり、岩石落下にあったり、湖で漁労中にカヌーが転倒して溺死したりすることもある。よしんば夫や父親が生存しているとしても、農園で出稼ぎ重労働のあげくに得た報酬を飲酒ですってんてんにしてしまう光景をよく見かける。結果はいつも同じだ。女性は家事労働以外に収入を求め家計の足しにせねば暮らしていけない。現在四〇歳以上の多くの女性たちは、酷暑と不衛生な環境のプランテーション農園で重労働したことや、母親代わりに幼い弟妹たちの面倒をみたので学校教育が受けられず、したがってスペイン語を読み書き話せないこと、父親の一方的な命令で自分の結婚相手を選べなかったこと、内戦で若くして未亡人となり辛酸をなめる生活をしたこと、父親や夫たちから優しい扱いを受けなかったことなどに対する失望感にあふれている。

母親たちの苦労をみてきた現代の若い先住民女性たちは、父親が勝手に自分の結婚相手を決めたり、男性が女性に暴力を振るい虐待することに対して黙ってはいない。なかには自村の民族服を着るのに抵抗しラディーノの服を着る女性もいるし、柄が気に入っているからと他村の民族衣装をわざと着る女性もいる。進学する意欲があれば、織り手、売り手、家政婦として収入を得ながら学業を続けるのも可能となってきた。運よく学歴をつけた場合には経済的な独立ができるほどの収入を手にする状況が整ってきた。専門職も従来の助産婦のほかに、小学校教諭、中学校教師、看護婦、外国の人権擁護団体での補助員などと増えている。以前よりも現在の方が生活の収入をあげ、大農園へ出稼ぎに行く必要もなくなってきた。

しかし、外部世界に直結している男性にひきかえ、女性たちはつねに家族・親族という枠組みを脱しきれず、外部の賃金労働に無報酬の家庭内労働が加わり軽減される傾向はない。ラテンアメリカ全体をおおう経済危機で生活レベルが悪化する中で、女性たちも生存作戦をかけている。かつては共同体内で自給生活が可能であったが、近代化と国家の統合化という外的要因によりダイナミックに地域共同体も変貌せざるをえない。先住民世界でも公教育の普及により、ライバルとの競争に勝ち、他者の生産力の利用のうえに自者の利益を得る状況が生じており、生産労働により蓄積される富は経済力の不公平を産み出し、先住民社会に成層化の傾向がみられるからである。では、最後の例としてチアパス州で起きた先住民を主体とする武装蜂起集団の中から画期的な女性解放の理念と活動を述べてみよう。

サパティスタ民族解放軍の女性解放

カルロス・サリナス大統領政権の下、ＮＡＦＴＡが発足した一九九四年一月一日、サパティスタ民族解放軍（ＥＺＬＮ）を名乗る武装集団が、強力な異議申し立てを開始した。土地はそこで働く者のものだという信念に基づき共有地を奪還して自由を取り戻し、かつての共同体生活の理念を復興する要求を、メキシコ憲法三九条の「国家の主権は国民にある。国民は政府の形態を変える権利をもつ」を根拠に土地、教育、医療、食料、司法の権利を求めて蜂起した。やがて彼らの要求の正当性が国内外の広範な知識人層の共感と支持を得て、メキシコ市では一〇万人を動員するデモがみられた。この集団の最高政治組織は「先住民革命地下委員会」で、軍事面では「総司令部」副司令官に「マルコス」という白人系メスティソが就いている（参考文献3）。

ＥＺＬＮでは、まずスペイン語の読み書きを教えられ、女性でも新聞を読み他者と意見交換しながら自分の考えを表現するやり方を取得する。密林での生活方法や武器の扱い方、戦い方を男性と同様に訓練を受けて学んでいく。そして個人の経験と能力次第で男女にかかわらず十分な経験と能力を有する者は指揮官になることができる。先住民の女性兵士が三割を占めており、ラモナ司令官、アナ・マリア少佐、シルビア歩兵部隊大尉、イルマ大尉など女性将校の存在が異彩を放っている。極限状態の解放区では以下のような画期的な女性革命が進行しており、男女双方の意識変革がみてとれる。すなわち、機関誌「メキシコの目覚め」には、女性の権利をうたった女性法が掲載されている。これは当集団に参加している女性たち自身が、解放区の共同体で生活する仲間の声を結集して作成した法律で、男性を含むすべてのサパティスタの承認を得て可決されたものである。その中では、女性の革命への参加と能力に応じた役職を得る権利、正当な賃金を得る権利、自分で育てる子どもの数を決める権利、社会活動に参加する権利、最低限必要な医療・食料の供給を受ける権利、結婚を選択する権利、暴行や強姦を訴え罰則を要求する権利、そして学ぶ権利や共同体政治的参加の権利などが保障されている。

こうした内容は先住民のみならず、一般のメキシコ人や私たちの目からみても画期的であり、先住民であるうえに女性であるという理由から二重の差別を受け底辺に位置する先住民女性が、極限条件の中で獲得している女性革命の進行ぶりを示しているといえる。わけても、女性の主張をもっともなこととして受容している男性兵士の意識変化に注目させられるが、極限状態における一過性の「解放」ではなく平常時においても、この解放が今後も維持されるかという点については疑問の余地があり、観察を続ける必要がある。

一九七五年にメキシコ市で開催された国際女性年第一回世界会議で意識上の変化が生じたのは中間層出身女性まで

であった。四半世紀を経た今日では先住民側の意識変化が顕著に現われ、汎マヤ主義政治運動がグアテマラをはじめユタカン半島、チアパス州で勢いを増しつつある。内戦終結後のグアテマラでは先住民女性の中から国会議員が選出されている事態からも、先住民運動と先住民の女性解放運動は隠然たる国家権力に昂然と対抗している。しかし、かつて中間層以上の女性にみられた教育水準の向上、出生率の低下、家事労働の軽減、男女の役割変化といった諸要求が、同様に先住民女性の世界にもなされるのか疑問である。むしろ意識変革に目覚めた彼ら彼女たちが先住民本来の価値観・世界観に立って、解放や改革を主張していく時、いままでとは逆に、上層・中間層の女性たちに徐々に「脱メスティソ化」「先住民化」が進み、刷新的意識変化を及ぼしていくかもしれない。

参考文献案内

1　文化人類学的視点に立つラテンアメリカ先住民女性に関する英文概説資料として。
June Nash, "Gender Studies in Latin America" in Sandra Morgen ed., *Gender and Anthropology : Critical Revieus for Research and Teaching* (Wsahington, D.C. : American Anthropologist Association, 1989). Lynn Stephen, "Anthropological Rersearch on Latin American Women : Past Trends and New Directions for 1990 s" in Edna Acosta Belen and Chrisitne E.Bose eds., *Researching Women in Latin America and the Caribbean* (Boulder : Westview Press, 1993). これら二点を基本に拙論「ラテンアメリカの女性に関する文化人類学の研究動向について」（『大阪経大論集』第四七巻第四号、一九九六年）で出版資料を紹介した。文化人類学的視点に立つ女性研究は当初単に女性について記述されたが、一九八〇年代に男性・女性というカテゴリーが先住民のエスニシティや階級と相互に関連して多様な解釈がなされ、単なる女性というカテゴリーの研究から社会構造と歴史的・社会的・経済的環境（労働の国際分業、ＮＡＦＴＡ）に連動して多様な解釈をするジェンダー研究へと展開していった。

2　記載順。Brenda Rosenbaum, *With Our Heads Bowed* (Albany : State University of New York, 1993). M. Prechtel and R.S.Carlsen, "Weavind and Cosmos amongst the Tzutuhil Maya of Guatemala", *RES* 15, 1998. Robert S.Carlsen, "Discontinuous Warps : Textile Production and Ethnicity in Contemporary Highland Guatemala", June Nash ed., *Crafts in the World Market* (Albany : State

University of New York Press, 1993). Lois Paul and Benjamin D. Paul, "The Maya Midwife as Sacred Specialist : A Guatemala Case", *American Ethnologist*, 1975-2. "Changing Marriage Patterns in a Highland Guatemala Community", *Southwestern Journal of Anthropology*, Vol.19, 1963. Robin O'Brian, "Un mercado indígena de artesanías en los Altos de Chiapas", en *Mesoamérica Cuaderno 23*, Número eapecial : La mujer en Mesoamérica (Antigua : CIRMA, 1992). Lourdes Rejón Patron, "Turísumo y cambio cultural en las mujeres mayas de Valladolid", *I'INAJ* No.7 (1992). Perla Petrich ed., *Vida de las mujeres del lago de Atitlán* (CAEL/MUNI-K'T, 1998).

3 E・ブルゴス／高橋早代訳『私の名はリゴベルタ・メンチュウ』（新潮社、一九八七年）。エレナ・ポニアトウスカ「さようなら、ご主人様――チアパスの女性たち」、工藤律子「解放軍の中の先住民女性たち」、小林致広「瀕死の荒野の再生に向けて」（サパティスタ民族解放軍／太田昌国・小林致広編訳『もう、たくさんだ！』現代企画室、一九九五年）

注 小論調査にあたり、大阪経済大学共同研究費助成を受けた。謝意を表したい。

②開発問題を学際的に研究するNGOとして1977年につくられたCIEDURの一部門。主に女性の労働問題を調査研究する部門として、資料の出版活動を続けている。資料は事務局で購入可能。

Grupo de Estudios sobre la Condición de la Mujer en el Uruguay (GRECMU)（女性の状況研究グループ）

①Miguel del Corro 1474 11200, Montevideo, Uruguay
Tel : (598-2)41-64-15 ; E-mail : grecmu@chasque.apc.org

②ウルグアイの革新的フェミニスト、研究者が集まる研究センター。ただし、最近は資金難のため女性の啓蒙・教育活動が中心。所長は著名なフェミニストのNea Filgueira。

■プエルトリコ

El Centro de Estudios, Recursos y Servicios a la Mujer（プエルトリコ大学社女性センター）

①Universidad de Puerto Rico, Centro de Investigaciones Sociales
Apartado 23345, Estación U.P.R., San Juan, Puerto Rico 00931-3345
Tel : (1-809) 764-0000, ext.4247 ; Fax : (1-809) 764-3625
E-mai : webmasrv@rrpac.upr.clu.edu

②プエルトリコ大学社会科学部の中に設置された女性研究センター。1970年代から女性問題を研究。出版物多数あり。社会科学部図書室に女性問題に関する資料がある。また大学図書館にはプエルトリコ関連の独自の資料室がある。

Centro Interdisciplinario de Investigación y Estudios del Género（プエルトリコ・インターアメリカン大学ジェンダー研究センター）

①Universidad Interamericana de Puerto Rico, Recinto metropolitano
［郵便］P.O.Box 191293, San Juan, Puerto Rico
Tel : (1-787) 250-1912, ext.2328 ; E-mail : lomartir@ns.inter.edu
Web : http : //www.coqui.lce.org/ciieg/CIIEG-HP.HTM

②ジェンダーに関する研究を推進し、カリキュラムの中にジェンダーに関するテーマをいかに取り組み込んでいくか、専門を越えた教官の協力によって進めている。

Comité Asuntos de la Mujer, Universidad de Puerto Rico, Recinto de Humacao（プエルトリコ大学ウマカオ校女性問題委員会）

①Web : http : //cuhwww.upr.clu.cdu/mujer/doc-int 2.htm

②インターネット上でプエルトリコ女性問題に関する資料およびプエルトリコの女性団体を紹介するホームページを公開しており、内容が充実。連絡は①のホームページへ。

Web : http ://www.starnet.net.mx/demac/

②1990年に設立された民間の調査研究機関。資料室を備え、調査研究、セミナーの開催、出版活動、人材の育成のほかに、実践活動として精神心理学的な支援を行っている。

■ニカラグア

Puntos de Encuentros（出合いの広場）

①De Plaza Espana, 4 c, abajo 1 c al lago, Managua, Nicaragua

［郵便］Apartado Postal RP-39, Managua

Tel : (505) 266-6233 ; Fax : (505) 266-6305 ; Web : http ://www/puntos.or.ni

②1990年設立。フェミニズムに関する情報・研究・教育のための女性センター。図書室あり。月2回機関誌 La Boletina を発行。各種セミナーを常時開催。

Biblioteca Feminista La Malinche（マリンチェ・フェミニズム図書館）

①Del Cine Cabrera 2 1/2 c. al sus, Managua, Nicaragua

Tel : (505) 222-5355 ; Fax : (505) 222-5355

②サンディニスタ時代に設立された女性情報センターが民営移管され、1996年に活動を開始。国内外の女性運動に関する情報を収集し、32のテーマにわたる4000冊の蔵書あり。

■ペルー

Centro de la Mujer Peruana Flora Tristan（フローラ・トゥリスタン・ペルー女性センター）

①Parque Hernan Velarde 42, Lima 1, Perú

Tel : (51-1)433-2765 ; Fax : (51-1)433-9500 ; E-mail : postmast@flora.org.pe

Web : http ://www.rcp.net.pe/FLORA/

②ペルー女性の調査研究、啓蒙活動を精力的に行っている民間の組織。農村女性ネットワーク機関誌「チャカレラ」を定期的に刊行し、政府に農村女性の不利な立場を直言している。

Movimiento Manuela Ramos（マヌエラ・ラモス運動）

①Av. Juan Pablo Fernandini 1550, Pueblo Libre Lima 21, Perú

Tel : (51-1)423-8840 ; Fax : (51-1)332-1280 ; E-mail : postmast@manuela.org.pe

②学術的・法律的アプローチから女性問題と取り組んでいる民間組織。「女性の人権シリーズ」の著作物をもつ。年に4回発行している「女性の部屋」は、政治への女性参加の状況を監視し、政策提言する効果的な雑誌である。

Instituto de Estudios Peruanos（ペルー問題研究所）

①Horacio Urtega 649, Lima 11, Perú

Tel : (51-1) 432-3070 ; Fax : (51-1) 432-4981 ; E-mail : postmaster@iep.org.pe

②女性問題専門の研究機関ではないが、1997年に女性候補に関する割当法が成立して以来、重要な政策課題として女性問題を取り上げている。前述の「マヌエラ・ラモス運動」とも協力関係にある。

■ウルグアイ

Area de Mujer, Centro Interdisciplinario de Estudios sobre el Desarrollo, Uruguay (CIEDUR)（開発に関する学際的研究センター・女性部）

①Joaquín Roquena 1375 11200, Montevideo, Uruguay

Tel : (598-48)46-74 ; Fax : (598-48)09-08

■ジャマイカ

Centre for Gender and Development Studies, UWI, Mona（西インド大学モナ校ジェンダー・開発研究センター）

①University of the West Indies, Mona, Kingston 7, Jamaica
Tel : (876) 927-1913,ext.2494 ; Fax : (876) 927-2409 ; E-mai : cgdsmona@cwjamaica.com

②トリニダード・トバゴおよびバルバドスにもキャンパスをもつ西インド大学のジャマイカのキャンパスで、ジェンダー関連プログラムの地域コーデディネーター室があり、独自の資料室をもつ。

Bureau of Women's Affairs（女性局）

①18 Rippon Rd., Kingston 5, Jamaica
Tel : (876) 929-24457 ; E-mail : gpsimms@cwjamaica.com

②1974年設立。女性問題を扱う、労働・社会保障・スポーツ省内に置かれている政府機関。女性の地位の向上と開発への女性の統合をめざして広範囲の活動を行っている。

Association of Women's Organization in Jamaica（ジャマイカ女性団体協会）

①9 Westminster Rd. Kingston 10, Jamaica
Tel : (876) 968-8260/920-7270 ; Fax : (876) 920-7460 ; E-mail : awoja@cwjamaica.com

②1988年に設立された女性問題に関する民間の最大規模の包括的団体組織。研究・教育・プロジェクトの開催、研究セミナーなど実施し、小さな資料室を有する。

■メキシコ

Programa Interdisciplinario de Estudios de la Mujer, El Colegio de México（メキシコ大学院大学学際的女性研究プログラム）

①Camino al Ajusco 20, Pedregal de Santa Teresa, México D.F., C.P.10740, México
Tel : (52-5) 449-3000, ext. 3125 ; Fax : (52-5) 645-0464 ; E-mail : luzg@colmex.mx

②メキシコ大学院大学に設置された実質的な女性研究センター。多様な学問分野にわたる学際的なセミナーを開講するほか、研究の成果を活発に出版。また国内外の資料を収集している独立した資料室はとりわけ有用である。自由に利用できる。ただし旅券のような写真付身分証明書が必要。

Centro de Estudios de la Mujer（メキシコ国立自治大学女性研究センター）

①Universidad Nacional Autónoma de México, Facultad de Psicología
Edif.C., Ciudad Universitaria, México D.F., C.P.04510, México
Tel : (52-5) 550-5017

②メキシコ国立自治大学心理学部に所属。主として女性の心理、セクシュアリティ、暴力などをテーマにして応用心理学の分野から女性問題を取り上げている。資料室あり。

Comunicación e Información de la Mujer. Centro de Documentación（女性に関するコミュニケーション・情報資料センター）

①Balderas 86, Col. Centro, México, D.F., C.P.06050, México
Tel : (52-5) 510-0085 ; Fax : (52-5) 510-2033 ; E-mail : cimac@laneta.ac.apc.org
Web : http ://www.cimac.org.mx

②マスコミを通じて新しい女性観の普及をめざす民間の資料センター。現代メキシコの女性問題に関する資料を広く収集しており、ジャーナリスト、研究者、学生一般に有料で提供する。

Documentación y Estudios de la Mujer（女性に関する資料研究センター）

①José de Teresa Núm.253, Tlacopac, San Angel, México D.F., C.P. 01040, México
Tel : (52-5)593-5850 ; Fax : (52-5)662-5208 ; E-mail : demac@starnet.net.mx

■キューバ

Centro de Estudios de la Mujer, La Federación de Mujeres Cubanas（キューバ女性連盟女性研究センター）

①Paseo No.260, esquina Calle 13, Velado, Plaza de la Revolución, Ciudad de La Habana, Cuba
Tel : (537)55–2779 ; Fax : (537) 33–3019 ; E–mail : fmccu@ceniai.inf.cu

②家族とジェンダー、女性と権力、男女の主体性などのテーマに関する調査研究と女性に関する社会政策への協力を目的とする活動を実施。国内唯一の女性に関する資料センターをもつ。

Cátedra de la Mujer, Universidad de La Habana（ハバナ大学女性講座）

①San Rafael 1168, esquina Mozón, Zona 4, C.P.10400, Ciudad de La Habana, Cuba
Tel : (537) 70–4617 ; Fax : (537) 33–5823/5774 ; E–mail : cmujer@psico.uh.cu

②1999年に設立された教育・研究機関であり、ジェンダー・女性学の修士課程を有する。99年までに3回の国際ワークショップを開催。

■エクアドル

Consejo Nacional de las Mujeres（国家女性評議会）

①Naciones Unidas E 9–08 y Shyris Quito, Ecuador
Tel : (593–2)259–753 ; Fax : (593–2)259–763 ; E–mail : conamu@uio.satnet.net

②エクアドルの女性に関する各種政策決定に関わる機関であり、閲覧可能な図書室はないが、国全体の政策動向を各分野の担当者から得られる。

Centro Ecuatoriano para la Pomoción y Acción de la Mujer（エクアドル女性育成活動センター）

①Los Ríos 238 y Candara, Quito, Ecuador
Tel : (593–2) 546–155 ; Fax : (593–2) 230–844 ; E–mail : mujer@uio.satnet.net

②女性に対する暴力問題では最も先端的な実践的活動を展開しているNGOであり、閲覧可能な資料室はないが、この分野で最新の情報を実践家から聞くことができる。

Instituto Ecuatoriano de Investigaciones y Capacitaciones de la Mujer（エクアドル女性調査研修所）

①Diciembre 2871 y República, Quito, Ecuador
Tel : (593–2) 525–517 ; Fax : (593–2) 563–232

②女性問題のさまざまな分野について研究調査を発表するほか、女性に対する実習や研修活動を行っており、刊行物や研修教材の閲覧・購入ができる。

■グアテマラ

Oficina Nacional de la Mujer（国家女性局）

①14 Calle 5–49, Zona 1, Edicifio NASA, 3 er Nivel, Ciudad de Guatemala
Tel/Fax : (502) 232–1069

②労働省の管轄下に1981年設置され、国内13県に支局をもつ。グアテマラの女性問題を総合的に研究し、多くのプログラムやセミナーを主催する。1999年現在、Instituto Nacional de la Mujer（国家女性研究所）への移行の過程にある。

FLACSO–Guatemala, Area de Estudios de Género（ラテンアメリカ社会科学研究機構グアテマラ・ジェンダー研究部門）

①5 Ave.6–23, Zona 9, Ciudad de Guatemala
Tel : (502) 362–1431 ; Fax : (502) 332–6729 ; E–mail : flacso@concyt.gob.gt

②女性問題、ジェンダー研究を行っている教育研究機関。出版部をもつ。

■チリ

Centro de Estudios de la Mujer（女性研究センター）

①Purísima 353, Recoleta, Santiago, Chile
Tel : (56–2)777–1194 ; Fax : (56–2)735–1230 ; E–mail : cem@mailnet.rdc.cl
Web : http : //www.cem.cl

②1983年設立。研究、出版、コンサルティング、女性運動家の養成と研修などを行う。研究論文を出版するほか、月刊誌 Argumentos(http : //www.argumentos.cem.cl でバックナンバーを検索可）を発行している。資料を図書館で閲覧できる。

FLACSO–Chile, Area de Estudios de Genero（ラテンアメリカ社会科学研究機構チリ・ジェンダー研究部門）

①Leopoldo Úrrutia 1950, Ñuñoa, Santiago, Chile
Tel : (56–2)225–7357 ; Fax : (56–2)274–1004 ; E–mail : agenero@flacso.cl
Web : http : //www.flacso.cl

②1978年に女性問題に関する研究を開始。男女８名のスタッフで男性の目からもジェンダー問題を研究しているのが特徴。出版活動も活発に行っている。図書館は有料で曜日と時間の制限があるが、利用可。

Instituto de la Mujer（女性研究所）

①Viña del Mar 019, Providencia Santiago, Chile
Tel : (56–2)635–3012 ; Fax : (56–2)635–3106 ; E–mail : insmujer@reuna.cl

②1987年に設立されたNGO。弁護士、社会学者、ソーシャルワーカー、心理学者など20名で構成。ジェンダー政策に関する研究、人材養成、コンサルタント活動、女性や若者を対象としたワークショップ、議会でのロビー活動など幅広く活動している。

La Morada : Corporación de Desarrollo de la Mujer（ラモラーダ女性開発団体）

①Purísima 251, Recoleta, Santiago, Chile
Tel : (56–2)737–7419 ; Fax : (56–2) 777–8234 ; E–mail : lamorada@mailnet.rdc.cl

②1983年設立。ジェンダー、人権、チリ社会・文化の研究と女性運動家の養成を行なう。専属ラジオ局「ラディオ・ティエラ」を通じての情報普及活動を展開している。

■コスタリカ

Instituto Nacional de las Mujeres（国立女性協会）

①100 m Oeste del ICE, San Pedro, San José, Costa Rica
Tel : (506)253–7841/9624 ; Fax : (506)225–1049 ; E–mail ; inamucr@sol.racsa.co.cr

②政府の女性政策の窓口であり、国内女性団体を統括する政府機関であった「国立女性・家族開発センター」を1998年に改編したもの。セミナーの開催、情報収集・出版活動への助成のほか、個人的研究への助言や資料提供を行っている。

Instituto de Estudios de la Mujer, Universidad Nacional（ナシオナル大学女性研究所）

①Calle 9, Avenida O, Campus Omar Dengo, Heredia, Costa Rica
Apdo. Postal 86–3000, Heredia, Costa Rica
Tel : (506)237–6363 ; Fax : (506)237–7593 ; E–mail : iem@irazu.una.ac.cr

②1986年に女性のための情報提供プログラムが設けられ、翌年に女性研究センターとなり、1991年に女性学講座が開かれて現在の組織へと発展。先住民女性と農村女性の研究が充実しており、資料室がある。

Centro de Informacion y Desarrollo de la Mujer（女性に関する情報開発センター）

①Av. Villazon 1970, 2 piso, Of 4, La Paz, Bolivia

Tel : (591-2) 364646/315249 ; E-mail : Cidem@utama.bolnet.bo

②1985 年設立。ラパス地域で女性住民の活動の組織強化を支援し、開発援助の女性問題を扱う民間研究機関。国内外の女性に関する図書資料を備えた図書室はレファレンスサービスが充実しており、コンピュータによる検索が可能。

■ブラジル

Centro Informação Mulher（女性情報センター）

①Praça Roosvelt, 605　CEP 01303-20 São Paulo S.P, Brasil

［郵便］Caixa Postal 11399-05422970 - São Paulo, SP, Brasil

Tel : (55-11) 3159-2532 ; Fax : (55-11) 256-0003 ; E-mail : CIMULHER@AX.APC.ORG

②1979年にサンパウロ市内に設立されジェンダーに関する NGO。研究会の開催、情報誌・研究誌の発行、情報宣伝活動、情報の提供、運動の支援などを行っている。図書室（図書7000冊と雑誌500タイトル）と視聴覚室を備えている。

Universidade do Estado do Rio de Janeiro,Gênero e Sexalidade（州立リオデジャネ　イロ大学ジェンダーとセクシュアリティ研究グループ）

①Fundação Univerdidade do Estado do Rio de Janeiro

Instituto de Filosofia e Ciência Humanas

Rua São Francisco Xavier, 524 - Maracanã, CEP 20550-013,

Rio de Janeiro-RJ, Brasil

Tel : (55-21) 587-7746 ; Fax : (55-21) 228-4049

Web : http ://www/cnpq·br/gpesq 2/garea 6/apg 703/reg_se/uf_rj/i_uerj/g_4236/gp 4236.htm

②主として人類学の立場から、ジェンダー、セクシュアリティ、家族、高齢者などの問題を研究するグループ。メンバーの研究成果を内外で発表している。

Fundação Carlos Chagas -FCC（カルロス・シャガス財団法人）

①Av. Prof. Francisco Morato, 1565

Jd. Guedala CEP 05513-900 São Paulo, SP, Brasil

［郵便］Caixa Postal 11478-São Paulo, SP, Brasil

Tel : (55-11) 3721-4511 ; Fax : (55-11) 3721-1059 ; Web : http ://www.fcc.org.br

②1964年に大学予備校として設立された幼児・青少年教育および人種・エスニシティと教育の問題を重視する教育研究機関。女性の就労とリプロダクティブ・ライツを中心としたジェンダー研究に関する資料が充実している。

Núcleo de Estudos de Gênero (PAGU)-UNICAMP（カンピーナス大学ジェンダー研究センター）

①Cidade Universitária “Zeferino Vaz” Barão Geraldo

CEP 13083-970 Campinas, SP, Brasil

Tel : (55-19) 788-7766 ; Fax : (55-19) 788-7506 ; E-mail : webmaster@unicamp.br

Web : http ://www.unicamp.br/pagu/

②学際的にジェンダー研究を行っている。とくに、家族や女性の地位に関する社会文化的研究を通じてジェンダー問題の認識や知識の普及も活動の主な目的としている。1993 年に創設され、独自の調査研究と同時に、学内外の諸機関と共同研究を行っており、ブラジルを代表するジェンダー研究機関である。

ラテンアメリカ諸国の主な女性研究所一覧（①連絡先　②特徴）

■アルゼンチン

Consejo Nacional de la Mujer（国家女性庁）

①Av. Roque Sáenz Peña 648, 7 piso A, (1035) Buenos Aires C.F., Argentina
Tel : (54-11) 4345-7385 ; Fax : (54-11) 4345-0683 ; E-mail : cnm@wamani.apc.org

②大統領直属の機関で、国内外の女性関連図書資料が充実している資料室をもち、一般に公開している。問い合わせに対する情報提供も行う。機関誌*Revista del Consejo Nacional de la Mujer*を刊行。

Centro de Información y Documentación, Dirección General de la Mujer, Secretaria de Promoción Social（ブエノスアイレス市女性センター）

①Carlos Pellegrini 211, 7 piso, (1 009) Buenos Aires C.F. Argentina
Tel : (54-11) 4323-8000, Ext. 4384 ; Fax : (54-11) 4393-6466

②ブエノスアイレス市庁内の組織で、女性問題に関する実践運動、調査、研究活動について情報を収集し、そのネットワーク作りを進めている。女性問題に関する広報活動に加えて、調査・研究部門では女性問題の実態調査も行っている。

Universidad de Buenos Aires, Facultad de Filosofia y Letras, Area Interdisciprinaria de Estudios de la Mujer（ブエノスアイレス大学文学部学際的女性問題研究所）

①Puán 480, 4 piso, OF. 417, (1035) Buenos Aires C.F. Argentina
Tel : (54-11) 4432-0606

②この分野におけるアルゼンチンの代表的な教育研究機関。女性問題に関する学際的な研究を組織し、学術的出版物も刊行している。また蔵書も豊富で、図書館としても重要な存在である。

Fundación para el Estudio e Investigación de la Mujer（女性調査研究財団）

①Paraná 135, 3 piso, 13 (1017) Buenos Aires C.F., Argentina
Tel/Fax : (54-11) 4476-2763

②女性の生活向上のための調査・研究・啓蒙活動を行う民間組織。政府機関・大学・労働組合・女性組織との協力関係を保ち多様な活動をしている。調査、研究成果の公表や情報提供のための出版も行っている。

■ボリビア

Universidad San Andres, Curso de Especialidad Genero y Desarrollo（サンアンドレス大学ジェンダー・開発専科コース）

①H.Oruachea, entre Calle 5 y 6, Obrajes, La Paz, Bolivia
Tel/Fax : (591-2) 786169

②1995年度より大学機関のジェンダー研究の拠点として国立サンアンドレス大学大学院開発部に設置された教育研究機関。

15歳以上女性の労働力参加の割合[c]（％）		出生時平均寿命[b]（歳）（1997年）		成人識字率[b]（％）（1997年）		初・中・高等教育合計就学率[b]（％）（1997年）		国会議席に占める女性の割合[b]（％）（1997年）	管理職に占める女性の割合[b]（％）（1997年）	専門職・技術者に占める女性の割合[b]（％）（1997年）	勤労所得[b]（ドル）（1997年）	
1970年	1995年	女	男	女	男	女	男				女	男
19	32	75.5	69.5	87.9	92.3	69	71	16.9	19.8	45.2	4,594	12,216
20	23	76.1	73.4	—	—	72	72	13.5	36.6	38.8	1,617	6,928
19	27	67.2	61.4	58.9	74.2	43	51	12.5	32.4	45.2	1,861	6,298
23	30	72.3	67.5	70.2	71.1	59	57	9.4	39.2	56.3	1,130	3,293
21	35	72.5	66.5	74.2	80.1	63	64	16.7	25.3	44.5	1,688	4,120
24	34	70.6	65.8	63.4	63.3	65	61	10.8	—	—	1,169	2,835
18	30	78.9	74.3	95.1	95.0	65	66	19.3	26.6	47.8	3,643	9,575
25	34	76.4	71.8	90.4	91.7	74	72	9.7	27.6	49.2	4,140	10,135
41	47	77.1	70.5	96.4	95.1	77	71	19.6	34.8	51.4	13,296	20,323
20	38	78.0	74.2	95.9	95.9	73	70	27.6	18.5	47.8	2,013	4,181
46	43	56.2	51.4	43.4	48.3	24	25	—	—	—	928	1,624
21	30	73.1	69.0	82.3	82.8	69	63	14.5	44.8	49.9	2,374	7,186
43	46	76.8	72.9	89.6	81.2	63	62	16.3	—	—	2,756	4,138
—	—	—	—	—	—	—	—	13.3	—	—	—	—
—	—	—	—	—	—	—	—	11.1	—	—	—	—
—	—	—	—	—	—	—	—	9.4	—	—	—	—
—	—	—	—	—	—	—	—	14.3	—	—	—	—
—	—	—	—	—	—	—	—	4.8	—	—	—	—
41	47	78.7	73.7	97.0	98.2	80	80	—	—	—	9,252	14,946
—	—	—	—	—	—	—	—	—	—	—	—	—
29	33	76.2	71.5	97.0	98.7	66	67	19.4	23.3	53.3	4,101	9,600
21	33	75.7	70.0	91.6	92.5	68	66	12.2	22.9	57.1	5,006	12,661
20	33	67.9	61.1	97.5	98.7	64	64	15.6	12.8	45.7	1,760	4,696
22	32	72.7	67.5	91.6	95.4	—	—	15.7	13.3	69.0	2,794	7,569
23	37	74.3	67.3	90.8	91.0	71	70	12.2	38.8	45.6	4,725	8,945
18	26	72.5	67.3	88.8	92.7	67	68	17.4	27.5	46.6	1,925	7,927
22	29	70.9	65.9	83.7	93.9	77	80	10.8	20.0	39.4	2,335	7,061
30	37	63.2	59.8	76.8	90.7	64	75	—	—	—	1,589	4,187
23	35	71.0	63.1	83.9	84.1	77	82	5.9	17.3	63.3	3,813	9,205
26	29	72.0	67.5	91.1	93.4	64	65	8.0	22.6	54.1	1,918	6,009
22	32	78.3	72.3	94.9	95.4	76	78	9.0	18.5	51.6	5,853	19,749
26	41	78.0	70.5	97.8	97.0	81	74	6.9	28.2	63.7	6,305	12,275
25	31	76.8	69.7	96.5	96.6	82	77	22.8	—	—	4,835	15,976
—	—	82.9	76.8	99.0	99.0	83	86	8.9	9.3	44.1	14,625	33,893

ラテンアメリカ諸国基礎統計資料

地域	国名	独立年	首都	面積（千km²）	人口[a]（100万人）（1999年）	人口[a]増加率（%）（1995—2000年）	合計[a]特殊出生率（人）（1995—2000年）	1人当り実質GNP[b]（ドル）（1997年）	産業別人口構成[b]（%）（1997年）		
									第1次	第2次	第3次
北アメリカ	メキシコ	1821	メキシコ市	1,973	97.4	1.6	2.75	8,370	5	26	69
中央アメリカ	ベリーズ	1981	ベルモパン	23	0.2	2.4	3.66	4,300	23	28	49
	グアテマラ	1821	グアテマラ市	109	11.1	2.6	4.93	4,100	24	20	56
	ホンジュラス	1821	テグシガルパ	112	6.3	2.8	4.30	2,220	20	28	58
	エルサルバドル	1821	サンサルバドル	21	6.2	2.0	3.17	2,880	13	28	60
	ニカラグア	1821	マナグア	130	4.9	2.7	4.42	1,997	34	22	44
	コスタリカ	1821	サンホセ	51	3.9	2.5	2.83	6,650	15	23	62
	パナマ	1903	パナマ市	76	2.8	1.6	2.63	7,168	8	18	73
カリブ海域	バハマ	1973	ナッソー	14	0.3	2.0**	2.60*	16,705	—	—	—
	キューバ	1902	ハバナ	115	11.2	0.4	1.55	3,100	—	—	—
	ハイチ	1804	ポルトープランス	28	8.1	1.7	4.38	1,270	30	20	50
	ドミニカ共和国	1844	サントドミンゴ	49	8.4	1.7	2.80	4,820	12	32	55
	ジャマイカ	1962	キングストン	11	2.6	0.9	2.50	3,440	8	35	57
	セントクリストファー・ネイヴィス	1983	バセテール	0.3	0.04*	−0.6**	—	8,017	6	25	70
	アンティグア・バーブーダ	1981	セントジョンズ	0.4	0.1*	0.5**	—	9,692	—	—	—
	ドミニカ	1978	ロゾー	0.8	0.1*	−0.1**	—	4,320	20	21	59
	セントルシア	1979	カストリーズ	0.6	0.1*	1.4**	—	5,437	11	20	70
	セントヴィンセント・グラナディン	1979	キングスタウン	0.4	0.1*	0.9**	—	4,250	—	—	—
	バルバドス	1966	ブリッジタウン	0.4	0.3*	0.4**	1.50*	12,001	—	—	—
	グレナダ	1974	セントジョーンズ	0.3	0.1*	0.1**	—	4,864	10	20	70
	トリニダード・トバゴ	1962	ポートオブスペイン	5	1.3	0.5	1.65	6,840	2	46	52
南アメリカ	ベネズエラ	1811	カラカス	912	23.7	2.0	2.98	8,860	4	41	55
	ガイアナ	1966	ジョージタウン	215	0.8*	0.6**	2.32*	3,210	—	—	—
	スリナム	1975	パラマリボ	163	0.4*	0.6**	2.21*	5,161	—	—	—
	コロンビア	1813	サンタフェデボゴタ	1,139	41.6	1.9	2.80	6,810	11	20	69
	エクアドル	1822	キト	284	12.4	2.0	3.10	4,940	12	35	53
	ペルー	1821	リマ	1,285	25.2	1.7	2.98	4,680	7	36	57
	ボリビア	1825	スクレ***	1,099	8.1	2.3	4.36	2,880	16	33	51
	ブラジル	1822	ブラジリア	8,512	168.0	1.3	2.27	6,480	8	35	57
	パラグアイ	1811	アスンシオン	407	5.4	2.6	4.17	3,980	23	22	55
	チリ	1818	サンチアゴ	757	15.0	1.4	2.44	12,730	7	31	61
	ウルグアイ	1825	モンテビデオ	176	3.3	0.7	2.40	9,200	8	27	64
	アルゼンチン	1816	ブエノスアイレス	2,767	36.6	1.3	2.62	10,300	7	33	61
日本			東京	378	121.2	0.2	1.43	24,070	2	38	60

［出所］ a : United Nations Population Fund, *6 Billion. A Time for Choices : The State of World Population 1999*（1999）。
b : United Nations Development Programme, *Human Development Report*（1999）。
c：同上1998年版。

［記号］ —：データなし。
*：1997年。
**：1975—97年平均。
***：スクレは憲法上の首都。実質的首都はラパス。

エクアドル	グアテマラ	ジャマイカ	メキシコ	ニカラグア	ペ　ル　ー	ウルグアイ	プエルトリコ
		1972　マンリー民主社会主義政権の成立。 1974　女性部局の設立。	1974　「人口に関する一般法」の制定。国家人口審議会の設置。		1973　「女性再評価の規則」制定。 1974　全国女性委員会の発足。	1973　クーデターで軍事政権発足。	1972　雇用における性差別の禁止。 1973　「女性の権利改善委員会」が政府内に発足。
1978　新憲法の制定。		1975　「子どもの地位に関する法」と「父親認定法」の制定。 1979　無差別産休法の制定。	1976　フェミニスト女性連盟の結成。 1979　初の女性州知事コリマ州に誕生。	1977　「国事問題を考える女性連盟」の発足。 1979　アムラエの設立。	1975　「ペルー女性年」の宣言。		1976　家族法の改正で共有財産・親権の夫婦平等が成立。 1977　プエルトリコ女性会議の開催。
1980　社会福祉省内に女性室開設。 1981　国連女性差別撤廃条約の批准。 1983　「エクアドル女性育成活動センター」の開設。	1981　国家女性局の開設。 1982　国連女性差別撤廃条約の批准。	1982　西インド大学にジェンダー研究所開設。	1981　国連女性差別撤廃条約の批准。 1983　国家人口審議会に女性情報センター開設。	1982　「母親・父親・子どもの権利に関する法」の制定。 1982　離婚法の制定。		1981　国連女性差別撤廃条約の批准。	
1986　女性室が女性局へ格上げ。	1986　新憲法制定。 1987　第1回中米女性会議グアテマラ市で開催。	1985　女性危機センターの設置。 1987　女性メディア・ウォッチの設立。 1988　女性協会の結成。 1989　離婚訴訟法の制定。	1985　メキシコ市大地震発生。 1987　女性州知事第2号がトラスカラ州で誕生。 1988　独占与党制度的革命党の分裂。 1989　民主革命党結成。	1987　家族法の改正。	1985　国家人権調整局委員会の創設。 1987　初の女性大臣が厚生省と文部省に誕生。 1988　任意の不妊手術許可。	1985　民政移管。失効法の制定。 1989　雇用機会均等法の制定。	1988　女性団体連絡会議の結成。セクハラ禁止法の制定。 1989　家庭内暴力禁止法の制定。
	1990　文部省内に「教育におけるジェンダーフリー推進委員会」設置。 1992　リゴベルタ・メンチュウ、ノーベル平和賞を受賞。	1992　ジャマイカ女性政治幹部会議の設立。 1993　国家準備委員会に女性団体代表参入。	1991　女性州知事3号がユカタン州に誕生。 1993　国家人権委員会の創設。「女性問題プログラム」の設置。 1994　第4回世界女性会議のための国家調整委員会設置。 1994　NAFTA発足。チアパスでサパティスタ民族解放軍の蜂起。	1990　サンディニスタ民族解放戦線が総選挙で敗北。 1990　初の女性大統領誕生。 1993　ニカラグア女性機構の再編。	1990　フジモリ政権発足、女性の政治中枢での参加が増大。 1993　家庭内暴力に対する保護法公布。 1994　「女性と子どもの権利恒久委員会」の設置。		1992　女性の性と生殖に関する権利を守るグループ連盟の結成。
1996　「女性と家族に対する暴力禁止法」の制定。 1997　女性局が国家女性評議会に再編成。 1998　女性候補者割当制を新憲法が明示。	1995　先住民族のアイデンティティと諸権利に関する合意が成立。 1997　政府とゲリラ組織「グアテマラ民族革命連合」間に和平合意が成立。	1995　家庭内暴力法の制定。	1996　内務省に「国家女性プログラム」設置。 1998　連邦議会下院に「平等とジェンダー委員会」設置。 1999　初の女性メキシコ市長誕生。	1998　女性に対する姦通罪の廃止。	1996　「女性と人権推進省」の創設。 1997　国会女性候補者割当法の制定。	1995　社会保障制度の抜本的改革。	

ラテンアメリカ女性史本書関連年表

	世界・米州全体	アルゼンチン	ボ　リ　ビ　ア	ブ　ラ　ジ　ル	チ　　　リ	コスタリカ	キューバ
1970	1972　国連総会、国際女性年を承認。 1974　国連世界人口会議ブカレストで開催。	1973　ペロン党政権の成立。 1974　イサベル・ペロン世界初の女性大統領として就任。	1972　家族法の制定。	1971　B．フリーダン、ブラジル訪問。 1974　ブラジル・アムネスティー運動の活動開始。	1970　アジェンデ社会主義政権の成立。 1972　大統領直属の女性局設立。 1973　クーデターでアジェンデ政権崩壊。	1972　家族法典成立・公布（民法から独立）。 1974　家族法典施行。	1974　第2回キューバ女性連盟全国大会の開催。
1975	1975　国連第1回世界女性会議、メキシコ市で開催。 1977　ラテンアメリカ経済社会開発への女性の統合に関する第1回地域会議の開催。 1979　国連女性差別撤廃条約の締結。	1976　クーデターで軍事政権発足。 1978　ブエノスアイレスでサッカーのワールドカップ開催。軍事政権の人権抑圧政策暴露。	1979　リディア・ゲイレル初の女性大統領として就任。	1975　ブラジル女性開発センターの開設。 1977　離婚法の制定。 1979　第1回ブラジル女性会議の開催。	1975　「行方不明者・逮捕者家族の会」の結成。 1978　第1回全国女性集会の開催。	1975　政府内に女性局設置。 1978　国民解放党内に「女性運動」設立。	1975　家族法の制定。 1976　憲法制定。人民権力会議の発足。
1980	1980　国連第2回世界女性会議、コペンハーゲンで開催。 1981　第1回ラテンアメリカ＝カリブ・フェミニスト集会の開催。 1982　米州機構、2月18日を「米州女性の日」とする。 1983　第2回ラテンアメリカ＝カリブ・フェミニスト集会の開催。	1982　フォークランド（マルビナス）戦争。 1983　民政移管。	1982　民政移管。	1983　サンパウロ州に女性州審議会が設置。	1981　全国女性労働者集会の開催。 1984　反軍政女性政治連合の結成。	1982　労災関係法制定。 1984　国連女性差別撤廃条約批准。	1980　第3回キューバ女性連盟全国大会の開催。 1984　第4回キューバ女性連盟全国大会の開催。
1985	1985　国連第3回世界女性会議、ナイロビで開催。 1985　第3回ラテンアメリカ＝カリブ・フェミニスト集会の開催。 1987　第4回ラテンアメリカ＝カリブ・フェミニスト集会の開催。 1989　国連女性差別撤廃条約の実施に関するラテンアメリカとカリブ海地域セミナーの開催。	1985　国連女性差別撤廃条約の批准。 1987　家族法の大幅改正。夫婦の平等確立。	1987　国連女性差別撤廃条約の批准。	1985　女性の権利に関する国家審議会の創設。 1988　新憲法発布。 1988　第1回全国黒人女性会議、リオで開催。 1989　サンパウロ市に初の女性市長誕生。	1986　ポブラシオン統一組織の結成。 1988　女性による民主主義のための協約成立。 1989　国連女性差別撤廃条約の批准。	1986　アリアス政権発足。副大統領・最高裁判事に初の女性就任。「国立女性と家族開発センター」設置。	1986　第4回共産党大会。
1990	1990　第5回ラテンアメリカ＝カリブ・フェミニスト集会の開催。 1992　世界環境サミット、リオデジャネイロで開催。 1993　第6回ラテンアメリカ＝カリブ・フェミニスト集会の開催。 1994　人口と開発世界会議、カイロで開催。 1994　女性に対する暴力・処罰・根絶のための米州諸国条約の締結。	1991　国会女性候補者割当法の制定。 1992　国家女性庁の設置。 1993　セクハラに対する法的規制処置の導入。 1994　憲法改正。人権尊重とあらゆる差別の撤廃。	1990　第1回ボリビア・フェミニスト集会の開催。 1993　「民族・ジェンダー・高齢者局」の創設。 1994　住民参加法の制定。	1992　女性議員候補者割当制。 1992　サンパウロ州で女性差別撤廃協定が成立。	1990　民政移管。 1991　国家女性庁の創設。 1994　家庭内暴力取締法公布。 1994　男女機会均等法の制定。	1990　女性の社会的平等促進法の制定。 1990　司法省内に「女性の権利擁護局」設置。 1992　居住者保護局設置法成立。 1994　母乳助成法制定。	1990　ハバナ大学に女性学講座が開講。 1992　憲法改正。新選挙法制定。 1993　人民権力州議会と全国議会選挙で初の直接選挙実施。
1995	1995　国連第4会世界女性会議、北京で開催。 1995　社会と開発世界会議、コペンハーゲンで開催。 1996　第7回ラテンアメリカ＝カリブ・フェミニスト集会の開催。 1998　世界人権宣言50周年。 1999　パナマで初の女性大統領誕生。	1995　姦通罪の廃止。 1997　女性参政権成立50周年記念。	1995　反家庭内暴力法の制定。 1997　国会女性候補者割当法の制定。	1997　民法改正により「新女性規定」制定。 1998　大統領選挙で初の女性候補者が立つ。	1999　性犯罪取締法公布。	1995　「雇用と教育における性的攻撃対処法」成立。 1996　地方議会に割当制導入（選挙法改正）。 1996　家庭内暴力対策法制定。 1998　「国立女性協会」成立。	1995　第6回キューバ女性連盟全国大会の開催。 1997　第6回共産党大会。
2000							

89
フィゲレス　José FIGUERES　137, 138
フェレイラ　Wilsons FERREIRA　320
フジモリ　Alberto FUJIMORI　284, 285, 290, 291, 293, 299, 300
フスト　Juan Bautista JUSTO　44
フラゴソ　Bernardina FRAGOSO　308
ブランコ　Hugo BLANCO　387
フリーダン　Betty FRIEDAN　84, 90
ブルゴス　Julia de BURGOS　325
フルゴニ　Emirio FRUGONI　311, 314
ブルム　Baltasar BRUM　315
フレイ　Eduardo　FREI（MONTALVA）　107, 116, 120
フレイ　Eduardo FREI（RUÍZ-TAGLE）　110
フローレス　Venancio FLORES　309
ブロンデ　Cecilia BLONDET　299

ベーガ　Joaquina VEGA　268
ベドヤ　Dolores BEDOYA　200, 202, 203, 204
ベネット　Milagros BENET　332
ペノン　Margarita PENÓN　140
ベハラノ　Gloria BEJARANO　138, 147
ベラウンデ　Fernando BELAÚNDE　289
ベラスコ　Juan VELASCO　290, 291, 292
ベリ　Gioconda BELLI　263
ペロン　Juan PERÓN　44, 46
ペロン（イサベル）　Isabel　PERÓN　20, 42, 45, 46
ペロン（エバ）　Eva PERÓN　42, 46

ポニアトウスカ　Elena PONIATOWSKA　243, 247
ポルティーリョ　Alfonso PORTILLO　216
ボルハ　Rodrigo BOLJA　190
ボルヘ　Tomás BORGE　271

マ行

マルティネス　Nela MARTÍNEZ　179
マンリー　Norman MANLEY　227
マンリー　Beverley MANLEY　230
マンリー　Michael MANLEY　220, 229, 230

ミケリニ　Zelmar MICHELINI　320, 321
ミル　John S. MILL　204

メア　Lucille M. MAIR　219, 220, 241
メイヒデ　Graciela F. MEIJIDE　55
メンチュウ　Rigoberta　MENCHÚ　19, 27, 198, 199, 200, 209, 213, 216, 348
メンチュウ　Vicente MENCHÚ　209

モスコソ　Mirea MOSCOSO　20
モラレス　Francisco MORALES（BERMUDEZ） 292, 293
モリーナ　Pedro MOLINA　203
モロウ　Alicia MOREAU（DE JUSTO）42, 44
モンテロソ　Ana MONTERROSO　308
モンヘ　Luís Alberto MONGE　138

ラ行・ワ行

ライラ　Carmen LYLA　134
ラヴリン　Asuncion LAVRIN　314
ラバリェハ　Juan Antonio LAVALLEJA　308
ラブ　Robert LOVE　206

リオス=モント　Efrain RÍOS MONTT　216, 353
リベラ　Ana Irma RIBERA　342
リベラ　Fructuoso RIVERA　308
リンコン　Felisa RINCÓN　338

ルイシ　Crotilde LUISI　310
ルイシ　Paulina LUISI　306, 310
ルイス　Thereza RUIZ　101
ルイスコルティネス　Adolfo　RUÍZ　CORTÍNEZ 244, 258
ルカス=ガルシア　Romeo LUCAS GARCÍA　206
ルーサー　Stanrey LUTHER　355
ルナ　Obdulia LUNA　178

レオン　Guadalupe LEÓN　187, 188, 189

ロケ　Ana ROQUE　326, 333
ロドリゲス　Silvia RODRÍGUEZ　314
ロドリゲス=アコスタ　Ofelia　RODRÍGUEZ　ACOSTA　149
ロペスポルティリョ　José　LÓPEZ　PORTILLO 258, 259
ロペスマテオス　Adolfo LÓPEZ MATEOS　257, 258, 259
ロルドス=アギレラ　Jaime　ROLDOS　AGUILERA　174, 179

ワイルド　Oscar WILD　311

ゲイレル　Lidia GEIREL　20, 64
ケサダ　Estela QUESADA　147

ゴラール　João GOULART　24, 86
コルデーロ　Celestina CORDERO　330
コロル　Fernando COLLOR　84

サ行

サファ　Helen SAFA　339
サプリサ　Graciela SAPRIZA　314
サラビア　Aparicio SARAVIA　312
サリナス　Carlos SALINAS　251, 258, 259, 364
サルネイ　José SARNEY　84, 100
サルネイ　Roseana SARNEY　100
サンギネッティ　Julio María SANGUINETTI 321
サンチェスデロサダ　Gonzalo SÁNCHES DE LOZADA　71
サンディーノ　Augusto César SANDINO　266

シアーガ　Edward SEAGA　229
シルベストゥリニ　Blanca SILVESTRINI　340
シンプソン　Portia SIMPSON　238

スタイナム　Gloria STEINEM　334
スミス　Mago SMITH　295

セディーリョ　Ernesto ZEDILLO　258, 259
セビリャ　Nicolasa SEVILLA　269
ゼルビニ　Terezinha ZERBINI　84, 89
セレグニ　Liber SEREGNI　320
センディック　Raul SENDIC　318

ソベラニス　Catalina SOBERANIZ　211, 212
ソモサ　Anastasio SOMOZA　264, 266, 268, 269, 270, 276, 281

タ行

チャップマン　Carrie CHAPMAN　134
チャモロ　Violeta CHAMORRO　20, 27, 273, 278, 279, 281
チャモロ　Pedro J. CHAMORRO　270, 273

デアラバ　Bertha DE ALAVA　181
ディアス　Luz DÍAZ　205
ディアスオルダス　Gustavo DÍAZ ÓRDAZ　247, 258
ティノコ　Federico TINOCO　134
ティヘリーノ　Doris TIJERINO　269
デバイレ　Salvadora DEBAYLE　268
テーラ　Gabriel TERRA　306, 315, 316, 317
デラマドリ　Miguel DE LA MADRID　258, 259
デ＝レオン＝カルピオ　Ramilo DE LEÓN CARPIO　363

トゥユク　Rosalina TUYUC　198, 208
ドゥラン　Sixto DURÁN　190
トーレス　Margarita M. de TORRES　53
トレド　Josefa TOLEDO　268

ナ行

ヌニェス　Olga NUÑEZ　268

ハ行

バウエル　Angelika BAUER　345
バエス　Gradys BÁEZ　269
パガン　Genara PAGÁN　332
パスカルトロイオ　Ertha PASCAL-TROUILOT 20
バスタマンテ　Alexander BUSTAMANTE　227
バスフェレイラ　Carlos VAS FERREIRA　311, 313, 314
バスフェレイラ　María Eugenia VAS FERREIRA　311
バッジェ　José BATLLE Y ORDÓÑEZ　311, 312, 313, 315, 317
バッジェ　Luis BATLLE BERRES　317
パラシオス　Alfredo PALACIOS　44
バリオス　Domitira BARRIOS　64
バリオス　Justo R. BARRIOS　358
パルド　Manuel PARDO　293
バルドミール　Alfredo BALDMIR　306, 317
バレラ　José Pedro VARELA　310
バンセル　Hugo BÁNSER　71

ビジャトロ　Teresa VILLATORO　266
ピノチェット　Augusto PINOCHET　106, 108, 109, 119
ヒメネス　Norma JIMÉNEZ　139
ヒメネスデベガ　Mercedes JIMÉNEZ DE VEGA　188

フィゲレイド　J. B. de O. FIGUEIREDO　84,

人名索引

ア行

アカバル　Humberto AK'ABAL　217
赤松良子　307
アグスティーニ　Delmira AGUSTINI　311
アコスタ　Elena ACOSTA　135
アコスタ　Julio ACOSTA　135
アジェンデ　Salvador ALLENDE　107, 108, 116
アベリャ　María ABELLA　311
アマグアニャ　Tránsito AMAGUAÑA　179
アヤラ　Evelia AYALA　205
アラウス　Blanca ARAÚZ　266
アリアス　Oscar ARÍAS　138, 139, 140
アルスー　Alvaro ARZÚ　211
アルタミラノ　María ALTAMIRANO　266
アルティガス　José ARTIGAS　308
アルトゥベ　Olimpia ALTUVE　205
アルファロ　Eloy ÁLFARO　174, 177
アルベンス　Jacobo ARBENZ　205, 206
アレバロ　Juan J. ARÉVALO　204
アレマン　Arnoldo ALEMÁN　264, 281
アントネッリ＝モレノ　Magdalena ANTONELLI MORENO　316
アンヘリカ　María ANGÉLICA　361, 362, 363

イダルゴ　Matilde HIDALGO　174, 178, 179

ヴァルガス　Getulio VARGAS　86
ウビコ　Jorge ÚBICO　204, 358
ウラテ　Otolio ULATE　135

エイルウィン　Patricio AYLWIN　109, 119, 120
エストラーダ＝カブレラ　Manuel ESTRADA CABRERA　206
エスピン　Vilma ESPÍN　150, 160, 161, 168
エチェゴージェン　Martín R. de ECHEGOYEN　315
エチェベリア　Luis ECHEVERRÍA　247, 250, 258
エルゾック　Vradimir HERZOG　84, 88, 89

オディオ　Elizabeth ODIO　138
オネト・イ・ビアナ　Carlos ONETO Y VIANA　312
オリベ　Manuel ORIBE　309
オルセン　Karen OLSEN　138

カ行

ガイゼル　Ernesto GEISEL　84, 89
ガーヴィー　Marcus M. GARVEY　226, 227
カクアンゴ　Dolores CACUANGO　179
カスティーリョ＝アルマス　Carlos CASTILLO ARMAS　205
カスティリョ＝レドン　Amaria CASTILLO LEDÓN　257
カストロ　Fidel CASTRO　152, 157, 158, 167, 168
カストロ　Raúl CASTRO　158
カニサレス　Manuela CAÑIZALEZ　174
カペティージョ　Luisa CAPETILLO　333
カランサ　Venustiano CARRANZA　257
カリィリョ＝プエルト　Elvia CARRILLO PUERTO　244
ガリンド　Hermira GALINDO　257
ガルシア　Alan GARCÍA　284, 289, 299
ガルシア＝モレノ　Gabriel GARCÍA MORENO　177
カールセン　Robert S. CARLSEN　353
カルデナス　Cuauhtemoc CÁRDENAS　259
カルデロン＝ガルシア　Rafael A. CARDERON　135
カルドーゾ　Fernando H. CARDOSO　84, 100
ガロン　Victoria GARRÓN　137, 138

クアドロス　Jânio QUADROS　84, 86
クアラシーノ　Matilde QUARRACINO　41
グティエレス＝ルイス　Hector GUTIÉRREZ LUIS　320, 321
クリントン　William CLINTON　215
クレスポ　Elizabeth CRESPO　341

マリアニスモ　43, 60, 176, 188, 194, 246, 307

ミア(MIA)　Mujer Intégrate Ahora　326, 335, 342
ミズ(雑誌)　*Ms*　334
ミルナ・マック基金　Fundación Myrna Mack 208
民衆経済組織　Organizaciones Económicas Populares　114, 115, 116, 117
民主革命党(メキシコ)　Partido Revolucionario Democrático　259, 260, 261
民主主義のための政党連合(民政連)(チリ)　Concertación de Partidos por la Democracia 119
民族革命運動党(ボリビア)　Movimiento Nacionalista Revolucionario　64, 65
民族・ジェンダー・高齢者局　Secretaría de Asuntos Étnicos, de Género y Generacionales　64, 72

ムラト　222

メキシコ革命　257
メスティソ　174, 200, 307, 349, 352, 362

ヤ行

ユナイテッド・フルーツ社　206

ラ行

ラディーノ　199, 200, 201, 207, 216, 217, 349, 351, 352, 355, 362, 363, 364
ラテンアメリカ・カリブ地域女性政治家ネットワーク会議　Red de Feministas Políticas de Latinoamérica y el Caribe　52
ラテンアメリカ＝カリブ・フェミニスト集会　Encuentro Feminista de América Latina y el Caribe　74, 117, 251, 284

リゴベルタ・メンチュウ基金　Fundación Rigoberta Menchú　210
離婚法(ウルグアイ)　306, 311, 312, 313
――(ニカラグア)　264
――(ブラジル)　86, 91, 102
――(メキシコ)　244, 252, 257
リプロダクティブ・ヘルス(／ライツ)　22, 94, 238, 273, 297, 299, 322, 336, 342

ワ行

ワシプンゴ　huasipungo　176, 180
割当(クオーター)制　35
――(アルゼンチン)　51
――(コスタリカ)　128, 137, 139
――(ブラジル)　99, 100
――(メキシコ)　261
――(ペルー)　284, 301
割当法(アルゼンチン)　42, 49, 50, 51, 53, 54, 56
――(ボリビア)　64, 73
――(ペルー)　284, 301

地方分権法(ボリビア)　La Ley de Descentralización Administrativa　64
中米女性会議　Conferencia Centroamericana de las Mujeres　22, 198, 208
チョラ　chola　69, 78, 80
チリ女性　Mujeres de Chile　118
チリ女性解放運動 MEMCH '83　106, 118

つれあいを奪われた女性の会→コナビグア

出会い　Encuentro　322
ティエラ・ビバ　Tierra Viva　214

ドメスティック・バイオレンス　22, 30, 38, 216, 238, 250, 261, 322, 326, 335, 342
ドローレス・ベドヤ基金　Fundación Dolores Bedoya　198, 204, 208

ナ行

ニカラグア革命　207, 216, 264, 265, 281
ニカラグア女性機構　Instituo Nicaragüense de la Mujer　264, 279, 280
人間開発指数　23, 24, 31, 68, 124, 286
人間開発省(ボリビア)　Ministerio de Desarrollo Humano　64, 72
『人間開発報告書』　23, 25, 35, 57, 59, 166, 259

農村女性開発委員会(ボリビア)　Comisión Mujer Campesina y Desarrollo　64

ハ行

母親からの手紙　Carta das Madres　89
母親クラブ　Clube das Mães　290
母親センター　Centros de Madres　107, 116, 118
パレンテーラ　parentela　100, 101
反家庭内暴力法(ボリビア)　Ley Contra la Violencia en la Familia o Doméstica　64, 73
汎米女性会議　Panamerican Women's Conference　128
汎米女性協会　Asociación Pan-Americana de Mujeres　326, 332

フェミニスト同盟　Liga Feminista　135
フェム(雑誌)　*fem*　250
プエルトリコ女性参政権論者女性協会　Asociación Puertorriqueña de Mujeres Sufragistas　332
プエルトリコ女性連盟　Federación de Mujeres Puertorriqueñas　326
プエルトリコ女性労働者組織　Organización Puertorriqueña de la Mujer Trabajadora　335, 336
プエルトリコ大学女性センター　Centro de Estudios, Recursos y Servicios a la Mujer　336
フォークランド(マルビナス)戦争　42, 48
フォスター・プラン　298
婦女誘拐罪(コスタリカ)　144
ブラジル・アムネスティー運動　Movimento Brasileiro pela Anistia　84, 88
ブラジル女性開発センター　Centro da Desenvolvimento da Mulher Brasileira　84, 90
ブラジル女性センター　Centro da Mulher Brasileira　84, 90
フリア・デ・ブルゴスの家　Casa Protegida Julia de Burgos　326, 335

米州女性委員会　Comisión Interamericana de Mujeres　21, 22, 128, 192
ペルー問題研究所　Instituto de Estudios Peruanos　299
ベレン・ド・パラ条約　Convención de Belem do Para　192, 306
ペロニズム　46, 60
ペロン党　Partido Peronista (Partido Justicialista)　42, 44, 45, 46, 51, 56

補償のフェミニズム　feminismo de compensación　313, 314
ポピュリズム　44, 269
ポブラシオン　Población　107, 113, 114, 115, 116, 117, 118, 119
ポブラシオン女性運動　117, 118
ボリビア革命　64, 74

マ行

マキラドーラ　214
マチスモ　28, 30, 38, 43, 70, 86, 99, 102, 116, 129, 176, 187, 188, 194, 214, 215, 246, 261, 277, 280, 288, 307
マノス・デル・ウルグアイ　Manos del Uruguay　322
マリア・アベリャ女性の家　Casa de la Mujer María Abella　322

ジャマイカ労働党　Jamaica Labour Party　227, 229
住民参加法(ボリビア)　Ley de Participación Popular　64, 71, 72, 78, 80, 81
女性SOS(ウルグアイ)　S.O.S. Mujer　322
女性SOS(ブラジル)　SOS-Mulher　84, 90
女性建設団　Women's Construction Collective　220, 233, 234
女性州審議会(ブラジル)　Conselho Estadual da Condção Feminina　92
女性情報センター(ブラジル)　Centro de Estudos, Documentação e Informação da Mulher　92
女性人材窓口センター(ジャマイカ)　Women's Resource and Outreach Centre　220, 233
女性センター(ジャマイカ)　Women's Centre of Jamaican Foundation　220, 232, 234
女性と家族に対する暴力禁止法(エクアドル)　Ley contra la Violencia a la Mujer y la Familia　174, 183, 191, 192, 193
女性と人間開発推進省(ペルー)　Ministerio de la Promoción de la Mujer y Desarrollo Humano　284, 301
女性の権利（に関する国家）審議会(ブラジル)　Conselho Nacional dos Diretos da Mulher　84, 91, 92, 93, 94
女性の社会的平等促進法(コスタリカ)　Ley para la promoción de la Igualdad Social de la Mujer　127, 128, 140, 141, 143, 144, 145, 146
女性のための機会均等化計画(コスタリカ)　Plan de Igualdad de Oportunidades para las Mujeres　120, 125
女性部局(ジャマイカ)　Bureau of Women's Affairs　237, 238, 241
女性ペロン党(アルゼンチン)　Partido Peronista Femenino　46
女性メディア・ウォッチ　Women's Media Watch　220, 236, 240
女性問題調整会(ボリビア)　Coordinadora de la Mujer　76, 77, 81
女性リベラル・クラブ　Women's Liberal Club　220, 225, 227
新グアテマラ民主戦線　Frente Democrático Nuevo Guatemalteco　208
人口に関する一般法(メキシコ)　Ley General de Población　244, 247, 249
新女性規定(ブラジル)　Novo Estatuto Civil da Mulher　94
人民国家党(ジャマイカ)　People's National Party　227, 229
人民国家党女性運動(ジャマイカ)　People's National Party Women's Movement　230, 231, 232
人民連合(チリ)　Unidad Popular　108

政治犯の家族の会　Agrupación de Familiares de Ejecutados políticos　113
制度的革命党(メキシコ)　Partido Revolucionário Institucional　251, 260
世界女性会議　第1回(メキシコ会議)　21, 74, 86, 89, 117, 141, 151, 244, 248, 250, 265, 326, 335, 348, 365
――――　第3回(ナイロビ会議)　22, 76, 99, 235, 236
――――　第4回(北京会議)　22, 65, 77, 216, 237, 238, 279, 281, 284, 301, 341
セクシュアル・ハラスメント　31, 38, 42, 49, 120, 185, 214, 233, 238, 239, 250, 261, 326, 335
全国女性会議(アルゼンチン)　Encuentros Nacionales de Mujeres　53
全国女性会議(ウルグアイ)　Consejo Nacional de Mujeres　306, 314, 315
全国女性集会(メキシコ)　Encuentro Nacional de Mujeres　250
全国女性フォーラム　Foro Nacional de Mujeres　198
全国女性有権者協会　Asociación Nacional de Mujeres Votantes　332
全国農業女性連合会(コスタリカ)　Asociación Nacional de la Mujer Agrícola　128, 146
全国フェミニスト集会　Encuentro Nacional Feminista　252

タ行

対女性犯罪予防・罰則・根絶のための米州協定　Convención Interamericana para Prevenir, Sencionar y Eradicar la Violencia contra la Mujer→ベレン・ド・パラ条約
逮捕者・行方不明者家族の会　Agrupación de Familiares de Detenidos Desaparecidos　106, 113, 114
助け合う女性たち　Ayuda Mutua entre Mujeres　322

mocrático Cristiano 319
――――――(チリ) 123
グアテマラ共和戦線 Frente Republicano Guatemalteco 216
グアテマラ・キリスト教民主党 Partido Demo-crático Cristiano de Guatemala 211
グアテマラ国民革命連合 Unión Revolucionaria Nacional Guatemalteca 198
クオーター制→割当制

強姦罪 249
合計特殊出生率 23,28,253,254,297,338
五月広場の母たち Madres de Plaza de Mayo 27,42,47,48,49
国家家族委員会(チリ) Comisión Nacional de la Familia 121
国家女性局(グアテマラ) Oficina Nacional de la Mujer 208,216
国家女性局(チリ) Secretaría Nacional de la Mujer 120,122
国家女性室(チリ) Oficina Nacional de la Mujer 120
国家女性審議会(メキシコ) Consejo Nacional de Mujeres 244
――――――(ブラジル) Conselho Nacional de Mulheres 87
国家女性庁(チリ) Servicio Nacional de la Mujer 106,108,119,120,121,122,125
国家女性庁(アルゼンチン) Consejo Nacional de la Mujer 42,49,54
国家女性評議会(エクアドル) Consejo Nacional de Mujeres 174,190,191
国家女性プログラム(メキシコ) Programa Nacional de la Mujer 244
国家人口審議会(メキシコ) Consejo Nacional de Población 244,247,250
国家未成年者・女性・家族機構(ボリビア) ONAMFA Organismo Nacional del Menor, Mujer y Familia 72
国事問題を考える女性連盟 Asociación de Mujeres ante la Problemática Nacional 264,270
国民解放党(コスタリカ) Partido Liberación Nacional 128,135,138
国民行動党(メキシコ) Partido Acción Nacional 260
国立女性家族開発センター(コスタリカ) Centro Nacional para el Desarrollo de la Mujer y la Familia 128,139,140,143
国立女性協会(コスタリカ) Instituto Nacional de las Mujeres 128,140
国連女性差別撤廃条約 22,64,76,106,121,128,140,174,183,244,264,272,306
コナビグア Coordinación Nacional de Viudas de Guatemala 183,208,209
コフラディア 202,357,358
コーポラティズム 60
コミサリーア Comisaría 174,185,188,190,191,192,193
護民官 Defensor del Pueblo 73

サ行

サパティスタ民族解放軍 Ejército Zapatista de Liberación Nacional 245,251,252,348,359,364
サンディニスタ革命→ニカラグア革命
サンディニスタ民族解放戦線 Frente Sandinista de Liberación Nacional 245,264,269,270,271,273,276,277,278,280,281

ジェンダー・エンパワーメント測定 24,25,31,33,166,238,259,286
ジェンダー開発指数 23,24
ジェンダー・高齢者・家族問題担当次官室(ボリビア) Viceministerio de Asutos de Género, Generacionales y Familia 64,73,81
ジェンダー問題部(ボリビア) Subsecretaría de Asuntos de Género 72,77
シストレン演劇団 Sistre Theatre Collective 220,233,234
持続開発企画省(ボリビア) Ministerio de Desarrollo Sostenible y Planificación 74
失効法(ウルグアイ) Ley de Caducidad 306,321
社会人民党(アルゼンチン) Partido Socialista Popular 52
社会民主党(アルゼンチン) Partido Socialista Democrático 52
ジャマイカ女性協会 Association of Women's Organizations in Jamaica 220,236,237,240,241
ジャマイカ女性政治幹部会議 Jamaica Women's Political Caucus 220,237
ジャマイカ女性連盟 Jamaica Federation of Women 220,225

事 項 索 引

ア行

アクシオン・カトリカ　205, 209, 355
アクション・フェメニーナ(雑誌)　Acción Femenina　314
アプラ党　284, 289, 291
アムネスティー女性運動　Movimento Feminino pela Anistia　84, 88
アムラエ　Asociación de Mujeres Nicaragüense 'Luisa Amanda Espinosa'　264, 271, 275, 276, 277, 279, 280, 281
アリマスゴ　Arimazgo　180
アルゼンチン・ネットワーク　Red Argentina 52
アルティプラーノ　66, 201, 202
アルピジェーラ　117

インディオ　199, 200, 201, 209
インディヘナ　199, 355, 356, 362
インフォーマル・セクター　27, 34, 113, 115, 184, 186, 257, 274, 279, 289, 293, 294

ウィピル　347, 352, 353, 360
ウーマン・インク　Woman Inc.　220, 234
ウルグアイ女性の状況研究グループ　Grupo de Estudios sobre la Condición de la Mujer en el Uruguay　322
ウルグアイ婦選同盟　Alianza Uruguaya de Mujeres el Sufragio Femenino　306, 315

エクアドル・インディオ連合　Federación Ecuatoriana de Indios　179
エクアドル女性育成活動センター　Centro Ecuatoriano para la Promoción y Acción de la Mujer　174, 192, 193
エクアドル女性研究調査センター　Centro de Estudios e Investigaciones de la Mujer Ecuatoriana　187, 193
エクアドル女性調査研修所　Instituto Ecuatoriano de Investigaciones y Capacitación de la Mujer　194
エロティック左翼党(ニカラグア)　Partido Izquierda Erótica　276
エンプレガーダ　empregada　97, 98, 99

オリガーキー(オリガルキーア)　100, 101, 181
おんなの声(雑誌)　Voz de la Mujer　290

カ行

革命防衛委員会(キューバ)　Comité de Defensa de la Revolución　161
活動するフェミニスト(プエルトリコ)　Feminista en Marcha　335
活力を求める女性たち　Mujeres por la Vida 106, 119
家庭内暴力法(ジャマイカ)　220
家庭内暴力対策法(コスタリカ)　Ley contra la Violencia Doméstica　128
家庭内暴力取締法(チリ)　Ley de Violencia Intrafamiliar　121
姦通罪　49, 280
カルメン・ライラ女性連合　Unión de Mujeres Carmen Lyla　128

既婚女性規定　Estatudo de Mulher Casada　84, 86, 87
急進党(アルゼンチン)　Partido Radical　51, 52
キューバ共産党　Partido Comunista de Cuba 151
キューバ女性連盟　Federación de Mujeres Cubanas　150, 151, 160, 161, 167, 168
教育におけるジェンダーフリー推進委員会(グアテマラ)　Comisión Nacional para la Eliminación de Roles y Estereotipos Sexuales en la Educación　198
共産党(アルゼンチン)　Partido Comunista　52
キリスト教社会連合党(コスタリカ)　Partido Unidad Social Cristiano　128, 138, 147
キリスト教民主党(ウルグアイ)　Partido De-

1995年）。『図説ラテンアメリカ』（共編著　日本評論社　1999年）。『日米危機の起源と排日移民法』（共著　論創社　1997年）。『新しいヨーロッパ像を求めて』（共著　同文館　1999年）。『変動するラテンアメリカ社会』（共著　彩流社　1999年）。

奥山恭子（おくやま　きょうこ）　帝京大学法学部助教授。民法・法社会学、ラテンアメリカ法専攻。「メキシコの法制度」（共著『ラテンアメリカ諸国の法制度』アジア経済研究所　1988年）。『ラテンアメリカ　家族と社会』（共編著　新評論　1992年）。『扶養と相続』（共編著　早稲田大学出版部　1998年）。「人口問題に探るラテンアメリカの社会・法制度・人」（共著『人口法学のすすめ』信山社　1999年）。

桜井三枝子（さくらい　みえこ）　大阪経済大学教養部助教授。文化人類学専攻。『祝祭の民族誌』（全国日本学士会　1998年）。「マヤの神とラディーノの神」（共著『変貌する社会』ミネルヴァ書房　1997年）。「マヤの祝祭儀礼」（共著『メソアメリカ世界』世界思想社　1995年）。

柴田佳子（しばた　よしこ）　神戸大学国際文化学部助教授。文化人類学、カリブ海地域研究専攻。*Rastafarian Music in Contemporary Jamaica : A Study of Socioreligious Music of the Rastafarian Movement in Jamaica*（東京外国語大学アジア・アフリカ言語文化研究所　1984年）。「インター・マリッジをめぐって」（『現代思想』25巻１号　1997年）。“Crossing Racialized Boundaries : Intermarriage between ‘Africans’ and ‘Indians’ in Contemporary guyana” (Oxford & N. Y. : R.Breger R. Hill (eds.), *Cross–Cultural Marriage : Identity and Choice*, Berg Publishers, 1998).

志柿禎子（しがき　よしこ）　岩手県立大学社会福祉学部講師。女性学専攻。「現代プエルトリコの人と社会」（共著『ラテンアメリカ　人と社会』新評論　1995年）。「女性の権利に関する法制整備と女性運動――1970年代以降のプエルトリコにおける女性政策とフェミニズム」（『言語と文化』２号　岩手県立大学言語文化教育研究センター　2000年）。「プエルトリコにおけるドメスティック・バイオレンスとフェミニズム」（『岩手県立大学社会福祉学部紀要』第２巻第２号　岩手県立大学社会福祉学部　2000年）。

重冨恵子（しげとみ　けいこ）　国際協力事業団企画調査員（在ニカラグア）。ラテンアメリカ地域研究専攻。「ペルーの低所得者居住区における協同調理活動」（『ラテンアメリカレポート』Vol. 13　No. 2　1996年）。

高橋早代（たかはし　さよ）　拓殖大学非常勤講師。スペイン史、文学専攻。エリザベス・ブルゴス『私の名はリゴベルタ・メンチュウ』（訳書　新潮社　1987年）。「スペインのクラウシスモ」（『紀尾井史学』13号　1993年）。

内田みどり（うちだ　みどり）　和歌山大学教育学部専任講師。比較政治学専攻。「ウルグアイにおける制度的民主主義の発展と崩壊(1)」「同(2)」（『中央大学法学新報』第100巻３・４号、７・８号　1994年）。「政治変動と市民文化」（共著『政治と行政のポイエーシス』未来社　1996年）。

安井伸（やすい　しん）　メキシコ国立自治大学政治社会学部ラテンアメリカ研究修士課程在学中。ラテンアメリカ現代史専攻。

執筆者紹介（アルファベット順）

浅香幸枝（あさか　さちえ）　名古屋聖霊短期大学国際文化学科助教授。2000年4月より南山大学総合政策学部助教授。国際関係論、ラテンアメリカ地域研究専攻。「トランスナショナル・エスニシティ――1980年代パンアメリカン日系大会の事例研究」（『ラテンアメリカ研究年報』第10号　1990年）。「パンアメリカン日系協会の日系人リーダーが見たアメリカ大陸における日本のイメージの変遷――1940年～1992年」（日本国際政治学会編『国際政治　環太平洋国際関係史のイメージ』有斐閣　1993年）。“Acceptance of different cultures in Japanese children's literature” (Amsterdam : International Board on Books for Young People, *Telling the tale*, IBBY, 1997).

江原裕美（えはら　ひろみ）　帝京大学法学部助教授。比較国際教育学、ラテンアメリカ地域研究専攻。「発展途上国における識字教育」（共著『新訂世界の教育』放送大学教育振興会　1998年）。「新たな発展を求める学校――エクアドル」（共著『世界の学校』福村出版　1995年）。「ジャマイカの教育と子ども」（共著『ラテンアメリカ　子どもと社会』新評論　1994年）。

畑　恵子（はた　けいこ）　早稲田大学社会科学部教授。ラテンアメリカ近現代史専攻。『ラテンアメリカの国際関係』（共編著　新評論　1993年）。「カルデナスとPRI体制の構築」（共著『南北アメリカの500年　第4巻　危機と改革』青木書店　1993年）。「イスパノ世界の政治・外交関係」（共著『スペインの政治』早稲田大学出版部　1998年）。

舟橋恵美（ふなはし　えみ）　神戸大学大学院国際協力研究科国際協力政策専攻博士前期課程在学中。政治社会学、ラテンアメリカ地域研究専攻。

今井圭子（いまい　けいこ）　上智大学外国語学部教授。開発経済学、ラテンアメリカ経済専攻。『民族問題の現在』（編著　彩流社　1996年）。『民主化と経済発展――ラテンアメリカＡＢＣ３国の経験』（共著　上智大学国際関係研究所　1997年）。Women's Employment Situation and Its Main Problems in Japan (Sophia University, Institute of Comparative Culture, 1995).

国本伊代（くにもと　いよ）　編者紹介を参照。

松久玲子（まつひさ　れいこ）　同志社大学言語文化教育研究センター助教授。比較教育学、ラテンアメリカの教育政策専攻。「フェミニズムと社会変革――女性教育の視点から」（共著『否定されてきたアイデンティティの再発見』神戸外国語大学外国学研究所　1995年）。「ニカラグアの家族――サンディニスタ革命と新しい家族像」（共著『ラテンアメリカ　家族と社会』新評論　1992年）。「ニカラグアにおける革命と女性」（共著『転換期の中米地域』大村書店　1990年）。

三田千代子（みた　ちよこ）　上智大学外国語学部教授。社会人類学博士（サンパウロ大学）。ラテンアメリカ地域研究専攻。*Bastos : uma comunidade étnica japonesa no Brasil* (São Paulo : Humanitas Publicações da FFLCH da USP, 2000).『ラテンアメリカ　人と社会』（共編著　新評論

編者紹介

国本伊代（くにもと　いよ）

中央大学商学部教授。歴史学、ラテンアメリカ近現代史専攻。『概説メキシコ史』（共著　有斐閣　1984年）。『ラテンアメリカ　社会と女性』（共編著　新評論　1985年）。『ボリビアの「日本人村」——サンタクルス州サンフアン移住地の研究』（中央大学出版部　1989年）。*Un pueblo japonés en la Bolivia tropical : Colonia San Juan de Yapacaní en el departamento de Santa Cruz* (Santa Cruz, Bolivia : Casa de la Cultura, 1990)。『ラテンアメリカ　都市と社会』（共編著　新評論　1991年）。『概説ラテンアメリカ史』（新評論　1992年）。『ラテンアメリカ——悠久の大地・情熱の人々』（総合法令出版　1995年）。『メキシコ1994年』（近代文藝社　1995年）。『ラテンアメリカ研究への招待』（共編著　新評論　1997年）。

ラテンアメリカ　新しい社会と女性（検印廃止）

2000年3月20日　初版第1刷発行

編　者　国本伊代

発行者　二瓶一郎

発行所　株式会社　新評論

〒169-0051　東京都新宿区西早稲田3-16-28
http://www.shinhyoron.co.jp

TEL　03（3202）7391
FAX　03（3202）5832
振替　00160-1-113487

定価はカバーに表示してあります
落丁・乱丁本はお取り替えします

装幀　山田英春
印刷　新栄堂
製本　河上製本

© 国本伊代ほか　2000

Printed in Japan
ISBN4-7948-0479-2 C0030

Serie : América Latina

ラテンアメリカ・シリーズ

【全7巻】

体裁：A5判・並製・カバー装
平均頁：280〜320頁

全巻完結　好評発売中

各巻の内容

第1巻　第2回配本 「ラテンアメリカ 政治と社会」 3200円	政治の伝統と構造・政治思想・政治の歩み、さらには機能集団・政治変動などを通じて、政治の全体像を描く。 ［松下洋・乗浩子編］
第2巻　第4回配本 「ラテンアメリカの経済」 3200円	経済現象を理解するための枠組みを示すことに重点を置き、経済発展の諸相、マクロ経済の諸問題、産業と企業などについて検討し、経済再生の条件を探る。 ［小池洋一・西島章次編］
第3巻　第1回配本 「ラテンアメリカの国際関係」 3200円	国際関係の歴史を東西対立・南北関係から論じ、主要国の現代国際関係に目を配りつつ、新国際秩序におけるラテンアメリカの役割を考察する。 ［細野昭雄・畑惠子編］
第4巻　第6回配本 「ラテンアメリカ 人と社会」 3500円	人種、民族、基層文化の考察を通じて、ラテンアメリカ社会の多様性と同時に、その固有の世界を探る。 ［中川文雄・三田千代子編］
第5巻　第3回配本 「ラテンアメリカ 子どもと社会」 3500円	子どもの教育・労働から、子どもをめぐる福祉・法律・家族、さらにはストリートチルドレンまで、多面的に問題をとらえる。 ［奥山恭子・角川雅樹編］
第6巻　第5回配本 「ラテンアメリカ 宗教と社会」 3200円	カトリック教会と社会との関わり、および土着の信仰と新しい神々の動向を考察する。 ［G.アンドラーデ・中牧弘允編］
第7巻　第7回配本 「ラテンアメリカの環境と開発」 3500円	開発と環境破壊の現状および対策を主要地域別に究明し、持続的発展の可能性を探る。 ［水野一・西沢利栄編］

表示価格はすべて税抜です。